国家出版基金项目
NATIONAL PUBLICATION FOUNDATION

朱旭东　丛书主编

中国教育
改革开放 40 年

教师教育卷

朱旭东　胡艳　等　著

China
Education Reform
and Opening-up
40 Years

北京师范大学出版集团
BEIJING NORMAL UNIVERSITY PUBLISHING GROUP
北京师范大学出版社

丛书编委会

主　　任　顾明远

丛书主编　朱旭东

编　　委　(以姓氏笔画为序)

王本陆　王永红　王英杰　朱旭东
刘云波　刘宝存　余胜泉　余雅风
陈　丽　林　钧　和　震　周海涛
胡　艳　施克灿　洪秀敏　袁桂林
曾晓东　蔡海龙　魏　明

总　序

今年是改革开放 40 周年，40 年来我国教育取得了辉煌的成就。现在各个教育研究机构和出版机构都在总结 40 年的经验，出版各种丛书。这 40 年的成就是写多少书也说不周全的，但我想用五句话来做一个简要的概括。

第一，教育观念的转变。在解放思想的路线指导下，我们对教育的认识越来越深刻、越来越全面。特别是党的十八大以来，习近平总书记提出以人民为中心、教育公平是社会公平的重要基础、教育强则国家强的主张。今年教师节时，习近平总书记在全国教育大会上的讲话中首先强调教育对新时代坚持和发展中国特色社会主义的战略意义。他指出，教育是民族振兴、社会进步的重要基石，是功在当代、利在千秋的德政工程，对提高人民综合素质、促进人的全面发展、增强中华民族创新创造活力、实现中华民族伟大复兴具有决定性意义。教育是国之大计、党之大计。习近平总书记同时指出，教育的根本问题是培养什么人、怎样培养人、为谁培养人。中国共产党领导的社会主义教育，就是要培养德智体美劳全面发展的社会主义建设者和接班人。

第二，教育事业的发展。40 年来，我国全面普及了九年义务教育；学前教育已提前完成了《国家中长期教育改革和发展规划纲要（2010—2020 年）》提出的到 2020 年的指标，2017 年学前毛入园率达到 79.6％；高中阶段教育基本普及，2017 年毛入学率为 88.3％；高等教育，包括研究生教育实现了跨越式发展，2017 年各类高等教育在学总规模达到 3 779 万人，高等教育毛入学率达到 45.7％。2017年，全国有 2.7 亿人在各级各类学校学习，我国成为世界上受教育人口最多的教育大国。

第三，教育制度的创新。改革开放以来，我国逐步制定教育法律法规并不断完善。1980 年通过了《中华人民共和国学位条例》，之后，我国逐步制定了《中华人民共和国义务教育法》《中华人民共和国教师法》《中华人民共和国教育法》《中华人民共和国职业教育法》《中华人民共和国高等教育法》《中华人民共和国民办教育促进法》等，并根据教育事业的发展进行了修订或修正，使教育治理有法可依。现在希望尽早制定学前教育法、学校法，使幼儿园和学校的发展得到法律保障。

第四，教育科学的繁荣。改革开放之前，教育理论界人数很少，缺乏对教育实践中的理论问题和实际问题的研究。40 年来，中国特色社会主义教育理论体系初步形成，教育理论有了较大发展。教育科学的繁荣呈现出如下一些特点：一是改变了以前一本《教育学》一统天下的局面，恢复和创建了许多新兴学科，如教育哲学、教育经济学、教育社会学、比较教育学、课程与教学论等，研究成果丰硕；二是教育理论研究重视宏观战略研究，为我国教育事业发展的科学决策做出了一定的贡献；三是教育科学研究从书斋走向基层，教育理论工作者与广大教师共同开展教育研究，把教育改革落到实处，不仅提高了教育质量，而且积累了丰富的经验。

第五，从请进来到走出去。改革开放初期，我们打开窗户，发现世界教育已经走向现代化，于是我们如饥似渴地引进西方教育的先进理念、教育改革的经验，逐渐使我国的教育恢复起来，教育事业得到迅速发展。20 世纪 90 年代，我国教育学界开始走自己的路，创造中国特色社会主义教育理论和经验。特别是上海在 PISA（国际学生评估项目）中数次名列前茅，让外国学者对中国教育刮目相看。世界也在学习中国的教育经验。讲好中国教育故事是今后教育工作者的任务。我国多部教育著作已经被译成外文出版。2006 年，高等教育出版社就与 Springer 出版社合作出版了英文版杂志 *Frontiers of Education in China*，至今已 12 年，杂志受到外国学者的重视。这些都是中国教育走出去的标志。我们既要不断吸收世界优秀文明成果，又要讲好中国教育故事，让世界了解中国。

今后中国教育界应以习近平新时代中国特色社会主义思想为指导，贯彻落实党的十九大精神，深化教育改革，发展素质教育，推进教育公平，让每个孩子享有公平而有质量的教育。

北京师范大学出版社组织教育学术界同人，编写这套"中国教育改革开放 40 年"丛书，包括学前教育、义务教育、高中教育、高等教育、教师教育、职业教育、民办教育、终身教育、教育技术、课程与教学、政策与法律、关键数据与国际比较 12 卷。它是 40 年教育改革开放的总结，丰富了教育学术宝库。出版社要我写几句，是为序。

2018 年 11 月 5 日于北京求是书屋

目　录

第一章
教师教育事业的发展
—— 数量与质量

改革开放 40 年，是中国社会进入现代以来发展最快，人民生活水平提高幅度最大的时期。这个时期我国不仅在政治、经济领域取得了长足的进步，在科技、文化、教育等领域也都取得了举世瞩目的成绩，从而使我国真正成为这个世界不可小觑的力量，在世界舞台上发挥举足轻重的作用。

改革开放 40 年的教育发展更是惊人，在这 40 年里，仅就基础教育领域而言，我国真正全面实现了普及九年义务教育，不少地区已经普及了高中阶段的教育。与此同时，长期以来发展一直薄弱的幼儿教育、职业教育和特殊教育也在这个时期取得了我国自现代教育以来从未有过的良好的成绩。所有上述成绩首先要归结于教师教育事业的发展，1978 年我国宣布改革开放之后，教育部恢复了层次分明、分工明确的三级师范教育制度，重建了教师继续教育体系，从而使基础教育领域各级各类学校师资的培养和提升有渠道可依，有机构可附。① 毫不夸张地说，改革开放 40 年来的教师教育为基础教育提供了大量合格的师资，为我国基础教育的进步发展奠定了重要的基础。本章首先简单介绍改革开放 40 年教师教育体系的变革；

---

① 胡艳：《当代教师教育问题研究》，33 页，郑州，大象出版社，2010。

随后，将按照教师教育服务的对象，分别从幼儿教师教育、普通中小学教师教育、职业学校教师教育和特殊学校教师教育几个领域，归纳总结这一时期教师教育事业发展的成绩与经验，尤其关注教师教育如何在数量上充实、在质量上提升基础教育师资队伍的素质。

在时间维度上，教师教育体系的变革主要以 20 世纪 90 年代末为时间节点，前期是独立、封闭的师范教育时期，后期是开放的大学化教师教育时期。本章以此为依据总结、分析 40 年来教师教育事业的发展。

第一节　改革开放以来我国教师教育体系的变革

改革开放以来的 40 年，我国教师教育体系经历了重大的变革，以 1999 年教育部印发《关于师范院校布局结构调整的几点意见》明确提出建立开放的教师教育体系的政策导向为时间节点，我们把 1999 年之前的教师教育制度称为独立、封闭的师范教育时期，把之后的教师教育制度称为开放的大学化教师教育时期。这两个时期由于教师培养、造就的途径、方式有很大的区别，给我国基础教育阶段学校师资的数量和质量的供给造成了很大的不同。下面，我们首先简单阐述一下这两个时期教师教育的体系和机构。

一、1999 年之前的教师教育体系、机构

中华人民共和国成立之初，受限于薄弱的经济、文化、教育基础，学习苏联的师范教育制度，重建了独立、封闭的师范教育制度。[①] 在这样一个制度体系下，我国建立了职前职后相互割裂、自成体系的教师职前培养体系和职后培训体系。"文化大革命"期间，这种教师教育体系受到了严重破坏，中小学教师培养无以为继，教

---

① 胡艳：《当代教师教育问题研究》，1—22 页，郑州，大象出版社，2010。

师质量严重下降，其他教育师资培养造就更是无从谈及。这种情况下，1980 年，教育部召开第四次全国师范教育工作会议，明确提出，必须建立一个健全的师范教育体系，使之成为培养各类中等、初等学校和幼儿园合格师资的基地。各省、市、自治区应当根据需要和可能条件，统筹规划本地区各级师范院校的设置。① 自此之后，我国通过恢复三级师范教育体系，重建教师培养、培训的渠道、院校。下面，我们通过图表的形式展现这一时期的教师教育体系。

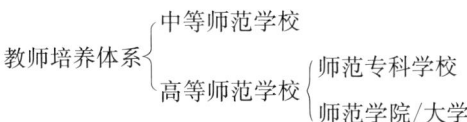

图 1-1　1999 年之前的我国教师培养体系

表 1-1　1999 年之前的我国教师培养机构

培养学段	教师教育机构	教师教育院校举例
幼儿师资	幼儿师范学校（中师） 幼儿高等师范专科学校（师专） 师范大学学前教育专业	四川省万县幼儿师范学校 上海幼儿师范高等专科学校 北京师范大学学前教育大专班
小学师资	中等师范学校（中师）	南京市晓庄师范学校 江苏省如皋师范学校 四川省江油师范学校
初中师资	高等师范专科学校（师专）	南京市师范专科学校 安顺师范高等专科学校
高中师资	师范学院/师范大学（本科）	北京师范大学 华东师范大学 北京师范学院 上海师范学院
职业高中师资	职业技术师范学院	吉林技工师范学院 天津职业技术师范学院

① 高沂：《办好师范教育，提高师资水平，为四化建设培养人才出贡献》，见何东昌：《中华人民共和国重要教育文献(1976—1990)》，1852 页，海口，海南出版社，1998。

续表

培养学段	教师教育机构	教师教育院校举例
特殊教育师资	特殊教育师范学校(中师) 特殊教育师范学院(专科、本科)	南京特殊教育师范学校(1982) 南京特殊教育师范学院(1997 年开始培养五年制大专生，2002 年升格为普通高等学校)

从表 1-1 可以发现，我国基础教育领域的教师培养由三级师范组成：师范本科、师范专科、中等师范，分别培养高中、初中、小学和幼儿园及特殊教育机构的教师。每一类的师范院校培养特定类型的师资，如幼儿师资由幼儿师范学校和幼儿高等师范专科学校培养，中小学师资分别由高等师范学校和中等师范学校培养，职业学校的师资则由专门的职业技术师范学院培养。

与此同时，改革开放以后，我国开始重建独立的教师继续教育体系。1977 年 12 月，教育部发布《关于加强中小学在职教师培训工作的意见》，明确提出"需要尽快建立和健全省、地、县、社和学校的师资培训网。省(市、自治区)、地(盟、州)可建立教育学院或教师进修学院；县(旗)可建立教师进修学校；公社可建立培训站，不设站的，要有专人负责"。在这样的思路下，各地开始建立独立的教师继续教育体系。具体参见图 1-2、表 1-2。

$$
\text{教师继续教育体系}\begin{cases}\text{省级教育学院}\\\text{地市级教育学院}\\\text{区县教师进修学校}\end{cases}
$$

图 1-2　我国独立的教师继续教育体系

表 1-2　1999 年之前的我国教师培训体系

培训学段	教师继续教育机构	院校举例
小学、幼教师资为主，初中师资及小学行政干部为辅	区县教师进修学校	桂林市教师进修学校、北京海淀区教师进修学校、扬州市江都区教师进修学校

续表

培训学段	教师继续教育机构	院校举例
初中、高中师资为主，中专师资及重点小学行政干部为辅	省级教育学院	北京教育学院、四川省教育学院
	地市级教育学院	芜湖教育学院、开封教育学院、大连教育学院
教育行政干部	教育行政学院	国家教育行政学院

由表1-2可见，改革开放以来至20世纪90年代末，我国建立了独立的教师继续教育体系：各地建立了省、地市、区县级的教师继续教育机构，承担小学教师、初中教师和高中教师的培训任务。但由于继续教育的任务繁重，各级教师继续教育机构又按行政区域层级建立，各级教师培训机构承担的任务并不像教师培养机构那样泾渭分明。

二、1999年之后的教师教育体系、机构

20世纪90年代中后期之后，随着改革开放的深入、社会经济文化各项事业的发展，大部分地区义务教育普及任务基本完成，国家和人民大众对基础教育的需求开始由量转为质，对师资的需求也从而由量转为质，提供高质量的师资是21世纪教师教育领域面临的重任。1999年3月16日，教育部发布了《关于师范院校布局结构调整的几点意见》，明确提出了在我国建立"以师范院校为主体，其他高等学校积极参与，中小学教师来源多样化；师范教育层次结构重心逐步升高；职前职后教育贯通"的开放的教师教育体系。在具体的策略上，教育部提出：①师范教育由三级师范向二级师范转变，提高教师培养层次。具体办法如推动师专、中师、教育学院的合并，建立专科以上的师范教育机构；通过联合、合并、充实、提高等办法，提升优质中师的办学层次等；②推进地（市）教育学院与当地师范院校合并，提高教师教育的效益和质量；③推进师范专科学校、教育学院和中等师范学校合并，建设一批师范学院或师范专科学校承担中小学教师培养培训任务；④鼓励综合性大学参与培养中小学教师，积极推动教师教育的资源重组。自此以后，我国教师教育体系由封闭走向开放。

1999 年之后，全国的师范院校开始了合并、重组、升格的浪潮，我国教师教育的院校类别、层次也发生了根本性的变化。具体表现在以下几个方面：①教师教育的层次由三级变为二级，中师层次基本取消。目前我国的教师教育机构层次基本在专科以上，五年制大专的小学师资培养模式崭露头角。②独立的教育学院和教师进修学校大量被取消，职前职后一体化的局面在机构设置方面基本实现，如众多的教师教育机构同时承担教师培养与教师培训的双重任务。③少数质量上乘的独立的师范院校得以保留，教师教育依然是其关注的重点和特色，但它们都设立了非师范专业，如北京师范大学、华东师范大学、首都师范大学等。④一些综合大学参与教师教育，承担教师继续教育和教育理论、政策的研究，如北京大学教育研究院、清华大学教育研究院、武汉大学教育科学研究学院。下面，我们以 2010 年的数据看我国教师教育开放化的局面(见表 1-3)。

表 1-3　2010 年我国参与教师教育的院校

学校类别	非师范院校					师范院校				中等职业学校	
	综合大学	地方综合学院	高职高专	独立学院	其他院校	部属师大	省属师大	师范学院	师范专科学校	合计	其中中师
校数(所)	61	135	108	32	16	6	34	67	36	2367	141
各类别数及所占比例	352		12.3%			143		5.0%		2367	82.7%

注：表中数据来自《中国教育年鉴》编辑部：《中国教育年鉴 2011》，284 页，人民教育出版社，2012。

由表 1-3 发现，2010 年我国参与教师教育的院校有 2862 所，其中综合性高等院校 352 所，占所有参与院校的 12.3%；高等师范院校有 143 所，占参与院校的 5.0%；中等职业学校有 2367 所，占所有参与院校的 82.7%。在所有参与院校中师范院校（包括中师）有284 所，占参与院校的 9.9%。似乎中等层次的教师教育占的比例最大。但通过表 1-4 发现，经过教师教育的开放化历程，我国的教师培养层次已经提高，专科以上的在校师范生数和毕业生数占 2/3 以上。1981 年，我国有中等师范学校 962 所，在校生数 436904 人；师范高校 186 所，本专科在校生数共计 321444 人，师范研究生在校生1347 人。[1] 本专科以上师范生占在校师范生总数的 42.5%。对比可见，教师教育的学历层次明显提高。

表 1-4　2010 年我国各级院校培养的师范生状况（单位：万人）

类别	合计	本科师范生及比例		专科师范生及比例		中职师范生及比例	
在校生数	267.96	129.75	48.42%	56.67	21.15%	81.54	30.43%
招生数	84.32	35.88	42.55%	15.86	18.81%	32.58	38.64%
毕业生数	72.96	29.34	40.21%	22.82	31.28%	20.80	28.51%

注：表中数据来自《中国教育年鉴》编辑部：《中国教育年鉴 2011》，284 页，人民教育出版社，2012。其中各比例系笔者计算。

第二节　幼儿教师教育事业的建设与发展

中华人民共和国成立初期的 17 年，为了"便于产业女工和女公教人员专心参加生产、工作"，在工业地区和大中城市发展幼儿教育事业[2]，但幼儿教育切实发展、幼儿教师队伍的培养提升是在改革开放以后。20 世纪 70 年代末，教育部门开始重视教育事业中的薄弱

---

① 《中国教育年鉴》编辑部：《中国教育年鉴 1949—1981》，963—971 页，北京，中国大百科全书出版社，1984。

② 《教育部关于幼儿教育工作中的两个问题给西北教育局的批复》，见何东昌：《中华人民共和国重要教育文献(1949—1975)》，355 页，海口，海南出版社，1998。

环节——幼儿教育，幼儿师资的培养造就遂提上议事日程。1978 年，教育部在《关于加强和发展师范教育的意见》中，提出"要积极办好幼儿师范学校，为幼儿教育培养骨干师资"。1981 年 5 月，国务院托幼工作领导小组和全国妇联在中南海召开京津托幼代表座谈会，要求大力推动全国托幼工作的开展。[①] 自此以后，我国的幼儿教育事业开始发展。改革开放 40 年，以 20 世纪 90 年代末为分界线，我国的幼儿教师教育事业分两个时期，前期是中等层次为主的独立幼儿教师教育发展的时期，后期是伴随着教师教育综合化浪潮的幼儿教师教育事业多元化发展时期。下面，我们分别论述这两个时期幼儿教师教育事业的建设与发展。

一、独立的教师教育时期的幼儿教师教育

（一）幼儿教师的职前教育

十年"文化大革命"中，17 年的幼教工作成绩被全盘否定，师资队伍被破坏，幼儿师范学校被砍掉，高师学前专业停止招生，不少办得较好的幼儿园被迫停办、撤销。[②] 幼儿教师队伍的数量和质量严重下降，重新建设迫在眉睫。改革开放以后，教育部迅速做出了恢复建立独立的教师教育体系的决定，要求全国范围内"统筹规划，建立师范教育网"[③]。在这种思路下，幼儿教师教育也得以建设发展。

1. 大力发展幼儿师范学校

通过对 20 世纪八九十年代幼儿教师教育的建设发展研究发现，这一时期我国幼儿教师教育的发展是在国家强有力的支持和引导下进行的。具体思路和发展如下。

---

① 《中国教育年鉴》编辑部：《中国教育年鉴 1949—1981》，84—85 页，北京，中国大百科全书出版社，1984。

② 《中国教育年鉴》编辑部：《中国教育年鉴 1949—1981》，117 页，北京，中国大百科全书出版社，1984。

③ 《教育部印发关于加强和发展师范教育的意见》，见何东昌：《中华人民共和国重要教育文献(1976—1990)》，1649 页，海口，海南出版社，1998。

　　大力发展独立设置的幼儿师范学校。面对被"文化大革命"破坏的幼儿教师教育①，为了尽快培养急需的幼儿师资，1978 年 10 月，教育部在《关于加强和发展师范教育的意见》中提出积极办好幼儿师范学校，具体要求"在 1980 年前，要做到每一个地区有一所幼儿师范学校，或在有条件的中等师范学校举办幼师班"。由此，各地开始恢复独立的幼儿师范学校。

　　为了加快独立幼儿教师教育有质量的发展，1980 年 9 月，教育部印发《关于师范教育的几个问题的请示报告》的通知，提出"各省、市、自治区应重点办好两三所中等师范学校、一所幼儿师范学校，要求它们在中等师范教育中起示范作用"。随后，每个省市集中建设一所高质量的幼儿师范学校，各地独立的幼儿师范学校逐年增加，培养的幼师生数量也迅速增长，为这一时期的幼儿教师教育的发展奠定了基础(参见表 1-5)。

表 1-5　1979—2002 年幼儿师范学校基本情况表

年份	1979	1980	1981	1982	1983	1984	1985	1986	1987	1988	1989	1990
学校数	22	28	30	33	36	47	57	59	58	67	63	67
在校生数	9171	13483	18559	21798	26093	29918	40987	49337	30478	36013	35498	38165
招生数	4478	7003	8609	8600	10562	11092	17024	19358	10268	11947	12513	12892
毕业生数	938	3459	4420	5751	6200	7770	7835	10454	7119	10783	10956	11600
年份	1991	1992	1993	1994	1995	1996	1997	1998	1999	2000	2001	2002
学校数	68	65	67	67	65	65	64	61	61	55	56	47
在校生数	37995	39340	43832	47558	51331	56278	58796	58109	59823	57509	61331	63600

① 据统计，1965 年，我国有中等层次的幼儿师范学校 19 所，招生数 1986 人，在校生 5267 人，毕业生 861 人。是年幼儿师范学校专任教师 425 人，职员 417 人，幼儿师范教育初具规模。但经过十年"文化大革命"，幼儿师范学校被迫停办，幼儿师资缺乏基本的培养渠道。《中国教育年鉴》编辑部：《中国教育年鉴 1949—1981》，1000 页，北京，中国大百科全书出版社，1984。

续表

年份	1991	1992	1993	1994	1995	1996	1997	1998	1999	2000	2001	2002
招生数	13158	14268	17323	17900	18191	19341	19613	20288	18900	18241	19714	22070
毕业生数	13184	12427	12670	12174	13103	15949	17328	17749	18604	18192	20048	18975

说明：①1979—1981 年幼儿师范学校基本情况的数据源于《中国教育年鉴》编辑部：《中国教育年鉴 1949—1981》，1000 页，北京，中国大百科全书出版社，1984。1982—1984 年幼儿师范学校基本情况的数据源于《中国教育年鉴》编辑部：《中国教育年鉴 1982—1984》，68—69 页，长沙，湖南教育出版社，1986。1985—1986 年幼儿师范学校基本情况的数据源于《中国教育年鉴》编辑部：《中国教育年鉴 1985—1986》，附一，7—8 页，长沙，湖南教育出版社，1988。1987—2002 年幼儿师范学校基本情况的数据源于中国统计出版社出版的当年的《中国教育统计年鉴》。②"文化大革命"之后的幼儿师范学校的统计是从 1979 年才有的，20 世纪 90 年代末师范教育走向开放后，大部分的中等层次的幼儿师范被合并，幼儿师范教育的统计途径也发生了变化，《中国教育统计年鉴》中关于幼师教育的相关统计在 2002 年截止。

2. 促进幼儿教师教育的多元化

由于幼教师资匮乏，一个省区设立一所幼儿师范学校的规模难以满足庞大的幼教市场的需求，从 20 世纪 70 年代末开始，教育部采取多种途径解决幼师培养的问题。

①鼓励普通中师开设幼师班。除了幼儿师范学校专门培养幼儿教师，教育部鼓励中等师范院校开设幼儿师范班，扩大幼师的培养渠道。1978 年教育部在《关于加强和发展师范教育的意见》中就提出，"原有学前教育专业的师范学校，应积极办好这个专业，扩大招生名额"，希望普通师范学校参与幼儿师资的培养。1988 年 8 月，国家教委、国家计委等 8 部委在《关于加强幼儿教育工作的意见》中提出幼儿师资来源多元化、地方化的思想，要求各地合理设置幼儿师范学校、中等师范学校幼师班、职业高中幼教专业和幼儿师资培训中心等，讲求办学效益。① 在上述方针政策的影响下，一些中等师范学校开始开设幼师专业。以江苏省为例，1988 年江苏省无锡师范学校、常州师范学校、南通师范学校、海州师范学校、淮安师范学校、盐

---

① 《中国教育年鉴》编辑部：《中国教育年鉴 1989》，116 页，北京，人民教育出版社，1990。

城师范学校、高邮师范学校、丹阳师范学校均设有幼师班。中等层次的幼儿师范迅速扩大。1987 年全国有 200 多所普通师范学校附设了幼师班，在校生 24177 人，毕业生 6122 人。1989 年在校生 22907 人，毕业生 7508 人。2003 年，普通中等师范附设的一批幼师班在校生有 4 万多人，每年可培养幼儿师资 1.2 万人。[①]

②多渠道解决农村幼师培养问题。农村一直是我国幼儿教育薄弱的地区，其中重要的原因是师资的缺乏。为解决此问题，1983 年教育部《关于发展农村幼儿教育的几点意见》，提出要在有条件的普通中等师范学校附设幼师班，承担起农村幼儿教育师资的培养任务，"幼师和幼师班应按照教育部的有关规定，对农村实行定向招生，定向分配；也可以试行在计划外招收不包分配的农村学生，还可举办不包分配的职业幼师班，为农村培养更多的幼儿教师"。

③鼓励职业高中设立幼师班。鉴于幼儿师资培养渠道依然不能满足幼儿教育对幼师的需求，1988 年 8 月，国家教委、国家计委等 8 部委在《关于加强幼儿教育工作的意见》中提出了职业高中设立幼教专业，开阔培养渠道。同年 10 月，国家教委下发了《关于进一步办好职业高中幼师专业的意见》，认可职业高中幼师专业是培养幼儿教师的重要渠道。[②] 自此以后，我国众多的职业高中设立了幼教专业，培养幼儿师资。1986 年至 2000 年职业中学高中阶段师范科的学生数量都非常大，在此期间累计培养毕业生 730880 人，其中大部分是幼儿师范生。

④培养高层次幼师人才。虽然这一时期中师层次的幼师是幼师培养的主要方向，但国家和一些发达地区还是鼓励高层次幼儿教育

---

① 粟高燕：《中国百年幼儿师范教育发展史研究 1904—2004》，214 页，天津，天津古籍出版社，2014。

② 中国学前教育研究会：《中华人民共和国幼儿教育重要文献汇编》，284 页，北京，北京师范大学出版社，1999。

人才的培养。1980 年教育部印发《关于办好中等师范教育的意见》，明确提出"已开设学前教育专业的高等师范院校应积极培养幼儿师范师资、幼教干部和幼教科研人员。1985 年之前，在原来的大行政区范围内，应有一所高等师范院校开设学前教育专业"。20 世纪 80 年代初，北京师范大学、华东师范大学、南京师范大学等高校均设有学前教育专业，培养本科层次的幼儿师资，到 1987 年，全国共有 22 所师范院校设置了学前教育本科专业。同时，研究生层次的幼教人才培养也提上议事日程。1984 年和 1986 年，北京师范大学和南京师范大学相继获得了学前教育学硕士授权点，培养高校学前教育专业教师及科学研究人员。20 世纪 90 年代以后，随着提升我国教师培养层次的呼声的提高，研究生层次幼儿师范教育进一步发展。1994 年南京师范大学成为我国第一个学前教育学博士学位授权点，1998 年南京师范大学有了第一位博士后流动站的学前教育学者。这个时期，独立的专科幼儿师范学校也出现了。1985 年，上海市政府将创办于 1952 年的上海市幼儿师范学校改建为上海幼儿师范专科学校，成为一所专门培养具有大专学历毕业生的 2 年制幼儿师范院校。该校 1992 年改名为上海幼儿师范高等专科学校，1993 年起实行 5 年制师范专科教育。

可以说，独立的教师教育时期，我国幼儿教师的职前教育建立了中专、大专、本科三级的幼儿教师教育体系，形成以独立幼儿师范学校为主，普通师范幼师班、职业中学幼师班为辅的师资培养方式；中等师范为主，师专和师范大学为补充的幼儿师资培养局面，从而实现了我国幼师培养本地化、多元化、阶梯化。在学历层次上，幼儿师资培养以中专层次为主，大专与本科数量极少。这个时期，我国幼儿师范学校发展迅速，无论是学校数、招生数、在校生数等都迅速增加。由于缺乏专科和本科师范的统计数据，难以说明这两个层次师范培养的数量、比例，但专科以上层次幼教人才的培养成果是有目共睹的。

3. 提高幼师院校的办学质量

在大力建设幼儿师范学校，扩大办学规模的同时，教育部十分关注幼儿教师教育的办学质量，关注的重点是招生与教学。在招生上，主要强调提前单独招生。1980 年 9 月，教育部《关于师范教育的几个问题的请示报告》中提出"中师实行单独招生计划"。1983 年 2 月，教育部根据幼儿教育的特点，对幼儿师范学校的招生与办学提出了要求："幼儿师范学校的招生办法在原则上与普通师范相同，但要全部招收女生，并注意招收愿意从事幼教工作的人入学。还可招收少量初中毕业文化程度的教养员（包括集体所有制单位举办的幼儿园），其年龄需在 19 岁以下，具有两年以上的幼教教龄，经本人所在单位同意方可报考；毕业后一律回原单位工作。"①

在教学方面，为了进一步规范幼儿师范学校的办学，特别是提高教学质量，教育部从 1980 年就开始颁行教学计划，到 20 世纪末屡次修订该教学计划，使其能更科学规范地指导幼师教学。1980 年 10 月 14 日，教育部发布《关于印发中等师范学校教学计划试行草案和幼儿师范学校教学计划草案的通知》，确立了幼儿师范学校的培养目标、修业年限、课程设置、实习、时间安排等。例如，明确幼师的办学目标是"培养合格教养员"；修业年限分 3 年制和 4 年制两种，招收初中女毕业生；课程开设政治、语文、数学、物理学、化学、生物学、历史、地理、外语、幼儿心理学、幼儿教育学、幼儿卫生学、语言及常识教学法、计算教学法、体育及体育教学法、美工及美工教学法、音乐及音乐教学法、舞蹈等；全年 52 周，3 年制和 4 年制实习分别为 8 周和 10 周，不低于 4 周；等等。虽然这个教学计划的基本课程与普通师范很接近（除了冠以幼儿之名的教育学等课和

---

　　① 《中国教育年鉴》编辑部：《中国教育年鉴 1982—1984》，100 页，长沙，湖南教育出版社，1986。

教学法课外），但的确指导并规范了当时的办学，使那个时期的幼儿师范学校的教学质量得以保证。经过几年的实践，发现这一教学计划与幼儿教育的要求还有一定距离，1985 年教育部颁布《幼儿师范学校教学计划》，对 1980 年的计划进行了修订。这个计划注重教师教育的师范性与实践性特征，在减轻师范生课程负担的同时增加其自主性，如在 1980 年试行草案的基础上减少了每周 2 至 3 节课时的理化课，增加了教育专业课和教育实习的时间，3 年制和 4 年制的这两门课分别占总学时的 27.27% 和 22.19%，增设了 5.9% 的选修课。[①]10 年之后，国家教委又修订了这个方案，于 1995 年 1 月颁发了《三年制中等幼儿师范学校教学方案（试行）》。新方案实行统一性与多样性相结合，坚持方向性等原则；在加强对幼师生进行政治思想教育的同时，注重提高学生的文化知识水平，全面提高幼师生的素质，增加了文化课的课时，削减了教育专业课的课时；贯彻理论联系实际的原则，改革幼师教学法和幼教理论课程；加强教育实践环节，强化技能训练和能力培养。[②] 这一方案对提升幼儿师资的培养质量发挥了一定作用。

　　鉴于职业高中参与幼师教育的事实，为了确保职高培养幼师的质量，1988 年国家教委专门颁布《关于进一步办好职业高中幼师专业的意见》，明确职高幼师专业的任务和目标是培养和培训幼儿师资，要求职高在教学计划和课程设置中突出幼师特点，注重幼师职业技能训练，改善办学条件，加强师资队伍建设等，为职业高中办幼师专业提供了指导性意见。

---

　　① 《中国教育年鉴》编辑部：《中国教育年鉴 1982—1984》，100—101 页，长沙，湖南教育出版社，1986。

　　② 见苏林、张贵新：《中国师范教育十五年》，396 页，长春，东北师范大学出版社，1996。

在教育主管部门的努力下，这一时期的职前幼儿教师教育的质量得到社会比较大的认可。

（二）在职幼师的教育培训

由于"文化大革命"，师资来源缺乏基本的培养渠道，社会上有限的幼儿园师资只能降格录用，师资质量难以保证。20世纪80年代初，我国幼儿教育经费、师资水平与质量差异等问题还很严重。[①]为此，教育部开始关注通过加强在职教师培训来提升师资质量。

20世纪80年代初，我国幼儿园干部、教师大部分没有受过专业训练，文化、业务水平普遍偏低，"教育工作中普遍存在小学化、成人化的倾向，幼儿教育的数量和质量均不能满足群众的要求"[②]。迅速改进幼儿教育的质量，加强在职幼儿教师的培训以提升其素质成为这一时期教育部门的重要工作。1980年，教育部要求"各地幼儿师范学校和高等师范院校的学前教育专业应积极采取各种形式培训幼儿园的在职干部和保教人员，提高他们的政治、文化、业务素质"[③]。1983年，教育部针对农村幼儿园师资普遍缺乏专业训练的情况，提出"对未经系统专业训练的幼儿教师要有计划地进行培训"，幼儿师范学校、普通中师、教师进修院校要承担培训幼儿教师的任务，"力争在1990年前，通过各种渠道，使多数幼儿教师都能获得一定程度的专业培训，并使多数示范性幼儿园、公社中心幼儿园园长和部分骨干教师达到幼儿师范毕业的程度"[④] 1984年教育部初等

① 《中国教育年鉴》编辑部：《中国教育年鉴1949—1981》，115页，北京，中国大百科全书出版社，1984。

② 《教育部印发〈关于发展农村幼儿教育的几点意见〉》，见何东昌：《中华人民共和国重要教育文献(1976—1990)》，2129页，海口，海南出版社，1998。

③ 《教育部印发〈关于进一步加强中小学在职教师培训工作的意见等三个文件的通知〉》，见何东昌：《中华人民共和国重要教育文献(1976—1990)》，1835页，海口，海南出版社，1998。

④ 《教育部印发〈关于发展农村幼儿教育的几点意见〉》，见何东昌：《中华人民共和国重要教育文献(1976—1990)》，2129页，海口，海南出版社，1998。

教育司组织编写了一套 12 种 13 册的农村幼儿教师培训教材，内容涉及幼儿教育学、幼儿教育心理、幼儿卫生、语言教学法、常识教学法、计算教学法、体育教学法、音乐教学法、美术教学法、幼儿园玩具教具制作、音乐基础知识（两册）、幼儿园舞蹈和歌曲①，从而使农村幼儿教师的培训上质量、上档次。

1986 年 10 月，国家教委下发《关于幼儿园教师考核的补充意见》，要求不具备国家规定合格学历的幼儿园教师参加《教材教法考试合格证书》和《专业合格证书》的考试。② 这一时期，不少幼儿教师参加教材教法考试并获得证书，如 1987 年天津市有 7518 名幼儿教师参加《教材教法考试合格证书》的考核，其中 1757 名幼儿教师获得证书。③ 同年全国有 669 名幼儿园园长和 5096 名幼儿教师获得《专业合格证书》。④

1996 年国家教委发布《关于开展幼儿园园长岗位培训工作的意见》，提出为进一步提高保教质量，深化幼儿园改革，需进一步实施幼儿园园长培训工作。通过采取短期脱产、半脱产和业余学习等多种形式，争取用五年左右时间将全国幼儿园园长轮训一遍。为了使培训更有质量，时国家教委一方面要求加强幼儿师范、中等师范、教师进修学校、教育学院等幼儿师资培训基地建设，另一方面颁布了《全国幼儿园园长岗位培训指导性教学计划（试行草案）》，指导园长培训。⑤

---

① 《中国教育年鉴》编辑部：《中国教育年鉴 1985—1986》，96 页，长沙，湖南教育出版社，1988。

② 中国学前教育研究会：《中华人民共和国幼儿教育重要文献汇编》，238—243 页，北京，北京师范大学出版社，1999。

③ 《中国教育年鉴》编辑部：《中国教育年鉴 1988》，69—70 页，北京，人民教育出版社，1989。

④ 国家教育委员会计划财务局：《中国教育统计年鉴 1987》，88 页，北京，北京工业大学出版社，1988。

⑤ 中国学前教育研究会：《中华人民共和国幼儿教育重要文献汇编》，411—416 页，北京，北京师范大学出版社，1999。

经过多年的努力，1988 年至 2000 年，取得《专业合格证书》的在职幼儿园园长累计达到 72257 人，在职幼儿教师累计 1105429 人，师资合格率获得了很大的提高(见图 1-3)。[①]

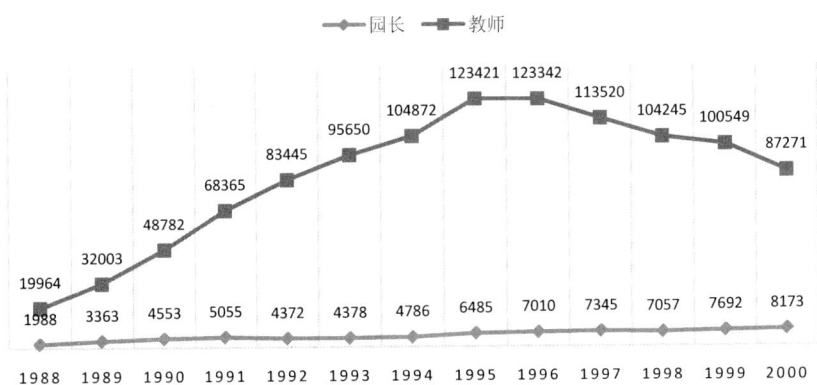

图 1-3　获得专业合格证书的幼师数量变化

二、开放的教师教育时期的幼儿教师教育

20 世纪 90 年代末，我国着手建立师范院校与非师范院校共同参与、职前职后一体化的开放的教师教育体系，并"通过实施教师资格证制度，吸收非师范专业学生和社会优秀人才从教"[②]。这一时期的幼儿教师教育也发生了变化。

（一）幼儿教师的职前教育

20 世纪 90 年代末以来，伴随着教师教育体系的开放化、办学层次的提升，我国幼儿教师培养也开始由关注数量转向关注质量。这一时期的幼儿教师培养面临两方面的问题：一方面，幼儿教师匮乏的问题没有根本解决，难以提升教师教育的层次；另一方面，教师教育升格、开放的局面又迫使幼儿教师教育提升层次，关注质量。

① 数据源自 1988—2000 年的《中国教育统计年鉴》中"幼儿教育教师学历情况"，1988 年由北京工业大学出版社出版，1989—2000 年由人民教育出版社出版。
② 胡艳：《当代教师教育问题研究》，55 页，郑州，大象出版社，2010。

这一时期我国幼儿教师培养主要做了两方面的工作，一是确保幼儿师资培养机构的办学质量，二是扩大专科以上层次幼儿师资的培养规模。

一是确保幼儿师范专业的办学质量。从前文表 1-4 提供的 2010 年我国各级院校培养的师范生的数据可以看到，是年仍有近 1/3 的师范生是中职学校培养的，实际上这些中等层次的师范生绝大多数是幼儿师范生。这一时期，鉴于不少举办幼儿师范专业的中职院校和地方综合学院不具备基本的办学条件，教师资格认定和录用又把关不严，使一些不具备教师资格的人进入教师队伍，严重影响幼儿教师的质量，教育部开始通过规范办学机构确保办学质量。2004 年教育部印发的《普通高等学校基本办学条件指标（试行）》，把高校基本办学条件指标作为衡量普通高等学校基本办学条件和核定年度招生规模的重要依据。这些指标包括生师比、具有研究生学历教师占专任教师的比例、生均教学行政用房、生均教学科研仪器设备值、生均图书等。2005 年 3 月，教育部印发《关于规范小学和幼儿园教师培养工作的通知》，要求培养小学和幼儿园教师的学校首先必须达到国家或省级教育行政部门规定的基本办学条件要求，同时还应当具备以下举办教师教育的基本条件：①具有十年以上教师培养经验，有体现教师教育特色的培养方案，能严格按照课程计划实施教学；②从事教师教育理论和实践方面教学的专任教师数量足够且结构合理；③有满足小学和幼儿园教师培养需要的教学条件和设备，师范类学生人均教师教育类图书要达到 100 册以上，有一定数量的微格、心理观察和教学观察等专用教室和实验室；④有满足学生教育实践需要的相对稳定的教育见习和实习基地；⑤师范类学生生源好，应届毕业生年底就业率在 70％以上，毕业生深受社会欢迎。不具备条件的学校从 2006 年开始停止招收师范类专业。当年，各地上报合格的小学和幼儿园教师培养机构 337 所，其中本科学校 72 所（师范院校 37 所、地方综合学院 21 所、综合大学 14 所），专科学校 181 所（师范学院、师专和地方综合学院 111 所、高职院校 48 所、教育学院 20 所、成人民办院校 2 所）；中专学校 84 所（师范学校 64 所、中等职业技术学校 20 所）。① 根据教育部 2017 年公布的全国高校名单，我国共有 37 所幼儿师范高等专科学校，1 所学前师范学院。

在确保基本办学条件的同时，教育部关注幼儿师范的教学质量。2001 年，教育部印发《幼儿园教育指导纲要（试行）》，要求各地城乡幼儿园"因地制宜地实施素质教育，为幼儿一生的发展打好基础"。该纲要把幼儿园的教育划分为五个领域：健康、语言、社会、科学、艺术，要求"各领域的内容相互渗透，从不同的角度促进幼儿情感、态度、能力、知识、技能等方面的发展"②。2011 年教育部颁布《关于大力推进教师教育课程改革的意见》和《教师教育课程标准（试行）》。明确提出幼儿园职前教师教育课程的目标是要帮助未来教师充分认识幼儿阶段的特性和价值，理解"保教结合"的重要性，学会按幼儿的成长特点进行科学的保育和教育；理解幼儿的认知特点和学习方式，学会把教育寓于幼儿的生活和游戏中，创设适宜的教育环境，保护与发展幼儿探究、创造的兴趣，让幼儿在愉快的幼儿园生活中健康地成长。《教师教育课程标准（试行）》提出了 3 个课程目标与 5 个学习领域。课程目标是教育信念与责任，教育知识与能力，教育实践与体验；学习领域是儿童发展与学习，幼儿教育基础，幼儿活动与指导，幼儿园与家庭、社会，职业道德与专业发展。教育部的这些规定为规范我国幼儿师范学校的办学、确保办学质量奠定了政策基础。

---

① 《中国教育年鉴》编辑部：《中国教育年鉴 2006》，273—274 页，北京，人民教育出版社，2006。

② 《幼儿园教育指导纲要（试行）》，见何东昌：《中华人民共和国重要教育文献（1998—2002）》，950 页，海口，海南出版社，2003。

二是扩大专科以上层次幼儿师资的培养规模。我国早在 20 世纪 80 年代中期，就出现了专门的专科层次的幼儿师范学校——上海幼儿师范专科学校；有二十几所本科师范院校设立学前专业，但这些院校培养的学生数量依然不能满足我国经济飞速发展后人们对高质量的幼教要求导致的优质幼教师资的需求。特别是近年来，由于我国新生儿数量增加及幼儿教育机构问题频发，幼师教育的数量和质量保障再度引起关注。2018 年 1 月，《中共中央国务院关于全面深化新时代教师队伍建设改革的意见》中提出"全面提高幼儿园教师质量"，要求办好一批幼儿师范专科学校和若干幼儿师范学院，支持师范院校设立学前教育专业；创新幼儿园教师培养模式，前移培养起点，大力培养初中毕业起点五年制专科层次幼儿教师。2018 年教育部等五部门印发的《教师教育振兴行动计划（2018—2022 年）》明确提出今后要"为幼儿园培养一大批关爱幼儿、擅长保教的学前教育专业专科以上学历教师"，根据各地学前教育发展的实际需求，扩大专科以上层次幼儿园教师培养规模。

在教师教育开放化背景下，我国幼儿教师教育还是获得了长足的发展。由于教育统计年鉴中缺乏具体幼儿师范院校的数据，我们只能从幼教师资队伍中看到幼儿师范的办学状况。从 2001—2016 年的统计看，幼教专业的毕业生增长迅速。2001 年幼教专业毕业的幼儿园教职工总计有 44 万多人，2016 年增长至 177 万多人，增长了 3 倍多。其中幼教毕业的园长增长了 2.24 倍，专任教师增长了近 3 倍（见表 1-6）。总之，专任幼师队伍中以幼教专业毕业生为主，但兼任教师队伍中具有幼教专业学历的仅占少数。

表1-6 2001—2016年各类别幼教专业职工的数量及比例①

年份	2001	2002	2003	2004	2005	2006	2007	2008	2009	2010	2011	2012	2013	2014	2015	2016
1.教工总计	861726	903319	973159	1047323	1152046	1238567	1317247	1434211	1570756	1849301	2204367	2489972	2826753	3142226	3495791	3817830
幼教毕业	446017	480595	517029	562740	623041	669142	708618	769682	841733	955054	986033	1089742	1255416	1402574	1584638	1775076
占比(%)	52	53	53	54	54	54	54	54	54	52	45	44	44	45	45	46
1.1园长	83864	88041	96219	103486	114511	121748	125165	133465	141909	161086	180357	198238	221606	236169	252113	266716
幼教毕业	46684	50190	54785	59596	66622	71480	73504	78935	84404	94087	96549	104882	118071	126566	137726	151093
占比(%)	56	57	57	58	58	59	59	59	59	58	54	53	53	54	55	57
1.2教师	546203	571227	612856	656038	721609	776491	826765	898552	985889	1144225	1315634	1479237	1663487	1844148	2051021	2232067
幼教毕业	377578	406261	436638	475930	526937	566228	600912	655606	718676	819614	838160	926985	1062990	1188883	1346856	1508554
占比(%)	69	71	71	73	73	73	73	73	73	72	64	63	64	64	66	68
1.3保健员	50810	56644	63620	71342	81396	90784	99228	111425	123764	160330	58875	65305	72633	81006	89095	94014
幼教毕业	7029	8267	9031	9777	10871	11986	13818	14246	15762	17915	6283	6742	8035	9544	10906	12099
占比(%)	14	15	14	14	13	13	14	13	13	11	11	10	11	12	12	13
1.4保育员	—	—	—	—	—	—	—	—	—	—	344799	408871	484534	550808	632829	710469
学前毕业	—	—	—	—	—	—	—	—	—	—	30447	35212	46584	55147	65384	75682
占比(%)	—	—	—	—	—	—	—	—	—	—	9	9	10	10	10	11
1.5其他	180849	187407	200464	216412	234530	249544	266089	290769	319194	383660	304702	338321	384493	430095	470733	514564
幼教毕业	14726	15877	16575	17437	18611	19448	20384	20895	22891	23438	14594	15921	19736	22434	23766	27648
占比(%)	8	8	8	8	8	8	8	7	7	6	5	5	5	5	5	5
2.代课教师	65558	64462	67750	72804	74222	84207	90560	93937	105004	125348	146588	153164	163689	165907	159942	173243
幼教毕业	27858	28743	30723	33877	34672	38656	42044	42897	47867	56423	53845	51912	56191	55559	54863	62107
占比(%)	42	45	45	47	47	46	46	46	46	45	37	34	34	33	34	36
3.兼任教师	9711	11578	11680	12222	13221	13719	14561	15245	14837	16227	25928	22935	24025	22272	24768	38302
幼教毕业	2999	3951	3764	3672	3991	4150	4642	4604	4128	4656	7846	5810	6075	5340	6222	10289
占比(%)	31	34	32	30	30	30	32	30	28	29	30	25	25	24	25	27

注:本表中数据来自2001—2016年的《中国教育统计年鉴》中"幼儿教育"部分。2001—2014年由中国人民教育出版社出版,2015—2016年由中国统计出版社出版。比值由笔者计算。

（二）在职幼师的教育培训

进入 21 世纪以来，幼儿师资队伍数量随幼儿教育规模的扩大而激增。同时，随着教师资格制度的实施，大量非幼教专业及非师范专业的人才进入幼师队伍（见表 1-6）。这些幼师虽然多数获得了教师资格证，但并未受到过严格的专业训练，导致其专业知识和专业能力不足，影响幼儿教育的质量。为此，教育部要求对幼儿园教师和园长进行培训。

2010 年"国培项目"首次组织实施了幼儿园骨干教师的示范性培训。[①] 2011 年 9 月 5 日教育部提出，实施幼儿教师国家级培训计划；确定从 2011 年起，将中西部农村幼儿教师纳入"中小学教师国家级培训计划"，对中西部农村幼儿园骨干教师和转岗教师进行专业培训。[②] 2011 年中央财政新增 2 亿元实施"幼儿教师国家级培训"。支持 22 个中西部省份对农村幼儿园园长、骨干教师和转岗教师进行专业培训，包括短期集中培训、"转岗教师"培训、置换脱产研修 3 个子项目。2011 年教育部颁发《全国教育人才发展中长期规划（2010—2020 年）》，进一步提出"3 年内对 1 万名幼儿园园长和骨干教师进行国家级培训，各地在 5 年内对幼儿园园长和教师进行一轮全员培训"，具体包括"农村幼儿园园长素质提升项目""中西部中青年骨干校（园）长跟岗提高培训项目""全国优秀中小学校长和幼儿园园长高级研修项目"，以提升农村园长专业素质。[③] 2011 年幼师"国培"培训了 6.9 万人，其中短期集中培训 2.9 万人，"转岗教师"培训 3.5 万

---

① 《中国教育年鉴》编辑部：《中国教育年鉴 2011》，285—286 页，北京，人民教育出版社，2012。

② 《中国教育年鉴》编辑部：《中国教育年鉴 2012》，184 页，北京，人民教育出版社，2013。

③ 《中国教育年鉴》编辑部：《中国教育年鉴 2012》，1040—1049 页，北京，人民教育出版社，2013。

人，置换脱产研修 4500 人。①

为了规范幼儿教师的培训，确保培训质量，2012 年 5 月教育部下发了幼师"国培"的课程标准，对不同层次不同类别幼儿教师培训的目标和课程内容、比例、师资要求、培训考核评价等提出了具体的要求，用以指导幼儿师资的培训提高。例如，2018 年 1 月，教育部办公厅、财政部办公厅《关于做好 2018 年中小学幼儿园教师国家级培训计划组织实施工作的通知》中提出，加大幼儿园教师园长培训力度，针对当前幼儿园规范办园存在的突出问题，组织举办民办幼儿园园长专题培训班，切实提升幼儿园园长规范办园的能力和水平。幼师"国培"项目旨在"补短板"，以师德修养、幼儿保育与教育、依法规范办园为重点，通过国家级、省级、地(市)级、县(区)级等各级培训，对民办幼儿园园长进行一轮规范办园的全员培训。

2018 年 1 月《中共中央国务院关于全面深化新时代教师队伍建设改革的意见》中再次明确提出，建立幼儿园教师全员培训制度；加大幼儿园园长、乡村幼儿园教师、普惠性民办幼儿园教师的培训力度；依托高等学校和幼儿园，重点采取集中培训与跟岗实践相结合的方式培训幼儿园教师；鼓励师范院校与幼儿园协同建立幼儿园教师培养培训基地。

进入 21 世纪以来，各地的幼儿教师(包括园长)培训有目标、有计划地展开，有效地提升了幼儿园教师和园长的素质。

三、改革开放 40 年幼儿教师教育的成就

(一)幼儿教师数量极大增长

1. 幼儿师资的数量迅速增长

改革开放 40 年来，在国家和教育主管部门的努力下，在各级师

---

① 《中国教育年鉴》编辑部：《中国教育年鉴 2012》，269 页，北京，人民教育出版社，2013。

范院校和承担教师教育的机构的努力下，我国的幼儿师资的数量和质量有了较大的提升。从有教育统计年鉴的 1987 年开始到 2016 年，我国的幼儿教师和园长数分别增长了 2.43 倍和 4.49 倍(参见表 1-7 和表 1-8 中的城市、县镇与农村幼师队伍数量及生师比)。特别是进入 21 世纪以后，园长数增长十分明显，尤其 2010 年以后增势显著。这和我国改革开放 40 年来幼儿师范院校的数量增加、培养规模扩大分不开。

2. 幼儿生师比显著下降，农村幼儿生师比改善

如表 1-7 和表 1-8 所示，从有教育统计年鉴的 1987 年到 2016 年，我国幼儿生师比显著下降。1987 年幼儿整体生师比为 26∶1，2016 年则达到 18∶1。对比城市、县镇、农村三个区域幼儿生师比发现，农村幼儿生师比高于城市和县镇地区，农村师资缺乏的状况更为严重，2001 年农村幼儿生师比暴增至 71∶1。在教育主管部门和各级院校的努力下，农村幼儿师资培养受到关注，师资匮乏问题随之缓解，2016 年农村幼儿生师比下降至 25∶1。

(二)幼儿师资质量提升

幼儿师资队伍学历结构优化。改革开放 40 年来，我国幼儿师资队伍的学历水平不断提升。由于统计口径存在阶段性差异，故接下来的表格按阶段呈现(下同)。

据表 1-9 到表 1-12 共 4 个表格的统计发现，改革开放 40 年来，高学历的教师比例显著上升。20 世纪 90 年代之前，教师队伍中绝大多数人具有中师层次的学历，90 年代之后园长和幼师中出现相当比例的高等师范毕业者(包含专科)，其比例分别由 1991 年的 7％和 3％增长到 2000 年的 23％和 11％。到 2016 年，专科以上学历的园长和教师在教师队伍中的比例分别达到 86％和 76.54％，其中研究生学历的园长和教师分别达到 1.05％和 0.17％，本科学历者分别为 31.24％和 19.68％，专科学历者分别为 53.71％和 56.69％。

表 1-7　城市、县镇与农村幼师队伍数量及生师比（一）

年份	1987	1988	1989	1990	1991	1992	1993	1994	1995	1996	1997	1998	1999	2000	2001
1. 专任幼师合计	651392	670368	709119	749569	768927	534384	835976	861756	875063	888596	884429	875427	872422	856455	546203
城市幼师	189085	202511	227582	227549	232439	225925	247308	254644	259793	263222	262842	261773	272745	269802	237967
县镇幼师	105808	111762	117498	133142	148208	128521	182003	197814	201809	212556	221062	225742	228671	241171	182760
农村幼师	356499	356095	364039	388878	388280	179938	406665	409298	413461	412818	400525	387912	371006	345482	125476
2. 园长数合计	48591	50052	53934	56256	57977	57981	61683	68427	70267	72957	77382	80317	85479	89993	83864
城市园长	28075	29388	31580	32041	31592	32163	33054	35552	35782	36150	36521	37108	38353	38389	35299
县镇园长	10317	10854	11269	11888	12404	12717	13716	16102	16760	18165	19087	20740	22324	25552	26696
农村园长	10199	9810	11085	12327	13981	13101	14913	16773	17725	18642	21774	22469	24802	26052	21869
3. 在园幼儿合计	18078400	18545300	18476559	19722331	22092892	11464357	25525380	26302725	27112328	26663270	25189638	24030344	23262588	22441806	20218371
城市幼儿	4198100	4384096	4530932	4470836	4785028	3776925	5275124	5232324	5364460	5208586	5033816	5019953	5104824	5030653	4640511
县镇幼儿	2577700	2652194	2762291	3078685	3738133	2598631	4900733	5318650	5498876	5684220	5625745	5608763	5566255	5782367	5123337
农村幼儿	11302600	11509010	11183336	12172810	13569731	5088801	15349523	15751751	16248992	15770464	14530077	13401628	12591509	11628786	10454523
4. 幼儿生师比	26	26	24	24	27	19	28	28	29	28	26	25	24	24	32
城市生师比	19	19	17	17	18	15	19	18	18	17	17	17	16	16	17
县镇生师比	22	22	21	21	23	18	25	25	25	25	23	23	22	22	24
农村生师比	31	31	30	30	34	26	36	37	38	37	34	33	32	31	71

表 1-8 城市、县镇与农村幼师队伍数量及生师比(二)

年份	2002	2003	2004	2005	2006	2007	2008	2009	2010	2011	2012	2013	2014	2015	2016
1. 专任幼师合计	571227	612856	656083	721609	776491	826765	898552	985889	1144225	1315634	1479237	1663487	1844148	2051021	2232067
城市专任幼师	253489	278633	301566	322052	322905	357148	381411	411110	462844	660689	737289	802174	884373	956261	1048592
县镇专任幼师	197114	206556	205850	230074	263653	279568	308543	342346	405535	453224	512385	592986	659023	753314	812958
农村专任幼师	120624	127667	148667	169483	189933	190049	208598	232433	275846	201721	229563	268327	300752	341446	370517
2. 园长数合计	88041	96219	103486	114511	121748	125165	133465	141909	161086	180357	198238	221606	236169	252113	266716
城市园长	37111	40978	43461	45331	44172	46185	47522	48811	53129	75289	81484	86600	93164	97369	104743
县镇园长	29034	30564	30990	33457	37298	38904	41218	44386	50416	59772	66857	76070	81409	89166	93317
农村园长	21896	24677	29035	35723	40278	40076	44725	48712	57541	45296	49897	58936	61596	65578	68656
3. 在园幼儿合计	20360245	20039061	20894002	21790290	22638509	23488300	24749600	26578141	29766695	34244456	36857624	38946903	40507145	42648284	44138630
城市在园幼儿	4886690	5256140	5534326	5691834	5380383	5914651	6235444	6693227	7525759	11471472	12508076	13175629	14059534	14897875	15910581
县镇在园幼儿	5424509	5378954	5393470	5929221	6779707	7242455	7810597	8624934	10100646	12835047	13951769	14978832	15549049	16614616	17052679
农村在园幼儿	10049046	9403967	9966206	10169235	10478419	10331194	10673559	11259980	12140290	9937937	10397779	10792442	10898562	11135793	11175370
4. 幼儿生师比	31	28	28	26	25	25	24	24	23	23	22	21	19	19	18
城市幼儿生师比	17	16	16	15	15	15	15	15	15	16	15	15	14	14	14
县镇幼儿生师比	24	23	23	22	23	23	22	22	22	25	24	22	21	20	19
农村幼儿生师比	71	62	56	50	46	45	42	40	36	40	37	33	30	27	25

注：表 1-7 和表 1-8 中数据来自 1987—2016 年的《中国教育统计年鉴》中"幼儿教育"部分。1987—1988 年由北京工业大学出版社出版，1989—2014 年由人民教育出版社出版，2015—2016 年由中国统计出版社出版。表中生师比=幼儿数÷(园长数＋幼师数)。

表 1-9　1984—1990 年园长及教师学历情况

年份		1984	1985	1986	1987	1988	1989	1990
园长学历	合计数	35927	39557	43532	48591	50052	53934	56256
	中师/高中及以上	15549 43.3%	19223 49%	22053 51%	26305 54%	29367 59%	33275 62%	36712 65%
	中师/高中肄业及初师/初中毕业	13062 36.4%	13883 35%	15472 36%	16657 34%	16217 32%	16636 31%	15922 29%
	初师/初中肄业及以下	7316 20.3%	6451 16%	6007 13%	5629 12%	4468 9%	4023 7%	3622 6%
	其中：受过学前教育专业训练	7177 20%	9942 25%	11297 26%	12633 26%	14154 28%	16711 31%	18858 34%
教师学历	合计数	491123	549869	604933	651392	670368	709119	749569
	中师/高中及以上	210038 43%	238524 43%	261969 43%	294520 45%	326801 49%	363300 51%	398906 53%
	中师/高中肄业及初师/初中毕业	205164 42%	241535 44%	271517 45%	287717 44%	282279 42%	287996 41%	294430 39%
	初师/初中肄业及以下	75921 15%	69810 13%	71447 12%	69155 11%	61288 9%	57823 8%	56233 8%
	其中：受过学前教育专业训练	60188 12%	90600 16%	109367 18%	130021 20%	150865 23%	181054 26%	202145 27%

注：1984 年数据来自《中国教育年鉴 1982—1984》，74 页，湖南教育出版社，1986。1985—1986 年数据来自《中国教育年鉴 1985—1986》，96 页，湖南教育出版社，1988。1987—1990 年数据来自 1987—1990 年的《中国教育统计年鉴》中"幼儿教育"部分，1987—1988 年由北京工业大学出版社出版，1989—1990 年由人民教育出版社出版。比值由笔者计算。

表 1-10　1991—2000 年幼师队伍学历统计

园长学历统计										
年份	1991	1992	1993	1994	1995	1996	1997	1998	1999	2000
合计	57657	59785	61683	68247	70267	72957	77382	80317	85479	89993
高师毕业	4092 7%	4594 8%	5397 9%	5810 9%	6812 10%	8620 12%	10643 14%	13584 17%	17163 20%	20371 23%
中师毕业	23775 41%	26041 44%	27054 44%	29636 43%	31710 45%	33950 47%	36167 47%	37368 46%	39312 46%	39888 44%
职中幼师班	2873 5%	3610 6%	4585 7%	6416 9%	6644 9%	7640 10%	8837 11%	9618 12%	10306 12%	11931 13%
非师范 高中及以上	14241 25%	14221 24%	14730 24%	16303 24%	15950 23%	15030 21%	15258 20%	14167 18%	13999 16%	13891 15%
非师范 初中及以下	12676 22%	11319 19%	9917 16%	10262 15%	9151 13%	7717 11%	6477 8%	5580 7%	4699 6%	3912 4%

教师学历统计										
年份	1991	1992	1993	1994	1995	1996	1997	1998	1999	2000
合计	651435	815014	835976	861756	875063	888596	884429	875427	872422	856455
高师毕业	17694 3%	17046 2%	19714 2%	23375 3%	20131 2%	29013 3%	40111 5%	53669 6%	70589 8%	91349 11%
中师毕业	194366 30%	215997 27%	232424 28%	254816 30%	281312 32%	314517 35%	336460 38%	357059 41%	379916 44%	386271 45%
职中幼师班	68387 10%	87225 11%	96359 12%	107801 13%	116964 13%	123887 14%	130699 15%	136691 16%	139389 16%	141002 16%
非师范 高中及以上	184249 28%	244164 30%	245081 29%	248363 29%	241021 28%	227016 26%	214316 24%	192833 22%	173701 20%	150769 18%
非师范 初中及以下	186739 29%	250582 31%	242398 29%	227401 26%	215635 25%	194163 22%	162843 18%	135175 15%	108827 12%	87064 10%

注：表中数据来自 1991—2000 年的《中国教育统计年鉴》中"幼儿教育"部分，由人民教育出版社出版。比值由笔者计算。

表 1-11 2001—2016 年幼儿园园长学历水平数量区域对比

年份	2001	2002	2003	2004	2005	2006	2007	2008	2009	2010	2011	2012	2013	2014	2015	2016
合计	83864	88041	96219	103486	114511	121748	125165	133465	141909	161086	180357	198238	221606	236169	252113	266716
1. 研究生毕业	232	339	461	607	713	843	877	979	1076	1321	1592	1741	2047	2405	2597	2791
占比%	0.28	0.39	0.48	0.59	0.62	0.69	0.70	0.73	0.76	0.82	0.88	0.88	0.92	1.02	1.03	1.05
其中:城市	205	283	375	488	564	664	709	776	857	1035	1340	1486	1704	1977	2038	2150
其中:县镇	20	47	64	99	119	139	127	159	186	227	215	217	277	340	440	512
其中:乡村	7	9	22	20	30	40	41	44	33	59	37	38	66	88	119	129
2. 本科毕业	4734	6038	7633	10194	13116	16102	18883	22305	25815	31450	37070	44787	53819	62786	72965	83313
占比%	5.64	6.86	7.93	9.85	11.45	13.23	15.09	16.71	18.19	19.52	20.55	22.59	24.29	26.59	28.94	31.24
其中:城市	3335	4081	5126	6757	8177	9381	11005	12485	13932	16064	22092	25524	28907	32731	36617	41388
其中:县镇	1117	1441	1854	2444	3520	4651	5376	6485	7768	9755	10713	13558	17008	20109	24323	27407
其中:乡村	282	516	653	993	1419	2070	2502	3335	4115	5631	4265	5705	7904	9946	12025	14518
3. 专科毕业	29954	34430	39906	44588	51185	55848	58588	63793	68600	79674	91792	103449	118404	127293	135855	143245
占比%	35.72	39.11	41.47	43.09	44.70	45.87	46.81	47.80	48.34	49.46	50.89	52.18	53.43	53.90	53.89	53.71
其中:城市	15801	17819	19965	21552	23354	22938	23744	24445	25322	27447	38980	42204	44660	47490	48815	52011
其中:县镇	8871	10595	12242	13232	15295	17604	18792	20739	22513	26236	31681	36377	42498	45774	49978	52002
其中:乡村	5282	6016	7699	9804	12536	15306	16052	18609	20765	25991	21131	24868	31246	34029	37062	39232
4. 高中毕业	43777	42710	43978	44123	45703	45483	43505	43018	42919	44809	46044	44331	43517	40048	37412	34372
占比%	52.20	48.51	45.71	42.64	39.91	37.36	34.76	32.23	30.24	27.82	25.53	22.36	19.64	16.96	14.84	12.89
其中:城市	14491	13606	14240	13604	12406	10487	10099	9243	8176	8063	12129	11464	10645	10192	9334	8663
其中:县镇	14928	15426	15046	14044	13556	13951	13680	12921	13000	13357	16035	15478	15147	14073	13413	12411
其中:乡村	14358	13678	14692	16470	19741	21045	19726	20854	21743	23389	17880	17389	17725	15783	14665	13298
5. 高中以下	5167	4524	4241	3974	3794	3472	3312	3370	3499	3832	3859	3930	3819	3637	3284	2995
占比%	6.16	5.14	4.41	3.84	3.31	2.85	2.65	2.53	2.47	2.38	2.14	1.98	1.72	1.54	1.30	1.12
其中:城市	1467	1322	1272	1055	830	702	628	573	524	520	748	806	684	774	565	531
其中:县镇	1760	1525	1358	1171	968	953	929	914	919	841	1128	1227	1140	1113	1012	985
其中:乡村	1940	1677	1611	1748	1996	1817	1755	1883	2056	2471	1983	1897	1995	1750	1707	1479

表 1-12　2001—2016 年幼儿专任教师学历水平数量区域对比

年份	2001	2002	2003	2004	2005	2006	2007	2008	2009	2010	2011	2012	2013	2014	2015	2016
合计	546203	571227	612856	656083	721609	776491	826765	898552	985889	1144225	1315634	1479237	1663487	1844148	2051021	2232067
1. 研究生毕业	136	213	396	389	462	490	581	652	977	1151	1370	1652	2244	2820	3278	3863
占比%	0.02	0.04	0.06	0.06	0.06	0.06	0.07	0.07	0.10	0.10	0.10	0.11	0.13	0.15	0.16	0.17
其中:城市	120	163	329	324	332	373	482	529	770	880	1164	1423	1885	2266	2651	3220
其中:县镇	9	46	41	34	91	74	69	97	168	230	175	194	281	427	495	489
其中:乡村	7	4	26	31	39	43	30	26	39	41	31	35	78	127	132	154
2. 本科毕业	9740	13267	17813	25956	36928	48737	64625	82724	106724	135921	170384	211241	259831	314606	376025	439326
占比%	1.78	2.32	2.91	3.96	5.12	6.28	7.82	9.21	10.83	11.88	12.95	14.28	15.62	17.06	18.33	19.68
其中:城市	7123	9190	12262	17868	23834	29709	39495	48424	60124	74030	109562	134207	159259	188097	217513	252409
其中:县镇	2188	3270	4458	6423	10396	15017	19899	27066	36727	48532	50274	62654	80880	99760	124607	145276
其中:乡村	429	807	1093	1665	2698	4011	5231	7234	9873	13359	10548	14380	19692	26749	33905	41641
3. 专科毕业	156551	190346	224661	263847	308588	347549	379279	423413	469928	552880	650295	750565	871541	989926	1134371	1265325
占比%	28.66	33.32	36.66	40.22	42.76	44.76	45.88	47.12	47.67	48.32	49.43	50.74	52.39	53.68	55.31	56.69
其中:城市	90898	108584	126113	146006	164358	171013	191427	208452	226859	256009	357379	402014	447004	496804	546358	613106
其中:县镇	47492	59076	71194	82176	101118	121922	128832	146225	162725	195080	217542	256403	306786	353291	419247	462580
其中:乡村	18161	22686	27354	35665	43112	54614	59020	68736	80344	101791	75374	92148	117751	139831	168766	189639
4. 高中毕业	336648	331183	335861	332956	343605	347928	351187	360492	375499	414547	450713	470794	482746	488988	492029	479335
占比%	61.64	57.98	54.80	50.75	47.62	44.81	42.48	40.12	38.09	36.23	34.26	31.83	29.02	26.52	23.99	21.47
其中:城市	129874	126562	130720	128854	126098	115091	119233	11828	117801	124701	182365	188941	183191	185301	179272	170145
其中:县镇	118918	122300	120063	107860	109839	117566	121146	125093	132154	149987	168161	175293	185969	186397	190834	186711
其中:乡村	87876	82321	85078	96242	107668	115271	110808	117121	125544	139859	100187	106560	113586	117290	121923	122479
5. 高中以下	43108	36218	34125	32935	32026	31787	31093	31271	32761	39726	42872	44985	47125	47808	45318	44218
占比%	7.89	6.34	5.57	5.02	4.44	4.09	3.76	3.48	3.32	3.47	3.26	3.04	2.83	2.59	2.21	1.98
其中:城市	9952	8990	9209	8514	7430	6719	6511	5728	5556	7224	10219	10704	10835	11905	10467	9712
其中:县镇	14153	12422	10800	9357	8636	9074	9622	10062	10572	11706	17072	17841	19070	19148	18131	17902
其中:乡村	19003	14806	14116	15064	15960	15994	14960	15481	16633	20796	15581	16440	17220	16755	16720	16604

注:表 1-11 和表 1-12 中数据来自 2001—2016 年的《中国教育统计年鉴》中"幼儿教育"部分。2001—2014 年由人民教育出版社出版。2015—2016 年由中国统计出版社出版。比值由笔者计算。

幼儿师资中受过专业训练的人员明显变化。独立的教师教育时期，幼儿师资队伍中受过中师以上专业训练的教师逐年增加，幼儿园园长和教师中受过专业训练者分别由1984年的20％和12％增加到2000年的80％和72％。但实施开放的教师教育体系之后，各类人员中受过专业训练的人数大幅度减少，2016年幼儿教育专业毕业者仅为46％，其中园长为57％，幼儿教师为68％，保健员为13％，保育员为11％（见表1-6）。这是这个时期大量民办幼儿园出现，聘用中由于师资短缺导致降格以求所致。

县镇及以下幼儿师资学历快速提升。分区域进行教师学历统计是2001年之后的事情。统计发现（参见表1-11和表1-12），2001年到2016年，县镇专科以上学历幼师在幼师队伍中的比例由9％增长到27.3％，园长同比由11.9％增长到30.0％。乡村专科以上学历幼师在幼师队伍中的比例由3.4％增长到10.4％，园长同比由6.6％增长到20.2％。其中，2001年到2016年，研究生学历幼师中，县镇研究生学历幼师由6.6％增长到12.7％，乡村略有下降，同比由5.1％减少到4.0％；研究生学历园长中，县镇研究生学历园长由8.6％增长到18.3％，乡村同比由3.0％增长到4.6％。本科学历幼师中，县镇本科学历幼师由22.5％增长到33.1％，乡村同比由4.4％增长到9.5％；本科学历园长中，县镇本科学历园长由23.6％增长到32.9％，乡村同比由6.0％增长到17.4％。

第三节　普通中小学教师教育

普通中小学教师教育历来是教师教育的重中之重。粉碎"四人帮"之后，为了适应我国工作重点的转移，为了实现四个现代化和大力改善人民物质文化生活水平的目标，人才成为其中最为重要的基础性工作，我国各级教育迎来了快速发展的时期。作为"工作母机"

的师范教育也受到了前所未有的重视，获得了前所未有的发展。以 20 世纪 90 年代末为节点，改革开放 40 年来的普通中小学教师教育事业的发展也经历了两个时期，下面分别就这两个时期教师教育事业的发展进行梳理。

一、独立教师教育时期的普通中小学教师教育

（一）社会主义建设事业要求大力发展教育事业

1977 年 8 月，党的十一大明确提出了建设社会主义现代化强国的目标。党的十一届三中全会进一步确立了"解放思想，开动脑筋，实事求是，团结一致向前看"的指导方针，果断停止使用"以阶级斗争为纲"的口号，作出了把工作重点转移到社会主义现代化建设上来的战略决策。为国家培养"又红又专"的建设人才成为当时各级教育的重中之重。

各级各类教育恢复发展。改革开放初期，中央出台了一系列的教育政策，恢复发展各级教育。如各级高等院校恢复招生，建立重点学校制度，以快速培养国家建设急需的尖端人才；加强对各级各类学校的整合管理，恢复正常的教学秩序；在全社会形成尊重知识、尊重人才的局面。[①] 各级教育恢复发展，快速培养高质量的人才的基础在于基础教育。

普及义务教育目标对师资数量和质量提出要求。我国真正开始全面普及义务教育是在 20 世纪 80 年代。1982 年在国家制定的"六五"计划中，中央就提出争取到 1985 年全国大部分地区普及小学教育，城市普及初中教育的目标。1985 年《中共中央关于教育体制改革的决定》进一步提出了有步骤地在全国实施九年义务教育，并按经济教育发展的水平把全国分为三类地区，分步骤地实现普及义务教育。1986 年，我国颁布《义务教育法》，确立"义务教育是国家统一实施的

---

① 胡艳：《当代教师教育问题研究》，113 页，郑州，大象出版社，2010。

所有适龄儿童、少年必须接受的教育，是国家必须予以保障的公益性事业"。义务教育的普及必然对师资提出要求。

中小学教师队伍状况堪忧。十年"文化大革命"导致我国中小学教师队伍存在数量不足、质量严重下降的情况。据统计，20 世纪 70 年代末，我国应该补充教师 300 万人，但当时教师教育培养的数量难以满足这一需要。大量中小学特别是农村学校教师缺口很大，不得不用民办教师补充。1980 年我国民办教师多达 453 万人，占全国教师队伍的 53.6％。[①] 同时，合格教师比例较低。小学、初中、高中教师中合格学历者分别只占 47％、10.6％、50.8％，"整个教师队伍中不合格的占 1/3 以上"[②]，情况十分严重。这个情况到 80 年代末仍没有根本的改观。1989 年，初中教师中专科毕业及本专科肄业者共占 37％，本科及以上学历者占 6％；高中教师中本科及以上学历者占 43％；小学教师中中师/高中毕业及以上学历者 71％。[③] 这就意味着仍有不少教师的学历未达到合格标准。与此同时，教师数量不足的问题依然很严峻。1992 年，全国有民办教师 240 万人，占全国中小学教师的比例高达 26％。[④] 师资队伍的状况难以实现国家现代化建设所需要的人才目标和普及义务教育的目标。

与此同时，中华人民共和国成立之初建立的三级师范教育体系也遭到严重破坏。"文化大革命"开始后不久，师范院校被认为是资本主义的东西，和其他高校一样开始了"并、迁、改、停"。高等师

---

① 《教育部印发关于进一步加强中小学在职教师培训工作的意见等三个文件的通知》，见何东昌：《中华人民共和国重要教育文献(1976—1990)》，1832 页，海口，海南出版社，1998。

② 高沂：《办好师范教育，提高师资水平，为四化建设培养人才做出贡献》，见何东昌：《中华人民共和国重要教育文献(1976—1990)》，1852 页，海口，海南出版社，1998。

③ 国家教育委员会计划财务局：《中国教育统计年鉴(1989)》，58—59 页，76 页，北京，人民教育出版社，1990。

④ 李友玉：《基本解决民办教师问题面临的经济困境与对策》，载《教育与经济》，2000(1)：47—50。

范院校的遭遇尤甚，几乎全部被关停，留下来的也在 1966—1971 年停止招生。多数师范院校在"文化大革命"期间停办，师资培养成为无源之水。"文化大革命"结束后，高等师范院校经过拨乱反正和调整、巩固、整顿、提高，步入正轨并取得了长足的进步。[①]

改革开放之后，中小学教师的职前教育和在职培训工作亟须恢复、重建与发展。

(二)重建三级教师教育体系

1. 重建独立的教师职前培养制度

1978 年教育部出台《关于加强和发展师范教育的意见》，做出大力加强和发展师范教育的决定，并要求各地按区域恢复和建立独立的三级教师教育体系，国家重点建设 6 所部属师范大学。随后，我国开始重建三级教师教育体系，由此确立并重建了高中教师由本科师范培养、初中教师由专科师范培养、小学教师由中等师范培养的严格的师范制度。1986 年，国家教委颁发《关于基础教育师资和师范教育规划的意见》，进一步提出"三级师范都要充实、加强，分别稳定在各自的层次上做出贡献"[②]。直到 1999 年建立开放的教师教育制度之前，我国的普通中小学教师的培养均由此制度体系承担。

2. 小学教师培养

恢复中等师范学校。在独立的教师教育时期，中等师范学校经过了恢复、发展与逐步退出的历程。1978 年 10 月教育部发布《关于加强和发展师范教育的意见》，明确指出"要大力发展和办好师范教育，要求各地一定要努力办好中等师范教育"[③]。20 世纪 80 年代中

---

① 刘捷、谢维和：《栅栏内外：中国高等师范教育百年省思》，138－141 页，北京，北京师范大学出版社，2006。

② 《国家教委颁发〈关于基础教育师资和师范教育规划的意见〉》，见何东昌：《中华人民共和国重要教育文献(1976—1990)》，2390 页，海口，海南出版社，1998。

③ 《中国教育年鉴》编辑部：《中国教育年鉴 1949—1981》，193 页，北京，中国大百科全书出版社，1984。

期以前，中等师范学校主要是恢复秩序、重建学校、扩大规模，新学校增加并不多。如 1976 年中等师范学校有 982 所，到 1986 年为 1041 所，增加 59 所，在校生规模则由 1976 年的 30.4 万人增加到 1986 年的 61.13 万人，分别增加了 6.0％、101.1％。[①] 但 1986 年以后，教育主管部门对中师的发展要求则有所变化，要求它同时承担小学、幼儿师资培养和培训任务。[②] 即便如此，这一时期中师依然以培养小学教师为重。到 20 世纪末，我国有中等师范学校 815 所，招生人数 29.07 万人，在校生人数 92.30 万人，毕业生人数 32.15 万人。[③] 中等师范学校依然是培养小学教师的重要机构。

明确中师的办学目标。1980 年 8 月教育部下发《中等师范学校规程（试行）》，明确提出中等师范学校的任务是：培养具有社会主义觉悟，辩证唯物主义世界观，共产主义道德品质，从事小学或幼儿教育工作必备的文化与专业知识、技能，热爱儿童，全心全意为社会主义教育事业服务，身体健康的小学和幼儿园师资[④]。1987 年 4 月，国家教委师范司重新制订《中等师范学校培养目标（初稿）》，提出"培养具有为祖国社会主义现代化建设而奋斗的远大理想，社会主义道德品质，良好师德，热爱教育事业，求实创新精神，从事小学教育工作必备的知识和技能，一定的艺术修养和健康体魄的全面发展的小学教师"[⑤]。之后，我国中师主要按照这个目标培养小学教师。

确立和完善教学计划。在恢复发展中等师范学校的同时，教育主管部门制定一系列政策，特别是教学计划，规范其办学，确保其

---

① 胡艳：《当代教师教育问题研究》，105 页，郑州，大象出版社，2010。

② 《国家教委颁发〈关于基础教育师资和师范教育规划的意见〉》，见何东昌：《中华人民共和国重要教育文献（1976—1990）》，2390 页，海口，海南出版社，1998。

③ 胡艳：《当代教师教育问题研究》，105 页，郑州，大象出版社，2010。

④ 《中等师范学校培养目标（初稿）》，见何东昌《中华人民共和国重要教育文献（1976—1990）》，1836 页，海口，海南出版社，1998。

⑤ 《中国教育年鉴》编辑部：《中国教育年鉴 1988》，112 页，北京：人民教育出版社，1989。

质量。1980 年教育部下发《关于办好中等师范教育的意见》、《中等师范学校规程（草案）》和《中等师范学校教学计划（试行草案）》，明确中等师范教育是为小学培养合格教师的办学任务，确定了自 1981 年秋季起全国试行新的教学计划，将在两三年内陆续编写全国通用的中师教材。教学计划明确了课程设置、课时比例和实习时间等，并且注重文化科学知识和专业能力的并行发展。[1] 这些规定使中等师范学校的教育教学工作迅速走上正轨。

　　1986 年 8 月，国家教委根据 1980 年的教学计划在实施中反映出来的学科课时多、学生学习负担重等问题，调整教学计划：每周课时控制在 30 以内，假期延长，增加政治课课时，安排选修课，加强教育专业理论学习和教学实习，训练教师表达与书写的基本功等。[2] 1989 年 6 月，国家教委发布《三年制中等师范学校教学方案（试行）》。相对于 1980 年的教学计划，方案一方面突出了师范教育的特点和要求，"实行以课堂教学为主，必修课与选修课相结合、课堂教学与课外活动相结合、学校教育与社会实践相结合的原则"设立课程方案，注重思想政治教育和教育实践，指出实践包括参观小学、教育调查、教育见习和教育实习；另一方面注重师范生的特长和兴趣的培养，要求学校在完成必修课教学任务的基础上，依据学生毕业后任课要求与学生特长设置选修课，"设定课外活动计划"[3]。

　　20 世纪 90 年代以后，教育主管部门更加重视中师教育教学质量，以及为农村服务，注重师德建设。1990 年国家教委师范司提出了制定中师各学科教学大纲的五条原则：德育为首，教书育人；中

---

　　[1]　《中国教育年鉴》编辑部：《中国教育年鉴 1949—1981》，193 页，北京，中国大百科全书出版社，1984。

　　[2]　苏林、张贵新：《中国师范教育十五年》，126－129 页，长春，东北师范大学出版社，1996。

　　[3]　苏林、张贵新：《中国师范教育十五年》，149－152 页，长春，东北师范大学出版社，1996。

等师范学校的性质和任务在于培养小学教师的师范性；中等师范学校要为农村社会主义建设和农村小学教育服务；实施必修课和选修课相结合的课程教学模式；贯彻整体性原则。[①] 1990 年，国家教委发布《中等师范学校德育大纲(试行)》。[②] 1992 年 9 月国家教委出台中师思想政治、语文、数学、物理学、化学、生物学、历史、地理、心理学教程、小学教育学教程、音乐、体育、美术、劳动技术共 14门必修学科的教学大纲(试行)。[③] 这些举措为中师开展高质量的教育教学奠定了基础。

实验专科层次小学教师培养。20 世纪 90 年代，随着一部分发达地区基本实现了普及九年义务教育的目标，这些地方对教育质量的要求有所提高，对教师的素质要求也随之提升。由此，1991 年 7 月，国家教委提出可以开展培养专科程度小学教师试验工作：试验可在具备条件的高等师范院校或中等师范学校进行，也可采取高等师范院校和中等师范学校联合办学的形式。在学制方面实施招收初中毕业的五年一贯制或三、二分学段制，也可招收中师毕业生或经过高中会考、志愿从事小教工作的学生进行二年制培养教育。[④] 1993 年《国家教委在关于继续搞好培养专科程度小学教师试验工作的通知》中再次提出：可以在具备条件的中等师范学校进行，也可由中师与高师联合办学；学制和课程可根据各地实际情况进行试验探索，但必须面向小学教育，体现专科水平，突出师范教育特点。[⑤] 1993 年

① 《中国教育年鉴》编辑部：《中国教育年鉴 1991》，282－283 页，北京，人民教育出版社，1992。

② 《中国教育年鉴》编辑部：《中国教育年鉴 1991》，280－281 页，北京，人民教育出版社，1992。

③ 《中国教育年鉴》编辑部：《中国教育年鉴 1993》，207 页，北京，人民教育出版社，1994。

④ 《国家教委关于进行培养专科程度小学教师试验工作的通知》，见何东昌：《中华人民共和国重要教育文献(1991—1997)》，3189 页，海口，海南出版社，1998。

⑤ 苏林、张贵新：《中国师范教育十五年》，163－167 页，169－171 页，长春，东北师范大学出版社，1996。

底，全国已有 22 个省市、2 个部委共 78 所学校在进行试验，已招生 5299 人。[1] 90 年代末，江苏省多所师范学校升格为高等师范专科学校，1996 年辽宁省取消了中等师范学校。[2]

提升中师的办学条件。为了进一步保障中师教育的质量，20 世纪 90 年代以来，教育主管部门从中师办学条件标准化和提高中师教师的素质入手开展工作。1993 年 3 月，国家教委师范司下发了《关于加强中等师范学校师资培训工作的通知》，要求中师学校教师的学历应达到大学本科及以上，凡学历未达标且年龄在 45 岁以下的需要通过函授、电大等进行学历补偿教育。还要求进行新教师见习期培训、教师职务培训和骨干教师培训等全员培训。同时，中师学校改革提上日程。同年 10 月，国家教委召开全国中等师范学校深化改革全面提高质量座谈会。会议提出：中等师范学校的下一个目标是在办学条件标准化基础上实现中师教育现代化；广大中师学校要在 1995 年左右全面实现办学条件标准化。[3] 这个时期，在国家的大力支持下，中等师范学校的办学条件得到了极大的改善（见表 1-13）。

表 1-13　1976—1999 年中等师范学校发展状况[4]

年份	学校数（所）	招生数（万人）	在校生数（万人）	毕业生数（万人）
1976	982	15.5	30.4	14.8
1977	1028	15.7	29.8	16.1
1978	1046	17.9	36	11.2
1979	1053	22.6	48.4	10.2

---

[1]　《中国教育年鉴》编辑部：《中国教育年鉴 1994》，244 页，北京，人民教育出版社，1995。

[2]　胡艳：《当代教师教育问题研究》，131 页，郑州，大象出版社，2010。

[3]　《中国教育年鉴》编辑部：《中国教育年鉴 1994》，244—245 页，北京，人民教育出版社，1995。

[4]　胡艳：《当代教师教育问题研究》，105—106 页，郑州，大象出版社，2010。

续表

年份	学校数（所）	招生数（万人）	在校生数（万人）	毕业生数（万人）
1980	1017	21.5	48.2	20.9
1981	962	19.5	43.7	24.0
1982	908	17.87	41.14	20.38
1983	861	19.14	20.1	14.55
1984	1008	19.52	51.14	13.82
1985	1028	21.63	56.24	16.75
1986	1041	22.70	61.13	17.50
1987	1059	23.03	65.13	18.90
1988	1065	23.59	68.35	20.35
1989	1044	22.72	68.46	22.62
1990	1026	22.73	67.73	23.37
1991	948	23.34	67.43	24.82
1992	919	24.52	67.71	23.99
1993	918	28.36	72.20	22.82
1994	894	29.55	79.94	23.01
1995	897	31.49	86.59	24.94
1996	893	32.86	90.68	28.79
1997	892	33.49	30.14	30.11
1998	875	32.64	95.23	31.45
1999	815	29.07	92.30	32.15

3. 中学教师培养

大力发展高等师范学校。我国中学师资培养主要由专科师范和本科师范来实现。为了健全和完善师范教育体系，实现普及九年义务教育的目标，初中师资的补充是当时师范教育工作的重点。1978年，教育部提出 1980 年内，一般地区应"建立起一所师范专科学校，为本地区培养初中教师"，"人口较少的地区，也可以由省市自治区统一规划，在两三个地区范围内建立起一所师范专科学校"。同时，要求"今后三五年内，努力创造条件，有计划有步骤地新建若干师范学院，以基本适应为本省、市、自治区培养高中、中师教师和培训师范专科学校师资的任务，同时担负起一部分在职高中和中师教师培训的任务"①。据此，各地以一些条件较好的中师或师专为基础，建立自己的师范专科学校和师范学院。在国家的大力支持下，当年我国新增高等师范专科学校 65 所、师范学院 12 所②，以后又逐年增加。1986 年国家教委颁布的《关于基础教育师资和师范教育规划的意见》，明确提出"三级师范都要充实、加强，分别稳定在各自的层次上做出贡献"，为普及义务教育保驾护航，同时也遏制了当时一些高师院校综合化的趋向。

可以说，国家政策在 1999 年之前，基本是要求各地大力发展高等师范教育，这一时期的高等师范教育发展迅速。据统计（见表 1-14），1976 年，我国有高等师范学校 58 所，在校生 10.97 万人；到 2000 年，我国有高等师范院校 221 所，在校生 73.97 万人，分别增长了 2.8 倍和 5.7 倍。20 世纪 80 年代，高等师范发展的重点在专科层次，高师院校由 1976 年的 58 所增加到 1988 年的 262 所，其中师专占 70％左右。③ 除了全日制的高师院校之外，函授、专科、夜大学和成人脱产作为高等师范院校的补充，也承担了一定的教师教育职责，根据有数据统计的年份计算，专科层次累计培养师范生 686016 人，本科层次累计培养师范生 423409 人。④ 高等教师教育的

① 《教育部印发关于加强和发展师范教育的意见》，见何东昌：《中华人民共和国重要教育文献(1976—1990)》，1649 页，海口，海南出版社，1998。

② 胡艳：《当代教师教育问题研究》，116—120 页，郑州，大象出版社，2010。

③ 胡艳：《高等师范专科学校在我国师范教育中的地位探讨》，载《兰州大学学报(社会科学版)》，2005，33(6)：96—103。

④ 数据统计自国家教育委员会计划财务局：1987—2002 年的《中国教育统计年鉴》中"普通高等学校函授部、夜大学、成人脱产分科学生数"部分。

大力发展，为我国九年义务教育的普及以及大力发展高中阶段的教育和高等教育大众化提供了师资基础。

表 1-14   1976—2000 年高等师范院校基本办学情况

年份	师范院校数(所)		毕业生数(万人)		招生数(万人)		在校生数(万人)	
	本科	专科	本科	专科	本科	专科	本科	专科
1976	58		3.22		4.42		10.97	
1977	59		3.70		9.46		16.51	
1978	157		3.54		12.40		24.99	
1979	161		2.43		8.75		31.12	
1980	172		6.19		8.90		33.82	
1981	186		10.34		8.82		32.14	
1982	194		12.95		9.72		28.94	
1983	210		9.01		11.39		31.33	
1984	242		8.48		13.45		36.18	
1985	253		9.41		16.25		42.50	
1986	257		11.74		17.00		48.18	
1987	73	187	4.74	11.60	5.76	13.19	21.10	29.69
1988	77	185	4.89	13.02	5.86	14.49	22.09	31.06
1989	77	179	5.32	12.93	5.07	13.31	21.80	31.43
1990	76	181	5.29	13.80	5.34	12.90	21.73	30.23
1991	76	181	5.67	12.99	5.61	12.77	22.01	29.92
1992	78	175	2.85	4.62	2.49	4.23	7.03	10.72
1993	78	173	5.21	11.87	5.79	16.32	22.58	36.82
1994	77	164	—	—	—	—	—	—
1995	76	160	4.26	11.89	4.81	11.14	18.11	27.27
1996	75	157	4.36	11.13	5.53	11.46	19.40	27.45
1997	76	156	4.37	10.42	6.65	11.08	21.50	28.49
1998	75	154	4.65	10.98	7.94	11.97	25.48	29.43

续表

年份	师范院校数(所)		毕业生数(万人)		招生数(万人)		在校生数(万人)	
	本科	专科	本科	专科	本科	专科	本科	专科
1999	87	140	4.64	10.09	10.57	12.89	30.55	31.49
2000	107	114	5.25	10.01	11.86	16.23	36.03	37.94

注：表中 1976—1981 年数据来自《中国教育年鉴 1949—1981》，965—971页，北京，中国大百科全书出版社，1984。1982—1984 年数据来自《中国教育年鉴 1982—1984》，66—67 页，北京，中国大百科全书出版社，1986。1985—1986 年数据来自《中国教育年鉴 1985—1986》，附一，5—6 页，长沙，湖南教育出版社，1988。1987—2000 年数据来自 1987—2000 年《中国教育统计年鉴》中"高等教育"部分与普通高校中师范高校相关数据，1987—1988 年由北京工业大学出版社出版，1989—2000 年由人民教育出版社出版。

注重高师教育的质量。高等师范院校的数量和规模自 20 世纪 80年代中期起基本稳定(学校 250 所左右，在校生 50 万人左右)，从 80年代中后期起，主管部门开始注重提升高师教育的质量。

具体办法一是提出高师各科教学要求，规范高帅院校的教学。如 1989 年 9 月，国家教委颁行《高等师范学校本科化学专业化学学科教学基本要求》。1991 年，国家教委又印发《关于高等师范院校本科政治与思想品德教育专业改革的意见》《普通高等师范学校数学教育专业(本科)教育教学基本要求(试行)》，要求高师院校以此开展教学。

二是在课程教学上加强教师教育的特性。面对教育界和学术界对教师教育办学中的基本问题"学术性与师范性"的争论，以及一些师范院校在办学实践中过分追求学术性导致师范性弱化的现实[1]，1991 年 5 月，国家教委专门召开全国师范院校公共课教育学教材改革研讨会，针对师范生对教育学缺乏学习兴趣；某些师范院校未能

---

[1] 胡艳：《当代教师教育问题研究》，182—191 页，郑州，大象出版社，2010。

把教育学课程放在应有位置，学术性和师范性缺少联系；教育科研不适应教师教育改革发展的需要以及教育学教师队伍不适应教学需要等问题，要求高师院校高度重视教育学课程建设，调整师范本专科教学计划，科学地确定教育学科课程门类及课时比例。[①] 1994 年 3 月，国家教委又印发了《高等师范学校学生的教师职业技能训练大纲（试行）》，明确提出师范生需要将专业知识和教育学、心理学的理论与方法转化为具体的规范化的从师任教的职业行为方式。[②] 自此，各地高师院校加强教育学、心理学、教材教法等课程的建设和教学改革，注重通过课程教学和实践环节培养学生的教育教学技能，提高教师培养的质量。

三是加强高师院校的科研工作。改革开放以来，教育主管部门召开的若干次关于师范教育发展的会议中，屡次强调高师院校要加强教育科研。1980 年教育部印发《关于师范教育的几个问题的请示报告》的通知，提出"各级师范学校，特别是高等师范院校，应当重视和加强教育科学研究，主要是教育学、心理学和教材教法研究"。1986 年国家教委在《关于加强和发展师范教育的意见》中再次强调"必须重视教育科学研究"。随后，我国高师的教育科研工作得以加强。为了引导高师院校开展教育科学研究，教育主管部门通过科研评优和科研立项来推进。1996 年 6 月，国家教委师范司发出《关于设立师范教育科研项目的通知》，并随文下发了《师范教育科研课题指南》。全国 493 所师范院校申报课题 1452 项，经评审共批准立项 318 项，内容涉及师范教育体系理论与实践的研究；师范教育规模、结构、布局调整；师范教育教育学、心理学、学科教学法课程；师范

---

① 苏林、张贵新：《中国师范教育十五年》，64—66 页，长春，东北师范大学出版社，1996。

② 《中国教育年鉴》编辑部：《中国教育年鉴 1995》，243—244 页，北京，人民教育出版社，1995。

生教师职业技能训练、教育实习等问题的研究。同时，国家教委开展了"全国师范院校基础教育改革试验研究项目优秀成果评选"工作。全国 207 所高师院校申报了 339 项科研成果，其中 90 项成果获奖。一等奖 10 项成果中 7 项来自师范大学；二等奖 29 项成果中 20 项来自师范大学，1 项来自师范专科学校，2 项来自师范学院。[①] 在 1998 年教育部师范司继续组织的"全国师范院校基础教育改革试验研究项目优秀成果评选"工作中，27 个省（自治区、直辖市）的 276 所师范院校申报成果 391 项，一、二等奖也主要来自师范大学。[②] 这些研究极大地促进了高师院校的教育科研、师资队伍建设及教育教学的质量。

面向农村基础教育，改革师专办学。我国普及义务教育的重点和难点是农村。1977 年，我国未能入学的儿童有 804.7 万，未能升学的小学毕业生有 206.2 万，这些人绝大多数集中在农村。到 1995 年，我国也只有 90％的人口普及了初等义务教育，36％的人口普及了初中义务教育。[③] 农村义务教育的普及任重而道远，农村义务教育的重点是初中阶段的教育。与此同时，"要改变农村落后的面貌，加速农业现代化进程，根本出路在于使农村建设真正转到依靠科技进步和提高劳动者素质的轨道上来"[④]，必须搞好农村教育。1989 年 5 月，国家教委发出《关于在全国建立"百县农村教育综合改革实验区"的通知》，要求建立农村教育综合改革实验区。1990 年，国家教委印发《全国农村教育综合改革实验区工作指导纲要（试行）》，要求农村教育端正办学方向，"在指导思想上要由升学教育转到主要为当

①　《中国教育年鉴》编辑部：《中国教育年鉴 1998》，260－265 页，北京，人民教育出版社，1999。

②　《中国教育年鉴》编辑部：《中国教育年鉴 1999》，283－288 页，北京，人民教育出版社，1999。

③　胡艳：《当代教师教育问题研究》，210 页，郑州，大象出版社，2010。

④　《国家教委关于印发全国农村教育综合改革实验区工作指导纲要（试行）》，见何东昌：《中华人民共和国重要教育文献（1976—1990）》，3003 页，海口，海南出版社，1998。

地经济建设和社会发展服务的轨道上来"；要求调整教育结构，"把普及九年义务教育和发展职业技术教育与成人教育，搞好各类短期技术培训结合起来，逐步建立和完善三教并举，相互沟通、布局合理的农村教育体系"。农村教育这些改革的重点是中等教育阶段，因而，这一阶段师范专科学校的办学方向是培养合格师资。这一时期一些师专探讨为农村初中教育服务的办学，如当时的绥化师专开展"五练一熟"，加强教师基本功训练；四川省各师专和湖北荆州等地的师专实行主辅修制，为农村培养一专多能的教师；河北张家口、保定的师专积极参加农村教育综合改革试验区工作。[1]

1990 年 3 月，国家教委在《关于当前师范专科学校工作的几点意见》中强调为农村初中培养合格教师是我国师范专科学校的主要任务；要求师专定向招生，定向分配，实现教师培养的地方化。在办学上，要求师专根据农村初中规模小、编制少的特点培养一专多能的教师。具体而言，加强课程改革与建设，推进教学内容、方法和手段的现代化，加强教师基本功训练；注重与中学建立固定的联系，确定一批教育实习基地，以保证人才培养的质量，等等。[2] 1995 年国家教委颁布的《高等师范专科教育二、三年制教学方案》，特别根据农村的需要增加了特设课程，压缩了学科课程，提高了教育课程学时。三年制师范在外国语、职业技术教育、知识面和适应能力等方面对师范生提出了更高要求。[3]

在教育主管部门的引导下，我国不少师专探讨为农村办学的经验。如 20 世纪 90 年代初，江苏省师专重视实践、加强实习、重视

① 《中国教育年鉴》编辑部：《中国教育年鉴 1990》，117 页，北京，人民教育出版社，1991。
② 《中国教育年鉴》编辑部：《中国教育年鉴 1991》，906－910 页，北京，人民教育出版社，1992。
③ 《中国教育年鉴》编辑部：《中国教育年鉴 1996》，252 页，北京，人民教育出版社，1997。

师资队伍建设、培养学生一专多能、为农村九年义务教育服务等。①
1997 年，湖南怀化师专开始设置综合专业培养农村初中综合课教师
的试点，当年秋季开始连续三年招收"综合文科教育""综合理科教
育"两个三年制专科试点班；2000 年又与湖南师范大学合作招收四年
制本科生 82 人，三年共计招生 284 人。②

这个时期师专的教育教学改革取得了一定成绩。1993—1998 年
"世界银行贷款师范教育发展项目"支持了 16 个项目省的高师教育改
革，其中 10 项一等奖课题中，2 项来自师专，5 项来自师范学院；
20 项二等奖课题中，10 项来自师专，4 项来自师院或师大；30 项三
等奖课题中，14 项来自师专，11 项来自师院。③

（三）中小学教师在职教育

"文化大革命"期间中小学教师队伍遭受极大毁坏，教师专业水
平不合格率极高。为了尽快改善师资队伍的状况，教育主管部门一
方面通过重建三级教师培养体系建立稳定的师资来源，另一方面通
过重建教师继续教育体系使得在职教师素质提升有渠道可依。这一
部分主要介绍教师继续教育。

恢复独立的教师继续教育体系。中华人民共和国成立初期已经
建立了独立的教师继续教育体系，但"文化大革命"期间几乎被破坏
殆尽。20 世纪 70 年代末 80 年代初，教育部屡次发文要求各地重建
教师继续教育网络。1977 年 10 月，教育部在京召开中小学师资座谈
会，就如何尽快使现有水平较低的大多数教师达到合格程度，提出
"尽快建立和健全省、地、县、社和学校的师资培训网。恢复建立

① 苏林、张贵新：《中国师范教育十五年》，71－73 页，长春，东北师范大学出版
社，1996。
② 《中国教育年鉴》编辑部：《中国教育年鉴 2001》，227－228 页，北京，人民教育
出版社，2001。
③ 《中国教育年鉴》编辑部：《中国教育年鉴 1999》，279－282 页，北京，人民教育
出版社，1999。

'文化大革命'前的教师培训网络体系"。同年 12 月，教育部颁布《关于加强中小学在职教师培训工作的意见》，继续强调建立教师继续教育网络，"尽快建立和健全省、地、县、公社和学校的师资培训网。省(市、自治区)、地(盟、州)可建立教育学院或教师进修学院；县(旗)可建立教师进修学校。公社可建立培训站，不设站的，要有专人负责"。为了确保继续教育体系的顺利建立，1978 年教育部发布《关于加强在职教师培训工作的意见》，对中小学教师进修的目的、形式和教师培训制度保障提出了具体要求和建议。[①] 1980 年 8 月，教育部发布《关于进一步加强中小学在职教师培训工作的意见》。意见要求各地力争"1985 年使现有文化业务水平较低的小学教师大多数达到中师毕业程度，初中教师在所教学科方面多数达到师专毕业程度，高中教师在所教学科方面多数达到师范学院毕业程度"。意见指出，对教学有困难的教师应首先使他们过"教材教法关"，再系统进修文化和专业知识；边疆少数民族地区则可组织初级师范进修。意见明确提出："教师进修院校承担着中小学在职教师终身教育重任"，作为教师教育体系的重要组成将长期存在。[②]

在教育部引导下，20 世纪 80 年代我国迅速恢复四级教师继续教育网络。截至 1978 年底，全国恢复省一级的教育学院、教师进修学院 34 所，高师院校附设函授部 44 个。1986 年备案的教育学院 262所，在校生 25.99 万人，小学教师进修学校 2072 所，在校生 77.41万人(见表 1-15)。[③]

---

① 胡艳：《当代教师教育问题研究》，41—42 页，郑州，大象出版社，2010.

② 《中国教育年鉴》编辑部：《中国教育年鉴 1949—1981》，760—762 页，北京，中国大百科全书出版社，1984。

③ 胡艳：《当代教师教育问题研究》，41—42 页，郑州，大象出版社，2010。

表 1-15　中小学教师继续教育学校基本情况①

年份	教育学院（中学教师进修学院）				小学教师进修学校			
	学校数（所）	招生数（万人）	在校生数（万人）	毕业生数（万人）	学校数（所）	招生数（万人）	在校生数（万人）	毕业生数（万人）
1982	290	—	47.4	14.8	2174	—	119.0	30.1
1983	304	7.9	20.1	5.2	2101	33.7	93.7	15.0
	教育学院							
1984	218	5.9	16.4	4.3	1782	21.3	50.3	13.5
					教师进修学校			
1985	216	12.77	24.71	6.11	1884	30.84	68.42	11.68
1986	262	8.16	25.99	6.66	2072	25.43	77.41	15.46
1987	268	8.43	25.12	8.82	2099	23.88	88.10	17.67
1988	265	12.39	27.62	10.12	2117	19.28	76.43	20.86
1989	265	10.01	28.04	9.16	2153	16.85	59.97	24.42
1990	265	7.60	25.30	9.32	2018	17.11	53.05	21.76
1991	254	6.03	18.56	10.48	2061	14.11	46.32	20.04
1992	251	7.65	17.92	7.65	2033	17.70	43.51	14.94
1993	249	9.55	21.69	6.46	2100	19.91	49.46	18.59
1994	245	8.73	23.06	6.16	2065	22.40	50.19	17.00
1995	242	7.77	21.37	8.83	2031	18.12	42.93	13.95
1996	240	8.00	20.54	8.06	2088	23.05	52.98	23.51
1997	229	8.65	22.84	7.42	2142	16.44	44.36	20.24
1998	190	8.22	21.20	6.62	2078	12.16	23.89	16.82
1999	166	9.61	22.73	6.86	2129	9.37	27.18	16.56

　　教师在职培训体系的正规化、规模化。为了使培训院校长期稳定地承担起在职教师专业发展的重任，20 世纪八九十年代，教育部

---

① 胡艳：《当代教师教育问题研究》，42 页，郑州，大象出版社，2010。

致力于培训体系的正规化与规模化。80 年代初，教育部出台一系列
文件，如《关于师范教育的几个问题的请示报告》《关于加强教育学院
建设若干问题的暂行规定》《关于加强小学在职教师进修工作的意见》
等，通过明确教师进修院校的地位（省级教育学院相当于本科师范学
院、地市教师进修院校相当于专科师范、县级教师进修学校相当于
中等师范），明确各级院校的任务分工（省级院校承担中学教师培训、
县级院校承担小学教师培训、公社培训站做好公社范围内教师培训、
学校做好校内教师发展），制订统一的教学计划（如 1982 年颁行教师
进修院校 12 个专科专业和 7 个本科专业的教学计划，中等师范进修
教学计划等）[①]来规范其办学。1990 年国家教委在 1982 年《中学教师
进修高等师范专科教学计划》的基础上，修订了 12 个专业的教学计
划。[②] 上述举动使我国教师继续教育机构的工作很快走上正轨。

　　1989 年，"世界银行贷款中学在职教师培训项目"以"重点扶植一
批教育学院，使之提高中学在职教师培训质量"为目标，帮助学校购
置继续教育所需的教学仪器设备、图书，聘请国内外专家。该项目
涉及包括北京、天津在内的 20 个省市的 72 所院校，其中省级教育
学院 16 所，直辖市教育学院 3 所，计划单列市教育学院 10 所，地
市级教育学院 40 所，省属高师院校附设的中学在职教师培训部 3
所。[③] 该项目极大地改善了这些院校的办学条件。1989 年 9 月，国
家教委提出通过卫星电视师范教育开展在职中小学教师培训，使未
达学历要求的教师尽快达到合格学历，并开展中小学校长岗位培
训。[④] 由此，我国建立了覆盖各区域的四级教师继续教育体系和线

　　① 胡艳：《当代教师教育问题研究》，43—44 页，河南，大象出版社，2010。
　　② 《中国教育年鉴》编辑部：《中国教育年鉴 1991》，287—289 页，北京，人民教育
出版社，1992。
　　③ 《中国教育年鉴》编辑部：《中国教育年鉴 1989》，159 页，北京，人民教育出版
社，1990。
　　④ 《中国教育年鉴》编辑部：《中国教育年鉴 1990》，837 页，北京，人民教育出版
社，1991。

上线下相结合、校内校外相结合的教师继续教育网络。

多渠道、多方式开展教师培训。这个时期的教师培训以学历教育为主，教材教法培训为辅。我们以江西为例看各省市的教师继续教育工作。"七五"期间，江西省建立和完善了培训基地，多渠道、多方式开展教师培训。1984 年 11 所高校举办中等学校教师本、专科班，培训在职教师 372 人。同期，江西教育学院通过两年制大专学历教育系统提高小学骨干教师（省地以上优秀教师、特级教师等）的专业能力。江西师大、江西教育学院都设立了高师函授部提升中学教师的学历，多数地市至少有一所中师承担起提升小学教师学历的任务。为提高教师的教材教法水平，各教师继续教育机构利用寒暑假和业余时间举办教材教法学习班。为了帮助老区教师的素质提升，江西省还采取定向培养和巡回讲学等方式为老区培养培训师资。据记载，中央首批赴江西省培训教师讲师团共 152 人，1985 年分 12 个小组分赴 9 个地市，1986 年第二批 146 人包含 7 个分团分赴 7 个地市。① 这一时期，中央国家机关也参与教师继续教育。1985 年，中直机关派出 3250 名优秀同志到 22 个省份帮助实施中小学师资培训工作。②

进入 20 世纪 90 年代后，伴随着教师学历提升，中小学在职教师培训由关注学历提升和短期培训转而关注持续专业发展和终身学习。1990 年国家教委在全国中小学教师继续教育工作座谈会上指出：继续教育以"已经取得国家规定学历或专业合格证书，以及在 1986 年底以前教龄满 20 年并获专业职务的教师"为对象，包括"见习期培

---

① 《中国教育年鉴》编辑部：《中国教育年鉴 1985—1986》，46—48 页，长沙，湖南教育出版社，1988。

② 《中国教育年鉴》编辑部：《中国教育年鉴 1982—1984》，35—37 页，长沙，湖南教育出版社，1986。

训、职务培训和骨干教师培训等方面"。① 1993 年国家教委印发《关于加强小学骨干教师培训工作的意见》。1994 年 4 月国家教委提出"中师(高中)毕业的工作数年，有一定工作经验，并接受过继续教育培训的有培养前途的中青年教师，通过培训、实践和再培训成长为骨干教师"②，开始关注骨干教师培训。

在教师培训之外，中小学校长培训工作开始推进。1989 年，国家教委发出《关于加强全国中小学校长培训工作的意见》，做出了"八五"期间对全国百万中小学校长普遍进行一次岗位培训的决策。当年，教育部中学校长培训中心在华东师范大学成立。为了使校长培训规范化、有质量，1990 年国家教委发布《关于开展中小学校长岗位培训的若干意见》及其附件《全国中小学校长岗位培训指导性教学计划(试行草案)》，对中小学校长培训进行全面系统的规划。③ 这是中华人民共和国成立以来首个针对校长培训的教学计划。1994 年，国务院《关于〈中国教育改革和发展纲要〉的实施意见》中，进一步提出实施百万校长培训计划，争取到 1997 年左右，在全国实施中小学校长持证上岗制度。1997 年底，国家教委印发了《实行全国中小学校长持证上岗制度的规定》，来落实这项制度。2000 年，教育部小学校长培训中心在北京师范大学成立。经过近 10 年的努力，全国 96% 以上的中小学校长普遍接受了岗位培训，做到了持证上岗。具有中国特色的中小学校长岗位培训和持证上岗制度初步建立。④

---

①　《中国教育年鉴》编辑部：《中国教育年鉴 1992》，179—180 页，北京，人民教育出版社，1993。

②　《中国教育年鉴》编辑部：《中国教育年鉴 1995》，237—238 页，北京，人民教育出版社，1995。

③　《中国教育年鉴》编辑部：《中国教育年鉴 1991》，162—163 页，北京，人民教育出版社，1992。

④　吕福源：《开创中小学教师继续教育和校长培训工作新局面，为建设全面推进素质教育的高质量教师和校长队伍而奋斗》，见何东昌：《中华人民共和国重要教育文献(1998—2002)》，374 页，海口，海南出版社，2003。

经过一系列努力，独立教师教育阶段教师质量提高成绩喜人。1977 年，小学教师学历合格率为 28％，初中教师学历合格率为14.3％，高中教师学历合格率为 33.2％。[①] 到 2000 年，小学教师学历合格率 91.3％，初中教师学历合格率 87.1％，高中教师学历合格率 68.4％。[②] 教师的质量得到很大的提升。

二、开放教师教育时期的普通中小学教师教育

20 世纪 90 年代末期，我国教师教育体系出现两种变革，一是三级师范向两级师范过渡，二是非师范院校承担教师培养教育的任务。具体如下。

（一）中小学教师职前教育

伴随着普及九年义务教育目标的基本实现，以及社会各项事业发展对人才质量要求的提升，20 世纪 90 年代末，我国各层级教育迫切需要由数量满足转向质量满足，这对师资质量提出了要求。1996年国家教委发布《关于师范教育改革和发展的若干意见》，提出了"健全和完善以独立设置的各级各类师范院校为主体，非师范类院校共同参与，培养和培训相沟通的师范教育体系"。1999 年教育部颁布的《关于师范院校布局结构调整的几点意见》中，明确提出以开放化、综合化、高层次化为目标调整教师教育的结构和布局。[③] 由此，我国独立的教师教育体系正式走向开放。

1. 中等师范学校逐渐退出历史舞台

关于小学师资的培养，教育部在 20 世纪 90 年代末基本确立了由专科以上院校培养的思路。1999 年，教育部在《关于师范院校布局

---

① 《教育部印发关于加强和发展师范教育的意见》，见何东昌：《中华人民共和国重要教育文献(1976—1990)》，1650 页，海口，海南出版社，1998。
② 数据源自：《中国教育统计年鉴 2000》中"中学和小学教师学历"，64－65 页，88页，北京，人民教育出版社，2001。
③ 胡艳：《当代教师教育问题研究》，55－56 页，郑州，大象出版社，2010。

结构调整的几点意见》中明确提出，"层次结构调整目标：从城市向农村、从沿海向内地逐步推进，由三级师范(高师本科、高师专科、中等师范)向二级师范(高师本科、高师专科)的过渡"，到 2003 年，普通高等师范院校、教育学院、中等师范学校将从 1997 年的 1353 所调整到 1000 所左右，其中中等师范学校 500 所左右。在继续办好一批中师，为经济和教育欠发达地区培养小学教师的同时，部分中师可并入高师院校；少量条件好、质量高的中师根据需要，可通过联合、合并、充实、提高组建成师范专科学校；其余中师可改为教师培训机构或其他中等学校。[①] 中师的升格、合并或改制势在必行。由此，我国中等师范学校迅速减少。表 1-16 的数据反映了我国中等师范学校在其最后阶段的基本情况。

表 1-16　2000—2011 年中等师范学校办学情况表

年份	学校数（所）	在校生数（万人）	招生数（万人）	毕业生（万人）
2000	683	76.98	21.02	31.14
2001	570	66.24	19.53	27.83
2002	430	60.11	19.42	22.26
2003	317	31.73	10.13	10.18
2004	282	27.90	8.26	8.51
2005	244	25.77	8.97	8.04
2007	196	—	—	—
2009	190	—	—	—
2010	141	—	—	—
2011	132	—	—	—

注：表中 2000—2011 年数据分别来自对应年《中国教育年鉴》中师范教育部分，由人民教育出版社出版。2006、2008 年数据缺失。

---

① 《中国教育年鉴》编辑部：《中国教育年鉴 2000》，240—241 页，北京，人民教育出版社，2000。

其实，中等师范学校逐渐退出教师教育的舞台开始于 1989 年。1988 年我国有中等师范学校 1065 所，在校生 68.35 万人（见表 1-13），以后逐年减少，到 2000 年以后学校数和在校生数下降迅速，到有全面统计数据的 2005 年，中师学校只有 244 所，在校生 25.77 万人，学校数减少了 77%，在校生减少了 62%，招生数减少了 62%。不少省市全面取消了中等师范学校。2000 年，江苏省基本停止中等师范学校的招生；2002 年上海中等师范学校退出历史舞台，河南省实现了二级教师教育体系的建立；2005 年黑龙江省培养小学和学前教育师资的中等师范教育办学历史结束。2009 年，全国多数省份取消或即将取消中等师范教育层次，实现了教师培养层次的上移。[①] 尽管中等师范学校在其办学历史中问题众多，但总体而言，中等师范学校为我国培养了数量众多的具备一定专业素质和综合能力的小学教师。从 1978 年至 2005 年，中等师范学校累计培养毕业生 556.9 万人（据表 1-13 和表 1-16）。中等师范学校的办学特色及其教师培养经验仍为当前我国教师教育提供诸多启示。

2. 高等师范教育走向开放化与大学化

20 世纪 90 年代末以来，伴随着教师教育的开放化、综合化，我国高等师范教育走上升格、合并和综合化之路。一方面，高等师范院校纷纷向综合大学转变；另一方面，综合大学也开始参与教师教育。在生存需要的动机驱动下，部分历史悠久、实力雄厚的高等师范院校开始提高综合性、强化非师范性，以获得与综合大学一样的办学条件。同时，部分传统综合大学以设立教育学院或教育科学学院的形式参与教师培养、教育研究或教育行政人才的培养，从事教育科研或教师继续教育。[②]

---

① 胡艳：《当代教师教育问题研究》，132 页，郑州，大象出版社，2010。
② 胡艳：《当代教师教育问题研究》，129 页，郑州，大象出版社，2010。

本科师范院校迅速增加，专科师范迅速减少。自 1998 年开始，高等师范本科院校由原来的 75 所增加到 2016 年的 156 所，增长了 1.08 倍；专科院校则从 1998 年的 154 所减少到 2016 年的 69 所，下降了 55％。高等师范院校的办学层次明显提高。

非师范院校参与教师教育已成规模。目前难以找到完整的统计资料，但根据有限的资料可以发现，自实施开放的教师教育体系以来，我国非师范院校培养的师范生几乎占到师范生的一半。据统计，2002 年共有 475 所高等学校招收师范类全日制本专科学生，其中高师院校 183 所，教育学院 34 所；非师范院校 258 所，占 54％。2002 年全国有 140.2 万师范类普通本专科在校生，其中高师院校师范生占 70.0％，教育学院师范生占 2.6％，其他高校的师范生占 27.4％。[1] 2010 年，非师范院校培养的本专科师范生占师范生总数的 47.70％。[2] 2011 年，非师范院校的本专科师范毕业生占师范毕业生的 47.3％。[3] 由此可见，独立设置的师范院校仍然是我国教师教育的主力，但非师范院校在教师教育领域也几乎占据半壁江山。

整体而言，包括非师范院校在内的师范生自有数据统计的 2003 年以来获得了一定的增长。据统计，自 2003 年到 2016 年，本科毕业生数增长 1.33 倍，招生数增长 50％，在校生数增长 63％。专科毕业生数增加 14％，招生数下降 22％，在校生数下降 2％（见表 1-17）。

---

[1] 《中国教育年鉴》编辑部：《中国教育年鉴 2004》，263 页，北京，人民教育出版社，2004。

[2] 《中国教育年鉴》编辑部：《中国教育年鉴 2011》，284 页，北京，人民教育出版社，2012。

[3] 《中国教育年鉴》编辑部：《中国教育年鉴 2012》，265 页，北京，人民教育出版社，2013。

表 1-17　　2003—2016 年高等院校师范生培养基本情况统计表

年份		2003	2004	2005	2006	2007	2008	2009
本科师范生（人）	毕业生数	158569	185868	223715	241787	279328	303253	295630
	招生数	237745	254094	258015	261167	295217	294171	335868
	在校生数	902639	974260	1055506	1105277	1139450	1184012	1227870
专科师范生（人）	毕业生数	188396	200663	226019	251658	166494	243157	225429
	招生数	249252	252725	236929	232277	163846	168818	163869
	在校生数	683261	727586	736079	663926	646011	626278	605483
年份		2010	2011	2012	2013	2014	2015	2016
本科师范生（人）	毕业生数	293421	302990	328571	342076	364225	366664	369501
	招生数	358821	347198	367421	351062	350128	343339	356452
	在校生数	1297515	1350393	1443936	1436507	1491135	1476598	1468144
专科师范生（人）	毕业生数	228216	198650	183755	176354	171317	189923	215159
	招生数	158588	179603	150568	151276	147331	176167	193701
	在校生数	566656	527926	523269	521576	525662	617660	667523

注：表中数据来自 2003—2016 年《中国教育统计年鉴》中教育事业发展中高等教育部分的普通本、专科分学科学生数，2003—2014 年由人民教育出版社出版，2015—2016 年由中国统计出版社出版。该数据包括高等院校培养的所有普通类型的(不同于成人类、网络类)师范生。

其他形式的院校依然承担着教师教育的责任。与此同时，这一时期我国普通高校、成人高校和广播电视大学也在开展业余教师教育，它们开设师范专业，用成人高考等方式招收师范生，利用节假日、周末、电视、网络等渠道开展教师教育，从而极大地丰富了我国教师教育的渠道，扩大了师范人才培养的规模。就成人教育而言，虽然自 2003 年至 2016 年期间，随着高等教育大众化的浪潮，成人本专科师范生逐年减少(见表 1-18)，但依然在培养一定数量的师范生。据统计，这些年成人本科师范毕业生累计 116.4 万人，成人专科师范毕业生累计 97.2 万人；网络本科师范毕业生累计 38.17 万人，网络专科师范毕业生累计 13.36 万人（见表 1-19）。一些年份（2003—2009 年）的网络师范生还有所增长。这些形式的教师教育为我国中小学教师的学历提升还是有所贡献的。

表 1-18　2003—2016 年成人本专科师范生情况表

年份	本科师范生（万人）			专科师范生（万人）		
	毕业生数	招生数	在校生数	毕业生数	招生数	在校生数
2003	14.46	—	55.96	26.68	—	78.42
2004	19.72	24.41	44.47	26.98	22.09	43.72
2005	19.91	22.57	48.84	19.44	13.08	34.06
2006	4.33	21.02	62.27	6.26	9.27	34.71
2007	21.93	19.51	57.55	15.92	7.35	23.83
2008	20.03	18.01	54.46	10.18	7.69	21.12
2009	22.28	15.25	46.05	8.61	7.53	19.00
2010	19.06	14.29	39.62	7.94	7.82	18.55
2011	14.49	11.51	32.03	6.14	7.73	16.97
2012	11.90	10.61	26.91	6.16	12.67	23.00
2013	10.71	10.82	27.22	6.58	13.65	28.61
2014	9.80	10.62	25.50	10.43	13.80	30.29
2015	9.70	8.41	23.33	11.96	11.45	28.10
2016	8.30	7.46	19.57	11.93	8.76	22.77

注：表中数据来自 2003—2016 年《中国教育统计年鉴》，其中 2003—2010 年的本专科师范生系成人高校本专科师范生与普通高校成人本专科师范生相加所得。2011—2016 年数据直接来自统计年鉴的成人高校本专科师范生统计。

表 1-19 2003—2016 年网络本专科师范生情况表

年份	本科师范生（万人）			专科师范生（万人）		
	毕业生数	招生数	在校生数	毕业生数	招生数	在校生数
2003	—	2.35	5.15	0.10	0.28	0.53
2004	1.08	3.13	7.93	0.17	0.26	0.56
2005	3.18	3.32	9.03	0.23	0.34	0.88
2006	3.29	5.56	10.81	0.40	0.63	1.10
2007	2.38	4.25	11.80	0.25	0.79	1.57
2008	4.75	4.62	11.08	0.58	1.27	2.14
2009	5.32	5.28	13.23	1.65	2.63	5.58
2010	3.81	3.76	9.34	0.93	1.91	3.58
2011	3.88	3.57	8.43	1.40	2.98	5.23
2012	2.84	2.82	7.12	1.46	2.38	5.20
2013	2.11	2.32	5.32	1.65	2.04	4.04
2014	1.45	1.44	3.26	1.15	1.25	2.66
2015	2.06	1.82	4.61	1.68	1.59	3.74
2016	2.01	3.23	5.74	1.72	2.27	4.29

注：表中数据来自 2003—2016 年《中国教育统计年鉴》，其中 2003—2010 年的本专科师范生系成人高校本专科师范生与普通高校成人本专科师范生相加所得。2011—2016 年数据直接来自统计年鉴的成人高校本专科师范生统计。

以上多种形式的师范本专科招生培养充分体现了我国高等教师教育的开放化与多元化局面。尽管如此，如表 1-20 所示，普通高校，特别是传统的高师院校依然是教师职前教育的主体。

表 1-20 2003—2016 年不同培养形式的师范本专科毕业生累计

培养形式		合计	普通师范生	成人师范生	网络师范生
本科	数量（人）	6503929	4055598	2066680	381651
	占比	100%	62.36%	31.78%	5.86%
专科	数量（人）	4850738	2965190	1751970	133578
	占比	100%	61.13%	36.12%	2.75%

注：表中数据来自对应年各类别师范生培养情况的统计，具体历年情况见表 1-17 至表 1-19。

3. 努力提升教师教育的质量

在致力于教师教育开放化、大学化的同时，主管部门和高等学校也采取多种措施，提升教师教育的质量。

加强教师教育者队伍建设。2003 年教育部拨款 603.84 万元对全国 27 个省份承担中小学教师培养任务的高校的 14 个专业的 3000 多名"学科教学论"教师进行了国家级培训，北京师范大学、华东师范大学、首都师范大学等 12 所师范大学承担培训任务。① 2004 年，教育部开展了教师教育管理者国家级研修项目，以研修班的方式对全国 31 个省级教育行政单位主管教师教育的负责人，351 所高校负责教师教育工作的 2500 名校长、教务处长、教育学院（系）领导等进行了培训，研修任务由北京师范大学、华东师范大学、华中师范大学、西北师范大学、东北师范大学、国家教育行政学院等九家单位共同承担。②

加强高校师范专业质量评估。进入 21 世纪之后，教育部开始关注高等院校师范专业的师范性和质量保障。2007 年 10 月 24—25 日，教育部组织专家对"师范教育第二类特色专业建设点"进行了评审。评审和建设要求：围绕培养优秀中小学教师的目标，调整教师培养方案，改革课程体系和教学内容，强化教育实践，教育实习原则上不少于 1 个学期，有相对稳定的中小学实习基地；形成教师主动参与中小学教育教学研究，聘请中小学一线教师兼职兼课制度；毕业生到中小学就业率较高；为基础教育服务并有较大影响。这次评审，教育部直属师范大学入选 16 个专业点，省属师范大学入选 29 个专业点，综合性大学入选 2 个专业点，师范学院入选 3 个专业点。③

---

① 《中国教育年鉴》编辑部：《中国教育年鉴 2004》，264 页，北京，人民教育出版社，2004。

② 《中国教育年鉴》编辑部：《中国教育年鉴 2005》，295 页，北京，人民教育出版社，2005。

③ 《中国教育年鉴》编辑部：《中国教育年鉴 2008》，292—294 页，北京，人民教育出版社，2008。

2017 年 10 月 26 日，教育部印发《普通高等学校师范类专业认证实施办法（暂行）》，提出"分级分类开展师范类专业认证，以评促建，以评促改，以评促强，全面保障和提升师范类专业人才培养质量，为培养造就党和人民满意的高素质专业化创新型教师队伍提供有力支撑"。该认证分为三个级别，第一级定位于师范类专业办学基本要求监测；第二级定位于师范类专业教学质量合格标准认证；第三级定位于师范类专业教学质量卓越标准认证。随这一文件还发布了中学教育、小学教育和学前教育的专业认证标准。这两个措施一改过去高校教学质量评估过程中忽视教师教育特点的评估标准和方式，并考虑到了教师教育综合化局面下师范特征的保障和高质量的教师队伍的培养，有助于我国教师教育质量的全面提升。

增设教育硕士学位点。自 2004 年开始，教育部组织实施了"农村学校教育硕士师资培养计划"，采取推荐免试攻读教育硕士研究生的方式，吸引国家和省重点大学的优秀应届本科毕业生到贫困地区的农村中学任教，为农村地区培养一批具有研究生学历的高素质师资。2004—2005 年该计划在中西部 19 个省（自治区、直辖市）实施，共招收 1125 名到 291 个国家级扶贫县高中任教的教师。2006 年共招收 1206 人。是年，将服务范围由中西部国家扶贫开发工作重点县逐步扩大到各省省级以上扶贫开发工作重点县，实施地区扩大到 23 个省区市。31 所大学参加培养，专业数增加到 19 个。[①] 这一计划一直持续至今。2018 年 3 月，《教师教育振兴行动计划（2018—2022）》提出"增加教育硕士专业学位授权点"，将"免费师范生"改为"公费师范生"，将义务任教年限由 10 年减少至 6 年。鼓励教学条件好、教学质量高的高校师范专业实行提前批次录取；加强入校后的二次选拔，设立面试考核的环节。提出"教师教育师资队伍的优化"及设置"教师

[①] 《中国教育年鉴》编辑部：《中国教育年鉴 2007》，273—275 页，北京，人民教育出版社，2007。

教育学"的二级学科等。可见，我国教师教育事业的发展更加走向高学历、专业性方向。

(二)中小学教师继续教育

1. 教师继续教育制度发展：终身性、全员性和项目化

21世纪，我国教师继续教育由原来的以学历提升为主转向以素质提高为主；由面向部分教师的短期在职教育转向面向全体教师的终身教育；由以教师继续教育机构承担教师培训为主转向高等院校和继续教育机构共同参与的职前职后一体化模式。具体如下。

高等学校与继续教育机构共担教师继续教育责任的局面形成。在教师教育开放化和综合化、职前职后一体化的要求下，教育学院大量合并、升格，独立的教育学院、教师进修学校自进入21世纪以后迅速减少。从有限的统计发现，从1999年到2005年(之后无单独数据)，我国教育学院由166所减少到64所(其中省级教育学院19所)。减少的102所学院中有55所与师范院校、其他院校合并成立综合性本科院校，有42所改为师专或职业技术学院，另外一些改为教育研究院或撤销。教师进修学校中有700多所与教研、电教等机构整合，形成上挂高师院校，下联中小学校，具有"小实体、多功能、广覆盖、大服务"特点的新型县(区)级教师学习与资源中心。[①]同时，各高师院校、综合大学和其他院校纷纷承担教师继续教育的任务。这一时期，以北京师范大学、华东师范大学为首的师范院校，以北京大学、清华大学为首的综合大学等，都承担了各种内容的中小学教师培训，从而打破了继续教育机构独占教师继续教育领域的局面，教师继续教育的质量得以提高。

---

① 《中国教育年鉴》编辑部：《中国教育年鉴2007》，275页，北京，人民教育出版社，2007。

表 1-21　1999—2005 年教师继续教育学校基本情况①

年份	教育学院				教师进修学校			
	学校数（所）	招生数（万人）	在校生（万人）	毕业生（万人）	学校数（所）	招生数（万人）	在校生（万人）	毕业生（万人）
1999	166	9.61	22.73	6.86	2129	9.37	27.18	16.56
2000	138	13.19	25.78	6.25	2008	8.73	21.81	12.60
2001	122	13.36	30.44	5.52	1866	8.35	19.28	9.31
2002	103	12.38	32.64	7.65	1703	8.02	18.20	6.99
2003	103	12.38	32.64	7.65	1703	8.02	18.20	6.99
2004	83	11.48	19.38	11.17				
2005	64	8.00	18.79	7.77				

　　面向全员实施分层次的教师培训。为了全面提升中小学教师的素质，1999 年 9 月，教育部颁行《中小学教师继续教育规定》，明确提出：中小学教师继续教育以取得教师资格的中小学在职教师为对象，包括非学历教育与学历教育。这项政策对各种培训对象、学时等提出了具体的要求。学历教育是对具备合格学历的教师进行的提高学历层次的培训；非学历教育包括：新任教师培训不少于 120 学时，教师岗位培训每 5 年累计不少于 240 学时，骨干教师培训。同年，全国中小学教师继续教育和校长培训工作会议提出，今后 5 年内要对现有约 1000 万中小学教师基本轮训一遍。全国遴选 100 万中小学和职业学校骨干教师，省级遴选 10 万名，教育部遴选 1 万名（占中小学教师总数约千分之零点九），分别进行地市级、省级、国家级培训，基本形成骨干教师梯队。②

　　2001 年底，教育部首次举办的万名骨干教师国家级培训集中阶段培训全部结束，受训中小学骨干教师计 7626 名。同时，据 10 省

---

　　① 胡艳：《当代教师教育问题研究》，42—43 页，郑州，大象出版社，2010。
　　② 《中国教育年鉴》编辑部：《中国教育年鉴 2000》，237—239 页，北京，人民教育出版社，2000。

统计，省级骨干教师培训平均完成了近40％，地市级骨干教师培训完成51.26％，全员岗位培训、新教师培训、计算机全员培训、培训者培训分别完成70.27％、75.15％、51.33％、78.18％。① 可以说，这是教师继续教育制度建立以来教师首次全面受到培训的时期。

　　建立网络培训体系，提升教师培训的便利性和覆盖面。利用互联网技术开展远程教师继续教育是这一时期教师继续教育的特点。2000年12月，在教育部的支持下，中国中小学教师网开通，该网是"旨在帮助全国1000多万中小学教师实现终身学习的专业网站"②。2003年教师节前夕，教育部正式启动"全国教师教育网络联盟计划"（以下简称"教师网联"），该计划旨在以现代远程教育为突破口整合资源，构建以师范院校和其他举办教师教育的高校为主体，以高水平大学为核心，以区域教师学习与资源中心为服务支撑的职前职后教育一体化、线上线下相互融通、学历教育与非学历教育相沟通，覆盖全国城乡的教师教育网络体系。该计划为全国中小学教师的终身学习和专业发展提供了有力支持。2004年，"教师网联"8所师范大学首次联合考试招生，共招收远程教育学生150746名。③ 2006年，"教师网联"远程学历教育师范专业招生数达到89万人，培训教师28万多人，月点击量达600多万人次。当年，四川、福建、广东、上海、河南等地相继组建了省级区域性教师网联，福建、广东、上海等地实施了大规模的中小学教师远程培训。8月，教育部对全国49个县域内1万名中小学一线教师进行了网上新课程培训。④ 该项

---

① 《中国教育年鉴》编辑部：《中国教育年鉴2003》，267—268页，北京，人民教育出版社，2003。

② 《中国教育年鉴》编辑部：《中国教育年鉴2001》，225—226页，北京，人民教育出版社，2001。

③ 《中国教育年鉴》编辑部：《中国教育年鉴2005》，293—294页，北京，人民教育出版社，2005。

④ 《中国教育年鉴》编辑部：《中国教育年鉴2007》，271—272页，北京，人民教育出版社，2007。

目的实施有效地扩大了教师继续教育的覆盖面。

　　"教师网联"对中西部及偏远农村地区的教师继续教育发挥了重要作用。"教师网联"第一阶段重点面向农村，运用光盘教学、卫星电视教育、网络教育等各种模式，以有效实施各类型教师学历教育和非学历培训。① 2007 年暑期，教育部组织实施了"西部农村教师远程培训""援助西藏中小学教师培训""援助新疆中小学教师培训"计划，充分发挥了农村中小学现代远程教育工程和"教师网联"的作用。"西部农村教师远程培训"计划面向中西部 16 个省份、100 个县约 15 万名农村一线骨干教师。"援助西藏中小学教师培训"计划对西藏 1000 多名骨干教师进行了为期 10 天的免费集中培训，并将培训资源制作成光盘发放给 2 万多名西藏中小学一线教师。"援助新疆中小学教师培训"计划对新疆 1100 多名中小学骨干教师进行了为期 10 天的免费集中培训，培训资源光盘免费发放给参训学员，并上传到新疆远程教师网。②

　　开展专项培训，提升教师专业能力。在教师学历基本合格，大多数教师都能够接受各种培训的情况下，教育部开始关注教师特定技能的提升。为提升中小学教师信息技术与网络运用能力，2006 年教育部印发了《中小学教学人员（中级）教育技术能力培训大纲》，委托 11 所高校作为骨干教师国家级培训承担单位，当年为各省份培训骨干教师550 余人。2007 年 10 月，教育部发布《全国中小学教师教育技术能力水平考试大纲（初级）》，11 月江苏等省 9 万余名中小学教师参加了首次全国中小学教师教育技术能力水平考试，合格率约 87%。③

　　2006 年 8 月，教育部启动实施"中小学班主任培训计划"，明确

---

　　① 《中国教育年鉴》编辑部：《中国教育年鉴 2004》，264 页，北京，人民教育出版社，2004。

　　② 《中国教育年鉴》编辑部：《中国教育年鉴 2008》，291 页，北京，人民教育出版社，2008。

　　③ 《中国教育年鉴》编辑部：《中国教育年鉴 2007》，271 页，北京，人民教育出版社，2007。

要求今后中小学班主任教师在上岗前或上岗后半年时间内均需接受不少于30学时的专题培训。① 2007年，教育部组织了"万名中小学班主任国家级远程培训项目"和"全国中小学骨干班主任高级研修项目"。对全国30个省区市及新疆生产建设兵团共100个县的万名一线班主任进行了培训，对全国32个省区市选送的200名获得省级以上表彰的中小学优秀班主任进行了4期免费高级研修。2003—2007年，全国1000多万中小学教师绝大多数通过各种方式接受了一轮系统的教育教学能力和综合素质提高培训。②

开展新课程培训。2001年，教育部实施新一轮的课程改革，为保证新课程的有效高效实施，教育部组织了系列培训。2002年3月24日至4月28日，教育部委托北京师范大学等9所学校先后举办了基础教育新课程省级学科骨干培训者国家级培训班，培训人数共计3038人。③ 2003年9～12月，第二期基础教育新课程骨干培训者国家级研修班举办，涉及31个省区市的小学11个学科、中学16个学科的5083位研修员参与了培训。培训的师资队伍包括高师院校、继续教育机构、教研员和一线骨干教师。④ 以后，教育部逐年组织高中新课改实验区的骨干培训者培训，到2006年，全国大部分地区的骨干培训者接受了培训，从而有效地推动了新课程改革。

实施"国培计划"。从2008年开始，教育部组织实施以中西部农村为重点的"2008年中小学教师国家级培训计划"，直接培训全国中小学教师36.65万余名，其中县及县以下农村中小学教师29.7万

---

① 《中国教育年鉴》编辑部：《中国教育年鉴2007》，272—273页，北京，人民教育出版社，2007。

② 《中国教育年鉴》编辑部：《中国教育年鉴2008》，294—295页，北京，人民教育出版社，2008。

③ 《中国教育年鉴》编辑部：《中国教育年鉴2003》，266页，北京，人民教育出版社，2003。

④ 《中国教育年鉴》编辑部：《中国教育年鉴2004》，262页，北京，人民教育出版社，2004。

名，占总数的 81.1％。包括教育部支持西部边远地区骨干教师培训计划、普通高中课改实验省教师远程培训计划、中西部农村义务教育学校教师远程培训计划、中小学班主任专项培训计划以及西部初中骨干体育教师培训计划。[①] 2009 年，"国培计划"通过集中培训、远程培训、对口支援、送教上门等多种模式共计培训 45 万名中小学教师，覆盖 31 个省区市 600 多个县、几十万所中小学校。其中县及县以下农村中小学教师近 37 万名，占 82％。受训人员包括中西部地区中小学骨干教师、边境民族地区中小学骨干教师、中西部农村义务教育学校教师、普通高中课改教师、中西部农村中小学专职体育和艺术骨干教师等。[②] 之后每年，"国培计划"都会根据国家和地方的需要开展有针对性的培训。2012 年至今，"国培计划"中西部项目和示范性项目已形成制度，以骨干教师、农村教师、班主任和校长等教师群体为对象的培训模式也不断创新。如表 1-22 所示，教师培训项目的年度类别随着中小学教师的专业成长需要而创新。

表 1-22   2012—2018 年中小学教师"国培计划"相关项目基本统计

年份	示范性项目		中西部项目
	名称	名额	
2012	培训团队研修	3000	农村中小学教师置换脱产研修 农村中小学教师短期集中培训 农村中小学教师远程培训
	免费师范毕业生培训	1000	
	紧缺薄弱学科骨干教师培训	4000	
	中小学骨干教师研修	10000	
	义务教育骨干教师远程培训	10 万	
	中小学骨干班主任教师研修	1500	

---

① 《中国教育年鉴》编辑部：《中国教育年鉴 2009》，311—312 页，北京，人民教育出版社，2009。

② 《中国教育年鉴》编辑部：《中国教育年鉴 2010》，399 页，北京，人民教育出版社，2011。

续表

年份	示范性项目		中西部项目
	名称	名额	
2013	一线优秀教师培训技能提升研修	6000	置换脱产研修 短期集中培训 教师远程培训
	紧缺薄弱学科骨干教师培训	5000	
	培训团队研修	16500	
	网络研修与校本研修整合培训	50000	
	骨干班主任教师研修	1000	
2014	骨干教师能力提升高端研修	1600	置换脱产研修 短期集中培训 教师远程培训
	优秀青年教师成长助力研修	1600	
	紧缺领域教师培训	5350	
	教师网络研修	80000	
	一线优秀教师培训技能提升研修	5000	
	培训团队研修	1500	
	信息技术骨干培训者专项培训	1000	
2015	骨干教师能力提升高端研修	2000	教师培训团队置换脱产研修项目 送教下乡培训项目 教师网络研修项目 乡村教师访名校培训项目 乡村校园长培训项目
	优秀青年教师成长助力研修	2000	
	紧缺领域骨干教师培训	5800	
	网络研修	80000	
	培训团队培训	7000	
	骨干校园长培训	—	
2016	培训团队专项研修	7500	乡村教师培训团队置换脱产研修项目 送教下乡培训项目 乡村教师网络研修项目 乡村教师访名校培训项目 乡村校园长培训项目
	紧缺领域骨干教师培训	4500	
	骨干校园长培训	3280	
	网络研修	60000	
	跨年度递进式培训	4500	
2017	培训团队专项研修项目	10000	乡村教师培训团队研修项目 送教下乡培训项目 乡村教师网络研修 乡村教师访名校培训项目 乡村校园长培训项目
	名师高端研修	3000	
	紧缺领域骨干教师培训项目	5050	
	骨干校园长培训项目	3280	
	网络研修	18000	

续表

年份	示范性项目		中西部项目
	名称	名额	
2018	培训团队高级研修项目	—	乡村教师培训团队研修项目 送教下乡培训项目 乡村教师工作坊研修项目 乡村教师访名校培训项目 乡村校园长培训项目
	名师领航研修项目	—	
	紧缺领域教师培训项目	—	
	骨干校园长培训项目	—	
	网络研修创新项目	—	

注：表中统计资料来自教育部办公厅、财政部办公厅 2012—2018 年《关于做好中小学幼儿园教师国家级培训计划组织实施工作的通知》。

三、改革开放 40 年普通中小学教师教育的成就

这一部分主要通过对相关统计数据的描述来呈现近几十年我国普通中小学教师的规模及生师比、民族、学历等方面的构成情况。在数据来源方面，1978—1981 年的数据均来自《中国教育年鉴 1949—1981》，1982—1984 年的数据均来自《中国教育年鉴 1982—1984》，1985—1986 年的数据均来自《中国教育年鉴 1985—1986》，1987—1990 年的数据均来自当年的《中国教育统计年鉴》，1991 年的数据来自《中国教育统计年鉴(1991—1992)》，1992—1997 年的数据均来自当年的《中国教育事业统计年鉴》，1998—2016 年的数据均来自当年的《中国教育统计年鉴》。2016 年的数据是迄今为止可获得的最新数据。

（一）教师数量总体攀升，高中阶段尤其明显

从 1978 年到 2016 年，我国普通小学教师由 522.6 万人增加到 578.9 万人，38 年共增加 56.3 万人，总增长率为 10.8%；平均每年增加 1.48 万人，年均增长率为 0.28%。普通初中教师由 244.1 万人增加到 348.8 万人，38 年共增加 104.7 万人，总增长率为 42.9%；平均每年增加 2.76 万人，年均增长率为 1.13%。普通高中教师由

74.1 万人增加到 173.3 万人，38 年共增加 99.2 万人，2016 年普通高中教师数量相当于 1978 年的 2.34 倍；普通高中教师数量平均每年增加 2.61 万人，年均增长率为 3.52%。从各学段教师占普通中小学教师总数的比例来看，小学教师所占比重由 1978 年的 62.2%降为 2016 年的 52.6%，普通初中教师占比由 1978 年的 29.0%增加到 2016 年的 31.7%；1978 年，普通高中教师在普通中小学教师中所占比例为 8.8%，而到 2016 年，该比例已增加到 15.7%。

小学教师数量自改革开放以来总体上表现为波动上升趋势。其中，在 1982—1984 年、1991—1992 年、2001—2006 年、2010—2013 年这些年中有所下降，其余年份都在增加。1999 年小学教师数量达到 5860455 人，为改革开放以来的最高值，占当年普通中小学教师总数的比例为 60.4%。

普通初中教师数量发展的主要特征为经过若干年的快速增长之后渐趋稳定。改革开放初期，普通初中教师数量从 1978 年的 244.1 万人减少到 1984 年的 209.7 万人，但之后开始进入快速增长阶段，在 1985—2003 年这 18 年中，共有 10 年增长率超过 3%，有 3 年增长率在 2%~3%，有 5 年增长率在 1%~2%。2004 年以后普通初中教师数量的变化较为平缓，其中 2005 年、2006 年、2012 年、2013 年、2015 年初略有下降。2011 年，初中教师数量达到改革开放以来的最高值 3524517 人，占当年普通中小学教师总数的比例为 33.0%。

普通高中教师数量在改革开放初期的 5 年急剧下降，而在 1997—2006 年这 9 年间迅速增长。从 1978 年到 1983 年，普通高中教师数量从 74.1 万人下降到 45.1 万人，5 年内下降了 29 万人，降幅达到 39.1%。在 1997—2006 年这 9 年中每年的增长率都在 5%以上，其中 2001—2004 年每年的增长率超过 10%。近几年普通高中教师数量以 2%左右的年增长率稳步增加。2016 年，普通高中教师数量达到了改革开放以来的最高值 1733459 人，占当年普通中小学教师总数的比例为 15.7%。

表 1-23　改革开放以来普通中小学教师数量及其增长情况

单位：万人

年份	小学教师			初中教师			高中教师		
	当年教师数量	比上一年增加的教师数量	年增长率（%）	当年教师数量	比上一年增加的教师数量	年增长率（%）	当年教师数量	比上一年增加的教师数量	年增长率（%）
1978	522.6			244.1			74.1		
1979	538.2	15.6	2.99	241.0	−3.0	−1.25	66.7	−7.4	−9.96
1980	549.9	11.7	2.17	244.9	3.9	1.61	57.1	−9.7	−14.49
1981	558.0	8.1	1.47	235.0	−10.0	−4.06	49.4	−7.6	−13.37
1982	550.5	−7.5	−1.34	221.5	−13.5	−5.74	46.6	−2.9	−5.79
1983	542.5	−8.0	−1.45	214.6	−6.9	−3.11	45.1	−1.5	−3.16
1984	537.0	−5.5	−1.01	209.7	−4.8	−2.26	45.9	0.8	1.81
1985	537.7	0.7	0.13	216.0	6.3	2.98	49.2	3.2	7.06
1986	541.4	3.7	0.69	223.9	7.9	3.68	51.8	2.7	5.42
1987	543.4	2.0	0.37	232.7	8.7	3.89	54.4	2.6	4.93
1988	550.1	6.7	1.24	240.3	7.6	3.28	55.7	1.3	2.39
1989	554.4	4.3	0.77	242.7	2.4	0.99	55.4	−0.3	−0.54
1990	558.2	3.8	0.69	247.0	4.4	1.80	56.2	0.8	1.52
1991	553.2	−5.0	−0.89	251.7	4.6	1.87	57.3	1.1	1.96
1992	552.6	−0.6	−0.10	256.5	4.8	1.92	57.6	0.3	0.50
1993	555.2	2.5	0.45	260.8	4.3	1.67	55.9	−1.7	−2.98
1994	561.1	6.0	1.08	268.7	7.9	3.03	54.7	−1.2	−2.17
1995	566.4	5.3	0.94	278.4	9.7	3.60	55.1	0.4	0.67
1996	573.6	7.2	1.27	289.3	10.9	3.91	57.2	2.2	3.91
1997	579.4	5.8	1.01	298.2	8.9	3.07	60.5	3.3	5.78
1998	581.9	2.6	0.45	305.5	7.3	2.45	64.2	3.7	6.17
1999	586.0	4.1	0.71	314.8	9.3	3.06	69.2	5.0	7.78
2000	586.0	0.0	0.00	324.9	10.0	3.19	75.7	6.4	9.30
2001	579.8	−6.3	−1.07	334.8	10.0	3.07	84.0	8.3	10.99

续表

年份	小学教师			初中教师			高中教师		
	当年教师数量	比上一年增加的教师数量	年增长率（%）	当年教师数量	比上一年增加的教师数量	年增长率（%）	当年教师数量	比上一年增加的教师数量	年增长率（%）
2002	577.9	−1.9	−0.33	343.0	8.2	2.45	94.6	10.6	12.61
2003	570.3	−7.6	−1.32	346.7	3.6	1.06	107.1	12.5	13.17
2004	562.9	−7.4	−1.30	347.7	1.0	0.29	119.1	12.0	11.22
2005	559.2	−3.6	−0.65	347.2	−0.5	−0.14	129.9	10.9	9.14
2006	558.8	−0.5	−0.09	346.3	−0.8	−0.24	138.7	8.8	6.75
2007	561.3	2.5	0.45	346.4	0.1	0.02	144.3	5.6	4.03
2008	562.2	0.9	0.17	346.9	0.5	0.13	147.6	3.2	2.25
2009	563.3	1.2	0.20	351.3	4.4	1.28	149.3	1.8	1.20
2010	561.7	−1.6	−0.29	352.3	1.0	0.28	151.8	2.5	1.67
2011	560.5	−1.2	−0.22	352.5	0.1	0.03	155.7	3.9	2.54
2012	558.5	−1.9	−0.35	350.4	−2.0	−0.57	159.5	3.8	2.45
2013	558.5	−0.1	−0.01	348.1	−2.3	−0.67	162.9	3.4	2.13
2014	563.4	4.9	0.88	348.8	0.7	0.21	166.3	3.4	2.07
2015	568.5	5.1	0.91	347.6	−1.3	−0.37	169.5	3.3	1.96
2016	578.9	10.4	1.83	348.8	1.2	0.35	173.3	3.8	2.25
年均增长率%		1.48	0.28		2.76	1.13		2.61	3.52

（二）义务教育阶段生师比渐趋合理，高中阶段尚待优化

在1978年，小学、初中、高中的生师比分别为28.0∶1、20.5∶1、21.0∶1，到2016年，这3个数值分别下降为17.1∶1、12.4∶1、13.7∶1，各下降了10.9、8.1、7.3，降幅分别为38.9%、39.5%、34.8%。可见，总体而言，普通中小学的生师比自改革开放至今已有大幅改善。2014年，中央编办、教育部和财政部印发《关于统一城乡中小学教职工编制标准的通知》，其中规定中小学教职工编制标准为"高中教职工与学生之比为1∶12.5、初中为

1：13.5、小学为 1：19"①，参考这一标准，目前小学和初中的生师比已经达标，但高中阶段的生师比可能还需要继续优化。

具体到各学段生师比在改革开放以后的发展规律，小学阶段在 1978—1990 年、1997—2014 年是两段生师比持续改善时期，生师比最优的时期出现在 2013 和 2014 年，为 16.8：1。1991—1997 年这 6 年中生师比有所恶化。初中阶段，1978—1993 年，生师比总体上表现为改善趋势，这几年初中生师比从 20.5：1 下降到 15.7：1，共下降 4.8；1994—2002 年初中生师比出现了持续多年的恶化，从 15.7：1 上升到 19.3：1，增加了 3.6；而 2002 年以后则开始快速改善，到 2016 年已下降为 12.4：1，这是改革开放以来初中生师比的最优值。高中阶段，从 1978—1993 年，除少数年份有所反弹之外，生师比总体上出现了大幅下降，从 21.0：1 降至 11.8：1，共下降了 9.2；但随后的 11 年，高中阶段生师比持续攀升，至 2004 年达到 18.7：1，回到了改革开放之初两三年的水平；在这之后高中阶段生师比开始逐年改善，到 2016 年下降到 13.7：1，但与 1993 年的历史低值点仍有不小差距。

---

① 生师比是用在校学生数量除以专任教师数量得到的结果，但在《关于统一城乡中小学教职工编制标准的通知》中只给出了教职工与学生的比例，其中的教职工除专任教师外还包括工勤等其他人员。依照 2011—2016 年《中国教育统计年鉴》中对教职工数量统计口径的说明可知，虽然专任教师数量的统计较为准确，但是教职工数量的统计是存在很大误差的，因而我们无法根据教职工与学生之比的标准来准确计算生师比标准，不过我们依然可以按照文件中的标准推算，小学、初中、高中阶段的生师比标准会比 19、13.5、12.5 略高。参照这一标准，2016 年小学、初中的生师比都已达标。因为无法准确知道比 12.5 略高的数具体是多少，所以高中阶段只能说"可能"还与国家规定的标准有差距。

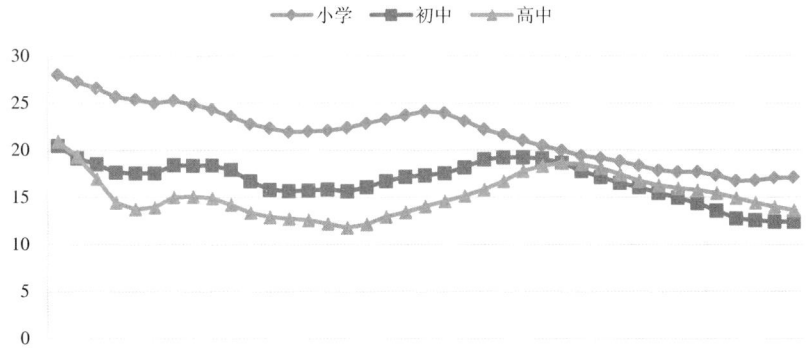

图 1-4 1978—2016 年普通中小学生师比的变化

表 1-24 1978—2016 年普通中小学各学段生师比

年份	小学	初中	高中	年份	小学	初中	高中
1978	28.0	20.5	21.0	1998	24.0	17.6	14.6
1979	27.2	19.1	19.4	1999	23.1	18.2	15.2
1980	26.6	18.5	17.0	2000	22.2	19.0	15.9
1981	25.7	17.6	14.5	2001	21.6	19.2	16.7
1982	25.4	17.6	13.8	2002	21.0	19.3	17.8
1983	25.0	17.6	13.9	2003	20.5	19.1	18.4
1984	25.3	18.4	15.0	2004	20.0	18.7	18.7
1985	24.9	18.4	15.1	2005	19.4	17.8	18.5
1986	24.3	18.4	14.9	2006	19.2	17.2	18.1
1987	23.6	17.9	14.2	2007	18.8	16.5	17.5
1988	22.8	16.7	13.4	2008	18.4	16.1	16.8
1989	22.3	15.8	12.9	2009	17.9	15.5	16.3
1990	21.9	15.7	12.8	2010	17.7	15.0	16.0
1991	22.0	15.7	12.6	2011	17.7	14.4	15.8
1992	22.1	15.9	12.2	2012	17.4	13.6	15.5
1993	22.4	15.7	11.8	2013	16.8	12.8	15.0
1994	22.9	16.1	12.2	2014	16.8	12.6	14.4
1995	23.3	16.7	13.0	2015	17.1	12.4	14.0
1996	23.7	17.2	13.5	2016	17.1	12.4	13.7
1997	24.2	17.3	14.1				

（三）少数民族教师比例稳步增长，高中阶段增速相对较快

在关于教师民族构成的统计数据中，由于 2000 年及以前的数据只分为小学、中学，2001 年及以后的数据细分为小学、初中和高中，故这部分内容分为两段进行叙述。

在 1978 年，小学阶段共有少数民族教师 31.02 万人，占小学教师总人数的比例为 5.94%；到 20 世纪末，小学少数民族教师人数增加到 55.30 万人，共增加 24.28 万人，占小学教师总数的比例达到 9.44%，共增加 3.5 个百分点，平均每年增加 0.159 个百分点。普通中学阶段在 1978 年共有少数民族教师 11.23 万人，占中学教师总人数的比例为 3.53%；到 20 世纪末，普通中学少数民族教师人数增加到 28.16 万人，相当于 1978 年的 2.51 倍，占中学教师总人数的比例增加到 7.03%，平均每年增加 0.77 个百分点。在 1982 年第三次全国人口普查中，当年我国少数民族人口占全国总人口的比例为 6.7%[①]；在 1990 年第四次全国人口普查中，当年我国少数民族人口占全国总人口的比例为 8.08%。[②] 与该数据相比，在改革开放初期，中小学教师中少数民族教师的比例低于少数民族人口占总人口的比例；到 1990 年，小学教师中少数民族教师的占比高于少数民族人口占总人口的比例，但普通中学教师中少数民族教师占比仍低于少数民族人口占总人口的比例。

小学阶段在 2001 年共有少数民族教师 564727 人，占小学教师总人数的比例为 9.74%；到 2016 年，小学少数民族教师人数增加到 607696 人，共增加 42969 人，占小学教师总人数的比例共增加 0.76 个百分点，平均每年增加 0.048 个百分点。初中阶段在 2001 年共有

---

① 数据来源：国家统计局人口统计司、公安部三局：《中华人民共和国人口统计资料汇编（1949—1985）》，912 页，北京，中国财政经济出版社，1988。

② 数据来源：国务院人口普查办公室、国家统计局人口统计司：《中国 1990 年人口普查资料（第一册）》，300 页，北京，中国统计出版社，1993。

少数民族教师 249774 人，占初中教师总人数的比例为 7.46％；到 2016 年，初中少数民族教师人数增加到 323804 人，共增加 74030 人，占初中教师总人数的比例共增加 1.82 个百分点，平均每年增加 0.114 个百分点。高中阶段在 2001 年共有少数民族教师 50626 人，占高中教师总人数的比例为 6.03％；到 2016 年，高中少数民族教师人数增加到 142117 人，共增加 91491 人，占高中教师总人数的比例增加了 2.17 个百分点，平均每年增加 0.136 个百分点。

表 1-25　1978—2000 年各学段教师的民族构成　单位：万人

年份	小学			普通中学		
	汉族	少数民族	少数民族教师比例（％）	汉族	少数民族	少数民族教师比例（％）
1978	491.6	31.02	5.94	307.0	11.23	3.53
1979	506.9	31.30	5.82	297.0	10.82	3.52
1980	517.0	32.94	5.99	290.7	11.23	3.72
1981	524.9	33.06	5.92	273.9	10.52	3.70
1982—1986	—	—	—	—	—	—
1987	499.7	43.68	8.04	272.0	15.05	5.24
1988	507.0	43.18	7.85	280.1	15.84	5.35
1989	508.2	46.20	8.33	280.6	17.40	5.84
1990	512.3	45.87	8.22	285.1	18.20	6.00
1991	506.8	46.41	8.39	289.8	19.21	6.22
1992	505.0	47.60	8.61	294.1	20.00	6.37
1993	507.5	47.70	8.59	296.5	20.20	6.38
1994	513.2	47.90	8.54	302.6	20.80	6.43
1995	516.3	50.10	8.85	311.1	22.30	6.69
1996	522.0	51.55	8.99	323.1	23.34	6.74
1997	526.6	52.79	9.11	334.0	24.69	6.88
1998	528.2	53.69	9.23	343.7	26.03	7.04
1999	531.5	54.51	9.30	356.9	27.14	7.07
2000	530.7	55.30	9.44	372.4	28.16	7.03

注：1982—1986 年的教师民族构成数据缺失。

　　根据 2000 年第五次全国人口普查的数据，当年我国少数民族人口占全国总人口的比例为 8.47％①；根据 2010 年第六次全国人口普查的数据，当年我国少数民族人口占全国总人口的比例为 8.40％②。进入 21 世纪之后，对小学教师而言，少数民族教师占比一直高于少数民族人口占比；2003 年，小学教师中少数民族教师占比首次超过 10％；2002 年和 2003 年，少数民族教师占比增长最快，其余年份较为平缓；2015 年，小学教师中少数民族教师占比首次出现下降。对初中教师而言，在 21 世纪初的几年里少数民族教师占比低于少数民族人口占全国总人口的比例，2009 年初中教师中少数民族教师占比首次超过少数民族人口占全国总人口的比例；在这 16 年中，多数年份初中少数民族教师占比比上一年增加 0.1 个左右的百分点，2005 年少数民族教师占比增加最快，比 2004 年增加了 0.23 个百分点。对高中教师而言，少数民族教师占比一直低于少数民族人口占全国总人口的比例；在 2011 年及以前的多数年份里，少数民族教师占比比上一年增加 0.1 个左右的百分点，从 2012 年开始高中少数民族教师占比的增速加快，后面这几年每年的少数民族教师占比会比上一年增加 0.2 个以上的百分点。

表 1-26　2001—2016 年各学段教师的民族构成情况

年份	小学			初中			高中		
	汉族教师人数	少数民族教师人数	少数民族教师占比（％）	汉族教师人数	少数民族教师人数	少数民族教师占比（％）	汉族教师人数	少数民族教师人数	少数民族教师占比（％）
2001	5233019	564727	9.74	3098622	249774	7.46	789401	50626	6.03
2002	5206588	572265	9.90	3170654	259653	7.57	888692	57303	6.06

　　①　数据来源：国务院人口普查办公室、国家统计局人口和社会科技统计司：《中国 2000 年人口普查资料（上册）》，215 页，北京，中国统计出版社，2002。
　　②　数据来源：国务院人口普查办公室、国家统计局人口和就业统计司：《中国 2010 年人口普查资料（上册）》，199 页，北京，中国统计出版社，2012。

续表

年份	小学			初中			高中		
	汉族教师人数	少数民族教师人数	少数民族教师占比（%）	汉族教师人数	少数民族教师人数	少数民族教师占比（%）	汉族教师人数	少数民族教师人数	少数民族教师占比（%）
2003	5131803	570947	10.01	3199396	267339	7.71	1004433	66142	6.18
2004	5060253	568607	10.10	3204285	272499	7.84	1117056	73625	6.18
2005	5023143	569310	10.18	3191820	280019	8.07	1217703	81757	6.29
2006	5015540	572017	10.24	3177747	285731	8.25	1298529	88653	6.39
2007	5034672	577891	10.30	3175587	288709	8.33	1350009	93095	6.45
2008	5040822	581116	10.34	3176754	292203	8.42	1378446	97087	6.58
2009	5048282	585165	10.39	3214506	298932	8.51	1393223	100090	6.70
2010	5033159	583932	10.40	3220407	302975	8.60	1415005	103189	6.80
2011	5021267	583594	10.41	3218233	306284	8.69	1449349	107480	6.90
2012	4999840	585636	10.48	3196153	308210	8.80	1481060	113975	7.15
2013	4994660	589984	10.56	3169542	311437	8.95	1507838	121170	7.44
2014	5038271	595635	10.57	3172070	316360	9.07	1534038	128662	7.74
2015	5088436	596682	10.50	3156540	319096	9.18	1560041	135313	7.98
2016	5181449	607696	10.50	3163985	323804	9.28	1591342	142117	8.20

（四）教师学历层次大幅提升，研究生学历教师开始快速增加

学历是衡量教师队伍整体质量的重要指标，这部分将以教师学历为例来看改革开放以来我国普通中小学教师质量的变化。由于缺少 1978—1986 年教师学历构成的统计数据，所以这部分内容只包含 1987 年及以后教师学历的情况。

在 1987 年，我国小学教师中中师、高中毕业及以上学历的教师有 3563497 人，所占比例不足 2/3；到 1990 年，学历在中师、高中毕业及以上的教师人数增长到 4122790 人，所占比例不足 3/4。

表 1-27　　1987—1990 年小学教师学历情况

年份	中师、高中毕业及以上的	中师、高中肄业及初师、初中毕业的	初师、初中肄业及以下的	中师、高中毕业及以上的小学教师比例（%）
1987	3563497	1610004	260329	65.6
1988	3748278	1520307	232715	68.1
1989	3955785	1376580	211453	71.4
1990	4122790	1271892	187128	73.9

　　1991 年，小学教师中本科毕业及以上的只有 7756 人，占小学教师总数的比例仅为 0.1%；大专毕业的小学教师 139664 人，所占比例只有 2.5%；而未受过高等教育的小学教师则高达 5384832 人，占小学教师总数的比例达到 97.4%。到 2016 年，本科毕业及以上的小学教师人数增加到 2918921 人，相当于 1991 年的 376 倍，25 年间共增加 2911165 人，平均每年增加 116447 人，年均增长率为 27.4%，占小学教师总数的比例增加到 50.5%，相当于 1991 年的 359 倍，平均每年增加 2.01 个百分点。大专学历的小学教师数量在经过多年增长之后，于 2008 年达到历史峰值 3104234 人，此时大专学历的小学教师占小学教师总数的比例为 55.2%，之后开始逐年下降。2016 年，大专学历的小学教师数量为 2502616 人，占小学教师总数的比例是 43.2%。未受过高等教育的小学教师数量在 2016 年已下降到 367608 人，在小学教师中所占比例为 6.3%，25 年间共下降 91.0 个百分点，平均每年下降 3.64 个百分点。

表 1-28　　1991—2016 年小学教师的学历分布

年份	本科毕业及以上			大专毕业			未受过高等教育		
	教师人数	年增长率（%）	占小学教师总数比例（%）	教师人数	年增长率（%）	占小学教师总数比例（%）	教师人数	年增长率（%）	占小学教师总数比例（%）
1991	7756		0.1	139664		2.5	5384832		97.4

续表

年份	本科毕业及以上			大专毕业			未受过高等教育		
	教师人数	年增长率(%)	占小学教师总数比例(%)	教师人数	年增长率(%)	占小学教师总数比例(%)	教师人数	年增长率(%)	占小学教师总数比例(%)
1992	8641	11.4	0.2	164525	17.8	3.0	5353325	−0.6	96.8
1993	10162	17.6	0.2	198201	20.5	3.6	5343234	−0.2	96.2
1994	12320	21.2	0.2	242322	22.3	4.3	5356682	0.3	95.5
1995	15373	24.8	0.3	302912	25.0	5.3	5345772	−0.2	94.4
1996	18350	19.4	0.3	412943	36.3	7.2	5304497	−0.8	92.5
1997	23487	28.0	0.4	559941	35.6	9.7	5210133	−1.8	89.9
1998	31380	33.6	0.5	715514	27.8	12.3	5072496	−2.6	87.2
1999	43110	37.4	0.7	909654	27.1	15.5	4907691	−3.2	83.8
2000	58765	36.3	1.0	1116057	22.7	19.0	4685494	−4.5	80.0
2001	93254	58.7	1.6	1495490	34.0	25.8	4209002	−10.2	72.6
2002	125440	34.5	2.2	1786756	19.5	30.9	3866657	−8.1	66.9
2003	176281	40.5	3.1	2134696	19.5	37.4	3391773	−12.3	59.5
2004	259045	47.0	4.6	2485580	16.4	44.2	2884235	−15.0	51.2
2005	376113	45.2	6.7	2775393	11.7	49.5	2440947	−15.4	43.6
2006	512390	36.2	9.2	2955535	6.5	52.9	2119632	−13.2	37.9
2007	687640	34.2	12.3	3066164	3.7	54.6	1858759	−12.3	33.1
2008	880449	28.0	15.7	3104234	1.2	55.2	1637255	−11.9	29.1
2009	1115187	26.7	19.8	3100558	−0.1	55.0	1417702	−13.4	25.2
2010	1331654	19.4	23.7	3065721	−1.1	54.6	1219716	−14.0	21.7
2011	1595659	19.8	28.5	3003101	−2.0	53.5	1006101	−17.5	18.0
2012	1819577	14.0	32.6	2922865	−2.7	52.3	843034	−16.2	15.1
2013	2079888	14.3	37.2	2797184	−4.3	50.1	707572	−16.1	12.7
2014	2348243	12.9	41.6	2713074	−3.0	48.2	572589	−19.1	10.2
2015	2611120	11.2	45.9	2612994	−3.7	46.0	461004	−19.5	8.1
2016	2918921	11.8	50.5	2502616	−4.2	43.2	367608	−20.3	6.3

在 1987 年，本科毕业及以上的初中教师共有 122782 人，占初中教师总数的比例为 5.3%；到 2016 年本科毕业及以上的初中教师已达到 2876442 人，相当于 1987 年的 23.4 倍，29 年间共增加 2753660 人，平均每年增加 94954 人，年均增长率为 11.6%；2016 年本科毕业及以上的初中教师占比已达到 82.5%，比 1987 年增加

77.2 个百分点，平均每年增加 2.66 个百分点。1999 年到 2009 年是我国初中教师中本科及以上学历教师人数增长最快的 11 年，这 11 年本科及以上学历初中教师的增长率常年维持在 10％以上，年均增长率达到 17.8％。我国在 1993 年颁布的《教师法》中规定初中教师应具有大专及以上学历，在这一年，我国初中教师的学历合格率为 59.5％，到 2016 年初中教师的学历合格率已达到 99.8％。

表 1-29　1987—2016 年初中教师的学历分布

年份	本科毕业及以上			大专毕业			未受过高等教育		
	教师人数	年增长率（％）	占初中教师总数比例（％）	教师人数	年增长率（％）	占初中教师总数比例（％）	教师人数	年增长率（％）	占初中教师总数比例（％）
1987	122782		5.3						
1988	136722	11.4	5.7						
1989	152662	11.7	6.3						
1990	169268	10.9	6.9						
1991	183393	8.3	7.3	1120198		44.5	1213068		48.2
1992	200432	9.3	7.8	1226315	9.5	47.8	1138240	−6.2	44.4
1993	218635	9.1	8.4	1334194	8.8	51.1	1055026	−7.3	40.5
1994	240501	10.0	9.0	1474898	10.5	54.8	971469	−7.9	36.2
1995	262511	9.2	9.4	1661851	12.7	59.7	859359	−11.5	30.9
1996	288415	9.9	10.0	1896488	14.1	65.5	707785	−17.6	24.5
1997	316335	9.7	10.6	2083604	9.9	69.9	581691	−17.8	19.5
1998	347503	9.9	11.4	2200943	5.6	72.0	506212	−13.0	16.6
1999	391751	12.7	12.4	2304064	4.7	73.2	452302	−10.6	14.4
2000	460527	17.6	14.2	2368424	2.8	72.9	419657	−7.2	12.9
2001	567422	23.2	16.9	2406306	1.6	71.9	374668	−10.7	11.2
2002	677095	19.3	19.7	2422499	0.7	70.7	330713	−11.7	9.6
2003	826016	22.0	23.8	2364815	−2.4	68.2	275904	−16.6	8.0
2004	1012759	22.6	29.1	2247998	−4.9	64.7	216027	−21.7	6.2
2005	1225799	21.0	35.3	2080897	−7.4	59.9	165143	−23.6	4.8
2006	1423655	16.1	41.1	1913017	−8.1	55.2	126806	−23.2	3.7
2007	1637292	15.0	47.3	1729489	−9.6	49.9	97515	−23.1	2.8
2008	1846162	12.8	53.2	1546219	−10.6	44.6	76576	−21.5	2.2

续表

年份	本科毕业及以上			大专毕业			未受过高等教育		
	教师人数	年增长率（%）	占初中教师总数比例（%）	教师人数	年增长率（%）	占初中教师总数比例（%）	教师人数	年增长率（%）	占初中教师总数比例（%）
2009	2088502	13.1	59.4	1364716	−11.7	38.9	60220	−21.4	1.7
2010	2256773	8.1	64.1	1219068	−10.7	34.6	47541	−21.1	1.3
2011	2404333	6.5	68.2	1081867	−11.3	30.7	38317	−19.4	1.1
2012	2510234	4.4	71.6	963243	−11.0	27.5	30886	−19.4	0.9
2013	2606188	3.8	74.9	849842	−11.8	24.4	24949	−19.2	0.7
2014	2717072	4.3	77.9	754918	−11.2	21.6	16440	−34.1	0.5
2015	2788509	2.6	80.3	675293	−10.5	19.4	11834	−28.0	0.3
2016	2876442	3.2	82.5	602922	−10.7	17.3	8425	−28.8	0.2

在 1987 年，我国共有 217978 位高中教师的学历在本科毕业及以上，约占高中教师总数的 2/5；到 2016 年本科毕业及以上的高中教师已达到 1697308 人，相当于 1987 年的 7.79 倍，29 年间共增加 1479330 人，平均每年增加 51011 人，年均增长率为 7.5%；2016 年本科毕业及以上的高中教师占比已达到 97.9%，比 1987 年增加 57.8 个百分点，平均每年增加 1.99 个百分点。从 1997 年到 2006 年是我国高中教师中本科及以上学历教师人数增长最快的 9 年，这 9 年本科及以上学历高中教师的增长率常年维持在 10% 以上，年均增长率达到 13.7%。我国在 1993 年颁布的《教师法》中规定高中教师应具有大学本科及以上学历，在这一年，我国高中教师的学历合格率为 51.1%，到 2016 年高中教师的学历合格率已达到 97.9%。

表 1-30　1987—2016 年高中教师的学历分布

年份	本科毕业及以上			大专毕业			未受过高等教育		
	教师人数	年增长率（%）	占高中教师总数比例（%）	教师人数	年增长率（%）	占高中教师总数比例（%）	教师人数	年增长率（%）	占高中教师总数比例（%）
1987	217978		40.1						
1988	230215	5.6	41.3						

年份	本科毕业及以上			大专毕业			未受过高等教育		
	教师人数	年增长率（%）	占高中教师总数比例（%）	教师人数	年增长率（%）	占高中教师总数比例（%）	教师人数	年增长率（%）	占高中教师总数比例（%）
1989	240895	4.6	43.5						
1990	255970	6.3	45.5						
1991	270571	5.7	47.2	259896		45.3	42795		7.5
1992	283003	4.6	49.1	256743	−1.2	44.6	36399	−14.9	6.3
1993	285592	0.9	51.1	242442	−5.6	43.4	30942	−15.0	5.5
1994	291879	2.2	53.4	228741	−5.7	41.8	26219	−15.3	4.8
1995	303941	4.1	55.2	223951	−2.1	40.7	22629	−13.7	4.1
1996	331541	9.1	58.0	221433	−1.1	38.7	19097	−15.6	3.3
1997	367467	10.8	60.7	221295	−0.1	36.6	16370	−14.3	2.7
1998	407860	11.0	63.5	220967	−0.1	34.4	13615	−16.8	2.1
1999	455989	11.8	65.8	224768	1.7	32.5	11682	−14.2	1.7
2000	517888	13.6	68.5	228775	1.8	30.2	10187	−12.8	1.3
2001	593966	14.7	70.7	238369	4.2	28.4	7692	−24.5	0.9
2002	689374	16.1	72.9	249924	4.8	26.4	6697	−12.9	0.7
2003	810520	17.6	75.7	254026	1.6	23.7	6029	−10.0	0.6
2004	947700	16.9	79.6	238183	−6.2	20.0	4798	−20.4	0.4
2005	1084490	14.4	83.5	210907	−11.5	16.2	4063	−15.3	0.3
2006	1199321	10.6	86.4	184267	−12.6	13.3	3594	−11.5	0.3
2007	1288637	7.4	89.3	151583	−17.7	10.5	2884	−19.8	0.2
2008	1350861	4.8	91.5	122055	−19.5	8.3	2617	−9.3	0.2
2009	1397824	3.5	93.6	93476	−23.4	6.3	2013	−23.1	0.1
2010	1439354	3.0	94.8	77116	−17.5	5.1	1724	−14.4	0.1
2011	1490381	3.5	95.7	64849	−15.9	4.2	1599	−7.3	0.1
2012	1538237	3.2	96.4	55542	−14.4	3.5	1256	−21.5	0.1
2013	1576959	2.5	96.8	50736	−8.7	3.1	1313	4.5	0.1
2014	1616893	2.5	97.2	44840	−11.6	2.7	967	−26.4	0.1
2015	1656398	2.4	97.7	38103	−15.0	2.2	853	−11.8	0.1
2016	1697308	2.5	97.9	35338	−7.3	2.0	813	−4.7	0.1

进入 21 世纪以来，具有研究生学历的教师开始快速增加。2001 年，拥有研究生学历的小学教师仅 542 人，占小学教师的比例为

0.01%；到 2016 年，拥有研究生学历的小学教师达到 44914 人，相当于 2001 年的 82.9 倍，15 年间共增加 44372 人，平均每年增加 2958 人，年均增长率为 34.8%；2016 年小学教师中研究生学历的教师占比为 0.78%，相当于 2001 年的 83 倍，15 年间共增加 0.77 个百分点，平均每年增加 0.051 个百分点。

2001 年，拥有研究生学历的初中教师仅 2410 人，占初中教师的比例为 0.07%；到 2016 年，拥有研究生学历的初中教师达到 76857 人，相当于 2001 年的 31.9 倍，15 年间共增加 74447 人，平均每年增加 4963 人，年均增长率为 26.3%；2016 年初中教师中研究生学历的教师占比为 2.20%，相当于 2001 年的 30.6 倍，15 年间共增加 2.13 个百分点，平均每年增加 0.142 个百分点。

2001 年，拥有研究生学历的高中教师 5311 人，占高中教师的比例为 0.63%；到 2016 年，拥有研究生学历的高中教师达到 137689 人，相当于 2001 年的 25.9 倍，15 年间共增加 132378 人，平均每年增加 8825 人，年均增长率为 24.5%；2016 年高中教师中研究生学历的教师占比为 7.94%，相当于 2001 年的 12.6 倍，15 年间共增加 7.31 个百分点，平均每年增加 0.487 个百分点。

表 1-31　2001—2016 年普通中小学各学段的研究生教师数量变化

年份	小学			初中			高中		
	教师人数	年增长率（%）	占小学教师总数比例（%）	教师人数	年增长率（%）	占初中教师总数比例（%）	教师人数	年增长率（%）	占高中教师总数比例（%）
2001	542		0.01	2410		0.07	5311		0.63
2002	762	40.6	0.01	3608	49.7	0.11	7524	41.7	0.80
2003	1018	33.6	0.02	4991	38.3	0.14	9244	22.9	0.86
2004	1395	37.0	0.02	5426	8.7	0.16	12329	33.4	1.04
2005	1649	18.2	0.03	7222	33.1	0.21	15345	24.5	1.18
2006	2158	30.9	0.04	8647	19.7	0.25	19079	24.3	1.38
2007	2339	8.4	0.04	10759	24.4	0.31	25547	33.9	1.77

续表

年份	小学			初中			高中		
	教师人数	年增长率（%）	占小学教师总数比例（%）	教师人数	年增长率（%）	占初中教师总数比例（%）	教师人数	年增长率（%）	占高中教师总数比例（%）
2008	3386	44.8	0.06	13557	26.0	0.39	32520	27.3	2.20
2009	4684	38.3	0.08	17507	29.1	0.50	42015	29.2	2.81
2010	6407	36.8	0.11	22681	29.6	0.64	55151	31.3	3.63
2011	10729	67.5	0.19	30237	33.3	0.86	66976	21.4	4.30
2012	14459	34.8	0.26	36424	20.5	1.04	79860	19.2	5.01
2013	20228	39.9	0.36	45138	23.9	1.30	93703	17.3	5.75
2014	27125	34.1	0.48	54775	21.4	1.57	105740	12.8	6.36
2015	35417	30.6	0.62	65193	19.0	1.88	121289	14.7	7.15
2016	44914	26.8	0.78	76857	17.9	2.20	137689	13.5	7.94

第四节　职业学校教师教育

一、多渠道培养培训时期

在改革开放之后，党的工作重心转移到经济建设上。经济建设的蓬勃展开亟须大量受过职业技能训练的专业技术人才，职业教育也迎来了前所未有的发展机遇。随着职业教育的发展，职业教育师资培养和培训提高问题变得日益紧迫。

（一）职业教育教师的职前培养

从 20 世纪 70 年代末到 90 年代末是我国职业教育的整顿、恢复和发展期，随着职业教育的发展，职业师资的需求也发生了一定的变化。

1. 职业教育的恢复发展

20 世纪 90 年代之前，我国职业教育领域的发展一方面是重建"文化大革命"前建立的中等专业学校、中等技术学校，另一方面则是进行中等教育的改革，增大职业教育的比重。1980 年 10 月，教育部召开全国中等专业教育工作会议，会议明确了中等专业教育在我国教育中的地位、作用、任务，明确提出建立一批重点中等专业学校，让这些学校出人才、出经验，以带动整个中等专业教育的发展和提高①。之后，教育部通过政策倾斜，改善办学条件，推动中等专业学校的专业目录建设，加强教材建设、师资队伍建设等措施，推动中等专业教育的发展。据统计，到 1990 年，我国中专学校发展到 2256 所，在校生 156.7 万人，分别比 1981 年增加 36.2% 和 148.2%②。同时，技工学校也得到恢复。1979 年，国家劳动总局发布《技工学校工作条例（试行）》，明确提出技工学校是培养技术工人的中等职业技术学校，是国家职业技术教育的重要组成部分，要求予以大力发展。在国家政策的引导下，到 1990 年，我国有中等技工学校 4184 所，在校生 133.2 万人，分别比 1977 年增加 2.3 倍、5.03 倍③。1991 年《国务院关于大力发展职业技术教育的决定》颁行，进一步提出要在 20 世纪 90 年代逐步做到：使大多数新增劳动力基本上能够受到适应从业岗位需要的最基本的职业技术训练；在一些专业性、技术性要求较高的劳动岗位，就业者能较普遍地受到系统的严格的职业技术教育；初步建立有中国特色的职业技术教育体系。1996 年，我国颁布《职业教育法》，提出要进一步调整职业结构，推进以初中为重点的不同阶段的教育分流，实现建立、健全职业学校与职业培训并举，与其他教育相互沟通、协调的职业教育体系。

与此同时，教育部提出改革中等学校教学内容，在普通中学增

---

① 《教育部印发关于确定和办好全国重点中等专业学校的意见的通知》，见何东昌：《中华人民共和国重要教育文献（1976—1990）》，1869—1870 页，海口，海南出版社，1998。

② 《中国教育年鉴》编辑部：《中国教育年鉴 1991》，247 页，北京，人民教育出版社，1992。

③ 高奇：《新中国教育历程》，273 页，石家庄，河北教育出版社，1996。

加职业教育的因素。在条件较好的城市地区，开设植物栽培、动物饲养、木工、电工、金工等劳动技术项目；在农村增加以从事农业生产技术为主的课程，讲授土壤、肥料、育种、作物及果树栽培、家禽饲养等知识，以提升城乡中学生的就业能力。1983 年 5 月，教育部、劳动人事部、财政部、国家计委联合发布《关于改革城市中等教育机构、发展职业技术教育的意见》，旨在加强中等教育的改革，"力争到 1990 年，使各类职业技术学校在校生与普通高中在校生的比例相当"。1985 年出台的《中共中央关于教育体制改革的决定》，进一步提出大力发展职业教育，逐步建立从初级到高级、行业配套、结构合理，又能与普通教育相沟通的职业教育体系。在各方努力下，到 1990 年，我国有 1.6 万所职业技术学校，在校生总数达到 600 万人。职业技术教育获得了长足的进步。①

2. 职业教育师资的培养

职业教育的发展必然以师资保障为前提，由此，职业教育的师资培养问题提上日程。设置独立的职业技术师范学院是这一时期我国职业技术教育教师培养的一条重要路径。1978 年，国家劳动总局向国家计委呈报了《关于恢复四所技工教育师范学院问题的报告》，建议"在天津、山东、河南、吉林恢复四所技工教育师范学院，主要培养一些通用的、新的技术专业教师（如电子、自控等专业教师），以及为实现农业机械化所必需的专业技术教师"②。继而，1979 年 1月，国家计委、教育部向国务院提交《关于增设四所技工教育师范学院的请示报告》，提出拟增设天津技工师范学院、吉林技工师范学院、河南技工师范学院和山东技工师范学院，最终吉林技工师范学

---

① 胡艳：《当代教师教育问题研究》，277—278 页，郑州，大象出版社，2010。
② 孟庆国、曹晔、杨大伟：《中国职业技术师范教育史》，336 页，北京，教育科学出版社，2016。

院和天津技工师范学院得到批准。[1] 1980 年，国务院批转教育部、国家劳动总局《关于中等教育结构改革的报告》，提出"教育部门、劳动部门和有关业务部门要有计划地为发展职业技术教育培养师资。省、自治区、直辖市应积极筹办职业技术师范学院"。1985 年《中共中央关于教育体制改革的决定》也指出"要建立若干职业技术师范院校"。在这些政策的推动下，整个 20 世纪 80 年代，我国共独立设置了 11 所职业技术师范学院，专门培养职业技术学校专业课师资及实习指导教师。[2]

除设置单独的职业技术师范学院以外，这一时期还开辟了若干职业教育教师培养的其他渠道。1985 年《中共中央关于教育体制改革的决定》指出，"师资严重不足，是当前发展中等职业技术教育的突出矛盾。各单位和部门办的学校，要首先依靠自身力量解决专业技术师资问题，同时可以聘请外单位的教师、科学技术人员兼任教师，还可以请专业技师、能工巧匠来传授技艺。……有关大专院校、研究机构都要担负培训职业技术教育师资的任务，使专业师资有一个稳定的来源"。1986 年 5 月，国家教委发出《关于在四所直属院校试办职业技术教育师范班的通知》，决定在浙江大学、南京工学院、华中工学院和大连理工学院试办职业技术教育师范班。1986 年 7 月，第一次全国职业技术教育工作会议召开，在会议通过的《关于加强职业技术学校师资队伍建设的几点意见》中明确提出了"多渠道解决师资来源问题"的基本思路。[3]

1997 年，国家教委颁发《关于加强中等职业学校教师队伍的意见》，明确提出通过建立基地，多渠道解决职教师资的来源问题。具

---

[1]　曹晔等：《当代中国中等职业教育》，285 页，天津，南开大学出版社，2016。

[2]　杨金土：《90 年代中国教育改革大潮丛书——职业教育卷》，120 页，北京，北京师范大学出版社，2002。

[3]　孟庆国、曹晔、杨大伟：《中国职业技术师范教育史》，338 页，北京，教育科学出版社，2016。

体如：依托普通高校建立职业学校师资培养和培训基地（可以是职业教育的二级师范学院，也可以是职教师范系、师范班等）；加强对现有独立设置的职业技术师范学院的建设；鼓励、吸引普通高校毕业生到中等职业学校任教；在企事业单位中聘用符合条件的人员到校任专兼职教师。这些师资补充方式成为职教师资解决的重要途径。

经过十多年的恢复和发展，我国职业教育师资培养培训工作取得初步成效，但随着职业教育的大规模扩张，高质量职教师资不足的矛盾依然比较突出，多渠道培养师资仍是解决师资匮乏问题的主要策略。在大学内部设立职业教育学院，成立职教师资培养培训基地成为这一时期职教师资培养的重要渠道。1989 年 10 月，国家教委首先批准天津大学、浙江大学成立职业技术教育学院，1994 年批准东南大学、西安交通大学、同济大学、四川联合大学成立职教学院。[1] 此外，国务院各部委所属高校设立职教师资培养培训基地或相关院系，如国家统计局将西安统计学院作为全国统计专业课师资的培养培训基地；农业部、地矿部、建设部都在本部直属高等院校组建职业技术教育学院或系班，培养与本行业有关的专业课教师。[2]在全国各地，本地区职教师资的培养培训基地也逐步开始建设：上海市教委按专业分类建立了 13 个基地，吉林省委托 6 所高校建立基地。1998 年底，全国职教师资培养培训基地共 306 个，其中在高等院校的有 215 个，在中等职业学校的有 91 个；培养培训专业课教师的基地 182 个，培养培训实习指导教师的基地 124 个。[3]

与此同时，特殊地区和特殊行业的师资培养得到重视。1993 年

① 杨金土：《90 年代中国教育改革大潮丛书——职业教育卷》，110 页，北京，北京师范大学出版社，2002。
② 杨金土：《90 年代中国教育改革大潮丛书——职业教育卷》，110 页，北京，北京师范大学出版社，2002。
③ 杨金土：《90 年代中国教育改革大潮丛书——职业教育卷》，110 页，北京，北京师范大学出版社，2002。

1月，国家教委、农业部、林业部联合发出《关于加强农村、林区中等职业技术学校和农民中专农、林类专业师资队伍建设的几点意见》，要求高等农林院校积极为农村、林区中等职业技术学校培养专业师资，要选调、聘请农林科技人员担任中等职业技术学校的专、兼职教师，分配高校毕业生到农村、林区中等职业技术学校任教，要加强在职教师的培训、进修。[1]

（二）职业教育教师的在职培训

由于职业教育的发展与教师质量之间的突出矛盾，通过培训提高职业教育教师的业务水平和学历层次在这一时期受到重视。

重视教师学历提升。1980年10月，国务院批转的教育部《全国中等专业教育工作会议纪要》要求各地采取多种形式培训和提高师资水平，要使尚未达到大学本科水平的中专学校教师努力达到大学本科水平。[2] 1983年3月，教育部印发《关于1983—1984学年度全国中等专业学校选派教师到全国重点高等学校进修的通知》，决定选派120名中等专业学校教师到国家重点高校进修。[3] 1984年4月，教育部、国家计委和财政部联合发出的《关于在普通高等学校举办中等学校教师本科班、专科班的通知》提出"为了尽快改变目前各类中等学校教师质量偏低的状况，决定从1984年起，在一部分普通高等学校举办中等学校教师本科班或专科班"。据此，1985年10月25日，国家教委办公厅发布了关于及早安排1986年农业职业中学及中等专业学校(不含中师)在职教师到高等学校本科班或专科班进修提高的通

① 杨金土：《90年代中国教育改革大潮丛书——职业教育卷》，107-108页，北京，北京师范大学出版社，2002。

② 曹晔等：《当代中国中等职业教育》，296页，天津，南开大学出版社，2016。

③ 孟庆国、曹晔、杨大伟：《中国职业技术师范教育史》，337页，北京，教育科学出版社，2016。

知。① 可见，在 20 世纪 80 年代，职业教育教师的学历提升培训是这一时期培训关注的一个重点内容。

建设职业教育师资培训基地。建设师资培训基地是 20 世纪 80 年代末到 90 年代职教教师培训体系建设的主线。1991 年 3 月，国家教委职业技术教育司召开委属职业技术教育师资培训基地工作会议，将培训基地的主要任务明确为：对地市职教管理干部和骨干职业技术学校领导干部等进行培训；试办不同层次、不同类型的职教师资班，探索我国的职教师资培养、培训的路子和办法；开展有关师资队伍建设的科研和信息资料工作，组织编写、审定部分培训教材；接受国家教委委托，参与有关师资队伍建设的调研、文件起草等工作。②

20 世纪 80 年代末以来，国家教委先后批准天津大学、浙江大学、湖南农业大学、河北职业技术师范学院、同济大学、东南大学、西安交通大学、四川大学 8 所高校设立职业技术教育学院或农村职教师资培训中心，同时作为国家教委直接管理的职教师资培训基地。③ 1989 年，国家教委委托湖南农业大学和河北职业技术师范学院建立农村职业技术教育培训中心，它们的任务是分工承担中等职业技术学校校长、管理干部及师资的培养、培训工作，编写培训教材，开展职教研究与信息交流④。

开展教师培训的国际合作。除以上常规的培训措施之外，这一时期国家还积极开展职业教育教师培训的国际合作。国家教委于

---

① 《中国教育事典》编委会：《中国教育事典（中等教育卷）》，687－688 页，石家庄，河北教育出版社，1994。

② 杨金土：《30 年重大变革——中国 1979—2008 年职业教育要事概录（上卷）》，303 页，北京，教育科学出版社，2011。

③ 方展画、刘辉、傅雪凌：《知识与技能——中国职业教育 60 年》，158 页，杭州，浙江大学出版社，2009。

④ 杨金土：《90 年代中国教育改革大潮丛书——职业教育卷》，110 页，北京，北京师范大学出版社，2002。

1986 年发出《关于选派职业技术学校教师出国进修问题的通知》，指出准备选 10 个省、自治区、市等试点，有计划地派遣一些教师出国进修。① 进修专业有：金融保险、美容、饲料加工、仓储管理、服装设计、计算机辅助设计、室内装潢、餐厅、旅馆管理、汽车维修、办公室文秘、制革、保健、食品加工、眼镜配光、机械加工、市场管理、家用电器维修、职业技术教育管理、教学教法；派往国家有：美国、加拿大、日本、英国、丹麦、瑞士、联邦德国、瑞典、澳大利亚和泰国。② 到 1990 年底，国家教委共派出 200 余名职业技术学校的教师赴国外进修学习，各地及各部门也在国际合作项目中选派部分教师出国进修。③

　　开展校长培训。对职业学校校长的培训也是这一时期职教师资培训的一个重点。1993 年，国家教委发布《全国职业中学校长主要职责及岗位要求（试行）》和《关于加强全国职业中学校长岗位培训工作的意见》；1994 年，国家教委职教司发布《关于〈职业中学校长岗位培训合格证书〉颁发有关事项的通知》；1996 年，国家教委办公厅又发出《关于进一步做好全国职业中学校长岗位培训工作的通知》。④ 在这样的背景下，各地区积极响应。浙江省教委规定，自 1997 年 9 月 1 日起职业中学校长持培训合格的证书上岗；四川、陕西、内蒙古等地方教委专门成立"校长培训工作领导小组"；山西、江苏等地政府为职业学校校长培训划拨专项经费；浙江、福建、四川、江苏、上海、吉林、山东、北京、陕西、甘肃、宁夏等地先后建立了地方性

---

　　① 《中国教育事典》编委会：《中国教育事典（中等教育卷）》，630 页，石家庄，河北教育出版社，1994。

　　② 《中国教育年鉴》编辑部：《中国教育年鉴 1990》，222 页，北京，人民教育出版社，1991。

　　③ 《中国教育年鉴》编辑部：《中国教育年鉴 1991》，260 页，北京，人民教育出版社，1992。

　　④ 杨金土：《90 年代中国教育改革大潮丛书——职业教育卷》，113 页，北京，北京师范大学出版社，2002。

培训基地。① 这些举措大大提升了中职学校校长的质量和管理水平，是职教师资队伍建设中不可或缺的力量。

可以说，20 世纪末之前，在职教师资队伍的建设上，我国一方面开办职业技术师范学院，专门培养职教师资，另一方面发挥已有的普通高校培养职教师资的主渠道作用，并通过选调和聘任有经验的专业技术人员和能工巧匠担任或兼任专业课和实习指导课教师、有计划地选留少数优秀职校毕业生、有计划地建立职业技术院校的师资培训基地等方式，初步建成了一批职教师资培养、培训基地，拓宽了职教师资的来源渠道。

二、专业化培养培训时期

自 1999 年教育部提出建立开放的二级教师教育体系及《面向 21 世纪教育振兴行动计划》以来，我国职教师资培养培训工作开始向着更加系统、更具特色、更为多样化的方向发展。

（一）中职教师的职前培养

进入 21 世纪，国家在进一步补充师资的同时，开始关注职教师资队伍的质量提升。

提升教师的学历水平。2001 年 11 月，教育部印发《关于"十五"期间加强中等职业学校教师队伍建设的意见》，特别提出 2001—2005 年，全国每年至少选拔 1000 名中等职业学校在职教师攻读硕士学位，意在提升中职教师学历水平。自此，各中等职业学校派青年教师到高校攻读硕士学位，极大地提升了中职教师的学历水平。②

充分发挥职教师资培养培训基地的作用。为发挥职教师资培养培训基地的作用，教育部提出以建立"双师型"职教师资队伍为重点，

---

① 杨金土：《90 年代中国教育改革大潮丛书——职业教育卷》，114 页，北京，北京师范大学出版社，2002。

② 胡艳：《当代教师教育问题研究》，286－287 页，郑州，大象出版社，2010。

以高等学校为依托，在全国建立一个布局合理、功能完备、与中职教育事业发展相适应的职教师资基地网络。为此，中央财政拿出2000万元，经过3～5年的建设，在全国建立50个功能齐全、管理规范、教学质量高、具有职教特色的师范性基地，各地建立300个面向本地的职教师资培养培训基地。2000年，教育部首批确定天津大学、同济大学、东南大学、天津职业技术学院等20所学校为全国重点建设的职教师资培养培训基地，后来又增加了包括北京师范大学在内的基地，到2002年，全国建立了52个职教师资培养培训基地，这些基地还为职业学校教师提供硕士学位教育。[①] 到2009年，据不完全统计，全国有职教师资培养培训基地300多个，其中依托高等学校建立的基地200多个，依托中等职业学校建立的基地90多个。[②]

加强"双师型"教师队伍建设。由于职业教育的特殊性，同时重视中职教师的理论和实践技能在中职教师培养中是非常重要的，"双师型"教师的培养成为职教师资的重中之重。2001年11月，教育部印发《关于"十五"期间加强中等职业学校教师队伍建设的意见》，除了提出依托职业技术师范学院和高等学校师资培养基地进行职教师资对口培养之外，特别提出要造就"双师型"教师，具体办法一是支持企事业单位有中级以上职称、具有中职教师资格的人员和有特殊技能的人员采用专、兼任的方式到中等职业学校任教，二是采取教师到企事业单位进行见习和锻炼等措施，使文化课教师了解专业知识，使专业课教师掌握专业技能。[③] 2010年的《中等职业教育改革创新行动计划（2010—2012年）》提出，"探索职教师资校企合作培养模

---

① 胡艳：《当代教师教育问题研究》，286—287页，郑州，大象出版社，2010。

② 方展画、刘辉、傅雪凌：《知识与技能——中国职业教育60年》，159页，杭州，浙江大学出版社，2009。

③ 方展画、刘辉、傅雪凌：《知识与技能——中国职业教育60年》，158页，杭州，浙江大学出版社，2009。

式。完善在职教师定期到企业实践制度，构建政府牵头、行业指导、企业支持的职教教师企业实践平台"。在这些政策的引导下，我国中等职业学校的"双师型"教师队伍有了很大的发展。

（二）中职教师的在职培训

这一时期，国家也非常重视职教师资的培训，并通过国家级和地方职业师资培养培训基地开展相关工作。

2001 年 11 月，教育部印发《关于"十五"期间加强中等职业学校教师队伍建设的意见》，提出中央和各级政府应设立骨干教师专项资金，对 7 万名中等职业学校骨干教师给予重点培养与扶持。省（自治区、直辖市）从中遴选 7000 名骨干教师，其中 700 名由国家组织培训，6300 名由省（自治区、直辖市）负责培训，其余由省以下主管部门负责培训。这一任务随后按计划实施。

对中职学校校长的培训在这一时期继续受到重视。2003 年，教育部印发《关于进一步加强职业技术学校校长培训工作的若干意见》，规范了校长队伍建设及其相应的培训要求。将校长参加培训与其任用、考核挂钩，要把完成任职资格培训规定的课程并经考核合格获得《职业技术学校校长任职资格培训合格证书》作为新任或拟任校长上岗的必备条件，把完成提高培训规定的学分并经考核获得《职业技术学校校长提高培训结业证书》作为在职校长任职考核的重要内容和继续任职的必备条件。①

进一步加强国际合作。2003 年 11 月，教育部印发《关于启动中德职教师资进修项目的通知》，确定在汽车运用与维修、数控技术应用、机电技术应用、电子技术应用、旅游管理与服务、国际商务 6 个专业领域联合开展培训，并将培训对象设定为省级以上重点职业

---

① 方展画、刘辉、傅雪凌：《知识与技能——中国职业教育 60 年》，157－158 页，杭州，浙江大学出版社，2009。

学校骨干教师和全国重点建设职教师资培养培训基地专任教师。[①] 2004—2007 年，我国共有 916 名中职学校骨干教师赴德进修，并有 375 名重点职业学校校长赴德国考察当地的职业教育发展情况。[②]

三、改革开放四十年职业学校教师教育的成就

这部分我们主要通过官方统计数据来呈现改革开放 40 年来职业教育教师培养和培训的主要成就。在数据方面，1982—1984 年的数据来自《中国教育年鉴 1982—1984》，1985 年和 1986 年的数据全部来自《中国教育年鉴 1985—1986》，1987—1990 年和 1998—2016 年的数据全部来自当年的《中国教育统计年鉴》，1991 年的数据来自《中国教育统计年鉴(1991—1992)》，1992—1997 年的数据全部来自当年的《中国教育事业统计年鉴》。

(一)职业中学教师逐渐减少

职业初中教师随着职业初中的减少而减少。随着我国教育的快速发展，职业初中正在加速退出历史舞台。1982 年有 851 所职业中学。[③] 1985 年初中阶段的职业学校只有农业职业中学，有 1626 所，在校生 45.2 万人。[④] 1997 年，有职业初中 1469 所，在校生 80.89 万人。[⑤] 2016 年，只有职业初中 16 所，在校生 3734 人。[⑥] 随着职业初中的消亡，职业初中师资也逐渐减少。

[①] 杨金土：《30 年重大变革——中国 1979—2008 年职业教育要事概录(上卷)》，309 页，北京，教育科学出版社，2011。

[②] 杨金土：《30 年重大变革——中国 1979—2008 年职业教育要事概录(上卷)》，309 页，北京，教育科学出版社，2011。

[③] 《中国教育年鉴》编辑部：《中国教育年鉴 1982—1984》，70 页，长沙，湖南教育出版社，1986。

[④] 《中国教育年鉴》编辑部：《中国教育年鉴 1985—1986》，9 页，长沙，湖南教育出版社，1988。

[⑤] 中华人民共和国教育部计划建设司：《中国教育事业统计年鉴 1997》，68-70 页，北京，人民教育出版社，1998。

[⑥] 中华人民共和国教育部发展规划司：《中国教育统计年鉴 2016》，2 页，北京，中国统计出版社，2017。

　　1987 年，我国共有职业初中教师 23182 人，经过 10 年的持续增长，至 1997 年达到这段时期的最高峰 40111 人，之后的多数年份处于下降趋势中，其中从 2004 年开始，多数年份降幅都在 20％以上，2010 年降幅甚至达到了 57.2％。到 2016 年，职业初中教师仅剩 461 人，相当于 1997 年的 1.15％，19 年间平均每年下降 2087 人，年均增长率为－19.3％。

表 1-32　1987—2016 年职业初中教师的数量变化

年份	教师人数	比上一年变化的人数	年增长率（％）	年份	教师人数	比上一年变化的人数	年增长率（％）
1987	23182			2002	37390	82	0.2
1988	25639	2457	10.6	2003	30788	－6602	－17.7
1989	27366	1727	6.7	2004	23680	－7108	－23.1
1990	28691	1325	4.8	2005	20240	－3440	－14.5
1991	30105	1414	4.9	2006	11546	－8694	－43.0
1992	31977	1872	6.2	2007	8699	－2847	－24.7
1993	33135	1158	3.6	2008	6577	－2122	－24.4
1994	35352	2217	6.7	2009	4571	－2006	－30.5
1995	37217	1865	5.3	2010	1957	－2614	－57.2
1996	39151	1934	5.2	2011	1541	－416	－21.3
1997	40111	960	2.5	2012	1526	－15	－1.0
1998	39570	－541	－1.3	2013	983	－543	－35.6
1999	39420	－150	－0.4	2014	769	－214	－21.8
2000	38252	－1168	－3.0	2015	580	－189	－24.6
2001	37308	－944	－2.5	2016	461	－119	－20.5

　　(二)高中阶段的职教教师数量呈上升趋势

　　由于缺乏准确的统计数据，我们从 1985 年开始了解职业高中的发展情况。1985 年中等职业学校(包括农业高中与中专，不包括师范)8973 所,在校生 285.3 万人,专任教师 24.4 万人,生师比 11.7:1。[1] 到 2016 年,高中阶段的职业类学校 10893 所(包括普通中专、成人中专、职业高中、技工学校等),在校生 1599.0 万人,专任教师 84.0 万人,生师比 19.0:1。[2] 由此可见,我国高中阶段的职业类学校无论是学校数、学生数还是教师数均获得了较大的发展。就教师数量而言,40 年来获得了较大的发展,增加了 2.4 倍。

从生师比的情况来看,中等职业学校的生师比多数年份大幅好于普通高中,20 世纪 80 年代在 11:1 左右徘徊(见表 1-33)。到 90 年代中期,随着学校规模的迅速扩大,生师比升高,达到 16:1 左右。之后逐年升高,到 2010 年,中等职业学校的生师比达到阶段性峰值 25.7,相当于普通高中的 1.61 倍。从 2011 年开始逐年下降,2016 年下降到 19.0,但仍相当于普通高中的 1.44 倍。可见,最近几年,中等职业教育的生师比仍有很大的改善空间。[3]

表 1-33 1985—2016 年中等职业学校数量、
专任教师数、学生数及生师比(高中阶段)

年份	学校数 (所)	专任教师数 (万人)	学生数 (万人)	生师比
1985	8973	24.4	285.3	11.7
1986	9532	28.4	328.9	11.6
1987	9925	31.7	347.3	10.96
1988	14491	47.0	487.0	10.4
1989	14715	48.7	512.3	10.5

① 《中国教育年鉴》编辑部:《中国教育年鉴 1985—1986》,8—9 页,长沙,湖南教育出版社,1988。

② 中华人民共和国教育部发展规划司:《中国教育统计年鉴 2016》,3 页,北京,中国统计出版社,2017。

③ 中华人民共和国教育部发展规划司:《中国教育统计年鉴 2016》,19 页,北京,中国统计出版社,2017。

续表

年份	学校数（所）	专任教师数（万人）	学生数（万人）	生师比
1990	14795	50.7	537.0	10.6
1991	15262	52.3	567.0	10.8
1992	15643	53.8	616.3	11.5
1993	15926	56.0	690.1	12.3
1994	16202	58.1	771.1	13.3
1995	16271	56.5	854.6	15.1
1996	16188	58.8	922.4	15.7
1997	16224	61.1	998.4	16.4
1998	16198	65.6	1042.2	15.9
1999	15562	65.9	1024.9	15.6
2000	14410	62.6	967.3	15.5
2001	12897	58.7	909.5	15.5
2002	12016	56.9	977.2	17.2
2003	14682	71.3	1256.7	17.6
2004	14454	73.6	1409.3	19.2
2005	14466	75.0	1600.0	21.3
2006	14693	79.9	1809.9	22.7
2007	14832	85.9	1987.0	23.1
2008	14847	89.5	2087.1	23.3
2009	14401	86.9	2195.2	25.3
2010	13872	87.2	2238.5	25.7
2011	13093	88.2	2205.3	25.01
2012	12663	88.1	2113.7	24.0
2013	12262	86.8	1923.0	22.2
2014	11878	85.8	1755.3	20.5
2015	11202	84.4	1656.7	19.6
2016	10893	84.0	1599.0	19.0

注：1985—1986 年数据来自《中国教育年鉴 1985—1986》，1987—2016 年数据来自当年的《中国教育统计年鉴》。其中 1993—2002 年中等职业学校基本情况＝中等技术学校＋技工学校＋职业高中（基本情况）。

（三）学历结构持续优化，研究生学历教师初具规模

因为缺少1978—1986年的中等职业教育教师的学历统计数据，所以这部分只分析1987年以后的数据。另外出于统计口径方面的考虑，中等职业教育教师学历结构分1987—2002年和2003—2016年两段进行分析。

在1987年，中等职业教育教师中本科毕业及以上的有111970人，占中等职业教育教师总数的比例略高于1/3；专科毕业或本、专科肄业的有128107人，所占比例约为2/5；高中、中专毕业及以下学历的有77173人，所占比例近1/4。到2002年，本科毕业及以上的中等职业教育教师人数达到270994人，相当于1987年的2.42倍，15年间共增加159024人，平均每年增加10602人，年均增长率为9.5%；该学历层次的教师所占比例达到61.2%，相当于1987年的1.73倍，平均每年增加1.73个百分点。未受过高等教育的中等职业教育教师人数则下降到19139人，仅相当于1987年的24.8%，平均每年减少3869人，年均增长率为－5.0%；该学历层次的教师所占比例下降到4.3%，仅相当于1987年的17.7%，平均每年下降1.33个百分点。

表 1-34 1987—2002 年中等职业教育教师的学历结构

年份	本科毕业及以上			专科毕业或本、专科肄业			高中、中专毕业及以下		
	教师人数	年增长率（%）	占中职教师总数比例（%）	教师人数	年增长率（%）	占中职教师总数比例（%）	教师人数	年增长率（%）	占中职教师总数比例（%）
1987	111970		35.3	128107		40.4	77173		24.3
1988	123244	10.1	35.7	146497	14.4	42.5	75131	－2.6	21.8
1989	131816	7.0	36.9	156702	7.0	43.8	68846	－8.4	19.3
1990	140864	6.9	37.9	165504	5.6	44.6	65055	－5.5	17.5
1991	147439	4.7	38.8	167757	1.4	44.2	64425	－1.0	17.0
1992	158249	7.3	40.2	174461	4.0	44.2	61331	－4.8	15.6
1993	168915	6.7	41.2	181350	3.9	44.3	59543	－2.9	14.5

续表

年份	本科毕业及以上			专科毕业或本、专科肄业			高中、中专毕业及以下		
	教师人数	年增长率（%）	占中职教师总数比例（%）	教师人数	年增长率（%）	占中职教师总数比例（%）	教师人数	年增长率（%）	占中职教师总数比例（%）
1994	181328	7.3	42.3	188435	3.9	44.0	58535	−1.7	13.7
1995	195284	7.7	43.4	198068	5.1	44.0	56570	−3.4	12.6
1996	213888	9.5	45.2	206692	4.4	43.8	52195	−7.7	11.0
1997	234226	9.5	47.4	212475	2.8	42.9	48188	−7.7	9.7
1998	256421	9.5	50.2	211197	−0.6	41.3	43534	−9.7	8.5
1999	268081	4.5	52.8	201700	−4.5	39.7	38078	−12.5	7.5
2000	270024	0.7	55.6	184054	−8.7	37.9	31529	−17.2	6.5
2001	265179	−1.8	58.5	164842	−10.4	36.4	22960	−27.2	5.1
2002	270994	2.2	61.2	152767	−7.3	34.5	19139	−16.6	4.3

在 2003 年，中等职业教育教师中拥有硕士或博士学位的有 6049 人，占中等职业教育教师总数的比例略高于 1%；本科毕业的有 366529 人，所占比例接近 2/3；专科及以下学历的有 187374 人，所占比例略超过 1/3。到 2016 年，拥有硕士或博士学位的中等职业教育教师人数达到 46028 人，相当于 2003 年的 7.61 倍，13 年间共增加 39979 人，平均每年增加 3075 人，年均增长率高达 17.2%；该学历层次的教师所占比例达到 7.16%，相当于 2003 年的 6.62 倍，平均每年增加 0.47 个百分点。本科毕业的中等职业教育教师人数增加到 538134 人，相当于 2003 年的 1.47 倍，13 年间共增加 171605 人，平均每年增加 13200 人，年均增长率为 3.06%；该学历层次的教师所占比例达到 83.7%，比 2003 年增加 18.2 个百分点，平均每年增加 1.4 个百分点。专科及以下学历的中等职业教育教师人数则下降为 58981 人，仅相当于 2003 年的 31.5%，平均每年减少 9876 人，年均增长率为−8.47%；该学历层次的教师所占比例下降到 9.2%，仅相当于 2003 年的 27.4%，平均每年下降 1.87 个百分点。

表 1-35　2003—2016 年中等职业教育教师的学历结构

年份	研究生（硕士、博士）			本科			专科及以下		
	教师人数	年增长率（%）	占中职教师总数比例（%）	教师人数	年增长率（%）	占中职教师总数比例（%）	教师人数	年增长率（%）	占中职教师总数比例（%）
2003	6049		1.0	366529		65.5	187374		33.5
2004	7303	20.7	1.3	387649	5.8	67.9	176085	−6.0	30.8
2005	9252	26.7	1.5	413692	6.7	70.3	165750	−5.9	28.2
2006	11868	28.3	1.9	450079	8.8	72.4	159993	−3.5	25.7
2007	15145	27.6	2.3	486767	8.2	74.4	152688	−4.6	23.3
2008	18596	22.8	2.7	514228	5.6	76.3	141345	−7.4	21.0
2009	22957	23.5	3.4	531344	3.3	77.9	127850	−9.5	18.7
2010	27341	19.1	4.0	539839	1.6	79.3	113774	−11.0	16.7
2011	31309	14.5	4.6	557341	3.2	80.8	100713	−11.5	14.6
2012	35217	12.5	5.2	559588	0.4	81.8	89266	−11.4	13.0
2013	38298	8.7	5.7	549795	−1.8	82.2	80661	−9.6	12.1
2014	41402	8.1	6.2	551305	0.3	83.1	71075	−11.9	10.7
2015	44009	6.3	6.7	544070	−1.3	83.4	64368	−9.4	9.9
2016	46028	4.6	7.1	538134	−1.1	83.7	58981	−8.4	9.2

第五节　特殊学校教师教育

“文化大革命”期间，特殊教育也受到了极大干扰，但党和政府依然关注特殊儿童的教育工作，1971 年周恩来总理和叶剑英同志都曾对聋校教育工作进行视察并作出指示。[①] 党的十一届三中全会后，特殊教育事业得到更多重视，特殊学校教师的培养和教育工作也开始进入教师教育事业的工作范围。

一、特殊教育的发展状况

“文化大革命”给我国特殊教育事业带来了很大的破坏，改革开放以来，特殊教育事业开始恢复。1980 年，我国召开第三届全国盲

---

① 朴永馨：《特殊教育学》，36 页，福州，福建教育出版社，2014。

人聋哑人代表会议，明确指出在今后 5 年内，把盲聋哑儿童教育列入普通教育规划，经济条件较好的地区有重点、有步骤地发展盲聋哑学校。1984 年，在第四届全国盲人聋哑人代表会议上，我国把有盲聋哑等生理缺陷的儿童列入普通教育之列，并提出对其加强职业教育。这一时期，我国开始关注弱智儿童教育，对低视生和盲童进行教育，并规范特殊教育机构的教学。1992 年，国家教委、中国残疾人联合会颁布《残疾儿童少年义务教育"八五"实施方案》，明确不同发展水平的地区残疾儿童接受初等教育的入学率指标。1994 年 8 月 23 日，国务院发布《残疾人教育条例》，明确提出残疾人教育是国家教育事业的组成部分，要对残疾人实施全面的教育，包括学前教育、义务教育和职业教育。1996 年 5 月 9 日，《残疾儿童少年义务教育"九五"实施方案》颁布，对残疾儿童接受义务教育提出了更高的要求。20 世纪 90 年代末，我国又提出加大残疾儿童随班就读的力度，对残疾程度不高的儿童实施更有利于未来发展的教育。① 在国家政策的引导下，40 年来我国的特殊教育发展迅速。1980 年，我国有盲聋哑学校 289 所，在校生 3.2 万人。② 2016 年，我国有特殊教育学校 2080 所，在校生 49.2 万人。③

特殊教育事业的发展亟须特殊师资作保障，改革开放以来特殊教师教育也获得了一定的发展。

二、特殊教师教育的发展

(一)20 世纪八九十年代特殊教师教育的发展

1. 特殊学校教师的职前培养

(1)建立特殊教育师资培养机构。中华人民共和国成立初期，尚

---

① 胡艳：《当代教师教育问题研究》，245—249 页，郑州，大象出版社，2010。
② 胡艳：《当代教师教育问题研究》，246 页，郑州，大象出版社，2010。
③ 中华人民共和国教育部发展规划司：《中国教育统计年鉴 2016》，2—3 页，北京，中国统计出版社，2017。

不具备开办学校培养特殊教育师资的条件。经过多年的调整恢复和经验储备，1980年时任教育部部长蒋南翔提出筹建一所特殊教育师范学校。教育部决定，此学校为中师性质，学制4年，招收初中毕业生或通过选送，计划招收4个班共120～160名学生；由教育部拨付经费筹建，由地方教育厅（局）代管。最终确定这第一所特殊教育师范学校在南京市建立。①

　　1981年，黑龙江省肇东师范学校建立了第一个特师部。② 1982年9月，我国第一所特殊教育师范学校——江苏南京特殊教育师范学校成立并开始招生。该校设盲童教育、聋哑教育、智力迟钝教育3个专业，负责为全国培养特殊教育的小学师资，规模暂定16个教学班，在校生640人。学校教职工编制110人。1985年招生通知规定，计划招收盲童教育40人，聋哑教育80人，智力迟钝教育40人。学生毕业后回原籍工作，招生和地方中师一起考试和面试。面试可吸收有经验的盲聋哑学校校长参加。③ 随后，各地开始建立培养特殊教育师资的机构。到1995年，全国建立中等层次特殊教育师资培养机构33个，培养3000名特殊教育师资（尚有在校生4000名），培训特殊教育教师8000余名。一些培养、培训机构建成多功能特殊教育基地，如北京特殊教育师资培训中心已经建成特教师资培养中心、培训中心、教研中心、信息服务中心。一些普通中等师范学校增设特殊教育课程。④

　　高等师范院校也开始关注特殊教育师资的培养。1986年北京师范大学设立特殊教育专业，到1990年，第一届特殊教育专业毕业生

---

　　① 《中国教育年鉴》编辑部：《中国教育年鉴1949—1981》，393页，北京，中国大百科全书出版社，1984。

　　② 胡艳：《当代教师教育问题研究》，255页，郑州，大象出版社，2010。

　　③ 《中国教育年鉴》编辑部：《中国教育年鉴1982—1984》，182—183页，长沙，湖南教育出版社，1986。

　　④ 胡艳：《当代教师教育问题研究》，255—256页，郑州，大象出版社，2010。

15 人。[1] 到 1992 年，已有包括北京师范大学、华东师范大学、华中师范大学在内的 5 所部属师范大学和 2 所地方师范大学设立了特殊教育专业。[2] 经过 20 世纪 80 年代的全面建设和特别重视，90 年代末，我国特殊学校教师的培养教育工作形成规模。

(2)规范特殊教师教育机构的教学。1989 年 11 月，国家教委首次发布了《中等特殊教育师范学校教学计划(试行)》，明确特殊教育师范学校的办学目标，规范其教学。这个教学计划确定特殊教育师范学校是以培养初等特殊学校教师为目标。设置三年制或四年制中等特殊教育师范学校(班)，其中三年学制共 156 周学程，教学活动 107 周，教育实践 10 周；四年学制共 208 周学程，教学活动约 144 周，教学实践不少于 12 周。课程设置采取公共必修课、专业必修课和专业选修课相结合的方式，规定三年制特师选修课 184 课时，四年制特师选修课不少于总课时的 7%(约为 280 课时)。此教学计划在说明中提到：一年制或二年制的特殊教育师资培训班的教学计划可参照本计划拟定；普通中等师范学校应开设特殊教育基本理论和基本教学能力训练的选修课，以使学生具有在普通小学对随班就读的残疾儿童进行教育的初步能力。[3]

此外，1989 年国家教委印发的《高等学校教育系教育专业改革的意见》指出，特殊教育专业是以培养特教师资、特教研究者和特教管理者为目标的专科或本科形式的高等学校教育系必备专业，招收特教在职人员、中师毕业生和高中毕业生。[4] 1989 年 12 月，《高等师范院校特殊教育专业教学计划(草案)》出台，提出：在四年的学制范

① 《中国教育年鉴》编辑部：《中国教育年鉴 1991》，158 页，北京，人民教育出版社，1992。

② 胡艳：《当代教师教育问题研究》，256 页，郑州，大象出版社，2010。

③ 《中国教育年鉴》编辑部：《中国教育年鉴 1990》，838—844 页，北京，人民教育出版社，1991。

④ 苏林、张贵新：《中国师范教育十五年》，50—51 页，长春，东北师范大学出版社，1996。

围内，上课时间不少于 115 周，包括专业见习、调查、实习在内的实践类课程不少于 12 周。必修课程约占课程总学分的 80％，选修课程占 20％。其他可根据各高校情况自定。①

1993 年 3 月，国家教委师范司颁布盲、聋、智力落后教育 3 个专业 22 门学科的《中等特殊教育师范学校专业课教学大纲》，包括聋童心理学、聋童教育学、聋校小学语文教学法、聋校小学数学教学法、聋校小学常识教学法、手语基础、耳聋预防及康复，盲童心理学、盲童教育学、盲校小学语文教学法、盲校小学数学教学法、盲校小学常识教学法、盲文基础，智力落后儿童心理学、智力落后儿童教育学、智力落后儿童学校语文教学法、智力落后儿童学校数学教学法、智力落后儿童学校常识教学法、儿童精神发育迟滞及测查、行为矫正基础等。②

因此，至 20 世纪 90 年代末，我国特殊教育教师的职前教育基本形成了中等特殊师范教育机构为主，高等师范特教专业为辅的特教师资培养格局。且如图 1-5 和图 1-6 所示（图 1-5、图 1-6 和本小节中特殊教育相关数据均来自《中国教育统计年鉴》中特殊教育部分对应年份），中等特殊师范教育的确为我国小学特殊教育学校培养了一定数量的合格师资。当然，这个时期特教师范学校办学中存在课程设置不够规范、教材建设亟待加强、办学经费不足、专业课师资数量不足等问题③，从而影响了其质量。而且，由于课程设置过于狭窄，主要集中在盲、聋和智力落后三大领域，难以适应特殊教育事

①　郑晓坤：《中国特殊教育师资培养研究(1978—2016)》，长春，东北师范大学博士学位论文，2017。

②　《中国教育年鉴》编辑部：《中国教育年鉴 1994》，245－246 页，北京，人民教育出版社，1995。

③　苏林、张贵新：《中国师范教育十五年》，182 页，长春，东北师范大学出版社，1996。

业的发展。①

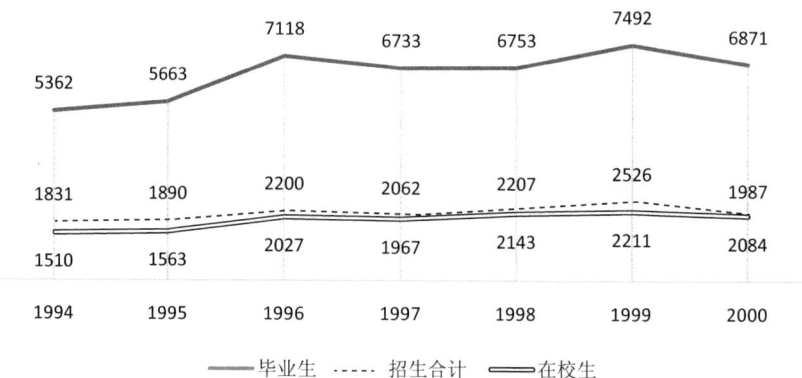

图 1-5　1994—2000 年中等特教师范学校学生数量变化

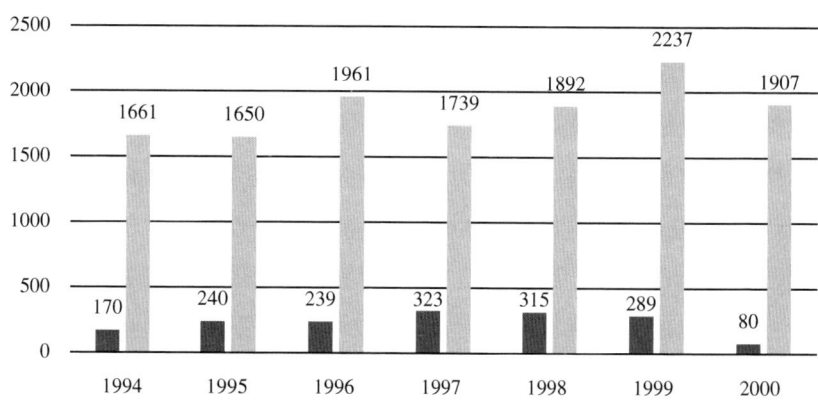

图 1-6　1994—2000 年中等特教师范学校招生对比

2. 特殊学校教师的在职教育

中华人民共和国成立之初，由于当时特殊教育师范学校或专门的特殊教育师资培养机构尚未建立，新补充特殊教育师资只能使用

---

① 郑晓坤：《中国特殊教育师资培养研究(1978—2016)》，长春，东北师范大学博士学位论文，2017。

"师傅带徒弟"和办培训班的方式。① 特殊教育师范学校建立后，特殊教育教师的在职培训也得到重视。

1984 年 10 月，教育部批转南京特殊教育师范学校《关于 1984 年秋季举办在职教师进修班的请示报告》，确定 60 名特殊教育学校的在职教师参加进修，要求是中师(高中)学历，3 年以上教龄，40 岁以下的思想好、热爱特教事业、身体健康的语文、数学老师。通过一个学期的学习，成为教学骨干。教学以课堂讲授与讨论交流相结合的方式进行，主要讲授盲、聋哑、智力落后儿童心理学、教育学、语文、数学教材教法及特殊儿童生理病理讲座等。结业前组织考核，成绩合格者发给进修结业证书。② 自此以后，特殊教育师资培训纳入工作领域。到 1994 年，全国已有 33 所中等特教师范学校普遍开展了对在职特教教师的长、短期培训。此外，特教培训也进入了特教科学研究领域。③

从 1996 年秋季开始，国家教委在北京、天津、上海等地的 10 所盲人学校的一年级进行"双拼盲文"教学实验；盲人普通高中、职业高中和中等专业学校的一年级开始使用"双拼盲文"进行教学。为此，国家教委基础教育司在青岛和太原举办了"双拼盲文"培训班，相关学校近百名人员参加了培训。1996 年 7 月，国家教委基础教育司和人民教育出版社联合在北京举办了新编全日制聋校教材培训班，全国 27 个省、自治区、直辖市的 179 名聋校领导、教师参加了培训。④ 越来越多的特殊教育师资获得了培训的机会。

---

① 　王雁、肖非：《中国特殊教育教师培养研究》，333 页，北京，北京师范大学出版社，2012。
② 　《中国教育年鉴》编辑部：《中国教育年鉴 1982—1984》，183 页，长沙，湖南教育出版社，1986。
③ 　朴永馨：《特殊教育学》，37 页，福州，福建教育出版社，2014。
④ 　《中国教育年鉴》编辑部：《中国教育年鉴 1997》，152—153 页，北京，人民教育出版社，1997。

(二)21 世纪特殊教师教育的发展

1. 特殊教育学校教师的职前教育

自 20 世纪 90 年代末至今，特殊教育师资培养政策发生了由重量到重质的变化，"由单一'教育'型人才向'教育—康复'复合型人才、由传统三类残疾人教育师资向多种类别残疾人教育师资"转向。[①] 并且，由于特殊教育师资的培养在实施中目标宽泛并追求大而全，自 2006 年起各级培养机构开始了调整与转变，"使培养目标基本转向为以培养在特殊教育学校和机构从事特殊儿童教育、训练的教师为主"[②]。

2009 年 5 月，国务院办公厅转发教育部等部门《关于进一步加快特殊教育事业发展的意见》，要求各地加强特殊教育师范院校专业建设；各地在实施师范生免费教育时，把特教师资培养纳入培养计划；加大特殊教育或相关专业研究生培养力度；注重特殊教育专业训练，提高培养质量；鼓励优秀高校毕业生到特殊教育学校、儿童福利机构等单位任教。[③] 培养和造就高学历、复合型的师资队伍成为这一时期的目标。

2012 年，教育部等国家部委联合发布的《关于加强特殊教育教师队伍建设的意见》提出：到 2015 年，基本形成布局合理、专业水平较高的特殊教育教师培养培训体系；到 2020 年，形成一支数量充足、结构合理、素质优良、富有爱心的特殊教育教师队伍。为此，需要加大特殊教育教师培养力度。制定特殊教育学校教师专业标准，支持一批特教师范院校建设。改革培养模式，积极支持高等师范院

---

① 郑晓坤：《中国特殊教育师资培养研究(1978—2016)》，长春，东北师范大学博士学位论文，2017。

② 郑晓坤：《中国特殊教育师资培养研究(1978—2016)》，长春，东北师范大学博士学位论文，2017。

③ 《中国教育年鉴》编辑部：《中国教育年鉴 2010》，936 页，北京，人民教育出版社，2011。

校与医学院合作，促进学科交叉，培养具有复合型知识技能的特殊教育教师及康复类专业技术人才。支持师范院校和其他高等院校在师范类专业中开设特殊教育课程，培养师范生具有指导残疾学生随班就读的教育教学能力。

高层次、专业化的特教师资培养在此阶段获得了极大发展。当前，我国约有 20 所高校（不包括民办高校）开设本科层次的特殊教育专业，约 15 所高校开设了大专层次的特殊教育专业。[1] 为了培养专门的特殊体育教育人才，天津体育学院在 2001 年首先开设特殊体育教育本科专业，之后，2004 年山东体育学院、2006 年西安体育学院、2006 年辽宁师范大学体育学院、2008 年广州体育学院、2009 年泉州师范学院、2012 年武汉体育学院等相继开办了特殊体育教育专业。北京体育大学招收特殊体育教育研究方向的硕博研究生，福建师范大学 2008 年开始培养特殊体育教育方向的硕博研究生。[2]

为了提升特教师范生的培养质量，一些特教师范院校加强了自身的建设。以南京特殊教育师范学院的特殊教育专业建设为例，它以培养全国特殊教育学校、普通学校特殊班、随班就读班以及残联、康复中心等机构的教师和专业人才为目标，设有智障教育、听障教育、视障教育和资源教师 4 个方向。为了培养"一专多能、精一通几"的复合型、应用型人才，该校建设有教育实习、见习基地 114 个，在残疾人康复中心筹建实训基地 20 个。为了提升其培养质量，该校注意提升师资队伍的素质，目前师资队伍中高中级职称教师占 66％，硕士以上学历教师占 64％。

从上可见，相对 20 世纪八九十年代，自 21 世纪初至今，特教师资的培养层次和培养数量都有了极大提升，特教师资培养质量保

---

①　王雁等：《中国特殊教育教师培养研究》，333 页，北京师范大学出版社，2012。

②　桑国强：《专业化视域下我国特殊体育教师教育研究》，福州，福建师范大学博士学位论文，2016。

障的政策制度和模式制度都有了专业化的创新和适应性的变革。

2. 特殊教育学校教师的在职教育

2009 年 5 月，教育部等部门发布的《关于进一步加快特殊教育事业发展的意见》提出各地要将特殊教育教师培训纳入教师继续教育培训计划，对在职教师实行轮训，重点抓好骨干教师特别是中青年骨干教师培训。要加强对在普通学校、儿童福利机构或其他机构中从事特殊教育工作的教师和特殊教育学校巡回指导教师的培训。依托高等特殊教育学院、其他有关院校和专业机构建设"特殊教育教师培训基地"。

2011 年，教育部将特殊教育学校校长、教师培训全面纳入教师继续教育的总体规划和各级培训项目，委托教育部小学校长培训中心举办了特教学校校长高级研修班，对来自全国 27 个省（区、市）的近 60 名特殊教育学校校长进行了为期一个月的培训，并联合中国残联共同支持安徽、宁夏、内蒙古等 13 个省（区）开展特教师资培训。[①]

2012 年教育部等国家部委联合发布的《关于加强特殊教育教师队伍建设的意见》提出：开展特殊教育教师全员培训。对特殊教育教师实行 5 年一周期不少于 360 学时的全员培训。依托"国培计划"，采取集中和远程相结合的培训方式。各地要同步开展特殊教育学校教师和承担随班就读任务教师的全员培训。建立专门的网络研修社区，开展特殊教育教师教育技术能力专项培训。

2015 年，为进一步落实国家中长期教育改革与发展的相关要求，教育部发布《特殊教育教师专业标准（试行）》，与普通教师专业标准的基本理念一致，特殊教育教师的基本理念也定位在"师德为先、学生为本、能力为重、终身学习"，专业能力下的"环境创设与利用"指标是相对普通教师专业标准的增加部分。

---

① 《中国教育年鉴》编辑部：《中国教育年鉴 2012》，189 页，北京，人民教育出版社，2013。

可见，除了数量方面快速增加的接受过特教专业训练的在职特教师资，未来特教师资的职前教育和在职培训都已出台相关的制度保障，也有了高等教育层次的培养模式的探索和创新。相信在专业化的职前职后教育一体化的质量保障体系之下，未来的特教师资将是接受过充分的特教训练的专业教师。

三、改革开放 40 年特殊教育学校教师教育的成就

（一）20 世纪特殊教育学校教师教育的数量供给增势显著

20 世纪 80 年代中期特殊教育师范学校在我国开始逐步建立，虽在招生要求和培养计划方面都兼顾数量和质量，但总体上提供数量足够的合格的特教教师是首要任务。

如图 1-7 和表 1-36 所示，自 1986 年以来不同类型特殊教育学校专任教师总体呈增长趋势，其中，聋哑学校、弱智儿童（辅读）校的专任教师数量多、增长快，盲聋哑学校和盲校教师相对数量少、增

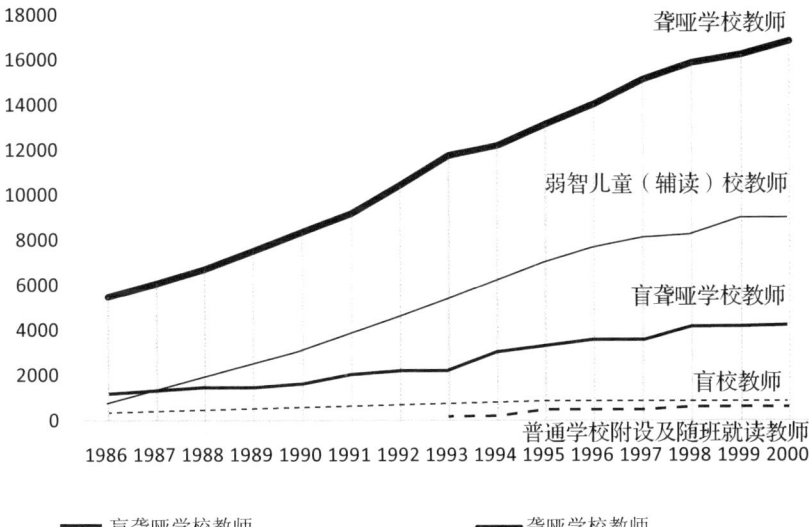

图 1-7 1986—2000 年不同类型特殊教育学校专任教师数量增长

表1-36　1986—2000年不同类型特殊教育学校专任教师数量变化

年份	1986	1987	1988	1989	1990	1991	1992	1993	1994	1995	1996	1997	1998	1999	2000
一、专任教师合计	8161	9480	10777	12169	13785	16011	18322	20350	22713	25192	27016	28520	29893	31377	31983
1. 盲聋哑学校教师	7134	7876	8665	9487	10564	11868	13380	14828	16211	17830	19060	20158	21415	22097	22683
1.1 盲聋哑学校教师	1276	1349	1477	1434	1615	2071	2306	2135	3033	3359	3682	3663	4088	4259	4321
1.2 聋哑学校教师	5479	6069	6699	7508	8354	9173	10431	11740	12187	13141	14028	15115	15859	16229	16817
1.3 盲校教师	379	458	489	545	595	624	643	686	702	774	801	848	875	901	866
1.4 普通校附设及随班就读	—	—	—	—	—	—	—	267	289	556	549	532	593	708	679
2. 弱智儿童（辅读）校（班）	1027	1604	2112	2682	3221	4143	4942	5522	6502	7362	7956	8362	8478	9280	9300
二、在校生合计	47175	52876	57717	63974	71969	85008	126256	168585	211404	295599	321063	340621	358372	371625	377599
生师比	6	6	5	5	5	5	7	8	9	12	12	12	12	12	12
1. 盲聋哑学校在校生	40661	42939	43431	47230	50840	55627	60780	69770	72181	83160	90149	95425	97649	101108	103124
生师比	6	5	5	5	5	5	5	5	4	5	5	5	5	5	5
1.1 盲聋哑学校在校生	7660	7816	8040	7640	8115	9960	10907	9759	13318	15164	16325	16998	17442	18470	17957
生师比	6	5	5	5	5	5	5	5	4	5	5	5	4	4	4
1.2 聋哑学校在校生	31589	33559	35547	37761	40933	43789	47988	51971	51525	53428	55172	58868	60011	60229	62064
生师比	6	6	5	5	3	5	5	4	4	4	4	4	4	4	4
1.3 盲校在校生	1412	1564	1844	1829	1792	1878	1885	1944	2138	2276	2557	2466	2560	2634	2550
生师比	4	3	4	3	3	3	3	3	3	3	3	3	3	3	3
1.4 普通校附设及随班就读	—	—	—	—	—	—	—	6096	5200	12292	16095	17093	17636	19775	20553
生师比	—	—	—	—	—	—	—	23	18	22	29	32	30	28	30
2. 弱智儿童（辅读）校（班）	6514	9937	12286	16744	21129	29381	65476	98815	139223	212439	230914	245196	260723	270517	274475
生师比	6	6	6	6	7	7	13	18	21	29	29	29	31	29	30

长慢。普通学校附设及随班就读的特殊教育形式统计自 1993 年开始涉及，专任教师数量极少，增速不显著。盲校教师数量一直较少。弱智儿童(辅读)校教师数和盲聋哑学校的专任教师数相比明显偏少。

在生师比方面，盲聋哑各类别学校 20 世纪八九十年代的生师比都很低；弱智儿童(辅读)校的生师比在 80 年代末至 90 年代初还很低，但自 1992 年起骤然增加，直到 2000 年居高不下。1986—1992年，弱智儿童(辅读)校教师数增长了 3.8 倍，平均每年增长 30.5％；学生数增长了 9.1 倍。1992—2000 年，弱智儿童(辅读)校教师数仅增长了 88％，而学生数增长了 3.2 倍。普通学校附设及随班就读的特教形式从 1993 年有统计类别开始生师比就较高，在 2000 年只有679 名专任教师(见表 1-36)。如图 1-8 所示，这两种形式的生师比在90 年代中后期波动都极大，可见在此阶段数量供给仍有不足，这两种特殊教育形式尚不稳定。

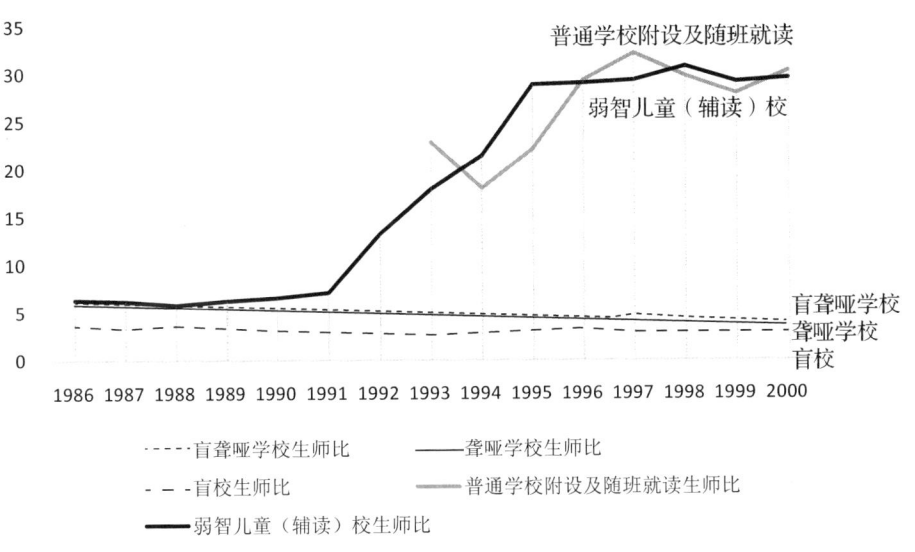

图 1-8　1986—2000 年不同类型特殊教育学校生师比

(二)21 世纪特殊教育学校教师学历水平显著提高

进入 21 世纪，特殊教育学校教师的学历水平显著提高。如表 1-37 所示，本科学历的特殊教育教师增长最多也最快，以平均每年 1947 名的速度由 2232 名增长到 33386 名，占比由 7.83％增长到 62.74％。专科学历教师由 12280 名增长到 17307 名，占比由 2001 年的 43.10％增长到 2005 年的 53.36％之后，持续下降到 2016 年的 32.52％。高中学历教师由 13405 名下降到 1389 名，占比由 47.04％ 下降到 2.61％。高中以下学历教师由 547 名下降到 46 名，研究生学历教师则由 30 名增加到 1085 名。可见，特殊教育教师的职前教育水平和层次整体有了极大的改善，特教教师队伍由以专科和高中学历为主的专任教师转变为以本科学历为主的专任教师。

(三)21 世纪特殊教育学校接受过专业培训的教师比重显著增加

进入 21 世纪，特殊教育教师队伍中接受过专业培训的比重整体增加。如表 1-38 所示，专任教师队伍中受过特殊教育专业培训的教师在数量和比例上有显著增长，2001 年和 2016 年分别为 14309 人、占 50％和 36704 人、占 69％。其中，研究生学历的专任教师中接受过特殊教育专业培训的由 17％增长到 76％，本科学历的专任教师中接受过特教专业培训的由 47％增长到 72％，专科学历的专任教师中接受过特教专业培训的由 53％增长到 64％，高中学历的专任教师中接受过特教专业培训的由 49％增长到 54％。但各学历类别教师中接受过专业培训的比重很不稳定，其中以数量变化较大的研究生学历教师和高中以下学历教师表现最为明显。

表 1-37　2001—2016 年不同学历专任教师数量及其占比

年份	2001	2002	2003	2004	2005	2006	2007	2008	2009	2010	2011	2012	2013	2014	2015	2016
合计	28494	29805	30349	31058	31937	33396	34990	36306	37945	39650	41311	43697	45653	48125	50334	53213
1. 研究生	30	22	48	77	60	101	123	219	270	405	482	614	703	846	957	1085
占比(%)	0.11	0.07	0.16	0.25	0.19	0.30	0.35	0.60	0.71	1.02	1.17	1.41	1.54	1.76	1.90	2.04
2. 本科	2232	2825	3757	5061	6621	8425	10630	12872	15160	17479	20012	22480	25068	27833	30244	33386
占比(%)	7.83	9.48	12.38	16.30	20.73	25.23	30.38	35.45	39.95	44.08	48.44	51.45	54.91	57.83	60.09	62.74
3. 专科	12280	13893	15023	16240	17041	17679	18010	17772	17697	17612	17335	17665	17569	17473	17414	17307
占比(%)	43.10	46.61	49.50	52.29	53.36	52.94	51.47	48.95	46.64	44.42	41.96	40.43	38.48	36.31	34.60	32.52
4. 高中	13405	12606	11140	9364	7985	6970	6044	5283	4661	4029	3340	2849	2257	1912	1670	1389
占比(%)	47.04	42.29	36.71	30.15	25.00	20.87	17.27	14.55	12.28	10.16	8.09	6.52	4.94	3.97	3.32	2.61
5. 高中以下	547	459	381	316	230	221	183	160	157	125	142	89	56	61	49	46
占比(%)	1.92	1.54	1.26	1.02	0.72	0.66	0.52	0.44	0.41	0.32	0.34	0.20	0.12	0.13	0.10	0.09

表1-38　2001—2016年不同学历专任教师受过特教专业培训统计

年份	2001	2002	2003	2004	2005	2006	2007	2008	2009	2010	2011	2012	2013	2014	2015	2016
合计	28494	29805	30349	31058	31937	33396	34990	36306	37945	39650	41311	43697	45653	48125	50334	53213
受过特教专业培训	14309	14584	15475	16310	16313	17577	18976	19582	20714	22056	22896	25482	27854	30802	32650	36704
占比(%)	50	49	51	53	51	53	54	54	55	56	55	58	61	64	65	69
1. 研究生	30	22	48	77	60	101	123	219	270	405	482	614	703	846	957	1085
受过特教专业培训	5	8	15	27	36	46	69	145	166	241	330	414	492	604	664	830
占比(%)	17	36	31	35	60	46	56	66	61	60	68	67	70	71	69	76
2. 本科	2232	2825	3757	5061	6621	8425	10630	12872	15160	17479	20012	22480	25068	27833	30244	33386
受过特教专业培训	1058	1381	1992	2778	3479	4599	6098	7228	8740	10227	11874	14002	16002	18643	20523	23962
占比(%)	47	49	53	55	53	55	57	56	58	59	59	62	64	67	68	72
3. 专科	12280	13893	15023	16240	17041	17679	18010	17772	17697	17612	17335	17665	17569	17473	17414	17307
受过特教专业培训	6512	7155	8084	9084	9182	9772	10020	9821	9658	9699	9086	9674	10239	10544	10587	11153
占比(%)	53	52	54	56	54	55	56	55	55	55	52	55	58	60	61	64
4. 高中	13405	12606	11140	9364	7985	6970	6044	5283	4661	4029	3340	2849	2257	1912	1670	1389
受过特教专业培训	6554	5889	5283	4326	3543	3072	2731	2325	2086	1838	1540	1345	1095	993	862	753
占比(%)	49	47	47	46	44	44	45	44	45	46	46	47	49	52	52	54
5. 高中以下	547	459	381	316	230	221	183	160	157	125	142	89	56	61	49	46
受过特教专业培训	180	151	101	95	73	88	58	63	64	51	66	47	26	18	14	6
占比(%)	33	33	27	30	32	40	32	39	41	41	46	53	46	30	29	13

胡艳　胡倩　王恒

第二章

变革中的教师教育体系[①]

　　封闭性与开放性，或定向性与非定向性，一直是影响我国教师教育走向的焦点性问题。中华人民共和国成立之初，为了实现教育为工农大众服务、为社会主义建设服务的目标，我国学习苏联并建立了独立的教师教育体系，为共和国建立之初的基础教育培养了宝贵的师资，促进了各级教育的发展。改革开放以来，为了解决"文化大革命"带来的师资匮乏、质量低下的问题，我国恢复了独立的教师教育制度，确保了九年义务教育目标的实现。随着 21 世纪的到来，中国社会发生了重大的变化，高等教育大众化和市场化进程加快，传统包分配式的封闭性教师培养面临巨大冲击；相应地，基础教育改革推进对教师质量要求不断提高，教师传统在职培训体系也亟待改革和提升质量。为了适应新时代的要求和适应基础教育对高质量教师的需求，教师教育体系走上开放化、综合化的道路。特别是《国家中长期教育改革和发展规划纲要（2010—2020 年）》颁布以来，以师范院校为主体、综合大学参与、开放灵活的教师教育体系逐步建立起来，教师培训制度进一步完善，教师 5 年一周期全员培训机制得到制度化落实和充足的经费保障。在这一进程中，以教师教育学院

[①]　本章内容参考胡艳：《当代教师教育问题研究》，郑州，大象出版社，2010。

建立为标志的教师教育二次转型逐步完成。

第一节　独立封闭的教师教育体系恢复重建

一、独立封闭教师培养体系的恢复

(一)恢复独立封闭教师培养体系的历史背景

1949 年中华人民共和国成立以后，我国政府根据整个国民经济和社会发展的需要开始建立独立定向的教师教育制度，包括中等师范专科学校、高等师范院校和教育学院(含教师进修学校)在内的庞大的教师教育体系成为我国整个教育事业发展的巨大保障。与新中国的政治体制和计划经济体制相适应，独立定向的教师教育体系是我国教育发展和现代化的必然选择。尤其是在当时我国基础教育落后的大背景下，要普及义务教育和推动教育事业的发展，为国家的现代化建设培养合格的建设者和接班人，迫切需要一支符合新时期要求的"又红又专"的师资队伍。因此，为了解决师资缺乏的问题，新中国必须走西方发达国家曾走过的老路：建立独立的教师教育体系并实行定向培养，即师范生从招生一直到就业都由国家统一计划安排。事实也证明，这一独立定向的教师教育体系为新中国的教育培养了一大批优秀的教师，为新中国教育的快速发展奠定了坚实的基础。

这一体系在 1966 年开始的"文化大革命"中受到极大冲击，1966 年至 1971 年，全国各地的师范院校停止招生，大部分学校被迫停办、合并、搬迁，我国的教师教育和教师队伍建设遭受重创。据统计，到 1979 年全国小学教师具有中等师范或者普通高中学历的仅占小学教师总数的 47%，全国初中教师中高等院校毕业或肄业的只占初中教师总数的 10.6%，全国高中教师具有高等院校学历的只占高中教师总数的 50.8%，整个教师队伍中学历不合格人数达 1/3 以上。

与此同时，党的十一届三中全会提出建设社会主义现代化强国的目标，经济建设步伐加速，整个国家、社会的快速发展对各级各类教育提出更高的质量要求。教育质量的核心保障——一支数量充足、质量优异的师资队伍则成为重中之重。正是由于当时教师队伍的数量和质量都存在很大问题，而基础教育质量提升又迫在眉睫，急需更多高质量的教师，因此，独立定向的教师教育体系的重建成为必然之举。

1. 中国各级教育亟待重建恢复

"文化大革命"给我国的国民经济及各项事业造成了极大的破坏。国家的综合实力与世界经济大国的差距不但没有缩小，反而拉大；在许多方面人民的生活水平还有所下降；文化教育事业受到了前所未有的摧残，知识分子地位低下，很多有造诣的科学家、专家学者、艺术家等受到迫害；各级教育处于非正常的状态，教育的发展出现了很长时间的停滞甚至倒退；国民素质低下、人才断档成为影响中国各项事业发展的主要因素。1976 年的中国教育，处于一个亟须恢复秩序的状态。教育部和高教部对各级教育的管理和领导在"文化大革命"期间被停止，各级教育处于无政府状态。常规的各级学校教育实际让位于"学工""学农"活动，让位于其他政治活动；为了适应"教育革命"的需要，学制被缩短，全国统一的课程和教材在"文化大革命"期间被废弃，或被压缩、简化和修改，教育教学工作处于一个低水平、无标准的时期；师生关系经过"文化大革命"的破坏，处于相互不信任的情形中，学校正常的教育教学秩序尚未建立。虽然从统计数字上看，相对于"文化大革命"初期，中小学生的入学率得到一定的提高，但相对于迅速增加的出生人口，入学率实际却在下降，辍学率居高不下，教育质量低下。高等教育在"文化大革命"中基本处于停滞状态，国家高级专门人才的培养几乎是空话。

1977 年 8 月 12 日，党的十一大明确提出建设社会主义现代化强国的目标。党的十一届三中全会进一步确定了"解放思想，开动脑筋，实事求是，团结一致向前看"的指导方针，果断停止"以阶级斗争为纲"，做出了把工作重点转移到经济建设上来的战略决策。在教育上，中央把教育发展看作我国赶上世界先进水平、实现四个现代化的重要手段，要求"教育大干快上。各级各类学校的发展速度要加快，发展规模要扩大，教育质量要提高"，以为国家建设培养"又红又专"的人才。[①] 1978 年 7 月，全国教育工作会议召开。教育部在会上提出新时期教育战线的总任务："必须极大地提高整个中华民族的科学文化水平，造就一支宏大的工人阶级的知识分子队伍"。为此，教育部提出各级教育的发展目标：高等教育——积极挖掘潜力、创造条件，恢复和新建普通高等学校 350 所，使 1985 年的在校生达到 140 万人左右，比 1965 年至少翻一番；8 年毕业学生预计 200 万人左右，8 年内培养研究生 8 万人，是 28 年总数的 3 倍多。基础教育——城市基本普及十年制教育，农村基本普及八年制教育，使广大青少年在走上劳动岗位之前能受到政治思想、科学文化知识和生产技能的基本训练，并为高等学校输送合格的新生；普及和提高小学教育，大力发展幼儿园教育，3 年内，要使大多数县 95％以上的学龄儿童入学，并坚持读满五年。[②]

要实现这样的目标，必须尽快恢复各级各类教育秩序。教育部随之采取各种措施，整顿恢复各级各类教育。第一，高等院校于 1977 年开始恢复招生，接着，各级各类学校以升学考试为基础的招生工作正式恢复。第二，教育部在高等学校和普通中小学建立重点学校制度，以尽快弥补"文化大革命"造成的损失，快出人才、多出

---

① 中央教育科学研究所：《中华人民共和国教育大事记(1949—1982)》，495 页，北京，教育科学出版社，1984。

② 《刘西尧同志在全国教育工作会议上的报告》，见何东昌：《中华人民共和国重要教育文献(1976—1990)》，1611—1612 页，海口，海南出版社，1998。

人才，为四化建设服务。第三，教育部出台各种措施，加强对各级学校的管理，整顿恢复教学秩序。例如，撤出进驻大、中、小学的"工宣队"；重新颁行《中小学生守则》；组织专家学者制订教学计划、专业目录，组织统一编写教材。第四，肯定绝大多数知识分子是工人阶级和劳动人民自己的知识分子，形成尊重知识、尊重人才的局面。我国各级教育事业由此走上了正规化的轨道。

2. 经济建设加速提升对教育事业的要求

20 世纪 80 年代是中国社会、政治、经济、文化等各项事业处于积极发展的阶段。第五届全国人大第五次会议批准的《中华人民共和国国民经济和社会发展第六个五年计划（1981－1985）》，提出了到 20世纪末我国经济建设的战略目标是使全国工农业的年总产值翻两番，人民物质文化生活达到小康水平。后来，又提出在"建国 100 周年，把我们祖国建设成为社会主义物质文明和精神文明高度发展的、世界第一流繁荣富强的、现代化的社会主义强国"[①]。现代化的强国必然需要高素质的人力资源做支撑。为此，党的十二大把发展高等教育作为实现我国现代化的战略重点之一，提出"加速发展高等教育，为四化建设培养和输送数量较多、质量较高的专门人才"的指导方针。高等教育的迅速发展战略对提供生源的基础教育的规模和质量提出了要求。

1982 年我国制定的"六五"计划中，中央提出了"到 1985 年，争取全国大部分县普及或基本普及小学教育"，"城市普及初中教育"的目标。[②] 1985 年，《中共中央关于教育体制改革的决定》进一步提出了有步骤地在全国实行九年义务教育的目标："一是约占全国人口

---

① 《当代年轻知识分子的成长道路——胡耀邦同志在欢送中直和国家机关培训中小学师资讲师团同志们大会上的讲话》，见何东昌：《中华人民共和国重要教育文献（1976—1990）》，2307 页，海口，海南出版社，1998。

② 中央教育科学研究所：《中华人民共和国教育大事记（1949—1982）》，675 页，北京，教育科学出版社，1984。

1/4 的城市、沿海各省中的经济发达地区和内地少数发达地区。在这类地区，相当一部分已经普及初级中学，其余部分应该抓紧按质按量普及初级中学，在 1990 年左右完成。二是约占全国人口一半的中等发展程度的镇和农村。在这类地区，首先抓紧按质按量普及小学教育，同时积极准备条件，在 1995 年左右普及初中阶段的普通教育或职业和技术教育。三是约占全国人口 1/4 的经济落后地区。在这类地区，要随着经济的发展，采取各种形式积极进行不同程度的普及基础教育的工作。对这类地区教育的发展，国家尽力给予支援。"①这样的目标必然要有充足、合格的师资作保障。

3. 当时中小学教师队伍难以适应教育发展的要求

尽管在中央的领导下，各地开始逐步恢复各级各类学校教育，但其中最为关键的师资问题依旧突出，师资数量和质量都远不能满足各级学校教育恢复重建的需求，严重地影响整个国家教育体系的恢复和质量的提升。

首先，在中学教育层面，截至 1977 年，全国中学在校生数比 1965 年净增约 6000 万人，按 1965 年中学生与专职中学教师实际比例 20∶1 计算，应增加教师 300 万人。但同一时期，高等师范学校毕业生仅 21 万人，只占应增教师数的 7%。且由于当时百废待兴，各行各业都面临人才短缺的问题，因此当时高师毕业生并不能全部从事教师工作，其中约有 6 万人被分配到其他战线。因而各地不得不抽调小学公办教师和增加民办教师来补充中学师资的不足。其次，在小学教育层面，1977 年全国小学在校生数比 1965 年净增约 3000 万人，按 1965 年小学生与专职小学教师实际比例 30∶1 计算，应增加教师 100 万人。但同一时期，中师毕业生仅补充 40 余万人，加上原有小学公办教师被大批抽调到中学，大量缺额又不得不用民办教

---

① 《中共中央关于教育体制改革的决定》，见何东昌：《中华人民共和国重要教育文献(1976—1990)》，2287 页，海口，海南出版社，1998。

师补充。

到了 20 世纪 80 年代，小学的生师比为 25.3∶1；初中的生师为 17.6∶5。[①] 当时我国小学仍有相当比例的学龄儿童未入学或辍学，初中更为严重。这种情况下，师资的缺乏显而易见。

除了数量不足外，中小学教师队伍质量问题也十分严重。据统计：高中教师中，高等学校本科毕业的，1965 年为 70.3％，1977 年下降到 33.2％；初中教师中，高等学校专科毕业及以上的，1965 年为 71.9％，1977 年下降到 14.3％；小学教师中，中师毕业及以上的，1965 年为 47.4％，1977 年下降到 28％。有不少的教师是中学程度教中学，小学程度教小学。[②]

到 1979 年底，全国中小学教师队伍学历不合格的状况还是很严重，整个教师队伍中学历不合格的占 1/3 以上。这种情况，即便是先进地区也不例外。[③] 小学毕业教小学，中师、中学毕业教中学的现象相当普遍，而且老的老，小的小，"青黄不接"。这些问题，都比 20 世纪 60 年代严重。[④] 初中阶段的教师是基础教育阶段教师学历不合格比例最高的。一方面是原有中小学师资在"文化大革命"之后出现断层，数量严重不足，质量更为堪忧；另一方面在教师供给上，当时师范院校一时难以培养出大量合格师资，不得不使用大量民办教师，这又进一步加剧整体师资质量的下滑。

（二）独立封闭教师培养体系的恢复进程

为了实现普及义务教育，极大地提高整个中华民族的科学文化

---

① 李友芝等：《中国近现代师范教育史资料》(第 4 册)，1509—1510 页，内部资料，时间不详。

② 《教育部印发关于加强和发展师范教育的意见》，见何东昌：《中华人民共和国重要教育文献(1976—1990)》，1649 页，海口，海南出版社，1998。

③ 高沂：《办好师范教育，提高师资水平，为四化建设培养人才作出贡献》，见何东昌：《中华人民共和国重要教育文献(1976—1990)》，1852 页，海口，海南出版社，1998。

④ 高沂：《办好师范教育，提高师资水平，为四化建设培养人才作出贡献》，见何东昌：《中华人民共和国重要教育文献(1976—1990)》，1852 页，海口，海南出版社，1998。

水平，实现建设社会主义现代化强国这一宏伟目标，作为工作母机的教师教育的恢复发展是这个时期的主要任务。大力发展的主要思路是恢复"文化大革命"前独立的教师教育制度。

一是恢复独立的教师培养。1977 年全国教育工作会议就明确提出，要大力发展高师、中师、幼师等各级师范学校，扩大招生，提高教育质量，以便为教育战线不断补充合格的教师。[①] 1978 年，教育部出台了《关于加强和发展师范教育的意见》。把建设中小学教师队伍看作发展教育事业和提高教育质量，在 20 世纪内实现建设四个现代化强国目标的基础性工作。为此，提出要恢复和建立三级教师教育体系，恢复独立的教师教育制度。例如，要求各地办好和新建若干所四年制的本科师范学院(师范大学)，使其承担起为本省、市、自治区培养高中、中师教师和培训师专教师的任务；一般地区应在1980 年内，依托现有条件较好又已多年担负培训初中师资任务的中等师范学校，充实提高为师范专科学校，为本地区培养和培训初中教师；办好培养小学教师的中等师范学校。在以上精神指导下，全国各地开始恢复以三级教师教育体系为基础的独立的教师教育制度。

1980 年国务院批复了教育部《关于师范教育的几个问题的请示报告》，报告中指出："为了使我国教育事业在 80 年代有一个大的发展，以适应社会主义现代化建设的需要，必须重视师范教育，办好师范教育，摆正和提高它在整个教师事业中的地位。师范教育不是可办可不办的问题，而是一定要努力办好。当前，要继续进行调整、改革、整顿、提高，在提高质量的基础上稳步发展，建立一个健全的师范教育体系，使之成为培养各类中等、初等学校和幼儿园合格师资的基地。"自 20 世纪 80 年代起，教育部更为坚决地要求建立健全独立的教师教育体系。以区域为单位，设置和规划全国或本地区

[①] 《刘西尧同志在全国教育工作会议上的报告》，见何东昌：《中华人民共和国重要教育文献(1976—1990)》，1615 页，海口，海南出版社，1998。

教师教育发展的目标，有计划地培养中小学教师成为当时教育部工作的主导思想。如在 1980 年召开的全国第四次师范教育工作会议上，教育部提出，"师范教育是教育事业的'工作母机'，是造就培养人才的基础"，要办好它，就必须"建立一个健全的师范教育体系，使之成为向各类中等、初等学校和幼儿园源源输送合格师资的巩固基地"，"各省、市、自治区应当根据需要和可能条件，统筹规划本省各级师范院校的设置。"①重申各级师范院校的任务是培养幼儿园、小学、初中、高中的教师，未经批准，不应轻易变动师范性质。②为此，要求各级部门办好所属的师范院校：教育部应当办好直属的师范大学和师范学院。各省、市、自治区应当根据需要和可能条件，统筹规划本省各级师范院校的设置。每个省、市、自治区都应有一所或几所高等师范院校。在经济发达的地方，一个专区应有一所师范专科学校、几所中等师范学校(包括幼儿师范学校和幼师班)。这些学校都应当实行地方化，面向全省或本地招生，为本地区培养师资，形成一个适应本地区教育事业发展需要的师范教育网。每个省、市、自治区还应办好一所幼儿师范学校。已设置学前教育专业的高等师范院校，应积极办好，为各地培养幼教师资、幼教干部和幼教科研人员。③

二是创办各专门师范院校。为了更有效地培养基础教育所需的各种师资，教育部还提出创办各种专门性的师范院校，以培养各种师资。如创办专业师范学院，为中等专业学校培养教师；创办民族师范学校，为少数民族地区培养教师；在有条件的中等师范学校或

① 高沂：《办好师范教育，提高师资水平，为四化建设培养人才作出贡献》，见何东昌：《中华人民共和国重要教育文献(1976—1990)》，1851—1852 页，海口，海南出版社，1998。

② 《关于师范教育的几个问题的请示报告》，见何东昌：《中华人民共和国重要教育文献(1976—1990)》，1850 页，海口，海南出版社，1998。

③ 高沂：《办好师范教育，提高师资水平，为四化建设培养人才作出贡献》，见何东昌：《中华人民共和国重要教育文献(1976—1990)》，1852 页，海口，海南出版社，1998。

盲聋哑学校开设盲、聋哑师资班，培养特殊教育所需的师资等。

三是恢复师范生享受助学金和履行服务的制度。为了办好教师教育，巩固和提高中小学教师队伍，应切实保证各级师范院校招收新生的质量。教育部决定，所有高师和中师的师范生，全部享受人民助学金待遇；高师、中师毕业生属于国家分配，应全部分配到教育战线工作；在职中小学教师升学深造，原则上应报考师范院校。①"文化大革命"前师范生的免费待遇和强制服务制度得到恢复。

在教育部强有力的主导下，我国自 20 世纪 70 年代末开始逐步恢复和建立各级师范院校。仅 1978 年恢复和增设的 169 所普通高等学校中，师范院校就有 77 所，占全部新增高校的 46%。到 80 年代，各级师范学校在健全教师教育体系的大目标下蓬勃发展起来。1976 年时，我国拥有中等师范学校 982 所、高等师范学校 58 所。到 1988 年时，我国拥有中等师范学校 1065 所、高等师范学校 262 所（其中师范专科学校 187 所、本科师范院校 73 所）。② 健全的三级教师教育体系恢复并获得长足的发展。

二、独立教师培训体系的重建发展

（一）走向规范化的教师培训

1. 教师培训体系恢复重建

"文化大革命"对我国基础教育师资队伍的破坏严重影响到基础教育的质量。在恢复独立师范学校办学体系，培养大量教师的同时，对在职教师队伍中学历不合格、不达标的人员进行培训成为当务之急。

---

① 《关于加强和发展师范教育的意见》，见何东昌：《中华人民共和国重要教育文献 (1976—1990)》，1650 页，海口，海南出版社，1998。

② 数据来自：《中国教育年鉴 1982—1984》，《中国教育年鉴 1985—1986》（《中国教育年鉴》编辑部，长沙，湖南教育出版社，1986/1988）。《中国教育年鉴 1988》（《中国教育年鉴》编辑部，北京，人民教育出版社，1989）。

1977 年 10 月，教育部在北京召开中小学师资培训座谈会。会上明确提出，要在三五年内经过培训，使现有水平较低的教师绝大多数达到合格程度。为此，要尽快建立和健全省、地、县、公社和学校的师资培训机构。当年 12 月 10 日，教育部发布《关于加强中小学在职教师培训工作的意见》，进一步提出，除积极办好各级师范院校以外，要采取强有力的措施，尽快地、切实地抓好在职教师培训工作，提高教师的政治、文化和业务水平。要达到这样的目的，"要尽快建立和健全省、地、县、社和学校的师资培训网。省（市、自治区）、地（盟、州）可建立教育学院或教师进修学院；县（旗）可建立教师进修学校。公社可建立培训站，不设站的，要有专人负责"。确立了建立与教师培养体系同层次的教师培训网络体系。

为了确保教师培训体系规范化，《关于加强中小学在职教师培训工作的意见》还明确了师资培训的目的、形式、制度保证，如教师进修院校利用寒暑假及其他可以利用的时间，通过各种培训形式把现有大多数教师提高到初步适应 1978 年秋使用新编教材的程度，并力争在三五年内使现有文化业务水平较低的中小学教师大多数达到合格学历程度。为了确保教师培训工作的顺利展开，《关于加强中小学在职教师培训工作的意见》要求各级教育行政部门和学校在调研的基础上认真做好师资培训规划，动用各种力量建立高质量的专兼职教师队伍，建立如学籍管理、成绩考核和结业等必要的制度，保证教师每周至少有半天的文化学习时间等。

《关于加强中小学在职教师培训工作的意见》实际是要恢复 20 世纪 50 年代建立的独立的中小学教师进修体系。经过努力，到 1978 年底，全国已建立或恢复省、市、自治区一级的教育学院、教师进修学院 34 所，另有高等师范院校附设的函授部 44 个。[1] 几乎每一省

---

[1]　中央教育科学研究所：《中华人民共和国教育大事记（1949—1982）》，516 页，北京，教育科学出版社，1984。

设立一所省级教育学院。80 年代初，地(市)一级的教育学院纷纷拔
地而起，院校数目急剧增加。到 1986 年底，在教育行政部门备案的
教育学院已达 262 所，是"文化大革命"前的 10 倍，和我国高等师范
院校的现有数目大体相等①，形成了省、地、县、公社和学校五级
在职教师培训网。

2. 教师培训体系的正规化、规模化

(1)明确教师进修院校的地位

20 世纪 80 年代初，教育部把在职教师教育体系作为与同级教师
培养体系一样重要的机构加以建设：凡是按照规定手续批准建立的
省级教育学院或教师进修学院，相当于师范学院；地(市)级教育学
院或教师进修学院，相当于师范专科学校(有些省辖市的教师进修学
院担负培训高中教师任务，相当于师范学院)；县级教师进修学校，
相当于中等师范学校，分别享有同等的地位和待遇。②

在学校硬件建设上，要根据教学的需要，逐步将各级教师进修
院校所需要教学设备、仪器、图书、资料等装备起来。省、地(市)、
县要根据教师进修院校的特点，分别参照师范学院、师范专科学校
和中等师范学校的规格予以装备。③ 因此，教育学院的经费和基本
建设投资，要求纳入地方教育事业费预算和基本建设投资计划，并
参照国家对高等师范院校经费及基本建设投资的有关规定，制定开
支标准和费用定额。④ 教师进修学校的经费和基本建设投资，由县
(区、旗)教育、财政部门参照国家对中师经费投资的有关规定，制

---

① 郭澄：《我国教育学院的非常大发展及对策》，载《高等师范教育研究》，1989(1)。

② 《关于进一步加强中小学在职教师培训工作的意见》，见何东昌：《中华人民共和
国重要教育文献(1976—1990)》，1832 页，海口，海南出版社，1998。

③ 《关于进一步加强中小学在职教师培训工作的意见》，见何东昌：《中华人民共和
国重要教育文献(1976—1990)》，1833 页，海口，海南出版社，1998。

④ 《教育部关于加强小学在职教师进修工作的意见》，见何东昌：《中华人民共和国
重要教育文献(1976—1990)》，2068 页，海口，海南出版社，1998。

定开支标准和费用定额。① 中小学进修教师凡学完规定的课程，经过考核全部及格，确定在所教学科分别达到师范学院、师专、中师毕业程度的，由进修单位发给毕业证书，承认其学历，与全日制同等学校毕业的学生同等使用，同等待遇。② 此后，三级教师进修院校成为与三级师范院校并立的教师教育机构，并进行正规化建设。

（2）各级进修院校任务分工明确

在进修的目标上，三级教师进修院校就是通过培训，让中小学教师达到国家要求的学历水平。如教育学院提高中学在职教师的政治、文化、业务水平，有计划地分期分批提高教育行政干部的思想政治水平、教育理论水平和管理水平，开展教育科学研究。③ 教师进修学校的办学目标是提高小学在职教师的政治、文化、业务水平，提高小学教育行政干部的领导水平和管理水平，多数地区力争到1985 年，通过多种形式的进修，使小学教师多数实际文化水平达到中师毕业程度，大多数能胜任和基本胜任教学工作，并有计划地培养一批小学骨干教师。④ 公社培训站应在县级教师进修学校的指导下，做好本公社在职教师的培训工作。分工明确的培训任务使得各级教师进修院校与同级的教师培养体系一样，承担各阶段在职教师提升任务。

（3）制订统一的教学计划

为了提高在职培训的教育质量，使文化程度较低的教师经过培训达到师院、师专、中师的水平，教育部要求各省、市、自治区可

---

① 《教育部关于加强小学在职教师进修工作的意见》，见何东昌：《中华人民共和国重要教育文献(1976—1990)》，2068 页，海口，海南出版社，1998。

② 《中国教育年鉴》编辑部：《中国教育年鉴 1949—1981》，204 页，北京，中国大百科全书出版社，1984。

③ 《教育部加强教育学院建设若干问题的暂行规定》，见何东昌：《中华人民共和国重要教育文献(1976—1990)》，2048 页，海口，海南出版社，1998。

④ 《教育部关于加强小学在职教师进修工作的意见》，见何东昌：《中华人民共和国重要教育文献(1976—1990)》，2068 页，海口，海南出版社，1998。

参照师院、师专、中师的教学计划、教学方案制订中小学在职教师进修的暂行教学计划。国家也按此方针制订了相应的教学计划。如1982年颁布的中学教师进修高等师范学校12个专科专业和7个本科专业的教学计划试行草案，是参照全日制本科四年制的教学计划和高师专科二年制的教学计划设计的；小学教师进修中等师范学校的教学计划，是参照全日制中师的教学计划设计的。在教学内容的安排上无大的区别。我们以1980年全日制中等师范学校三年制教学计划与1982年中师进修教学计划为例作比较，就可以发现进修教学计划基本是仿照全日制教学计划削减学时和课程而成的。见表2-1：

表2-1　1980 年全日制中等师范学校三年制教学计划①与

1982 年中师进修教学计划②比较

	学制	上课时间	科目及上课总时数	总学时
全日制计划	3 年	36 周/第 1 学年；34 周/第 2 学年；31 周/第 3 学年	政治(171)、语文[文选和写作、语文基础知识(两科计 614)、小学语文教材教法(62)]；数学[数学(420)、小学数学教材教法(124)]、物理学(303)、化学(210)、生物学(144)、生理卫生(68)、历史(93)、地理(93)、心理学(68)、教育学(124)、体育及体育教学法(233)、音乐及音乐教学法(202)、美术及美术教学法(202)	3131
离职进修计划	2 年	36 周/一学年	政治(140)、语文[文选与习作(420)、语文基础知识(144)、小学语文教材教法(68)]；数学[算术基础知识(72)、小学数学教材教法(68)、代数与初等函数(228)、几何(156)]、教育学(68)、心理学(72)、自然(242)、史地(108)、体育(106)、音乐或美术(68)	1960

---

①　《中等师范学校教学计划试行草案》，见何东昌：《中华人民共和国重要教育文献(1976—1990)》，1863 页，海口，海南出版社，1998。

②　《小学教师进修中等师范教学计划(试行草案)》，见何东昌：《中华人民共和国重要教育文献(1976—1990)》，2037 页，海口，海南出版社，1998。

经过以上努力，我国教师培训机构获得了相当大的发展。到1983 年，各地报教育部备案的教育学院共计 238 所，其中省级教育学院 31 所、地市级教育学院 207 所，经过教育部审核已批准备案的162 所。据 1982 年统计，全国小学教师进修学校已经发展到 2174所，教职工 4.62 万人，其中专任教师 2.46 万人，在校生 119.03 万人。① 截至 1989 年底，我国已经建立教育学院 265 所、教师进修学校 2153 所。各级教师进修院校的办学条件得到了改善。各省已建立了省、市(地)、县、乡校的教师在职培训机构。② 这样一个网络体系为我国在职教师的学历提升做出了重要贡献。到 1989 年底，小学教师达到中师学历的比率已从 1977 年的 47.1% 上升到 71.4%，初中教师达到高师专科学历的比率已从 1977 年的 9.8% 上升到41.3%，高中教师达到本科学历的比率已从 1977 年的 33.2% 上升到 43.5%。③

(二)多样化发展的教师培训

1. 教师继续教育制度建设

随着 20 世纪 80 年代大规模"学历补偿"式教师培训告一段落，整个教育事业新发展对教师队伍建设提出新要求，"中小学教师继续教育"的概念开始进入历史舞台。1991 年 12 月 3 日，国家教委发出了《关于开展小学教师继续教育的意见》，指出："小学教师的继续教育，是对取得教师资格的在职教师进行以提高政治思想、师德修养、教育理论、教育教学能力为主要目标的培训。""继续教育的任务是：

---

① 《中国教育年鉴》编辑部：《中国教育年鉴 1982—1984》，105 页，长沙，湖南教育出版社，1986。

② 《全国中小学教师继续教育工作座谈会会议纪要》，见何东昌：《中华人民共和国重要教育文献(1976—1990)》，3060 页，海口，海南出版社，1998。

③ 《全国中小学教师继续教育工作座谈会会议纪要》，见何东昌：《中华人民共和国重要教育文献(1976—1990)》，3060 页，海口，海南出版社，1998。但 1977 年高中教师的学历数据来自《关于加强和发展师范教育的意见》，见前书 1649 页。

通过教育教学实践与培训，使每个教师的政治业务素质不断得到提高，从中成长出一批教育教学骨干，有的逐步成为小学教育教学专家。"①另外，《关于加强和发展师范教育的意见》还对继续教育的内容、形式与方法等做出了相关规定。1993 年出台的《中国教育改革和发展纲要》指出，要制订教师培训计划，促进教师特别是中青年教师不断进修提高，使绝大多数中小学教师更好地胜任教育教学工作。到 20 世纪末，通过师资补充和在职培训，使 95％以上的小学教师和 80％以上的初中教师达到国家规定的合格学历标准，小学和初中教师中具有专科和本科学历者的比重逐年提高。这对教师的培训工作既提出了要求，又设置了目标。随后，在 1995 年颁布的《教育法》中，也将"通过培养和培训提高教师素质，加强教师队伍建设"通过法律条文的形式规定下来；并且在 1995 年 10 月印发的《国家教委关于〈中华人民共和国教师法〉若干问题的实施意见》中，明确指出各地应当设立教师培训的专项经费，各级人民政府的教育行政部门和学校主管部门、各级各类学校及其他教育机构，应当制定教师培训规划和计划，保障教师进修和培训的权利。教师的培训应当根据学校的安排，因地制宜，学用结合，以自学、不脱产为主。

1996 年国家教委召开的第五次全国师范教育工作会议，是教师培训体制的一个重要转折点。会上明确指出构建体现终身教育思想的教师教育体系，逐步改变单纯由教师进修院校培训师资和职前职后分离办学的局面，进一步完善省、市(地)、县、乡四级培训网络，通过联合、合作和合并办学等多种形式加强职前职后的联系，有条件的地方逐步实现培养培训一体化。会后，国家教委印发的《关于师范教育改革和发展的若干意见》提出："教师培训工作要坚持多渠道、多层次、多形式和业余、自学、短训为主的原则，坚持分类指导，

---

① 《中国教育年鉴》编辑部：《中国教育年鉴 1992》，179 页，北京，人民教育出版社，1993。

按需施教，讲求实效，学用结合。"此后，随着《中小学教师继续教育规定（草案）》《中小学教师继续教育课程开发指南》等指导性文件的出台，教师继续教育逐步走上规范一体化道路。一方面，明确教师继续教育的目标定位，着眼于教师的专业发展，并与职前师范教育结合成为一体化终身教师教育体系；另一方面，参与教师继续教育的机构逐步多元，特别是原先单纯进行师资培养的师范院校也加入其中，与教师进修院校和教研部门组成完备的教师继续教育网络。

2. 多元对接需求的教师培训

（1）解决民办教师遗留问题

民办教师是我国特定历史条件下形成的中小学教师队伍的重要组成部分，党和国家历来十分重视民办教师的培训和进修，为提高民办教师的地位和待遇进行了不懈的努力。国家教委、国家计委、人事部、财政部于 1992 年 8 月联合发布了《关于进一步改善和加强民办教师工作若干问题的意见》，该意见要求通过函授、广播、电视、自学考试、专业合格证书考试、进修和教研活动等多种渠道、多种形式培训提高民办教师，并且要求各级政府、各有关部门要在培训基地和物质条件等方面为民办教师培训工作提供方便。

（2）深入开展骨干教师培训

骨干教师是教师队伍的中坚力量，在教师队伍建设中起着承上启下的重要作用，但由于历史原因，我国中小学教师特别是小学教师的骨干力量比较薄弱，因此在《中国教育改革和发展纲要》颁布后，国家教委于 1993 年印发了《关于加强小学骨干教师培训工作的意见》，首先阐述了骨干教师的重要性，并提出了小学骨干教师应具备的要求：①有良好的师德修养；②具有较高的文化素养和较强的自学能力；③教育思想正确；④有较强的教育科研能力和教学改革意识。《关于加强小学骨干教师培训工作的意见》基本秉承 1991 年印发的《关于开展小学教师继续教育的意见》的主要内容，对小学骨干教师的培训提出了总目标，以及培训的原则、内容、形式和方法等有关规定，但根据骨干教师培训的特殊性，提出了应该注意的几点：①骨干教师具有相对性，培训活动组织要因时因地制宜；②骨干教师主要在岗位成才，要特别重视与教育教学实践紧密结合的培训活动，重视发挥学校自培、教学研究、以老带新，以及教师自学自练等培训形式的作用；③要把集中培训和分散指导结合起来；④骨干教师的培训重点是，对有培养前途的中青年教师按教育教学骨干的要求进行培训，同时也要根据不同层次骨干教师的要求，对现有骨干教师通过组织专题研讨班、给教改科研课题任务等形式开展培训工作。

（3）开展新教师的试用期培训

试用期是新教师成长的一个关键时期。小学新教师试用期培训是教师队伍建设的一个重要环节，是小学教师继续教育的一个重要组成部分。积极地开展小学新教师试用期培训，对加强小学教师队伍建设、实施九年义务教育、深化小学教育教学改革、提高初等教育水平，都具有重要的意义。因此，国家教委于 1994 年 11 月印发了《关于开展小学新教师试用期培训的意见》，提出：①小学新教师的培训目标：使新教师进一步巩固专业思想，热爱小学教育工作，热爱学生；熟悉有关教育法规和教育教学环境；初步掌握所教学科教学大纲、教材和教育教学常规，尽快适应小学教育教学工作。②培训对象：新分配到小学任教的中等师范学校、其他中等学校及以上层次学校的毕业生。③培训内容和要求：专业思想教育、政策法规教育、熟悉教育教学环境、教育教学常规训练，非师范专业的毕业生还要进行教育理论和学科教学法的培训。④培训时间：一年试用期内，不少于 120 课时（每学期以 15 个教学周计算，每周 4 课时），具体安排由各地自定，集中培训时间不得少于总课时数的 1/3。⑤考核方式和领导管理。

（三）教育管理干部培训体系构建

由于认识到教育管理干部在我国基础教育质量的提高上所起的举足轻重的作用，20 世纪 80 年代初，教育部开始重视教育管理干部的培训。

1. 明确培训目标，确定培训内容

1981 年，教育部出台了《关于加强普通教育行政干部培训工作的意见》，提出了培训的目标和方针：以马列主义、毛泽东思想为指导，以促进普通教育更好地适应社会主义现代化建设需要为中心，学习马列主义的基本原理和教育科学理论知识，培养一支坚持社会主义道路，忠诚社会主义教育事业，熟悉教育规律，具有专业知识和管理能力，能够团结群众，富于艰苦创业精神的干部队伍，并从中造就一批又红又专的普通教育专家。为了确保培训质量，文件确定了培训期限和相应的内容。如半年期的培训内容是：马列主义哲学原理、建国以来党的若干历史问题的决议、教育学、学校心理学、学校行政管理（教育行政管理）、专题讲座。1 年期的培训内容是：马列主义哲学原理、中共党史、教育学、普通心理学、教育心理学、学校行政管理（教育行政管理）、中国教育简史、专题讲座。[①]

2. 加强管理干部的培训基地建设

20 世纪 70 年代末 80 年代初，教育部逐步恢复教师进修院校，同时把省一级的教育学院和县一级的教师进修学校作为培训教师和教育管理干部的基地，并在各种文件中加以明确。1981 年，教育部出台了《关于加强普通教育行政干部培训工作的意见》后，各地陆续建立了教育行政干部培训机构，北京市、黑龙江省分别成立了独立的教育行政学院。1983 年 5 月，国务院批转教育部《关于成立管理干

---

① 《中国教育年鉴》编辑部：《中国教育年鉴 1949—1981》，205 页，北京，中国大百科全书出版社，1984。

部学院问题的请示》，提出为适应新时期对干部教育经常化、正规化、制度化的要求，举办专门培训在职管理干部的院校。学制应长短结合，一般应举办 2、3 年的干部专修科和半年或 1 年左右的短训班。参照大专院校教学计划、教学大纲，并结合培训干部的具体要求，安排教学。考试合格者毕业时发给高等学校专科毕业文凭。[①]这一文件出台后，我国出现了大量的各行业的管理干部学院，一些地区的教育管理干部学院也建立。

虽然 20 世纪 80 年代初有关中小学教师培训的文件中明确提出，教育学院和教师进修学校在培训在职教师的同时还要培训教育行政干部，但中华人民共和国成立之初各司其职的模式，使我国又建立了一个相对独立的教育管理干部培训机构，承担起另一任务。这种情况下，我国就形成了培训机构任务单一明确的状况，一方面高效地完成了提高教师学历和干部管理水平的任务，另一方面也为 21 世纪培训院校的生存危机埋下了伏笔。

第二节　开放灵活的一体化教师教育体系逐步建立

1999 年 6 月 13 日，中共中央、国务院颁布了《关于深化教育改革全面推进素质教育的决定》，鼓励综合性高等学校和非师范类高等学校参与培养、培训中小学教师的工作，探索在有条件的综合性高等学校中试办师范学院。实际上，在此之前教师教育的开放灵活和一体化进程已然开始，师范院校已经自行探索综合化之路，也出现升格合并的个案，并在升格转型为综合院校后继续承担教师培养工作。《中共中央、国务院关于深化教育改革全面推进素质教育的决定》颁布之后，这一开放灵活一体化进程得以加快，直到 2010 年国

---

①　《国务院转批教育部等部门〈关于成立管理干部学院问题的请示〉的通知》，见何东昌：《中华人民共和国重要教育文献(1976—1990)》，2094 页，海口，海南出版社，1998。

务院颁布《国家中长期教育改革和发展规划纲要(2010—2020年)》，指出"加强教师教育，构建以师范院校为主体、综合大学参与、开放灵活的教师教育体系"，旗帜鲜明地提出要建立开放灵活的教师教育体系。

一、师范院校综合化的先行探索

(一)师范院校综合化探索的时代背景

20世纪80年代，中央把工作重点放到经济建设上，提出了力争使全国工农业的年总产值翻两番，人民物质文化生活达到小康水平的宏伟目标。与此同时，中央也提出了一系列教育发展的目标。

普及九年义务教育的目标的提出要求有充足合格的师资作保障。1985年《中共中央关于教育体制改革的决定》提出了有步骤地在全国实行九年义务教育的目标。然而，由于"文化大革命"的破坏，我们的基础教育的师资无论在数量上还是质量上都远远跟不上普及义务教育发展的要求。

大力发展职业教育要求师范院校参与职教师资的培养。为了使职业教育成为促进经济发展和个人生存状态的推动力，自20世纪80年代起，中央极为重视职业教育的发展。1983年5月，教育部、劳动人事部、财政部、国家计委联合发布《关于改革城市中等教育结构、发展职业技术教育的意见》，明确了城市中等教育要兼顾升学和就业，力争到1990年，使各类职业技术学校在校生与普通高中在校生的比例大体相当。1990年10月17日，国务院做出了《大力发展职业技术教育的决定》。1993年，中共中央、国务院颁布《中国教育改革和发展纲要》，提出我国建立健全职业教育体系的目标。到2000年，实现各类中等职业学校招生数和在校生数占高中阶段学生数的

比例全国平均达到 60% 左右，普及高中阶段教育的城市可达到
70%。[①] 能否确保充足和合格的职业教育师资队伍是实现职业教育
发展的根本性问题。

　　重点高校制度要求师范院校提高办学质量。由于经济基础薄弱，
中华人民共和国成立以来的教育发展政策一直是集中人、财、物重
点发展某些院校。一些高校也正是因享受在经费、基建投资、师资
队伍、科研任务等方面的倾斜，获得了较快的发展。但由于教师教
育有功效滞后性、长期性的特点，师范院校在"文化大革命"前很少
被列入重点大学之列。这种情况到拨乱反正之后依然延续。20 世纪
70 年代末 80 年代初，国家重点建设的 98 所大学（1978 年列出 88
所，以后又追加 10 所）中没有一所师范院校。所谓重点大学主要是
那些具有综合性学科，所设专业、培养的人才、承担的课题与当时
国家科技进步和经济发展密切相关的院校，这显然不利于师范院校
的发展。如何提高师范院校的竞争力，使其获得和重点高校一样的
发展机会，对各级师范院校未来的发展至关重要。面对上述情形，
各级师范院校必须提高其办学能力，在满足普通教育和职业教育对
师资需求的同时，获得更好的发展机会。

　　(二)师范院校探索新办学模式以提升竞争力

　　1. 地方师范院校升格和综合化现象出现

　　20 世纪 80 年代初，为了提升自身的办学质量，已经出现了高师
升格合并为综合性院校、中师升格为专科师范的现象。如 1982 年江
苏师范学院(前身是东吴大学)改为苏州大学，成为以教师教育为主
但培养多方面人才的综合性大学，为以后成为真正意义上的多学科
性综合大学迈出了关键性的一步。1984 年武汉师范学院改名为湖北

---

　　① 《国家教委、国家经贸委、劳动部关于实施〈职业教育法〉加快发展职业教育的若
干意见》，见何东昌：《中华人民共和国重要教育文献(1998—2002)》，51 页，海口，海南
出版社，1998。

大学。80 年代初，师范院校的升格和综合化趋势出现。80 年代中期以后，这种现象成为一种潮流。例如，1987 年大连师专、原大连大学、大连市卫生学校合并而成大连大学；1989 年运城师专、运城地区教育学院、河东大学合并组建运城高等专科学校。1989 年徐州师范高等专科学校并入徐州师范学院，后升格为徐州师范大学。是年苏州师范专科学校和常熟职业大学合并为常熟高等专科学校。

2. 部属师范大学开始探索综合化的办学模式

与此同时，重点师范大学为了获得平等的发展机会（这对一些有相当长的历史且曾有着令人骄傲成绩的名牌师范大学来说尤为重要），也开始在办学方向上进行综合化的探索。以华东师范大学和北京师范大学为代表的师范大学认为封闭的教师教育制度束缚着自身的发展，提出了综合化的办学思路。

从未来的高中毕业生除了掌握基本的科学文化知识外还要有相应的谋生本领的角度出发，华东师范大学提出未来高中教师应该具备宽广的知识和能力，与此同时，还应增加师范生的社会适应性。华东师范大学在 20 世纪 80 年代开始进行专业和课程设置上的改革，如在不削弱主干基础课程的前提下，根据各专业的具体情况，增设一些应用性的选修课程和开拓知识面的选修课程，以增强学生的社会适应性。例如，心理系开设咨询心理学，心理实验设计；中文系开设新潮设计批评；经济系开设计量经济学；数统系开设国民经济管理；数学系开设环境问题中的数学方法；环境科学系开设环境数学、环境物理；生物系开设经济植物、动物饲养、应用细胞生物学、植物分子生物学；地理系开设地理文献选读与论文写作、世界矿物质资源与成矿地质背景；体育系开设康复体育。学校还开设全校性的公共选修课，如教育统计学、教育测量、公共关系、中西哲学比较研究、现代社会生产力论、社会调查、当代台湾文学、国际经济、消费心理学、医学地理学、营养生物化学、应用统计原理、抽样调

查、文科学业评价、各科学业评价等。同时，华东师范大学一些系
"根据各专业面临的社会需求实际情况，在保证加强、拓宽基础的前
提下，除按原有各专业方向发展之外，还设置一些新的偏重应用的
专业方向"。如中文系增设了影视文学、文化管理与对外汉语文学方
向；政教系增设了行政管理学、法学和中国革命史等方向；历史系
增设了中国文化与旅游、世界政治与国际关系、中国当代社会研究
方向；化学系增设了精细有机和分析测试两个专业方向；物理系增
设了计算机应用与管理、自动化监测与控制、专业外语、创造发明
等方向；地理系增设了自然灾害及其防治、遥感应用等方向。①

北京师范大学早在 20 世纪 80 年代就提出了"既是教育中心，又
是科学研究中心"的建校方针。此时的科研中心实际是强调加入传统
上认为是非师范领域的研究领域，从而加强学科和内容的综合化，
提高师范大学的学科综合能力。华东师范大学在 80 年代中后期就开
始办非师范专业，招收非师范生。在两所有影响力的师范大学的影
响下，一些师范大学纷纷开办非师范专业，成为师范院校综合化的
另一种形式。

3. 地方师范院校探索新的师资培养方式

在少数师范院校致力于升格和综合化的实践中，一些师范院校
开始探索新的师资培养方式。1984 年 7 月 24 日，根据教育部领导同
志的建议，江苏省人民政府决定由江苏省南通师范学校试办五年制
的师范学校，培养具有专科水平的小学教师，为今后逐步提高小学
教师的质量进行试点探索。这是全国第一所进行五年制小学师资培
养的中等师范学校。自此以后，一些中师也开始进行相关试验，这
实际也成了这些院校升格的基础。

还有一些师专开始探索在师范学校增加职业教育的因素，为本

---

① 袁运开：《关于提高高师本科教育质量的一些认识和实践》，载《教师教育研究》，
1989(2)。

地区的农村培养师资。如零陵师专从 20 世纪 80 年代中期开始，面向农村增加职业教育因素，培养教师一专多能的素质。学校建立学农基地，买了 100 亩地，建起了渔场、猪场、鸭场、果园等，培养师范生的劳动习惯和劳动技能。邵阳师专开展了为本地区教育经济文化发展服务的改革。通过让师范生了解本地区的自然条件、物质资源、经济优势和政治历史等，使师范生热爱本地区、热爱教育事业、学会利用本地区的资源开发教学资源，提高师范生的素质。为了提高师范生的适应能力，一些师专如重庆师专、乐山师专、零陵师专等实行了主辅修制和双专业制。

可见，自 20 世纪 80 年代初期起，以高等师范为重要群体的师范院校开始积极探索综合化的道路。虽然这一探索是在九年义务教育还需要大量师资保障的前提下进行的，但毕竟各校进行了中华人民共和国成立以来少有的办学方向的探索，这些探索为我国教师教育的转型和发展提供了难能可贵的经验和教训。

二、教师教育体系走向开放灵活

（一）开放灵活的教师教育体系的提出

一方面，基础教育发展改革需要开放多元的教师教育体系。20 世纪 90 年代中期之前，教育主管部门因普及九年义务教育需要庞大师资，还不赞成师范院校的开放化。但 90 年代末，随着社会经济发展对高素质人才的需求更为强烈，一些城市提出普及高中阶段教育的目标，人民大众也对高质量的教育有渴求，如何才能培养应对这种变化的高素质教师是教育主管部门关注的问题。西方发达国家开放的教师教育现状无疑使教育主管部门有了在我国探索开放教师教育体系的意识。

虽然 1996 年全国师范教育工作会议针对一部分高师院校的非师范化倾向确定了"必须继续保持独立的师范教育体系，使庞大的中小学教育新师资的培养和在职教师的培训有稳定的基地"①的方针政策，但三年后的 1999 年 3 月 16 日，教育部颁发了《关于师范院校布局结构调整的几点意见》，明确提出了建立开放的教师教育体系的思路："从现在起，我国师范教育的发展趋势是：（1）以师范院校为主体，其他高等学校积极参与，中小学教师来源多样化；（2）师范教育层次结构重心逐步升高；（3）职前职后教育贯通，继续教育走上法制化轨道，以现代教育技术和信息传播技术为依托，开放型的中小学教师继续教育网络初步建立。"并提出我国由三级师范向二级师范进军的目标，提出了积极推进地（市）教育学院与当地师范院校合并，提高教师教育的效益和质量，以及鼓励综合性大学参与培养中小学教师、积极推动教师教育的资源重组〔如以省、自治区、直辖市统筹为主，在有条件的市（地）推进师范专科学校、教育学院和中等师范学校合并，建设一批师范学院或师范专科学校承担中小学教师培养培训任务；在办好一批中师为欠发达地区培养小学教师的同时，鼓励中师并入高师院校，少数条件好、质量高的中师可以通过联合、合并、充实、提高组建成师范专科学校，其余中师可改为教师培训机构或其他中等学校〕等原则。② 自此以后，我国教师教育体系由封闭走向开放。

另一方面，高等教育管理体制改革促使师范院校自身改革。20世纪 90 年代以来，随着我国经济、教育事业的发展，建立质量与国际优质高等院校相媲美的高等院校、培养面向 21 世纪的高素质的人才直接关系到我国未来的竞争力和发展速度，因而从 90 年代上半期开始，我国致力于高等教育管理体制改革，通过改革高等教育办学

① 《大力办好教师教育，加强教师队伍建设，为实现跨世纪教育发展目标而奋斗（节录）——朱开轩同志在全国师范教育工作会议上的讲话》，见何东昌：《中华人民共和国重要教育文献(1991—1997)》，4044 页，海口，海南出版社，1998。

② 《教育部关于师范院校布局结构调整的几点意见》，见何东昌：《中华人民共和国重要教育文献(1998—2002)》，241 页，海口，海南出版社，1998。

和管理体制,转变政府职能,扩大学校办学自主权,改革学校内部管理体制和运行体制,深化教育和教学改革,探讨高等教育发展的新路子,最终建立世界一流大学。

1993年1月,国家教委颁发了《关于加快改革和积极发展普通高等教育的意见》,明确提出实施高等教育管理体制改革。具体改革如下:在高校的办学费用上,逐步形成国家投资为主,学生缴费和社会集资为辅;学生缴费和社会集资为主,国家投资为辅;民办自费;企业办学等多种办学的形式。在招生和毕业生就业制度的改革上,在完成国家任务计划的前提下,要逐步扩大调节性计划,逐步扩大招收自费生和委托培养生的比重,改革高等学校毕业生"包当干部"和国家"统包统配"的就业制度。随着社会主义市场经济体制的建立和劳动人事制度的改革,在国家政策的指导下,实行高等学校大多数毕业生自主择业的就业制度。① 同年形成的《中国教育改革和发展纲要》也进一步明确了这样的思路。高校办学自主权的扩大及招生和分配制度的改革,无疑为师范院校的转型、升格、非师范化创造了政策上的条件。

(二)开放灵活的教师教育体系初步形成

1. 传统师范院校走向综合化

所谓传统师范院校是指中华人民共和国成立以来一直是独立状态的教师教育机构。我国历史上特别是中华人民共和国成立以来建立了三级教师教育体系,其中高等教师教育机构按行政级别也分为三个层次。我国划分为六大行政区,每一个行政区下设部属师范大学一所,共有六所部属师范大学。在行政区下每一个省设立一所师范大学或师范学院,在省属地区内设立师范专科学校。师范大学或

---

① 《国家教委关于加快改革和积极发展普通高等教育的意见》,见何东昌:《中华人民共和国重要教育文献(1991—1997)》,3450—3452页,海口,海南出版社,1998。

师范学院培养中学特别是高中各科教师，师范专科学校培养初中教师。

(1)部属师范大学积极改革，开办非师范专业，综合化趋势明显

自 20 世纪 90 年代以来，以北京师范大学、华东师范大学为代表的部属师范大学以扩充内涵发展的方式建立了大量的非师范专业，使传统的师范院校成为名副其实的综合性大学。首先是具有百年师范教育历史的北京师范大学积极走综合化道路，2001 年 6 月召开的北京师范大学第十一次党代会通过了校"十五"发展规划纲要，明确提出到 2015 年把北京师范大学建设成为"综合性、有特色、研究型的世界知名高水平大学"。在这样的办学目标指引下，北京师范大学已经成为拥有哲学、经济学、法学、教育学、文学、历史学、理学、工学、管理学九大学科门类的综合性大学。这一转型过程中，北京师范大学开始探索"4＋2"学士后层次教师培养改革，在本科阶段实施普通专业教育，在研究生阶段实施教师教育并进行教育实习。华东师范大学自 80 年代中期开始增加非师范专业，进入 21 世纪之后学校所设置的 18 个学院中有 21 个师范专业和 44 个非师范专业，已然成为一所典型的兼有人文科学、社会科学、教育科学、自然科学、工程科学和管理科学在内的综合性研究型大学。

相比之下，西南师范大学的转型更为彻底。这所部属师范大学，经过 2001 年原重庆轻工业职工大学的并入，以及 2005 年与原西南农业大学的合并，最终组建为教育部直属重点综合性大学（2005 年 7 月经教育部批准）。该校涵盖 12 个学科门类，包括：哲学、文学、理学、工学、农学、医学、经济学、法学、教育学、历史学、管理学、艺术。2006 年的招生信息显示中，122 个本科专业中师范专业 18 个，仅占全部招生专业的 14.8％；非师范专业 97 个，占全部招生专业的 79.5％；另有 7 个职业教育师资专业，占全部招生专业的 5.7％。教师教育已经由过去的主流变为点缀。

东北师范大学是部属师范大学中一直坚持以教师教育为主要办学特色的院校。该校一直强调自己是一所以培养优秀的中学教师为优长的大学，被誉为"人民教师的摇篮"，其办学目标是建设"世界一流师范大学"。但它设立的 78 个专业中师范专业只有 21 个，仅占全部开设专业的 26.9％。也就是说，一直强调师范特色的东北师范大学的非师范专业占比明显高于师范专业。

从 2006 年的招生简章和招生计划看，六所部属师范大学的非师范专业平均占比已经达到 66.3％，学科和专业综合化趋势明显。由此可见，传统的部属师范大学在保留"师范"名称的情况下已经设立了大量的非师范专业，成为实际意义上的综合性院校。但教师教育仍是这类大学重要的办学职能，也是体现其办学特色的重要方面。

(2)省属师范大学增加了大量的非师范专业，扩充了办学领域

省属师范大学虽然没有明确改制为综合性院校的，但自 20 世纪 90 年代末以来，在内涵上做了实质性的改革，综合化倾向明显。具体表现在以下几点。

①办学目标的综合化倾向。大多数省属师范大学的办学目标综合化倾向明显，如华南师范大学、山东师范大学的综合化倾向已经在办学目标上显现。还有一些省属师范大学在办学目标上干脆取消了"师范"一词，直接提出了综合性办学目标，如南京师范大学、浙江师范大学。

省属师范大学中只有少数还坚持教师教育的目标。如河北师范大学的办学目标是："立足河北、面向全国，为全省基础教育培养骨干师资，为省属高校培养基础课师资，积极服务河北经济建设和社会发展；……将学校建设成为教学研究型、综合性、高水平、有特色的新型师范大学，跻身全国同类院校的前列。"

②开办大量非师范专业。虽然各校坚持为基础教育服务的办学方针，但由于综合化的目标，这些师范院校的学科领域和培养职能

也获得了较大的扩充。华南师范大学 2006 年招生中师范专业 20 个，涉及中小学各个学科；非师范专业 56 个，涉及理、工、文、经济、金融、法律等专业。河北师范大学 2006 年招生专业有 63 个，其中 39 个专业具有培养教师的职能。上海师范大学有师范专业 13 个、非师范专业 30 个，非师范专业占全部专业的 69.8%。其他省属师范大学也是如此。就全国省属师范大学的平均值看，非师范专业占全部专业的 62.07%。①

这些大学的非师范专业的开设使得学校培养的人才的种类得以真正扩充。如 2006 年招生信息显示，山东师范大学文学院除了汉语言文学为师范专业外，其他如新闻学、广播电视新闻学、中国语言文学类、汉语言、播音与主持艺术均为非师范专业；历史文化和社会发展学院除了历史学为师范专业外，社会工作、劳动与社会保障、行政管理、世界历史均为非师范专业；人口·资源与环境学院除了地理学为师范专业外，资源环境与城乡规划管理、旅游管理、工商管理、地理信息系统、环境科学均为非师范专业。南京师范大学 2006 年招生信息显示，该校设立了很多过去传统的师范院校不开设，但与国计民生密切相关的非师范专业，如动力工程学院设环境工程、建筑环境与设备工程（暖通空调）、热能与动力工程（电厂热能动力方向）专业；电气与自动化工程学院设电气工程及其自动化、机械工程及其自动化、自动化、测控技术与仪器专业；新闻与广播学院设新闻学、广播电视新闻学、广告学、广播电视编导、摄影专业；商学院设国际经济与贸易、金融学、经济学、工商管理、市场营销、人力资源管理等专业。

据 2006 年的招生信息显示，除了少数经济欠发达地区，在全国多数省份的省属师范院校，非师范专业已经成为主流，其平均占比

① 师范专业与非师范专业的比例根据各校 2006 年招生简章提供的专业计算得出。

已经达到全部专业的 62.07%。省属师范院校的这些非师范专业使这些院校的人才培养领域得到极大的扩充。

（3）部分专科层次的师范院校合并升格为本科师范院校，师范依然是其主要特色

在师范院校改革的过程中，专科层次的师范院校有两个改革方向，一是与综合性院校合并升格为综合性学院或大学（此部分内容在以后阐述）；二是部分地方师范院校合并了一些同类院校（主要是地方教育学院和师专），升格为本科院校。合并后的学校仍保留师范大学（学院）的名称，教师培养也是其主业，但人才培养的目标和办学的职能有所拓宽。

一些专科师范院校与同层次师范院校合并后升格，成为本科师范院校。如廊坊师范学院就是廊坊师范专科学校、廊坊师范学校、廊坊市教育学院合并而成的本科师范学院，太原师范学院则是由山西大学师范学院、太原师范专科学校、山西省教育学院合并组建的以本科教师教育为主的全日制高等师范学院。1998 年，忻州师范专科学校与忻州地区教育学院、忻州职工大学、山西广播电视大学忻州分校合并组建成为以教师教育为主的忻州师范高等专科学校，2000 年又与忻州师范学校合并升格为忻州师范学院。大庆师范学院、白城师范学院、徐州师范大学、湖州师范学院等均是这样建立的。

还有一些地方师专和教育学院并入省（部）属师范大学，直接成为本科师范大学，但一些院校也因此招收专科层次的师范生，培养小学教师。如 1999 年 4 月 8 日，经天津市委、市政府决定，教育部同意，由天津师范大学、天津师范高等专科学校、天津教育学院组建成新的天津师范大学，教师培养仍是该校的主要职能，但该校也拓展其职能，如建立了水资源与水环境重点实验室。河北师范大学于 1996 年合并了河北师范学院、河北教育学院。1997 年上海幼儿师范高等专科学校并入华东师范大学，1998 年上海教育学院、上海第

二教育学院并入华东师范大学。这些院校都因此培养专科层次的小学教师。

虽然在 20 世纪 90 年代后期以来的合并升格浪潮中，我国原来的师专和教育学院大量萎缩，但教师教育依然是升格的师范院校的主要办学定位。如太原师范学院的系和专业设置基本是在原来的师范专业上做了有限的扩充，如师范专业有文科通才教育、科学教育、艺术通才教育、地理科学、教育学、学前教育、思想政治教育、书法专业；师范非师范兼招的专业有汉语言文学、英语等；非师范专业有新闻与传播学、资源环境与城乡规划管理、地理信息系统、旅游管理、应用心理学等。

总之，由师专、教育学院合并升格的院校虽然还保留着专科的培养层次，但本科专业已经是主流。学校的培养目标仍以中小学教师为主，但在原来师范专业的基础上扩充了不少非师范专业。一些合并了非师范专业的学校还在专业门类中有了较大的拓展。

2. 综合大学参与教师教育的局面形成

所谓综合大学是指学科较多、专业齐全、特别强调系统理论知识、教学科研并重的高等学校。中华人民共和国成立后，通过院系调整，把很多的多科性大学变为单科性大学，只保留了少数综合大学。在建立独立的教师教育体系的过程中，综合大学承担的教师教育任务也就此取消。随着教师教育的综合化浪潮，一些综合大学开始参与教师教育。但各校参与教师教育的情况不尽相同。主要表现在以下几个方面。

（1）部分师范院校与非师范院校合并成为综合院校，保留了教师教育功能

20 世纪 90 年代以来，过去的师范院校与非师范院校合并，形成了综合大学，仍保留教师教育的功能，但教师教育已经不是它的主业。这类院校以师范专科学校合并升格者居多，如大连大学就是

1987年由大连师专、原大连大学、大连市卫生学校合并而成的。合并后的大连大学设有医学院、体育学院、国际学院、音乐学院、美术学院、人文学院、英语学院、日语学院、师范学院、旅游学院、建筑工程学院、艺术研究院、生物工程学院、机械工程学院、信息工程学院、经济管理学院、国际文化交流学院、物理科学与技术学院、环境与化学工程学院等。师专合并成为大连大学的师范学院，设有小学教育专业，培养小学教师。一些学院设有师范专业，如物理科学与技术学院的师范方向的物理学专业"培养有扎实的物理学基础知识和实验技能，掌握一定的现代教育技术和网络多媒体应用技术，具有较强的职业技能，能够胜任中学及中等专业学校的物理和相关学科的教学、教研的人员"。

聊城大学是2002年经教育部批准由聊城师范学院更名而成的综合大学，2006年拥有25个学院、3个教学部、10个专业研究所、6个省级重点学科和重点实验室、1个省社会科学研究基地、2个省级研究中心、45个硕士学位点、64个本科专业。目前该校培养教师的专业有11个：汉语、应用英语、历史教育、思想政治教育、音乐教育、美术教育、数学教育、物理教育、化学教育、地理教育、体育教育，师范专业只占其全部本科专业的17%。延边大学、宁波大学、集美大学、南通大学、江苏大学、深圳大学等均是合并了师范专科学校或教育学院后形成的综合大学。重组后的学校，综合性是其主要特点，教师培养只是其中一个职能，甚至成为附属专业。

另有一部分师范专科学校与同类学校合并升格为综合性的学院，它们合并升格的主要目的是提升学校的办学层次，与此同时在升格和综合化过程中它们的学科和专业设置也得到了拓宽，但教师培养仍是它们的主业。这类院校主要是师专、师范学校、教育学院合并成的综合性的学院，如河北的邯郸学院，其前身是邯郸师范专科学校。2001年1月经省市政府批准，邯郸师专、邯郸市第一教育学院和第二教育学院、邯郸市幼儿师范四校合并组建成新的邯郸师专，2004 年 5 月 17 日经教育部批准改建为本科院校。它的专业设置仍是沿袭原来师专和教育学院的设置，设立数学系、化学系、物理系、计算机系、地理系、生物系、中文系、外语系、历史系、体育系、音乐系、教育系等。就本科专业招生来说，师范专业是主渠道，它设有普通教育本专科专业 31 个(师范专业 24 个、非师范专业 7 个)。衡水学院、南京晓庄学院、晋中学院、运城学院、内蒙古赤峰学院、宜春学院等均是如此，虽从名称上看是综合学院，但其主要职能依然是培养中小学教师。

(2)传统意义上的综合大学以各种形式参与教师教育

虽然多数承担教师培养职能的综合大学是保留了并入的师范院校原有的教师培养职能所致，但也有一部分未与师范院校合并的传统意义上的综合大学以各种形式参与教师教育。

①成立教育学院或教育科学学院——个别研究型大学成立教育学院或教育科学学院，通过培养研究生层次的教育研究和教育管理人才的方式参与教师教育。如北京大学在原来的高教所基础上成立了教育学院，培养研究生层次的教育研究和教育管理人才；与此同时，该院还从事中小学教师的继续教育。清华大学、武汉大学、兰州大学等院校也在原来的高教所基础上成立教育科学学院，培养高层次的教育研究和教育管理人才。

②建立师范学院或开设培养学科教师的专业——部分综合大学成立专门的师范学院，培养中小学教师。这在新建的大学中体现得更明显。深圳大学成立了专门的师范学院，教师培养在师范学院进行。但深圳大学的师范学院也分师范专业和非师范专业(括号内为师范专业)：应用心理学、汉语言文学(汉语言文学教育)、英语(英语语言学及教学)、美术学、表演(学前教育、舞蹈)、数学与应用数学(数学教育)、信息与计算科学(信息技术教育)、教育技术学(计算机

教育应用)、物理学、化学(化学教育)。另有部分综合大学设立师范专业培养教师,如厦门大学。建立于1921年的厦门大学曾有专门从事教师教育的机构,中华人民共和国成立后,其高等教育研究在全国一直处于领先地位。据2006年招生数据显示,厦门大学将原高教所扩充为教育科学学院,开设音乐、美术、计算机科学与技术、化学、数学与应用数学、物理学、英语、汉语言文学等师范专业,直接进行教师培养。山西大学、延安大学、汕头大学、五邑大学、江汉大学、吉首大学等校也都有培养教师的专业。

③把教师培养作为其培养目标之一——有些院校为了拓宽学生的就业渠道,在各个专业的培养目标上附带提出了培养教学人才或在教育机构从教等任务,但并无教师教育的课程设置,毕业生的从教情况也无从考察。2006年的招生简章上,不少学校的很多专业培养目标都提出了培养教学人才,山东大学、西安交通大学等校就属于这种情况。

3. 职业技术院校开始参与教师教育

过去,我国高等职业技术院校很少,有限的职业技术院校主要是培养职业技术人才,而非教师。20世纪80年代后期以来,我国建立了一些职业技术师范学院,并将一些学校改制为职业技术师范学院,专门培养中等职业学校的教师,如北京联合大学职业技术师范学院、天津工程技术师范学院、河北职业技术师范学院、吉林工程技术师范学院等。随着国家大力发展职业教育政策的出台,各省出现了不少高等职业院校。这些高职院校不少是合并了原来的中等师范学校或直接由师范学校改制而成的,成为职业院校后教师培养的职能还得到保留,开设了社会上比较需要的教师培养专业,如学前教育、艺术教育等,从而使我国职业技术院校开始涉足教师培养,特别是中小学教师的培养。

很多合并了师范学校的职业技术院校保留教师培养职能。如衡水职业技术学院，其前身是衡水县师范学校，该校升格改制为职业技术学院后，设立电子与计算机、经济管理、生物工程、工艺美术、教师教育 5 个系共 20 余个专业。除了培养职业技术人才外，还在教师教育系承担小学教师培养任务。华油职业技术学院是华北石油财经学校、华北石油卫生学校与华北石油教育学院合并组建而成，因为有师范的基础，它设立了汉语言文学教育、历史学教育、英语教育、政治法律教育、综合文科教育、教育学、心理学、数学教育、信息与多媒体技术、综合理科教育、音乐教育、体育教育、美术教育等大量的师范专业，以培养教师。

与其他学科的教师培养专业相比，学前教育和小学教育是多数职业技术院校开设的教师培养专业。如呼和浩特职业学院、锡林郭勒职业学院、通辽职业学院、黑龙江农垦职业学院等开设了中等和专科层次的小学教育专业，伊春职业学院、七台河职业学院、大兴安岭职业学院、南京特殊教育师范学院、福建儿童发展职业学院等开设了学前教育专业。另外，一些艺术类职业院校也设立教师教育专业，培养艺术类的教师。如河北艺术职业学院前身是河北省艺术学校，原来就有为中小学培养音乐教师的基础，改成职业院校后仍设立音乐教育系，培养音乐教师。

4. 体育、艺术类院校参与教师教育

中华人民共和国成立初期建立了独立、封闭的教师教育体系，中小学音乐、美术等科教师主要由师范院校的艺术系（或音乐系、美术系）培养。由于规模小，难以满足基础教育对艺术科教师的需求。随着教师教育综合化浪潮的出现，一些体育、艺术类院校为了扩大学生的就业面，纷纷设立培养师资的专业。

如天津体育学院开设的诸多专业均具有培养教师的职能，它的学前教育、体育教育、运动训练、运动人体科学、舞蹈学等专业培养的是幼儿园、中小学以及体育俱乐部等单位的体育教师。其他体育院校如北京体育大学设有教育学院，沈阳体育学院设有体育教育系，上海体育学院设有体育教育学院，武汉体育学院设有体育教育专业，均培养体育教师。

我国最高的音乐学府中央音乐学院、中国音乐学院均设有专门的音乐教育系，培养中小学的音乐教师。中央音乐学院开设的主要专业课程有：声乐、钢琴、作曲技术理论、中外音乐史、合唱与指挥、教育心理学、音乐教育概论、教学实习等，这些课程的设置思路与师范大学差别不大。上海音乐学院设有音乐教育系，武汉音乐学院设有音乐教育学院，培养音乐教师。山东艺术学院设有音乐系、美术学院、戏剧系、音乐教育系、职业教育学院等，培养艺术师资。广州美术学院前身是建于1953年秋的中南美术专科学校，是一所广东省省属的美术与设计系科设置齐全的高等美术学府，设有美术教育系，培养美术教师。湖北美术学院也设有美术教育系，培养中小学美术教师。可见，不少体育、艺术类院校设有专门的体育教育、音乐教育、美术教育专业，专门培养中小学体育、艺术科教师。

三、职前职后一体化教师教育体系的初步形成

中华人民共和国成立之后，建立了独立的教师教育体系。在这个体系中，教师培养和教师培训各自为政、自成系统，为计划经济时代我国教师补充、质量提高做出了重要的贡献。但从事教师职前培养的师范院校和从事职后培训的教育学院、教师进修学校也因长期以来固定在各自的职能范围内，无法了解教师教育其他环节中的内容、模式、方法等，导致教师职前职后教育体系的割裂，造成教师教育缺乏整体性、系统性，难以从教师职业生涯、教师终身发展的角度进行系统规划，质量不高。教师教育院校也难以在这样一个割裂的环境中实现整体质量的提升。

当前世界上很少有国家还在外部制度上强制性地实施职前、职后割裂的教师教育。为提高我国教师教育的整体质量，职前职后一

体化是必然的趋势。20 世纪 90 年代以来，我国在教师教育综合化浪潮下，也开始建立一体化的教师教育体系。

（一）综合化背景下独立继续教育体系的逐步瓦解

1. 教师教育院校综合化运动促使教育学院合并

虽然在 20 世纪 90 年代以前，我国还致力于建立并完善独立的教师培养体系和教师培训体系，但自 80 年代中期以来，特别是进入 90 年代以后，随着一些师范院校与非师范院校合并走上综合化道路的趋势出现，以及由教育部倡导的全国范围内高等学校资源整合带来的合并、升格运动，以承担学历补偿为主要任务的独立的教育学院、教师进修学校在这个过程中被合并，事实上出现了教师培养机构和教师培训机构合并的局面。

为实现教师教育的大学化，以及高等学校的资源整合，20 世纪 90 年代初，教育学院和少数教师进修学校成为师范院校合并升格运动中的重要参与者。当时不少地区把教育学院和师范院校合并为新的教师教育机构，如辽宁省把辖区内几乎所有的教育学院合并在师范专科学校内，名称上取消教育学院的称谓，只保留师范专科学校的名称，在机构上实现了职前职后的整合。1990 年，辽阳市教育学院与辽阳师范专科学校、辽阳大学合并为新的辽阳师范专科学校。鞍山市教育学院合并在鞍山师范专科学校内，丹东市教育学院合并在丹东师范专科学校内，阜新市教育学院与阜新师范专科学校合并，铁岭市教育学院、朝阳市教育学院、本溪市教育学院、锦州市教育学院、抚顺市教育学院、营口市教育学院都与辖区内的师范专科学校合并。除了省教育学院外，几乎实现了地市级教育学院与师范院校的合并。

随后，不少省份将地市级教育学院与同属一个辖区的师范专科学校合并。如 1992 年贵州省铜仁教育学院合并在铜仁师范专科学校之内，海南省通什教育学院合并在通什师范专科学校之内。1997 年遵义师范高等专科学校又与遵义教育学院合并。1995 年 6 月，湖北省的荆州教育学院和黄冈教育学院合并于辖区内的师范专科学校。1997 年 2 月，淮阴师范专科学校、淮阴教育学院合并，1998 年晋中师范专科学校和晋中地区教育学院合并为晋中师范高等专科学校。一些省的省会城市开始将其教育学院与市属师范学院、师范专科学校合并，如 1991 年，南京市教育学院合并在南京师范专科学校内。可以说，地市级的教育学院和师范院校首先进行了合并，实现了机构的一体化。

2. 教师教育一体化的推进

因继续教育机构长期推行大规模的学历补偿教育，中小学教师培训体系比较适应学历教育，但相对于继续教育，其基础设施、培训功能都显得比较薄弱，很不适应高质量继续教育的要求。20 世纪 90 年代中后期，教育部开始致力于建立职前职后一体化的教师教育体系，要求因地制宜地推进市（地）教育学院与师范院校的合并，发挥师范院校的学科、师资、设备的优势，实现职前职后培养的有机结合。

1999 年 3 月，教育部颁发了《关于师范院校布局结构调整的几点意见》，明确提出建立开放教师教育体系的思路；提出师范教育层次结构重心逐步升高，职前职后教育贯通的目标；提出积极推进地（市）教育学院与当地师范院校合并，提高教师教育的效益和质量。

在上述政策的推动下，教师继续教育机构与师范院校的合并进一步规模化，不少教育学院和教师进修学校在这样的方针下实现了与师范院校的合并，从而使原来独立的教师培训体系基本瓦解。

（1）省级教育学院进入合并浪潮

在建立一体化的教师教育体系的政策影响下，20 世纪 90 年代中后期，一些省级教育学院也进入合并浪潮。如 1996 年，河北省教育学院与河北师范大学、河北师范学院、河北师范大学职业技术师范学院合并为新的河北师范大学，同年宁夏大学、宁夏工学院、银川师范专科学校、宁夏教育学院合并为新的宁夏大学。1997 年，青海教育学院与青海师范大学合并，同年云南师范大学与云南教育学院合并。1998 年，上海教育学院、上海第二教育学院与华东师范大学合并。1999 年，天津师范大学、天津师范高等专科学校、天津教育学院合并为新的天津师范大学，同年山西大学师范学院、太原师范专科学校、山西省教育学院合并为新的太原师范学院。2000 年，南京师范专科学校、南京教育学院、南京市晓庄师范学校合并为南京晓庄学院，湖南师范大学、湖南教育学院合并。2001 年，甘肃联合大学、甘肃教育学院合并为新的甘肃联合大学，内蒙古师范大学、内蒙古教育学院合并。2002 年，沈阳师范学院、辽宁教育学院合并。这里不再一一列举，以上这些教育学院合并在师范专科学校或师范学院内，有的合并后升格为师范学院，其教师教育的职能依然保留，教师继续教育的职能也因此得以继续保留。①

（2）教育学院与非师范院校合并为综合性院校或职业技术院校

在合并升格的过程中，也有一些教育学院与非师范院校合并为综合性院校或职业技术院校。如邯郸学院前身是河北省立师范学校，1982 年升格为邯郸师范专科学校，2001 年经省市政府批准，邯郸师专、邯郸市第一教育学院和第二教育学院、邯郸市幼儿师范四校合并组建成新的邯郸师专，2004 年经教育部批准改建为本科院校；1997 年呼伦贝尔盟教育学院、海拉尔师专、呼伦贝尔管理干部学院、内蒙古电大呼伦贝尔分校合并组建，2003 年升格为本科院校呼伦贝尔学院；2003 年赤峰教育学院与赤峰民族师范高等专科学校、内蒙古电视大学赤峰分校等合并组建本科普通高等学校赤峰学院；2003 年凉山教育学院与西昌农业高等专科学校、西昌师范高等专科学校、

----

① 教育学院合并的信息全部来自教育部师范教育司 2006 年的统计数据。

凉山大学合并组建西昌学院；2003 年，西安教育学院与西安联合大学合并为西安文理学院；同年，四川轻化工学院、自贡师范高等专科学校、自贡高等专科学校、自贡教育学院合并为四川理工学院，等等。

20 世纪 90 年代末以来，随着大力发展职业技术教育的指导思想的落实，有些教育学院与其他学校合并为职业技术院校。如 1998年，南宁职业大学、南宁市教育学院、广西电大南宁分校合并为南宁职业技术学院。同年，大同高等专科学校与大同市教育学院合并为大同职业技术学院。1999 年淮北矿务局职工大学、淮北教育学院、安徽广播电视大学淮北分校合并为淮北职业技术学院。同年，山东矿业学院与山东煤炭教育学院合并为山东科技大学。2002 年青岛职业技术学院、青岛教育学院合并为新的青岛职业技术学院。

这些合并为综合性院校的教育学院，一些还承担教师教育的任务，另一些教师教育的任务已被淡化，甚至取消。其中职业技术院校多数还承担着小学和幼儿园教师培养的任务，但因缺乏相应的氛围和严格的管理，教师培养的质量存在较多的问题。

（3）一些从事继续教育的机构直接改名为教师教育机构

教育学院的变革过程中，还有一种现象是教育学院在未合并的情况下，从名称上直接改为师范院校，使其成为包含教师职前培养和在职培训功能的教师教育机构。如 2006 年，云南德宏教育学院改名为德宏师范高等专科学校，临沧教育学院改名为临沧师范高等专科学校，丽江教育学院改名为丽江师范高等专科学校，同时承担教师职前培养和在职培训的任务。

在各地教育学院与其他院校合并、升格的过程中，原来属于独立的教师教育体系的教育学院今天所剩无几。20 世纪 80 年代末，我国已经建立独立的教育学院 265 所，在校生 28.04 万人；教师进修学校 2153 所，在校生 59.97 万人。截至 2005 年，教育学院只有 80

所，在校生 18.79 万人；教师进修学校 1703 所，在校生 18.20 万人。

(二)职前职后一体化教师教育体系的形成

当前，随着教师继续教育机构的消亡，我国三级教师培训体系基本瓦解。在这个过程中，中小学教师继续教育并没有因独立的教师教育机构的消亡而停顿，而是出现了欣欣向荣的职前职后一体化的局面。

1. 中央推动的教师教育体系一体化建设

教育部在促进职前职后教师教育机构整合的同时，要求师范院校从事教师继续教育。1999 年，教育部颁发《面向 21 世纪教育振兴行动计划》，该计划明确提出：3 年内，以不同方式对现有中小学校长和专任教师进行全员培训和继续教育，巩固和完善中小学校长岗位培训和持证上岗制度。2010 年前后，具备条件的地区力争使小学和初中专任教师的学历分别提升到专科和本科层次，经济发达地区高中专任教师和校长中获硕士学位者应达到一定比例。提出全国选培 10 万名中小学及职业学校骨干教师。① 该计划明确要求各级师范院校承担起教师继续教育的任务。这样，6 所部属师范大学和一些综合性的大学承担着培训 1 万名国家级骨干教师的重任，以省属师范大学为主体的师范院校和少数非师范院校承担着培训 10 万名省级骨干教师的任务。随后，各地推行了自己的骨干教师和教师全员继续教育目标，省级和地市级的师范院校成为培训中小学教师的主力。截至 2001 年底，由教育部首次举办的万名骨干教师国家级培训集中阶段的培训全部结束，涉及中小学语文、中小学数学、中小学英语及中学物理、化学、生物、历史、地理、政治等 12 个学科，北京师

---

① 《大力办好师范教育，加强教师队伍建设，为实现跨世纪教育发展目标而奋斗(节录)——朱开轩同志在全国师范教育工作会议上的讲话》，见何东昌：《中华人民共和国重要教育文献(1991—1997)》，4044 页，海口，海南出版社，1998。

范大学、华东师范大学、东北师范大学、华中师范大学等 38 个单位
承担了培训任务。① 承担骨干教师培训任务的主体是师范大学。

　　1999 年 9 月，教育部颁发了《中小学教师继续教育规定》，明确
规定"参加继续教育是中小学教师的权利和义务"。中小学教师继续
教育分为学历教育和非学历教育。各级教师进修院校和普通师范院
校在教育行政部门的领导下，具体实施中小学教师继续教育工作。②
这以后，各级师范院校与独立的教师进修院校共同承担起教师继续
教育的任务。几乎所有的师范院校，如北京师范大学、华东师范大
学等都成立了教师培训学院或继续教育学院，与其他院系共同从事
中小学教师的培训工作。

　　进入 21 世纪，教育部开始全面构建新的教师培训体系。2003
年，教育部实施"全国教师教育网络联盟计划"，其主旨是：在政府
的主导和推动下，由高水平大学牵头，师范大学和其他举办、支持
教师教育的大学（机构）为主体，各类教师教育机构、专业机构、企
业与其他社会组织等共同参与，以区域教师学习与资源中心为服务
支撑，教师教育系统和卫星电视网、计算机互联网即"人网、天网、
地网"相互融通，系统集成，形成共建共享优质教育资源的教师学习
型组织协作体，远程教育与学校教育相结合，远程教育与面授、自
学相结合，网上授课、收视与答疑、辅导相结合，实行"课程超市"
模式，实行"学分制"开放管理，共建共享优质教育资源，大规模、
高水平地培训教师，大幅度地提升教师尤其是农村教师的整体素
质。③ 北京师范大学、华东师范大学、中央广播电视大学、中央电

---

　　① 《中国教育年鉴》编辑部：《中国教育年鉴 2002》，246 页，北京，人民教育出版
社，2002。

　　② 《中小学教师继续教育规定》，见何东昌：《中华人民共和国重要教育文献（1998—
2002）》，371 页，海口，海南出版社，2003。

　　③ 管培俊：《改革创新　加快转折　实现教师教育的跨越式发展》，载《中国高等教
育》，2003(24)。

化教育馆、中国教育电视台、高等教育出版社等 12 家单位联合建立全国教师教育网络联盟。

2004 年 9 月，教育部发出《关于加快推进全国教师教育网络联盟计划，组织实施新一轮中小学教师全员培训的意见》和《2003—2007年中小学教师全员培训计划》，对加快推进全国教师网联计划，开展新一轮中小学教师培训的指导思想、工作原则、工作目标、工作任务、工作要求及保障措施等提出了明确的指导意见和工作部署。《关于加快推进全国教师教育网络联盟计划，组织实施新一轮中小学教师全员培训的意见》提出，争取用五年左右时间，构建以师范院校、其他举办教师教育的高校和教育机构为主体，以高水平大学为先导和核心，区域教师学习与资源中心为支撑，中小学校本研修为基础，职前职后教育一体化，学历教育非学历教育相沟通，覆盖全国城乡、开放高效的教师教育网络体系，共享优质教育资源，提高教师培训的质量水平。

在该计划的指导下，我国教师继续教育体系中的地方层次机构——县级教师培训机构得到了改造。这个原来以承担教师学历补偿教育为主要任务的机构，随着小学教师学历的提高、九年义务教育的基本普及，因功能单一、质量不高，已经不能很好地承担起小学教师继续教育的任务。不少教师进修学校也在师范院校的合并过程中被合并、升格、取消。为了提高教师继续教育的质量，2002 年，教育部发布《关于加强县级教师培训机构建设的指导意见》，提出对剩下的教师进修学校按照小实体、多功能、大服务的原则进行改造。要求各教师进修学校与县级的电教、教研、教科研等相关部门进行资源整合与合作，优化资源配置，形成合力，构建新型的现代教师培训机构。2003 年，教育部又提出以教师进修学校为基础，实施"区域教师学习与资源中心"建设计划，即推动全国的市（县）级教师培训机构与其他相关教育机构整合重组，或联合合作。教师进修学校与大学以整合资源的方式建立联系，使这些中心成为现代教师教育体系的重要基础和联系纽带，成为教研一体、管理服务一体的现代教师教育服务支撑系统，成为现代教师教育远程教育的工作站和教学点，为教师研修学习提供服务与支持。这以后，各县级教师进修学校和县级教科所、教研室、电教馆等整合，建立起各地的中小学教师继续教育的学习、教研中心。按照《2003—2007 年中小学教师全员培训计划》，2007 年底前，新一轮教师全员培训工作要在加快推进教师网联计划的总体框架下，努力完成三项任务：一是组织实施全国 1000 万中小学教师全员培训，二是组织实施 200 万中小学教师学历学位提高培训，三是组织实施以农村教师为重点的 100 万中小学骨干教师培训。截至 2007 年，教师网联 9 所普通试点高校有远程教育学生 244233 人，其中师范专业学生为 137295 人，约占全部学生的 54.58%。西部、农村地区的学生增幅明显，教师网联 9 所普通试点高校的网络教育学生中，来自西部地区的学生为 59497 人，约占全部学生的 24.36%。

随着我国教师继续教育的发展，基本形成了大学院校（普通高校、高师、教育学院等）及教师进修学校、教研系统、远程教育系统和校本培训四线并行的职后培训系统，其中师范院校和其他高校越来越成为教师培训的主要力量。在我国的教师培训机构中，各师范院校与综合大学处于高层次，由于其所拥有的广泛资源，以及长期从事教师培训的丰富经验，大学院校通常开展的是比较高层次的培训活动。同时，省级的教育学院和大学院校一样处在比较高的层次，对省级骨干教师或校长进行培训。层次相对较低的地市级教育学院，一般进行地市骨干教师的培训。县市级教师进修学校是我国开展教师培训的主要力量，分布广泛、交通便利，为广大教师的培训创造了良好的条件。

近年来，由于《国家中长期教育改革和发展规划纲要（2010—

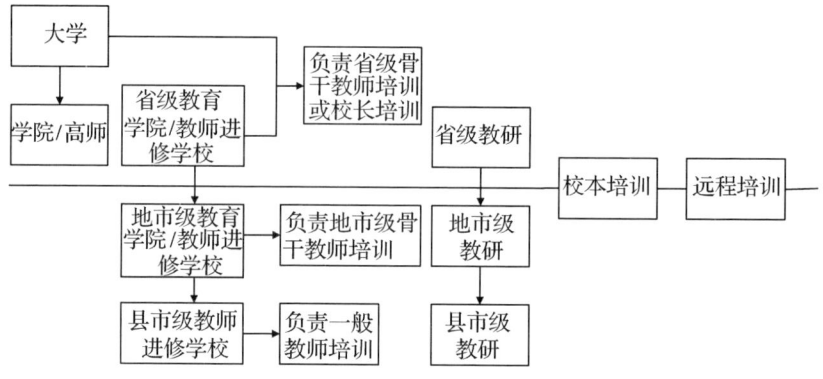

图 2-1　我国教师继续教育系统

2020 年)》的实施，以及包括《关于深化教师教育改革的意见》、《教师教育课程标准(试行)》、"卓越教师培养计划"和"国培计划"等一系列政策项目的出台，教师教育一体化的趋势越发明朗。一方面"国培计划"推动了更多包括师范院校在内的从事教师培养的高校参与到教师培训中，在整体提升教师培训质量的同时，也改变了教师培训的整体格局。一是越来越多的地方教师培训机构都与高校合作设计和开展培训项目，二是从事教师教育的高校教师和研究者也通过参与地方教师培训机构组织的培训项目或者在线教师培训项目更为深度地参与到教师职后培训工作之中。另一方面，随着承担师资培育的高校越来越多地参与教师培训，其与中小学一线联系得更加紧密，教育部等部委发布的《关于深化教师教育改革的意见》等系列文件政策都注重强调教师培养过程中的实践课程，包括东北师范大学、首都师范大学、重庆师范大学等院校都积极与地方政府、中小学合作开展教师教育实验区的工作，地方教师进修机构和中小学也逐渐承担了不少教师培养的任务，同时将其与教师未来入职、在职培训进行连接，从而实现实践层面的一体化态势。

2. 地方推动的教师教育体系一体化建设

除了教育部强力推行之外，各省区市也开始积极推进本省区市范围内的教师教育一体化建设，其中最为典型的是天津市。20 世纪90 年代末以来，天津市通过教师教育资源的一体化、职前职后培训的一体化、教师教育管理的一体化努力建立一体化的教师教育体系。在建立一体化的教师教育资源方面，天津市采取了如下措施：①90年代末，天津市将原有的教师教育办学实体和办学资源进行了重新调配与组合，将天津师范大学、天津师范高等专科学校、天津教育学院合并，组建成为新的天津师范大学，建立了一体化的教师教育机构。②2000 年以来，新组建的天津师范大学先后在全市各区县设立了"天津师范大学教师教育分院"，在天津市范围内形成了一个横向沟通的网络。③天津师范大学成立了"天津市基础教育研究中心"，这个中心由全市教育专家和资深教师组成，采取"请进来、走出去"的方式，加强与中小学的联系与合作。即请中小学校长、名师到天津师范大学讲授教育类课程，要求中心的教师深入一所中小学，联系一项教改实践，总结一个有推广价值的经验，完成一项市级以上的优秀教学成果。④自 2003 年以来，天津师范大学在市区逐步建立了 10 所教师专业发展学校，到 2007 年底，教师专业发展学校增加到50 所，使其成为培养新教师的摇篮、校本培训的专家基地、基础教育的科研基地以及大学教师和中小学教师共同实现教师专业发展的新天地。

为了实现一体化的培训模式，天津师范大学进行了积极探索。从 2004 年开始，天津师范大学在教师的职前培养方面，逐步采取学科专业教育与教师专业教育相分离的模式，鼓励学有余力且立志从事基础教育工作的优秀本科生在接受学科专业教育的基础上选修教师教育专业课程，学生须修满规定的 30 学分方可获得教师教育专业课程结业证书。在职后培训方面，天津师范大学按照教师生涯阶段进行有针对性的培训。为了保障一体化的教师教育，天津市实施一体化的教师教育管理。首先，自 2000 年以来，天津市的教师教育管理在市教委的领导下，由天津师范大学负责实施职前培养和职后培训的全部过程，形成了以天津师范大学为龙头、下设区县教师教育分院和教师专业发展学校的一体化的管理网络。其次，为便于教师教育一体化管理，天津师范大学特别成立了教师教育处，统一行使原来教务处、继续教育学院和基础教育研究中心的教师教育工作管理职能，负责创新、构建、组织实施与教师教育有关的职前培养和职后培训工作。再次，成立了"天津市教师教育专业专家委员会"，专家委员会的人员构成以天津师大从事教师教育教学、研究和管理工作的专家为主，适量聘请市教委及区县教育专家、特级教师、名校长、基础教育界的老专家等，其职责是审议有关学校教师教育工作的方针、政策和决定，对教师教育专业的课程建设工作进行指导，对教师教育专业的教学工作进行督导并参与课程质量的评价工作，对教师教育专业的教学管理工作进行督促、检查并提出意见和建议。①

　　其他省区市如上海市、北京市、广西壮族自治区等也以各种方式努力实现一体化教师教育体系。总之，当前我国正逐步走向职前职后一体化的教师教育体系，在这个体系中，我国以教师教育的概念替代、发展师范教育的概念，形成职前职后整合的一体化的现代教师教育的新观念。在管理上，各地正在打破条块分割的师范教育管理体制，建立统一协调的领导体制，形成上下结合、内外融通的教师教育网络。在教师教育上，突破教师职前培养与在职培训割裂、本科教育与研究生教育互不衔接、不同教育机构不相往来的教育模式，建立起职前与在职教育、本科教育与研究生教育相互贯通的教师培养培训机构。另外，不少地方和院校正在探索建立结合教师职业生涯特点的系统化的教师教育的内容、课程结构、培养途径与教

---

①　张巨斌：《天津教师教育一体化的理论与实践》，载《天津师范大学学报（基础教育版）》，2007(3)。

学方法；探索建立一支既能承担教师职前教育又能从事在职教育，既有较高的理论素养又能与中小学实际密切结合的师资队伍。

第三节 教师教育学院——中国特色教师教育治理体系的发展

随着综合化教师教育体系的建立，"以师范院校为主体、综合大学参与的教师教育体系"成为我国当代教师教育体系的基本特征。师范院校特别是高水平的师范大学已经成为名副其实的综合大学，教师教育在这些高水平师范大学中已经不占据主流地位，教师教育弱化的现象在师范院校中不同程度地呈现。由于合并教育学院、师范专科学校或者师范学院，教师教育在一些综合大学中也以不同的组织形式存在。教师教育学院作为具有中国特色的教师教育治理体系应运而生。

一、教师教育学院——中国特色教师教育治理体系产生的背景

作为高等院校的组织结构变革，教师教育学院的产生与时代背景、宏观教育变革以及高等教育自身发展等因素联系在一起。

（一）国家经济社会快速发展所引发的基础教育师资质量提升是时代背景

进入 21 世纪以来，我国经济社会快速发展，改革开放以及社会主义市场经济的发展充分调动了社会发展的活力。自主创新、知识经济、经济全球化、信息化已经成为当今社会的基本特征，这种特征极大地改变了人们的工作方式和生活方式。21 世纪的社会更加复杂，变化更快，不确定性更大，要求劳动力有更强的适应变化的能力，有解决复杂问题的能力，有更高的交流与合作的能力，有更强的使用现代信息技术的素养。

经济社会的快速发展对基础教育质量特别是基础教育师资质量提出了更高的要求。教育部先后印发了《幼儿园教师专业标准（试

行)》《小学教师专业标准(试行)》《中学教师专业标准(试行)》，对教师的专业知识、专业能力和专业情感提出了具体的指导要求，教师专业化水平越来越高。在教师的具体专业学历方面，幼儿园、小学具备专科水平，中学具备本科水平及以上，已经成为我国教师队伍的学历门槛。特别是高中阶段教师的学历水平已经开始向以研究生为主转型，在北京、上海这样的一线城市，高中教师具有硕士学历已经成为标配，高中教师具有博士学历也已不再稀奇。这在一定程度上说明了社会对教师质量的要求越来越高。

在 2018 年初，教育部启动高中阶段教育普及攻坚计划，提出到 2020 年我国高中阶段教育毛入学率将达 90％。培养更多高素质的教师特别是中学教师，已经成为当下教师教育必须面对的现实问题。可以肯定的是，培养研究生学历的中学教师将在未来一段时间内成为教师教育工作的重点。因此，如何培养研究生学历的高素质教育者成为大学特别是传统师范院校不得不思考的问题。随着社会的不断发展，对教师素质的要求会越来越高，这为教师教育学院治理体系的产生奠定了社会基础。

(二)教师教育转型升级是教师教育学院产生的宏观教育背景

1999 年 5 月，立足于我国现代化建设的全局，结合 21 世纪初期国家经济与社会发展的需求实际，为进一步拉动内需，缓解就业压力，并参照国际上的一些成功经验，党中央、国务院做出了进一步扩大高等教育阶段招生规模的重大决策。高等教育的扩招与收费并轨，高等教育的毛入学率迅速提高，使得教师教育机构不断提升培养层次。传统的幼儿师范学校、中等师范学校以及地方致力于成人教育和继续教育的教育学院逐渐完成了它们的历史使命，开始退出历史舞台。师范专科学校和师范学院也逐渐分别转型为师范学院和师范大学，或者和其他高校合并转型成为综合学院或者综合大学。于是，大学化成为这一时期教师教育领域的典型特征。这为如何处理大学与教师教育的关系埋下了隐患，如何在大学中培养各个阶段的教师成为教师教育转型升级、教师教育学院治理体系产生的宏观教育背景。

另外，2007 年以来，为实施师范生免费教育政策，6 所部属师范大学先后采取了一系列措施，其中包括成立或重组校内有关机构，以加强免费师范生的培养和管理工作。那么这些免费师范生如何管理？毕竟北京师范大学、华东师范大学和西南大学 3 所部属师范大学都已经成为名副其实的综合大学，教师教育已经不是这些院校的主流。这些院校重新加强教师教育就需要有专门的管理机构，于是肩负学校教师教育重任、具有很强管理职能的非教学科研机构教师教育学院就应运而生。这也是教师教育学院产生的宏观教育背景。

（三）加强教师教育特色建设成为师范院校治理结构调整的微观背景

随着师范院校综合化的不断加深，师范院校尤其是师范大学逐渐成为名副其实的综合大学。特别是 2002 年北京师范大学百年校庆时，也是在高等教育大众化时代中国师范院校转型的历史时期，北京师范大学做出了"以教师教育为主要特色的世界知名的高水平大学"的重大转型决策。① 这是我国师范院校治理结构转型的里程碑式事件，大大推动了我国师范院校走以教师教育为特色的综合大学之路的决定。

为了在我国高等教育的快速发展过程中提升自己的综合实力，师范院校纷纷致力于大力发展应用型的非师范专业。顾明远指出："它们（指师范院校，笔者注）都热衷于扩大非师范专业，忙于升格，企图挤入高校名牌，因而有不少学校不是借用综合学科的优势来加强师范专业，而是抽调师范专业的教师去充实其他新建立的学科，这

---

① 江泽民：《在庆祝北京师范大学建校一百周年大会上的讲话》，载《人民日报》，2002-09-09。

就反而削弱了师范专业。"①我国教师教育从封闭独立向开放的转型中并没有提高教师教育的质量，表现为我国一流综合大学参与教师教育的数量有限、教师教育生源质量下降、教育学培养层次的提升并没有提升对基础教育的影响力以及教师教育在大学中缺乏制度保障等。② 因此，为了避免教师教育在师范大学中边缘化，师范大学响应国家号召，突出教师教育特色，把师范大学内分散于各文理学院的教师教育资源整合起来。

二、教师教育学院——中国特色教师教育治理体系的类型

以 2004 年集美大学与 2005 年南京师范大学分别组建实体化的教师教育学院为标志，全国师范院校纷纷成立了教师教育学院。由于高校之间的发展历史、定位以及变革动力的差异，这些教师教育学院成立的初衷与职能可能有所不同。对国内 6 所部属师范大学和各省属重点师范大学设置的教师教育学院进行的调查发现，安徽师范大学、上海师范大学、云南师范大学、吉林师范大学、辽宁师范大学、内蒙古师范大学、青海师范大学、河南师范大学、重庆师范大学(设置初等教育学院)、海南师范大学(设置初等教育学院)和华南师范大学(设置基础教育培训与研究院)还没有设置教师教育学院，其他均设置了相应的教师教育学院。有学者从运行机制上将现阶段我国高等师范院校的教师教育学院分为独立建制型、职能整合型和职能提升型三种，从职能上分为行政管理型和教学研究型两种。③还有学者把我国高等师范院校的教师教育学院分为完全独立型、半独立型、初级型、传统型，并认为教师教育学院建制经历了从传统

---

① 顾明远：《我国教师教育改革的反思》，载《教师教育研究》，2006(6)：3—6。
② 朱旭东、李琼：《论我国教师教育的二次转型》，载《教育学报》，2014(5)：98—112。
③ 吴仁英、刘恩允：《"教师教育学院"模式的角色定位与实施路径》，载《当代教育科学》，2011(5)：32—34。

的学科院系与教育院系分立、初级型的教师教育学院、半独立型的教师教育学院到完全独立建制型的教师教育学院的发展递进连续体。[①] 也有学者把我国师范大学的教师教育机构分为文理学院模式、教育学院模式、不完全教师教育学院模式和完全教师教育学院模式。[②]

根据教师教育学院的功能定位与组建变迁史，我们把教师教育学院划分为三个类型，即文理学院学科教育整合的教师教育学院、传统教育(科学)学院与文理学院学科教育相融合而组建的教师教育学院和统筹全校教师教育资源的管理型教师教育学院。

(一)文理学院学科教育整合的教师教育学院

传统意义上的教师教育分散在各文理学院与教育院系(教育系、教育科学学院、教育学院等)，构成教师教育重要内容的学科教育在中华人民共和国成立初期称为教材教法，是师范生的必修内容，但是却长期得不到应有的尊重，专业学科教师往往看不起教教材教法的教师(即学科教师教育者)，后者在评职称时往往也会受到歧视，评审专家不认为教学法也是一门科学。[③] 学科教师教育者在文理学院中经常处于边缘地位是不争的事实，他们的学术研究和教学法的学科地位经常遭到质疑，学科教学法的课程也常常被认为是公共课而非专业课。[④] 随着师范院校综合化的逐渐加深，大学对科研的重视程度远远高于教学，学科教师教育者既不能为大学产出所谓高质量的学术论文和重大科研项目，也不能为大学带来较多的科研经费，

① 邢红军、陈清梅、胡杨洋：《教师教育学院：学科教学知识中国化的实践范本》，载《现代大学教育》，2013(5)：97—105。

② 赵明仁：《师范大学中学科教师教育者的身份认同》，载《高等教育研究》，2014(8)：61—67。

③ 顾明远：《讲讲学科教学论建设的故事》，载《中国教师》，2017(21)：5—6。

④ 杨跃：《教师教育者身份认同困境的社会学分析》，载《当代教师教育》，2011(1)：6—10。

且教学和人才培养由于难以量化评价而无法作为考核评价指标。[①]于是，在大学提升自身影响力与发展过程中，学科教师教育者在文理学院逐渐被边缘化。因此，让学科教师教育者集中起来管理和参与评价，成为学科教师教育者维护自身地位与权益的原始动力。特别是随着教师教育大学化的不断推进以及师范院校综合化的加深，成立实体的教师教育学院成为师范院校发展的现实需要。于是，2005 年，以培养未来教育家为目标，集教学、科研、管理、服务于一体的实体化的南京师范大学教师教育学院成立，这标志着我国师范院校传统的文理学院教师教育模式向"大学＋教师教育学院"模式的转型，笔者称之为文理学院学科教育整合的教师教育学院。

表 2-2 为我国文理学院学科教育整合的教师教育学院一览表。

表 2-2　文理学院学科教育整合的教师教育学院

省份	名称	成立时间	职能定位	备注
江苏	南京师范大学	2005	以培养未来教育家为目标，集教学、科研、管理、服务于一体，构建新型的"大学＋师范"综合大学教师教育体制和运行机制，全力打造有影响力和示范作用的教师职前培养基地、在职教师培训基地和教师教育理论研究基地	与教育科学学院平行
四川	四川师范大学	2005	为适应教师教育改革发展的需要，由教育科学学院部分院领导和教师组建四川师范大学教师教育学院。2016 年 1 月 11 日，教师教育学院正式更名为教师教育与心理学院	名称为"教师教育与心理学院"。与教育科学学院平行
山西	山西师范大学	2006	在学科教学 13 个方向(语文、数学、英语、物理、化学、生物、思想政治、历史、地理、体育、音乐、美术、信息技术)招收教育硕士专业学位研究生	与教育科学学院平行

---

① 康晓伟：《精英大学为什么不愿意参与教师教育——以中国两所精英大学 P 和 Q 为个案》，载《教师教育研究》，2016(4)：64－70。

续表

省份	名称	成立时间	职能定位	备注
黑龙江	哈尔滨师范大学	2011	负责学生的学科教育理论和教育技能的培养，组织和指导学生的教育实习与实践活动，教育硕士、学科教学论硕士研究生和博士研究生的培养	与教育科学学院平行
天津	天津师范大学	2011	承担着数学课程与教学论博士生，语文、英语、数学、物理、化学、历史、地理、生物 8 个专业的全日制教育硕士，学科课程与教学论硕士生和在职教育硕士的培养教育工作。2016 年 7 月，教师教育学二级学科获批招生资格	与教育科学学院、初等教育学院、学前教育学院平行
江西	江西师范大学	2013	推进江西师范大学教师教育体制机制创新，打造教师教育独特优势和特色	名称为"免费师范生学院"。与教育学院、初等教育学院平行
河北	河北师范大学	2015	前身为成立于 2010 年的河北师范大学教师教育中心。为进一步加强教师队伍建设，强化教师教育学科建设，凸显教师教育发展特色，服务和引领河北省基础教育改革，学校整合教师教育资源	与教育学院平行
湖南	湖南师范大学	2016	整合校内教师教育职能和统筹校内外教师教育资源，开展师范生人才培养、在职教师培训、教师教育交流及教师教学研究等活动	与教育科学学院平行
北京	首都师范大学	2017	将教师教育工作、教师教育研究、教师教育社会服务、教师教育国际交流有机融合，打造具有中国特色的教师教育学科体系	与教育学院、初等教育学院、学前教育学院平行
贵州	贵州师范大学	不详	负责研究制定全校教师教育的总体发展规划以及统筹教师教育系列课程的教学管理和运行；受贵州省教育厅委托，负责全省中小学教师资格证考试、认证和办证等相关工作；负责贵州师范大学教育实习实践基地建设与协调；开展教师教育理论与实践研究；以"贵州师范大学基础教育师资培训中心"为依托，开展基础教育相关师资培训工作	与教育科学学院平行

　　文理学院学科教育整合的教师教育学院的一个重要特征是学科教师教育者并没有整合进现有的教育学院或者教育科学学院，而是与教育学院或者教育科学学院一起作为学校的二级实体学院存在。文理学院学科教育整合的教师教育学院在一定程度上说明了学科教师教育者与学科教授和教育学教授的差异。学科教师教育研究者的身份认同问题已经成为教师教育大学化背景下论证的焦点，"我是谁""我属于何种群体""我该往哪里去"成为纠缠不清的问题，甚至有研究者以自叙的方式叙述自己作为高师院校学科教学论教师在教学、科研、职称评定等过程中所遭遇的生存困境。① 因此，组建教师教育学院成为解决学科教师教育者身份认同问题的现实需要。

　　但是有学者指出，文理学院学科教育整合的教师教育学院这种与教育（科学）学院平行的独立建制的教师教育学院也存在"合法性"危机，甚至发生独立建制仅存数年就被撤销的现象。② 这也说明文理学院学科教育整合的教师教育学院需要在知识基础、学科制度、学科文化上建立一种合法性身份，否则，这种独立建制的教师教育学院不仅受到文理学院学科教授们的排斥，而且可能遭到教育学科内部群体的排斥。因此，如何处理好学科教师教育与教育学之间的关系，是文理学院学科教育整合的教师教育学院需要面临的挑战。

　　（二）传统教育（科学）学院＋文理学院学科教育的教师教育学院

　　文理学院学科教育整合的教师教育学院是与教育（科学）学院平行的独立建制的机构，教师教育变革过程中也出现了传统教育（科学）学院与文理学院学科教育相融合而组建的教师教育学院。这种模式是一种"大教育学院"或者"教育学部"的治理结构，比较典型的有

---

① 史晖：《"我"将何去何从——高师院校学科教学论教师的生存困境》，载《教师教育研究》，2009（4）：18—21。

② 杨跃：《独立建制教师教育专业学院的发展困境及其破解——基于组织合法性视角的分析》，载《教师教育研究》，2017（6）：1—7。

西藏大学、广西师范大学、福建师范大学、华东师范大学、浙江师范大学、山东师范大学、西南大学和西北师范大学，如表 2-3 所示。

表 2-3　传统教育（科学）学院十文理学院学科教育的教师教育学院

省份	名称	成立时间	职能定位	备注
西藏	西藏大学	2008	开设以培养学校教育专业人才为主要任务的教育学本科专业，课程与教学论专业（学术型）和教育硕士专业（专业型，包括全日制和在职），全校师范类本科生教育类与心理学类课程、全校公共体育课，等等	名称为"师范学院"。综合大学办理师范学院模式
广西	广西师范大学	—	—	隶属于教育学部
福建	福建师范大学	2009	—	与教育学院一起，称"教育学院、教师教育学院"
上海	华东师范大学	2015	整合全校教师教育资源、集中全校学科教育专业力量、继续发挥教育专业学位管理中心管理职能。学科教育研究高地、卓越教师成长摇篮和教师教育变革策源地	隶属于教育学部
浙江	浙江师范大学	2007	为深化教师教育改革、打造教师教育品牌、探索新型教师培养模式，整合相关教师教育资源组建教师教育学院	该校还设置有幼师学院，在杭州校区
山东	山东师范大学	不详	为强化教育学科研究、提升教师教育质量、打造在国内有影响的高水平师范生培养和教师培训基地而成立的教研训一体化的实体性机构	隶属于教育学部
重庆	西南大学	2011	集管理、教学、研究、服务等职能于一体，统筹全校教师教育工作	隶属于学校，但是设置在教育学部
甘肃	西北师范大学	—	—	教师教育学科设置在教育学院

　　传统教育(科学)学院＋文理学院学科教育的教师教育学院这种模式，类似于国外综合大学的教师教育模式。与文理学院学科教育整合的教师教育学院模式相比，有学者认为这种模式符合大学化环境中教师教育亚制度设计的构想①，是大学中较为理想的教师教育机构设置及相应的教师培养模式②。国外综合大学的教师教育模式往往是只有一个教育学院或者教育研究生院，如美国哥伦比亚大学师范学院、哈佛大学教育研究院以及美国的州立大学教育学院等，它们的专业设置包括教育学的所谓分支，即倾向于一般性的研究和学科教育的研究。但是美国的教师教育往往是项目制，如数学教师教育项目培养数学教师，课程包括一般的教师教育理论课程、学科教师教育课程和实践课程，这些课程均由教育学院或者教育研究生院开设。我国的教师教育主要设置在师范大学中，而不是综合大学中，且教师教育处于转型时期，学科教师教育课程、一般教师教育课程与传统教育学课程的关系还没有理顺，特别是教师教育学科制度在我国现代大学学科制度中还没有建立起来。因此，一些教育学科较为强势的师范院校就整合了学科教师教育，形成了传统教育(科学)学院＋文理学院学科教育的教师教育学院模式。

　　(三)统筹全校教师教育资源的管理型教师教育学院

　　上述两种类型的教师教育学院是教学科研型的实体机构。但是，一些师范院校特别是部属师范院校为了整合教师教育资源、强化教师教育职能，也组建起来一些名为"教师教育学院"的机构。这种类型的教师教育学院承担原来由教务处或学校相关管理部门承担的部分管理和服务职能，实际上并不承担教师教育的教学、科研或培训

---

　　①　周钧、朱旭东：《美国大学教育学院：教师教育大学化的亚制度问题研究》，载《外国教育研究》，2006(6)：49—54。
　　②　赵明仁：《师范大学中学科教师教育者的身份认同》，载《高等教育研究》，2014(8)：61—67。

工作，也没有配备教学科研岗的专任教师。即这种类型的教师教育学院实际上为虚体意义的机构，扮演的角色主要是统筹全校教师教育资源的管理型教师教育学院。比如东北师范大学组建的教师教育研究院，北京师范大学和华中师范大学各自组建的教师教育学院，以及陕西师范大学教师教育发展研究院等，如表 2-4 所示。

表 2-4　统筹全校教师教育资源的管理型教师教育学院

省份	名称	成立时间	职能定位	属性	备注
吉林	东北师范大学	2009	以"立足高等教育，研究教师教育，服务基础教育"为宗旨，以东北师范大学教师教育学科群为支撑，致力于搭建一个高水平、开放式的研究平台，推动教师教育创新项目建设。探索教师培养、教育研究和基础教育三者有机结合	研究机构，并兼具管理职能	名称为"教师教育研究院"，隶属于学校，与教育学部平行，校长兼任院长
北京	北京师范大学	2009	统筹全校免费师范生、选修教师教育课程模块学生的培养工作以及免费师范生返校在职攻读教育硕士工作；负责规划、组织和协调全校学科教学的相关研究资源，搭建共同开展学术研究的平台，深入开展高素质教师培养的理论和实践研究，指导教师教育人才培养工作	行政管理	与教育学部平行，不存在隶属关系
陕西	陕西师范大学	2012	具有综合协调功能，促进校内外教师教育资源统筹利用	行政管理	设有教育干部学院、教师教育发展研究院

续表

省份	名称	成立时间	职能定位	属性	备注
湖北	华中师范大学	2010	由教师职业技能训练与测试基地、教育部中南高师师资培训中心、教育部基础教育课程研究中心、湖北省普通话培训测试中心等单位合并组建。主要职能为：（1）组织实施校内外教师职业技能训练与测试；（2）指导督促校内相关院（系）师范生职业技能训练；（3）牵头组织和管理高校教师培训和中小学教师（校长）培训；（4）指导学科教学论教师队伍建设；（5）组织开展教师教育和基础教育研究；（6）统筹利用与教师教育有关的资源和平台；（7）统筹管理国家教师教育综合改革试验区以及其他与教师教育有关的工作①	行政管理	教师教育学院为学校行政机构

　　从上述的管理型教师教育学院的功能定位来看，这些教师教育学院的职能在于整合管理教师教育资源，具体为担负起培养和培训教师的管理职能。这些机构往往整合了教师培训中心、教师继续进修机构、普通话测试中心等实践类型的工作。管理型教师教育学院实质上并没有参与教师教育的人才培养和科研工作，因此其参与教师教育的力度是不够的，特别是六所部属师范大学只有华东师范大学组建了实体性的教师教育学院，其他五所均没有组建，在教师教育变革方面并没有起引领示范作用。为此一些学者还提出了批评："通常而言，作为教育部直属的六所师范大学，它们本应充当师范大学教师教育改革的排头兵、弄潮儿，但恰恰相反，面对教师教育改

---

　　①　《奋进中的华中师范大学教师教育学院》，载《高等函授学报（哲学社会科学版）》，2011（9）。

革的大潮，它们无一例外地步履蹒跚、裹足不前，列于师范大学教师教育改革的末位。这种局面非常耐人寻味，个中原因恐怕只有六所师范大学自己心知肚明。"①2017 年 6 月 12 日，中央第十二巡视组向北京师范大学党委反馈专项巡视情况，指出"师范引领作用弱化"。② 这在一定程度上说明了部属师范大学在教师教育工作上的弱化现象。因此，如何在教师教育治理结构上转变观念，加强教师教育治理结构建设，从而为教师教育事业发展起引领示范作用，是当下以部属师范大学为代表的管理型教师教育学院需要思考的问题。

三、教师教育学院——中国特色教师教育治理体系的价值与前景

2014 年教师节前夕，习近平总书记同北京师范大学师生代表座谈时谈到，"要加强教师教育体系建设，加大对师范院校的支持力度，找准教师教育中存在的主要问题，寻求深化教师教育改革的突破口和着力点，不断提高教师培养培训的质量"。当前中国教师教育存在的主要问题是教师教育在大学中存在弱化的倾向，具体表现为教师教育资源分散的状况不利于教师教育学科形成合力，现代教师教育学科制度没有建立起来。因此，探求有中国特色的教师教育治理结构，是当前深化教师教育改革的突破口和着力点。教师教育学院是综合化教师教育体系的最新发展阶段，是中国特色的教师教育治理体系。

（一）教师教育学院是新时代教师教育体系的治理创新

教师教育学院作为新时代教师教育体系的治理创新，是师范院校综合化与教师教育大学化背景下的产物，具有较强的时代特征与现实基础。这种教师教育治理结构有助于教师教育知识的生产，从

---

① 邢红军、陈清梅、胡杨洋：《教师教育学院：学科教学知识中国化的实践范本》，载《现代大学教育》，2013（5）：97—105。

② 《中央第十二巡视组向北京师范大学党委反馈专项巡视情况》，载《北京师范大学校报》，2017-06-16。

而在根源上有助于教师教育者队伍的发展与教师教育质量的提升。

1. 教师教育学院是师范院校综合化与教师教育大学化背景下的必然产物

1999 年，教育部发布的《关于师范院校布局结构调整的几点意见》指出：我国师范教育的趋势是"以师范院校为主体，其他高等学校积极参与"，"由三级师范（高师本科、高师专科、中等师范）向二级师范（高师本科、高师专科）过渡"。2010 年颁布的《国家中长期教育改革和发展规划纲要（2010—2020 年）》指出："加强教师教育，构建师范院校为主体、综合大学参与、开放灵活的教师教育体系。"在这些政策的推动下，我国师范院校纷纷转型成为实质意义上的综合大学，在拓宽办学空间走向综合化的过程中，培养教师已经不再是师范院校的唯一任务。于是，教师教育分散在师范院校各个文理学科院系已经成为一种事实，这种分散的教师教育治理结构已经严重制约教师教育质量的提升，同时也制约相关文理学科院系发展的进程。比如，学科教师教育师资不能形成合力，而且由于学科归属等原因，他们在各文理学科院系评价中处于不利地位，甚至逐渐被边缘化。

正是在这样的师范院校综合化与教师教育大学化的背景之下，教师教育学院这种有中国特色的教师教育模式产生了。特别是 2018 年 1 月中共中央、国务院通过了《关于全面深化新时代教师队伍建设改革的意见》，明确提出大力振兴教师教育，全面深化新时代教师队伍建设。为落实中共中央、国务院《关于全面深化新时代教师队伍建设改革的意见》的精神，教育部颁布《教师教育振兴行动计划（2018—2022 年）》，明确提出"推动高校有效整合校内资源，鼓励有条件的高校依托现有资源组建实体化的教师教育学院"。这些政策的出台必将推动教师教育学院合法化，为教师教育学院的发展提供政策保障。

2.教师教育学院治理结构的产生有助于教师教育知识的生产

在师范院校综合化与教师教育大学化的背景之下，分散于文理学院的传统教师教育模式不利于教师教育资源的整合，导致教师教育一盘散沙、缺乏凝聚力，这非常不利于打造一支高水平的专业化教师教育者队伍。教师教育的专业知识基础还没有达成共识，各学科教师教育师资的教师教育学科归属意识还没有形成，都严重制约教师教育者专业水平的提高，不利于培养高素质的基础教育阶段的教师。[①] "教师教育学院的建立就为原本分散于各学科院系的学科教学论教师提供了良好的学术平台并可发挥整合优势。"[②]因此，教师教育学院特别是实体意义的教师教育学院的产生，为教师教育者群体内部的交流对话提供了制度空间，为教师教育知识的生产提供了可能。

（二）教师教育学院的发展面临新的挑战

教师教育学院作为新时代一种新的大学治理结构，为教师教育知识生产、教师教育者队伍发展以及教师教育事业发展提供了制度保障。但是它又遭遇知识合法性资源乏力、效能合法性证据不足及程序合法性保障脆弱等多重困局，因此其组织合法性受到质疑。[③]其中最突出的是缺乏学科制度保障与功能定位不明确。

1.教师教育学院的发展缺乏学科制度保障，合法性受质疑

学科是来自于西方的近代知识分类体系，是由高等教育机构和专业学术团体推动的。我国的学科制度虽然学习西方，但是从一开始就是由国家和政府以法令的形式颁布的，是国家引导学术发展的

---

① 康晓伟：《教师教育者：内涵、身份认同及其角色研究》，载《教师教育研究》，2012(1)：13—17。

② 邢红军、陈清梅、胡杨洋：《教师教育学院：学科教学知识中国化的实践范本》，载《现代大学教育》，2013(5)：97—105。

③ 杨跃：《独立建制教师教育专业学院的发展困境及其破解——基于组织合法性视角的分析》，载《教师教育研究》，2017(6)：1—7。

途径，也是分配学术资源、教授配置、招生、经费拨款等一系列资源配置的依据。2011 年，国务院学位委员会、教育部公布了新的《学位授予和人才培养学科目录（2011 年）》，包括哲学、经济学、法学、教育学、文学、历史学、理学、工学、农学、医学、军事学、管理学、艺术学，共 13 大学科门类。然而，在教育学的一级学科之下目前还缺乏教师教育专业或者教师教育学的二级学科门类。教师教育学院目前的学科配置主要还是各学科教育方向的组合或者拼凑，对教师教育学科的认同还有待提升。教师教育学科认同的核心在于从学科制度上设置教师教育专业的二级学科，并在此基础上依据教师教育专业学科制度设置硕士点、博士点、教师教育教授席位和职称制度。① 只有这样，教师教育学院的合法性才能建构起来，从而理顺教师教育与大学的关系，最终促进教师教育事业健康发展。

2. 教师教育学院功能定位不明确，学术地位不高

大学的基本职能包括教学、科研和社会服务。教师教育学院作为大学的组成机构，应该承担大学的基本职能。然而，在教师教育学院的发展历程之中，其功能定位不明确。教师教育学院在教学与社会服务这两个职能方面发挥了重要作用，在教师职前培养与在职教师培训方面做了大量的工作，但是在科研职能方面却鲜有建树。其中原因除了教师教育学科制度没有建立起来之外，其科研的功能定位不明确也是一个重要原因。根据教师教育学院的教学与社会服务职能，我们认为教师教育学院的科研职能定位至少包括三个方向：教师教育研究、学科教育研究和课程教材教学研究。这三个研究方向与教师教育学院的职能密切相关，明确教师教育学院研究的三大基本方向，将为教师教育学院提升其学术地位，更好地发挥教学、科研与社会服务三位一体的职能提供强大的学术支撑。

---

① 朱旭东、周钧：《论我国教师教育学科制度建设——教师教育大学化的必然选择》，载《教师教育研究》，2007(1)：6—11。

（三）教师教育学院治理结构的未来设想

成立教师教育学院可以说是师范院校优化教师教育治理结构、体现并保持特色优势的重要举措，是探索有中国特色的教师教育治理结构的初步尝试。教师教育学院这种有中国特色的教师教育治理结构将努力探索师范性与学术性、职前培养与职后培训、沟通大学与中小学关系等理论与实践问题，最终实现教师教育理论与实践的双向激活。

图 2-2 以培养中学教师为例①，来说明教师教育学院治理结构的未来发展趋势。

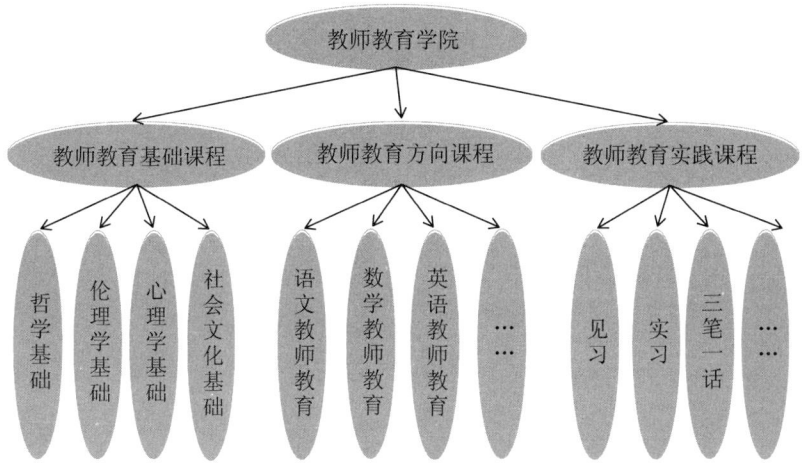

图 2-2　综合化教师教育体系下的教师教育学院治理结构

这种中国特色的教师教育治理结构与我国师范院校和综合大学的教师教育特征密切联系，它将教师教育工作、教师教育研究与教师教育的社会服务有机结合起来，在大学的基本职能与教师教育事

① 和幼儿园教师教育与小学教师教育相比，中学教师教育呈现明显的分科特征。目前的教师教育学院主要致力于中学教师教育，幼儿园教师教育和小学教师教育主要由学前教育专业和小学教育专业承担，这两个教师教育项目往往不在教师教育学院进行。

业之间、大学与中小学之间很好地建立起联系，这无疑是对提升教师教育质量的重大治理创新。这种模式的教师教育学院治理结构比较适合于研究生层次的教师教育模式，在中学教师学历出现研究生化发展趋势的今天，这种教师教育学院治理模式满足了基础教育领域对研究生学习层次的需要。

宋萑　康晓伟　胡艳

第三章
多元化的教师教育模式

改革开放 40 年来，随着经济社会的发展、基础教育的改革和师范教育自身的发展趋势，我国教师教育模式在不断探索和变革发展过程中，既要考虑经济转型和社会发展的需要，又要满足高等教育发展、基础教育改革对教师素质提出的新要求，不断构建多元化的教师教育模式，努力提高教师培养和培训质量，为我国建设一批高素质的专业化教师队伍服务。本章旨在探讨多元化的教师教育模式，从教师培养模式和教师培训模式两个部分出发，分别阐述改革开放 40 年来教师教育模式的发展历程、改革成就和典型经验，最后总结了我国教师教育模式的发展趋势。

第一节　教师培养模式

一、概念厘清

（一）模式

模式研究方法始于系统论，它是现代科学方法论中一种重要的研究方法。根据《现代汉语词典》，模式是指"某种事物的标准形式或使人可以照着做的标准样式"①。《辞海》对模式的定义是"一般指可以作为范本、模本、变本的式样"②。可以发现，模式含有范例的意思。美国学者最早在教学论领域使用"模式"这一概念，随着系统论科学的发展，不同研究领域形成了对模式的不同认识。比如在系统科学中，模式是指通过给对象实体以必要的简化，用适当的表现形式或规则把它的主要特征描绘出来而得到的复制品。在传播学中，模式是对事物内在关系简明扼要的描述。在教育领域中，模式有三层含义：一是指教育在一定社会条件下形成的具体样式；二是反映某个国家教育制度上的特点的模式；三是某种教育和教学过程的模式，反映活动过程的程序和方法。③

根据各领域专家对模式的多种阐述，可以发现一些共同的特征：首先，它是对客观事物或对象的抽象简单概括；其次，它具有与客观事物相像或相近的内在结构特征；最后，它是为了更好地对客观事物或对象进行观察、研究和分析。④

(二)教师教育模式

教师教育模式，是教师教育的构成要素及其相互影响和运行方式，即从事教师教育的教育和培训主体、受教育和培训主体、管理主体之间为教育与培训教师而构建的教师教育理念、目标、教育中介物之间形成的交互复杂的关系及其运行方式。

由图 3-1 可知，构成教师教育模式的四个要素结成了一个空间四面体，底面是由国家、实施机构、受众群体这三个主体构成的一个稳定的三角面，支撑着另外三个面。另外三个面相交于教师教育的理念、目标、中介物。因此，我们可以说教师教育的理念、目标、

---

① 《现代汉语词典》(第 7 版)，919 页，北京，商务印书馆，2016。
② 夏征农、陈至立：《辞海》(缩印本)，1322 页，上海，上海辞书出版社，2010。
③ 《教育大辞典》，23 页，上海，上海教育出版社，1991。
④ 靳希斌：《教师教育模式研究》，2 页，北京，北京师范大学出版社，2009。

中介物是教师教育模式的核心要素。这四个要素一旦形成一定的教师教育模式，就具有比较稳定的结构，但是如果其中任何一个要素发生变化的话，整个教师教育模式的空间场域中的各个要素之间的作用力也会相应地发生变化，各种力之间经过博弈达到新的平衡，形成一种新的教师教育模式。①

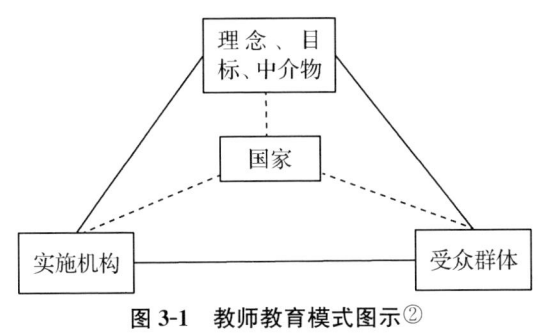

图 3-1 教师教育模式图示②

（三）教师培养模式

根据以上阐述，本节中教师培养模式主要指教师教育职前培养模式，是大学（主要指师范大学、综合大学的教育学院或教师教育学院以及其他高等教育性质的教师教育机构等）为培养出具有较高教育理论素养和教学实践能力的高素质师资队伍而构建的培养理念、目标、课程体系、教学实践等形成的交互复杂的关系及其运行方式。

二、改革开放以来教师培养模式的发展历程

（一）恢复与繁荣期：20 世纪 70 年代末至 90 年代初

改革开放以来，我国为了实现普及教育，提高整个中华民族的科学文化水平，实现建设社会主义现代化强国这一宏伟目标，针对当时中小学教师学历普遍较低的现实情况，对师范教育事业给予了高度重视。这一时期主要是恢复"文化大革命"前独立的师范教育制

---

① 靳希斌：《教师教育模式研究》，4 页，北京，北京师范大学出版社，2009。
② 靳希斌：《教师教育模式研究》，4 页，北京，北京师范大学出版社，2009。

度。1978 年 10 月，教育部出台了《关于加强和发展师范教育的意见》，指出办好师范教育是"发展教育事业，提高教育质量的基本建设，是百年大计"，鼓励大力发展师范教育。1980 年教育部召开全国师范教育工作会议，强调了"师范教育是工作母机，师范教育在整个教育事业中具有十分重要的地位"。1985 年 5 月颁布的《中共中央关于教育体制改革的决定》再次强调了师资培养的重要性，指出"建设一支足够数量的、合格而稳定的师资队伍，是实行义务教育、提高基础教育水平的根本大计"，"从幼儿师范到高等师范的各级师范教育，都必须大力发展和加强。师范院校要坚持为初等和中等教育服务的办学思想"。

经过这一时期的恢复，师范院校开始在数量上大大增加，教师数量稳定增加。据统计，1978 年中等师范学校 1046 所，在校学生数 36 万；高等师范院校 157 所，在校学生数 25 万。之后的十年间相关数量逐年上升，1988 年中师学校增加到 1065 所，在校学生数达到 68 万；高师院校增加到 262 所，在校学生数 49 万，学生数量增长了近一倍。[①]

1985 年 11 月，国家教育委员会召开全国中小学师资工作会议。会议主题是"为建设一支数量足够、质量合格的中小学教师队伍而奋斗"。会议特别强调了师范教育是培养中小学师资的主要阵地，并进一步明确了高师本科培养中等学校的师资，师范专科学校培养初级中学的师资，中等师范学校分别培养小学和幼儿园师资的原则。1986 年《义务教育法（草案）》指出实施义务教育的关键是要建立一支数量足够、质量合格、结构合理并相对稳定的教师队伍。

1993 年《中国教育改革和发展纲要》中明确指出：进一步加强师资培养培训工作。师范教育是培养中小学教师的工作母机，各级政

---

① 刘英杰：《中国教育大事典（1949—1990）》（上），800 页，杭州，浙江教育出版社，1993。

府要努力增加投入，大力办好师范教育，鼓励优秀中学毕业生报考师范院校，进一步扩大师范院校定向招生的比例，建立师范毕业生服务期制度，保证毕业生到中小学任教。并提出到 20 世纪末，通过师资补充和在职培训，绝大多数中小学教师要达到国家规定的合格学历标准，小学和初中教师中具有专科和本科学历者的比重逐年提高。

我国"三级"师范教育体系由此得以确立和恢复，分别指中等师范学校、师范高等专科学校、师范学院或师范大学。中等师范学校实行小学教师教育模式，并有全国统一的教学大纲和课程设置的要求，专门培养小学教师；高等师范专科学校实行初中教师教育模式，专门培养初中教师；师范大学实行高中教师教育模式，主要培养高中教师，专业设置以普通高级中学教学计划的规定为依据。当时的教师教育模式总体沿用定向封闭的旧模式，在此对中师培养模式和高师培养模式进行整体介绍，具有一定的现实和历史意义。

1. 中师培养模式

尽管中师培养模式已经退出历史舞台，但多年发展的历史积淀和文化传承使独具特色的中师培养模式为教师教育资源整合打下深厚的基础。

1989 年颁布的《三年制中等师范学校教学方案（试行）》中规定中等师范学校人才培养规格为"培养学生热爱社会主义祖国，热爱中国共产党，热爱小学教育事业，初步树立马克思主义的基本观点，具有良好的社会公德和教师的职业道德，艰苦奋斗和求实创新的精神；使学生掌握从事小学教育教学工作必备的文化知识、技能和基本能力，懂得小学教育教学的基本规律，具备一定的审美能力，初步的生产劳动知识和技能，养成良好的卫生习惯，具有健康的体魄，使他们成为合格的小学教师"①。主要招生对象为优秀的初中毕业生，基本学制是 3 年。

　　在课程与教学方面，中等师范学校课程由必修课、选修课、活动课和教育实践课组成。中等师范学校设政治、语文及小学语文教材教法、数学及小学数学教材教法、物理、化学、生物、小学自然常识教材教法、外语、地理、历史、心理学、教育学、体育、音乐、美术等课程。在教学中要求重视学生的主体作用，积极实践启发式、讨论式、研究式教学，培养学生独立思考和解决问题的能力，以提高学生的全面素质。选修课是课程重要组成部分，是必修课的补充和延伸，通过开设文化科技知识、教育理论与技能、艺术体育和劳动技术等多类型课程拓宽学生的知识面，发展学生广泛的兴趣和特长，以有利于进一步培养学生从事小学教育多学科教学的能力。活动课是在教师指导下以社团或兴趣小组为依托自行组织开展的，包括学科、文体、劳动技术等活动。教育实践课是学校课程的必要环节，包括见习和实习，教育实践课和教育理论课的教学紧密结合，贯穿于 3 年教学活动的始终。

　　从中等师范学校的课程与教学内容可以看出，当时实行各学科综合教学的形式，课程开设齐全、不分专业，侧重于培养"一专多能、德才兼备、全面发展"的通才型教师。这种培养模式有其明显优势和特色，主要体现在三个方面：一是坚持服务小学教育需要的实践取向，注重职业技能的训练。中师培养的教师在音乐、美术、"三笔一话"方面都有明显的优势。二是注重职业情感的培养。中师校园注重浓厚的尊师、爱生、重教的环境氛围的创设与隐性课程的生发，造就师范生的教育情怀与人格素质。三是努力实现培养小学全科教师的价值追求，充分体现了促进学生全面发展、充分发展的素质教

---

　　① 　但武刚：《中等师范学校设置综合理科课程的探讨》，载《课程·教材·教法》，1999(1)：36—38。

育的育人理念。但不可否认，这种培养模式也存在一些局限，如毕业生学历起点低、学科专业性不强、知识基础底蕴不足、教育科研能力有所欠缺。

2. 高师培养模式

"文化大革命"期间，我国高等师范教育受到冲击，基本处于停滞的状态。改革开放以来，高等师范院校开始根据教育事业和社会发展的需要，对教师培养模式进行一系列的重建和改革，逐渐步入正轨。

1981年教育部颁发的《高等师范院校四年制本科文科三个专业教学计划(试行草案)》对高等师范院校的培养目标做出了具体的规定，要求学生掌握本专业必需的基本理论、基本知识和基本技能，尽可能了解与本专业有关的科学新成就；获得科学研究的初步训练；具有较好的分析问题和解决问题的能力；掌握马克思主义的教育理论，具有从事中学教育和教学工作的能力；能用一种外国语阅读本专业的外文书刊；具有健全的体魄和良好的卫生习惯。

在课程设置方面，《高等师范院校四年制本科文科三个专业教学计划(试行草案)》中提到，要开设必修课、选修课，其中选修课占教学总时数的15%，公共基础课占20%，专业课占65%，教育类课程占5%。1985年《中共中央关于教育体制改革的决定》指出"不少课程内容陈旧，教学方法死板，实践环节不被重视，专业设置过于狭窄，不同程度地脱离了经济和社会发展的需要，落后于当代科学文化的发展"，为此，各院校针对现存的弊端，开始积极进行教学改革的各种试验。1986年对10所高等师范院校统计资料结果显示：中文系公共必修课占31.8%，专业必修课占49.5%，选修课占18.7%；数学系公共必修课占27.5%，专业必修课占53.4%，选修课占19.1%。

教育实习为 6 周，此外有 8 周的生产劳动、军事训练和社会调查。①

1986 年 3 月，国家教委制定颁布《关于加强和发展师范教育的意见》，要求各地从实际出发合理调整师范学校专业的比例，要加强和发展中学急需的政治、生物、历史、地理、外语和体育、音乐、美术等短线专业，设立农村中学需要的双学科专业；要减少课程门类，精简教学内容，严格控制教学时数，使学生有更多的时间进行自学；改革陈腐的传统教学方法，培养和启迪学生独立思考的能力和创新精神；加强教育课程和教育实践的改革，克服教育学、心理学、教学法课程脱离实际的现象；建立稳定的实习基地和实习点，增加实习时间，认真总结教育实践的规律，完善实习制度。

1993 年《中国教育改革和发展纲要》提出："进一步转变教育思想，改革教学内容和教学方法，克服学校教育不同程度存在的脱离经济建设和社会发展需要的现象。要按照现代科学技术文化发展的新成果和社会主义建设的实际需要，更新教学内容，调整课程结构。加强基本知识、基础理论、基本技能的培养和训练，重视培养学生分析问题和解决问题的能力，注意发现和培养有特长的学生。""合理调整系科和专业设置，拓宽专业面，优化课程结构，改革课程和教学方法，加强教材建设，加强素质和能力的培养，增强学生对社会需要的适应性。逐步实行学分制，在确定必修课的同时，设立和增加选修课，拓宽学生的知识视野，激发学生学习的主动性和创造性。建立合理的淘汰制和优秀学生奖励制等教育教学制度，大面积提高教育质量。"

此后，高等师范学校进入一个新的时期。课堂教学是主要的教学环节，学校主要开设三部分课程：一是公共基础课程，为未来教师习得较为广博的综合性文化知识而开设，课程包括政治、外语、

---

① 顾明远、檀传宝：《2004：中国教育发展报告——变革中的教师与教师教育》，109 页，北京，北京师范大学出版社，2004。

体育、计算机等；二是学科专业课程，为学生毕业后所从事的专门学科教学应具备的专业知识而开设，如中文、数学、物理、化学等；三是教育专业课程，为今后从事教师职业掌握必需的教育理论和技能而开设，包括教育学、心理学、学科教学法，也是传统的"老三门"。尽管已经形成了较为完整的含基础学科、专业学科、教育学科以及教学实习在内的课程体系，但总体来看，改革的力度还远远不能适应我国不断发展教育事业的需要。首先，重学术、轻师范。教育类课程仅占全部课时的5%～7%，而且很长时间只有教育学、心理学、教材教法三门，课程存在明显的"学科本位"倾向。其次，重理论、轻实践。实践课与理论课相比微乎其微，专业理论课门类全、课时多、学生负担重，而实践课课时只有几周且越来越不受重视。再次，重深度、轻广度。学校重视学科内容的纵向发展，但忽视了不同学科内容间的横向联系，这样会导致学生知识面狭窄，不利于师范生的后续发展。最后，重传统、轻创新。在教学方法上，教师依旧受传统的教育思想观念的影响，采取单一的课堂讲授的方式，不利于提高师范生的能动性和创造性。

（二）变革与发展期：20世纪90年代末至今

1. 社会的变革和发展对教师教育模式的挑战

我国由农业社会转向工业社会，由计划经济转向社会主义市场经济，由工业社会向现代信息化社会转型。经济社会体制的转型必然带动教育体制的改革和转型，包括教师教育体制与模式的变革和转型。我国教育也从应试教育向素质教育、从精英教育向大众教育、从传统型教育向创新型教育转变。社会和教育的转型对教师教育模式产生了很大的挑战。

首先，传统教师教育模式培养出的教师不能适应社会的发展。知识经济飞速发展，经济多元化结构已经形成，社会主义市场经济逐步完善，人民的生活水平日益提高，对优质教育的需求也迅速增加，这对教师的素质和业务能力提出了更高的要求。原本封闭定向型的教师教育模式已经不能适应各级各类教育对教师的需要，应该扩大和集中多方面的高等教育资源参与教师培养。其次，科技的发展使得知识更新速度飞快，信息技术成为社会的主流。在信息技术社会，新知识、新技术都不断成为人们生存、生活的原动力，学习的内容、方式、时间、场所都会改变，这就要求转变传统的教师教育思想，树立现代教师教育理念。以往以教师为主体的讲授知识方式受到前所未有的挑战，传统的教师教育模式难以适应新的社会条件和教育理念对教师的要求。

2. 教育改革对教师教育模式转型的要求

随着基础教育改革的不断推进和高等教育改革的日益深化，对教师的需求发生了根本性的变化，我国传统的教师教育模式面临多种挑战。

1999 年中共中央、国务院《关于深化教育改革，全面推进素质教育的决定》提出国家、地方、学校三级管理课程后，2001 年教育部颁布了《基础教育课程改革纲要》，进一步提出了小学加强综合课程，初中分科课程和综合课程相结合，高中以分科课程为主；中小学增设信息技术教育课和综合实践活动，中学设置选修课，普通高中设置技术类课程的课程结构。基础教育改革按照全面实施素质教育的要求进行，课程实施能否取得良好的效果很大程度上取决于教师对其实施的认真程度，这就对教师的教育观念、知识素养和实践能力提出了更高的要求。教师素质要求从单一技能型向研究型、专家型转变，相应地也就要求高等院校对传统的教师培养培训进行全面的反思。

从 1999 年高校扩招以来，我国高等教育已经进入了大众化阶段，高等教育规模逐渐扩大、层次逐渐提高。并且随着我国经济社会的发展以及基础教育领域的变革，中小学师资由供需总数量不足转变为结构性矛盾，对高素质、高学历教师的需求日益突出，尤其是在经济和教育发展水平高的大中城市。在这种背景下，如果教师教育模式仍旧墨守成规，势必会面临被淘汰。根据教育部统计，到2003年，我国小学教师(中师)学历达标率为97.4%，初中教师(大专)为90.4%，高中教师(本科)为72.9%；根据教育部规划，到2010年，全国小学和中学教师要分别达到大专和本科学历，高中教师研究生学历层次将达到10%，而2004年仅为0.795%。[①] 这种符合国际潮流的教师教育大学化的趋势，使得在职教师的学历提升和高层次新教师的培养补充成为一项非常紧迫的具有战略性的任务。

3. 国外教师教育模式转型经验的影响

20世纪80年代以来，传统的教师教育模式向现代教师教育模式转变成为国际上教师教育变革的趋势，诸如教师教育体制的开放化和一体化、教师教育的专业化、教师教育课程的综合化和通识化等，这些国际经验对我国教师教育模式的变革产生了较大的影响。

首先，教师教育体制的开放化和一体化。一方面，20世纪50年代以来，尤其是80年代以后，发达国家经历了从中等教育水平的师范学校到高水平的师范学院、从师范学院独立承担到非师范院校积极参与再到综合大学参与为主的格局，教师教育培养机制的变革打破了过去封闭式的由师范院校培养的单一模式，由综合大学及高师院校共同培养，向大学化培养的开放化、多元化转变。另一方面，教师职前培养与职后培训一体化，教师职后培训更加受到重视，教师教育的重心后移。其次，教师教育的专业化。教师职业专业化是各国教师教育改革的主要目标。美国教育界在20世纪80年代就明确提出了教学专业化概念，认为教学专业化是提高教育质量的必由

---

① 顾明远、檀传宝：《2004：中国教育发展报告——变革中的教师与教师教育》，109页，北京，北京师范大学出版社，2004。

之路，应该通过教师的专业化来实现教学专业化。[①] 教师教育专业化两个最重要的表现是实行教师资格证书制度和强化作为教师职业特征的教育理论与教育技能的掌握与训练。比如严格证书制度，提出了限定教师证书的有效年限和设立教师证书等级制度，对持有不同等级证书的教师给予不同待遇等。最后，教师教育课程的综合化和通识化。国外教师教育课程变革中开设的通识课程范围广泛，涉及社会科学、人文科学、自然科学、工具技能、军体保健五大类，课程的综合程度较高。[②] 并且很多国家的教师教育课程都非常重视在传授教育知识的基础上培养学生的教师职业意识、良好的心理品质和教育教学的实践能力，重视强化和改革教育见习、实习的内容和方式，以期实现理论课程与实践课程的统合。

在这个背景下，我国教师教育改革势在必行。1996 年的全国师范教育工作会议明确提出："形成符合中国国情的中小学教师培养培训体系。发挥各级各类师范院校培训教师的主渠道作用及非师范院校培养培训教师的积极作用；通过实施教师资格制度，规范教师职业标准，认定师范毕业生教师资格，吸收师范专业毕业生及社会优秀人才从教。"[③]1999 年中共中央、国务院《关于深化教育改革，全面推进素质教育的决定》提出要鼓励综合性高等学校和非师范类高等学校共同参与中小学教师培养，由此，我国开始构建开放式的教师教育体系。2001 年国务院《关于基础教育改革与发展的决定》提出，完善以现有师范院校为主体、其他高等学校共同参与的教师教育体系。通过开放教师教育、鼓励竞争，来提高教师教育的质量和水平，从

[①] 高有华：《世界教师教育的转型趋势和中国教师教育发展策略》，载《辽宁教育研究》，2007(9)：94—97。

[②] 沈有禄：《国外教师教育模式转型及其启示》，载《现代教育科学》，2010(7)：89—92。

[③] 柳斌：《在全国师范教育工作会议上的总结报告》，载《中国高等教育》，1996(11)：13—19。

而提高整个师资队伍的素质。随着开放的教师教育政策的贯彻实施，我国教师教育模式开始进行一系列从数量到质量的转型和变革，形成了多元化的教师培养模式。

三、教师培养模式的类别

我国高等师范院校及其他高等院校共同参与，不断地进行探索创新，目前已形成了多元化的教师培养模式。这些培养模式主要有两种划分方式，一是根据定向与否划分，分为定向型教师培养模式和非定向型教师培养模式；二是根据学制划分，主要包括研究生层次的学制模式和本科层次的学制模式。

（一）定向型教师培养模式和非定向型教师培养模式

定向型教师培养模式又称封闭式教师培养模式，其主要特点是公费制和服务制，即在教师教育专业就学的学生在学习期间享受助学金，毕业之后必须在中小学服务一定的年限。这种培养模式的显著优势是培养方向明确、计划性强，在经济发展水平和义务教育普及程度不高、教师待遇比较低的情况下，可以有效保证教师的供给。[1] 目前公费师范生、乡村小学全科教师属于定向培养模式。尽管当前主张教师教育开放化，但我国农村师资力量短缺，仍然需要培养更多的定向型教师以补充、提升农村的师资。

非定向型教师培养模式即不单设师范院校，而实行教师资格证书制度，任何修完大学本科课程并有志于成为教师的学生，都可以通过国家的教师资格证书考试成为中小学教师。[2] 这种培养模式的显著优势是学术水平高，各种类型的大学都可以参与到教师培养中，

---

[1]　穆岚：《中外中小学教师培养模式述评》，载《外国中小学教育》，2005(7)：40—43。

[2]　穆岚：《中外中小学教师培养模式述评》，载《外国中小学教育》，2005(7)：40—43。

便于发挥其作用；培养的学生知识面较宽，社会适应能力较强。[①]
我国历史上曾经长期使用定向型教师培养模式，但因其存在学生学
科专业知识面窄、教育科研能力与自我发展能力有欠缺等方面的问
题，自 20 世纪末起，国家开始建立开放化的教师教育体系，因此我
国教师培养模式也逐渐多元化，非定向型教师培养模式目前占主导
地位。

（二）研究生层次的学制模式和本科层次的学制模式

2004 年，国务院印发了《2003—2007 年教育振兴行动计划》，该
计划明确提出了"全面推动教师教育创新"，即改革教师教育模式，
将教师教育逐步纳入高等教育体系，以师范大学和其他举办教师教
育的高水平大学为先导，专科、本科、研究生三个层次协调发展。
高校不断探索改革教师培养模式过程中，不少师范大学已经将教师
培养层次提高到研究生层次，研究生层次培养模式也称为学士后教
师培养模式，即本硕贯通培养的学士后教师教育人才培养模式。学
士后教师培养模式旨在吸纳优秀的师范生，将学科教育与教师教育
结合，为中学输送集研究能力、反思能力、实践能力为一体的高学
历、高素质教师队伍。不同院校的学士后教师培养模式在运行方式、
课程与教学、实践体系等方面也有所不同，形成了各具特色的培养
模式，比如北京师范大学、华中师范大学的"4＋2"模式和华东师范
大学的"4＋1＋2"模式。

本科层次的培养相对而言没有过多的变化，但部分高校针对传
统单一的四年一贯制进行创新，形成了比较有影响力的"3＋1""2＋
2""2＋1＋1"等模式。"3＋1"模式主要针对全校所有专业的学生，在
入学后的前三年，主要学习学科基础课程，等到第四学年，进入教

---

① 崔红洁：《改革开放以来我国教师教育政策研究》，长春，东北师范大学硕士学位
论文，2014。

师教育学院学习一年，主要学习教育学、心理学、教材教法等教育理论和教学技能课程以及参与教育见习和实习。许多高等师范院校普遍采用这种培养模式。"2＋2"模式是学生在入学后前两年集中学习通识课、专业基础课，在第四学期期末结合学生自己的兴趣、特长由学生自主选择教师教育专业的学习。从第三年起，学生开始学习教育理论、教学技能等系列课程，并参与教育见习和实习。2＋1＋1"模式同样是学生入学后前两年学习学科专业基础课程，不同的是，第三年开始学习教育理论与教学技能等教育类专业课程，第四年完成教育见习和实习等实践课程。除了以上的分阶段培养，综合培养也是我国培养小学教师的重要模式。综合培养模式根据教师专业化的发展需要和小学课程综合化的趋势，培养学生具备多门学科的专业知识，以加强对学生的综合素质的培养。

（三）基于实践能力提升的培养模式

值得一提的是，传统师范教育中理论知识和实践知识所处环境的差异导致师范生应对现实环境的能力比较弱，师范生在入职时的实践效果不佳，这违背了教师教育的实践属性。因此，我国在改革和创新教师教育模式的过程中，始终关注到教师教育的培养和服务对象是为基础教育服务的未来教师和在职教师，目的是提升基础教育的实践。为了增强教师教育的实践属性，培养具有从教能力和实践能力的未来教师，各地在国家政策的指导下创新教师教育模式，建立了大学、地方政府、中小学协同创新培养模式，在伙伴合作中提升教师培养质量，同时也促进在职教师的专业发展。

1. 教师教育协同创新实验区

2008 年国家启动六所部属师范大学"教师教育创新平台项目计划"。2014 年国家发布《关于实施卓越教师培养计划的意见》，指出要深化教师培养模式改革，建立高校与地方政府、中小学（含幼儿园、中等职业学校、特殊教育学校，下同）协同培养新机制，培养一大批师德高尚、专业基础扎实、教育教学能力和自我发展能力突出的高素质专业化中小学教师。由此，许多地区将地方政府、高校、中小学联系起来，建立教师教育协同创新实验区。其中北京师范大学、东北师范大学的实验区建设覆盖区域较大，逐渐形成了稳定且有效的建设路径和内容。此外，河南省、重庆市、安徽省、山西省实验区建设也已初具规模并探索出了较为成熟的做法。以重庆市"APEx"实验区为例，该实验区是由北京师范大学教师教育研究中心（U）、重庆市江北区教育委员会（D）、江北区教师进修学院（I）以及江北区中小学校（Ss）共同协作的实验区。① 在伙伴合作的过程中，不仅提升了一线教师的教育科研水平，而且给参加项目的师范生提供了与骨干教师接触的机会，增强了他们的教育实践能力。

2."双师型"教师教育者队伍

以往对"双师型"教师的理论研究和实践探索大多针对高等职业院校，近些年来，由于对师范生实践性培养的重视，"双师型"教师教育者队伍的建设也被提上教师教育的日程中来，这在很大程度上能确保师范生的理论学习和基础教育实践的结合。"双师型"教师教育者包括两种：一种是大学教育理论研究者和中小学教育实践者的合作，从而产生一种"双师型"教师教育者的效果；另一种是同一个教师既谙熟教育理论，又通晓教育实践。当前"双师型"教师教育者以前者为主。其中"双师型"导师制度已经被很多地区采用，以促进师范生教育实践能力的提升。

以河北省"双师型"教师教育者建设为例，他们采取三种措施：一是在学科课程实施中，各学院学科教研室邀请中小学教师参与课程讲授、主题讲座，同时组织师范生到中小学实地见习，接受指导；二是在实践课程中，中小学教师广泛参与实习岗前培训、实习巡回

---

① 袁丽、石中英、朱旭东：《U-S 合作伙伴关系"三级协同多维度"体系的构建与反思——以北京师范大学教育学部为例》，载《大学（研究版）》，2015(12)。

指导、实习远程指导、实习作业验收等各项工作；三是在免费师范生培养中，学校为每 20 名免费师范生聘请一名中学教师作为校外导师，使其充分参与到师范生教师教育课程中。

3. 多样化的教育实习模式

教育实习是师范生不可或缺的教学环节，是师范生将理论知识运用到实践中的主要平台。目前除了传统的实习模式，高校还积极开展了顶岗置换实习模式、三角置换实习模式、实习支教实习模式、海外实习模式。

顶岗置换实习模式是在"国培计划"背景下产生的师范生实习模式。它将师范生教育实习和农村中小学教师脱产研修相结合，教师教育培养机构选择优秀的师范生到中小学，尤其是农村中小学顶替在岗教师教学，完成教育实习；同时农村在职教师到教师教育机构接受教师培训。如河北师范大学通过"顶岗置换"方式，积极探索高师院校人才培养"3.5＋0.5"模式，强化师范生的从教意识和专业素质，同时提高农村教师的专业素质和促进农村教育教学改革的深入发展。[①] 三角置换实习模式是为解决顶岗置换实习模式的弊端而产生的。师范生因刚出校门，在教学方法、学生管理等方面都缺乏经验，可能会影响一线教学成绩，同时农村中小学缺乏优秀的在岗教师，师范生的实习不能得到有效的指导。在这个基础上提出了三角置换实习模式，将县城教师支教、农村教师脱产研修和师范生顶岗实习连为一体：县城小学教师到农村支教，发挥以点带面的辐射作用；农村小学教师放心将工作移交给县城支教教师，专心到高校参加脱产研修；师范生到县城小学顶岗实习，并得到相应的指导。河南省郑州师范学院在郑州市中牟县实验基础上形成了师范生教育实

---

　　① 李建强：《实践的教师教育——河北师范大学顶岗实习支教工作初探》，载《河北师范大学学报(教育科学版)》，2007，9(5)：75－77。

习的"三角置换"模式。① 支教实习模式与顶岗置换实习模式的不同在于师范生主要以支援为主，并没有置换教师进行培训。新疆维吾尔自治区已安排区内外 27 所大中专院校 10 万余名大学生赴 11 个地州农村学校实习支教，师范生在高校修完课程后被安排到农村学校开展教学实习支教，独立承担教学工作，既为贫困地区提供了大批"下得去、用得上"的高素质双语师资，又解决了大学生实习难、实习效果不明显的问题，创新了师范生培养模式。海外实习模式是指选拔师范生到海外进行教育实习，从而拓展师范生的教育视野，提高师范生跨文化的教育实践能力。

四、教师培养模式变革典型案例

（一）学士后教师培养模式

20 世纪 80 年代以来，随着国际教师教育领域内教师专业化运动浪潮的兴起，西方发达国家采取了一系列措施来提升教师教育质量，促进教师教育人才培养模式的变革。学士后教师培养模式是本硕贯通的教师教育人才培养模式，它是师范教育体系从独立走向开放的体现，融合了教师教育专业化、一体化的发展理念，日益受到美国、英国、德国、法国等国的重视，实施了以美国"4＋2"、法国"3＋2"、日本"4＋1"等为代表的教师教育人才培养模式，这对我国进入 21 世纪以来教师培养模式的改革有很大的借鉴意义。

1. 理论基础

第一，教师作为"研究者"的反思实践理论。斯滕豪斯是西方最早提出"教师作为研究者"的学者，他认为，教师在课程与教学的具体情境中，不仅需要解决"教什么"的问题，更重要的是要解决"如何教"的问题。教师要学会在具体的教育教学情境中培养学生的反思探

---

① 赵敏：《基于"三角置换"模式的教育实习制度研究》，载《当代教育科学》，2012（19）：32—34。

究能力，促进学生学习。教师要具备这一教学实践能力，能够有效促进学生学习，需要在实践中培养自身的研究性思维。① 用研究性思维来反思在实践中所获得的经验，这样的思维能帮助教师突破现有的经验，获得经验的重组和认识的提升，从而更加有意识地进行教学反思，不断提出研究问题并开展行动研究，以改进教学实践。舍恩在杜威提出的反思性思维基础上发展出反思实践理论，将反思分为"行动中的反思"和"对行动的反思"。② 舍恩更强调在行动中反思，认为在行动中反思的结果——实践性知识更加重要。因此，教师在课堂教育教学中进行反思性实践，对自己外显的言语和行为以及内隐的思维方式与教育教学理念加以反思，从而寻找在特定课程与教学情境中创造性解决问题的方法，促使自身实践现状的不断改进。

第二，教师培养的专业化取向。教师专业化是国际教师教育的发展趋势，提高教师的专业性是教师教育改革和教师职业发展的目标。1996 年，在联合国教科文组织召开的第 45 届国际教育大会上对教师专业化达成了一致认识，提出在提高教师地位的整体政策中，专业化是最有前途的中长期策略。国外研究者认为，教师教育专业可以从四个方面来进行建设：一是教师教育培养机构的取向，即教师培养以推动教育公平和社会公正为己任；二是教师教育专业的组织与目标，即毕业生能胜任高质量教学的要求；三是教师教育者与学习者，即教师教育者能为师范生提供高质量的教学和实习指导，师范生具有投身教育事业的意愿和情怀；最后是教师教育专业的课程与教学，即教师培养的课程设置与教学方式能为学生提供高质量

---

① 张华军：《论教师作为研究者的内涵：教师研究性思维的运用》，载《教育学报》，2014(1)：24—32。

② 朱旭东：《教师专业发展理论研究》，184 页，北京，北京师范大学出版社，2011。

的专业学习的经验，帮助学生胜任教学工作并成长为高水平的教师。[①] 学士后教师培养模式在培养过程中注重教师的专业化水平提高，有助于促进中学基础教育的课程与教学改革以及社会进步，能够促进教师提升其教学质量，教师教育的课程与教学体系能对师范生的从教情怀与素质加以养成等。

2. 基本实施情况

21 世纪以来，在教师教育专业化、多元化、质量化的国际背景下，在我国高等师范院校转型升格以及基础教育领域对高素质教师的需求下，以北京师范大学、华东师范大学、东北师范大学为代表的一批重点师范大学以及上海师范大学、南京师范大学、天津师范大学等地方师范大学借鉴国际经验，结合我国具体国情，积极进行了学士后教师培养模式的改革，为培养高学历、研究型教师进行了先导式的探索。表 3-1 为我国主要师范大学推行学士后教师培养模式改革的基本情况。

表 3-1　我国主要师范大学学士后教师培养模式探索

学校	模式	改革时间	学位	选拔方式	选拔主体
北京师范大学	"4+2"	2001 年	教育学硕士	免试＋选拔	教育学院
东北师范大学	"4+2"	2004 年	教育学硕士	推荐免试	专业院系
华中师范大学	"4+2"	2004 年	教育学硕士	推荐免试	教育学院
陕西师范大学	"4+2"	2005 年	教育学硕士	全国统考	专业院系
南京师范大学	"4+2"	2005 年	教育学硕士	推荐免试	教师教育专业
华东师范大学	"4+1+2"	2006 年	教育学硕士	推荐免试	专业院系
上海师范大学	"3+3"	2007 年	教育学硕士	推荐免试	教育学院

3. 案例一：北京师范大学"4+2"模式

20 世纪 90 年代以来，教师教育体制逐渐走向开放，教师需求从

---

① 赵萍：《我国农村中小学教师培养机构与培养过程研究——基于文献的考察》，载《教师教育研究》，2015，27(1)：68—78。

量的供给转向质的需求。北京师范大学本着综合化的走向，积极探索"大学＋师范"的教师教育体制改革，提出了"将学科专业人才培养与教师教育剥离，将教师教育的重心上移到研究生阶段，大力加强研究生层次的高素质职前与在职研究型教师的培养"的改革思路，并于 2001 年开始实施"4＋2"教师培养模式。① 这是创新教师教育模式的一项重要改革，也成为全国高校教师教育模式变革的领头者。

第一，培养目标与规格要求。北京师范大学"4＋2"模式是为基础教育培养具有扎实的专业功底、宽厚的理论基础、较强的教育教学实践与研究能力，熟悉掌握现代教育技术的高素质研究型教师。学校从数学、物理、化学、生物、地理、中文、历史、哲学 8 个院系的本科三年级学生中进行选拔，经学生自愿报名及院系择优筛选后进入"4＋2"模式培养。对学生的具体要求有：拥护中国共产党的领导，具有良好的道德品质，热爱教育事业，积极进取，勇于开拓；具有广博的教育学和心理学修养及良好的专业素质，掌握坚实的学科基础理论和系统的专业知识，懂得现代教育理论和学科教学及其管理的理论及方法，具有较强的教育实践和教育科研能力，具有迅速成为中学骨干教师的潜力；把握国内外教育改革和发展的前沿，能在现代教育观念指导下运用所学理论和方法解决教学及管理实践中存在的问题，熟练使用现代教育手段和教育技术；能比较熟练地阅读本专业外文资料。②

第二，运作方式。"4＋2"模式属于典型的分段式培养模式。具体来说，学生前三年在各个专业院系学习专业基础课程和专业课程，与各专业其他学生一起按照统一的教学计划接受其所在专业的培养；

---

① 北京师范大学教务处：《创新教师教育模式，构建中国特色教师教育体系》，载《教师教育研究》，2005，17（3）：4—8。

② 北京师范大学教务处：《创新教师教育模式，构建中国特色教师教育体系》，载《教师教育研究》，2005，17（3）：4—8。

在第三学年末，通过学生自主选择并经过一定程序筛选，学校对学生全面考核后选择一批愿意从事教师职业的高素质学生进入第四学年的学习，第四学年也为本硕衔接培养。第五学年起进入教育学院学习两年。"4＋2"模式下，学生学满本科专业教学计划课程并修满学分及达到相应要求，获得学士学位；研究生阶段修满规定学分、教学实践成绩合格且通过硕士学位论文答辩，获得教育学硕士学位。

第三，课程与教学。"4＋2"模式在课程总体结构上突破了传统格局，调整了课程体系。学生在本科前三年学习一定的专业课程，课程设置遵循"通识教育基础上的宽口径专业教育"的思想，按照"学院－院系－专业"三个平台，设计"平台－模块"式课程结构体系和相应的课内外学习活动。第四学年设置了研究生公共外语和政治课程以及部分研究生学位课程，按照分流后的计划组织教学，一方面继续完成本科阶段的学习，另一方面修读部分研究生课程，进行衔接培养。进入教育学院后，两年研究生阶段的课程设置除了增加了教育学、心理学的内容在整个教师教育课程体系中所占的比重以外，还设置了一些前沿性课程和增加了与基础教育改革相关的发展课程，比如从中学聘请资深的校长、优秀教师、有关专家为学生举办教育教学实践领域的专题报告以及鼓励学生参与相关的课题研究等，帮助学生及时了解并且思考我国基础教育发展的前沿和动态。此外，研究生阶段尤其注重教育教学实践环节。进入第五学年，会给学生安排 10 周的教学见习，每周 1 天，以听课和熟悉了解学校各项工作为主；见习结束后，对每个学生进行微格教学训练。教育实习安排在研究生阶段的第二年，要求学生进行为期 10 周的教育实习。在实习期间，至少承担 6 节新课，完成 8 个教案，班主任实习工作 1 个月。"4＋2"模式根据不同专业学生的需求，在课程学习上采取富有弹性和灵活性的管理方式，给学生充分的选择自由和空间。

4. 案例二：华东师范大学"4＋1＋2"模式

2006 年，华东师范大学开始实施"4＋1＋2"教师培养模式，即"4

年本科教育＋1 年中学实践＋2 年硕士培养"的模式。

在培养目标与规格要求方面，华东师范大学免试直升研究生的师范生中，由学生自愿报名，并与上海市一些中学和区教育学院组成专家组对这批学生进行面试。在选拔人才时有明确规定：第一，逐年缩减本科第一次招生中师范生的比例，通过转专业或大类分流的方式，实施师范生动态调整机制，从大学一、二年级在校学生中选拔优秀生源进入教师教育专业学习，让真正乐教的学生加入师范生队伍；第二，在招生过程中，通过面试考查学生适教潜能，选拔有教师潜质的适教的学生；第三，通过推免途径选拔乐教、适教、专业基础扎实、专业研究能力突出的优秀学生进入教育硕士阶段学习，力争选拔热爱基础教育事业、综合素质好、具有教师专业发展潜质、本科阶段学习成绩优秀的应届本科毕业生。

在运作方式方面，学生通过面试后，由用人学校和学生签订就业协议书。学生在签约学校完成本科阶段的教育实习，并在本科毕业前保持与签约学校的紧密联系，参与学校相关的教学和管理工作。学生双向选择后与中学签约，即本科毕业后以"准员工"的身份进入中学工作 1 年，成为学校正式在编教师。在学校工作 1 年后经所在学校考核合格者，按上海市相关规定续签劳动合同，然后再回大学学习 2 年，完成教育硕士学业。这批学生在硕士期间享受中学发工资、大学给予全额奖学金的"优惠待遇"。

在课程与教学方面，学生的硕士课程设置、教学、论文指导都由大学和中学共同完成。第一年以全职脱产课程为主，第二年撰写学位论文，同时在中学承担一定的教学任务。课程学习在拓宽专业知识面的同时，注重职业精神、教育理念、综合素养、课堂教学技能和组织能力的培养，强化教学实践和案例教学。聘请重点中学特级教师担任部分课程的主讲教师，定期组织各类专家见面会、沙龙和社会考察等实践活动。学生的学位论文由华东师范大学和签约学校指导教师共同指导。完成教育硕士学业后，学生回签约学校工作，硕士期间的学习费用由华东师范大学和签约学校共同承担。如果正式签约学生在工作 1 年后，经过双方协商决定不再续约的，原签约学校可以不再与学生续签劳动合同，学生可以自行寻找签约单位或以自由身份返回华东师大完成硕士学业，毕业后自行落实工作单位，硕士期间学习费用由学生本人和华东师范大学共同承担。

5. 案例三：上海师范大学"3＋3"模式

上海师范大学"3＋3"模式是上海师范大学教育学院在维持、改善和充实教育学科现有各专业研究生培养方案的基础上，整合教育学科的力量，推进教师培养模式多元化改革，探索教师教育与专业教育剥离、教师教育学院化这一国际通行的教师培养模式，实现教师培养规格、层次上移，培养教学研究型教师，为上海市师资队伍优化以及基础教育现代化服务。

在培养目标方面，旨在培养基础教育学科带头人和教育领导管理人才。"3＋3"模式既不同于一般的教育硕士的培养模式，也不同于一般的教育学硕士的培养模式，其最大的特点是特别重视教育教学实践能力和教育教学研究能力培养。①

在运作方式方面，"3＋3"模式的第一个"3"，是指接受本模式培养的优秀学生用三年时间完成本科专业教育；第二个"3"，是指三年"教师教育专业"方向的硕士学位研究生教育，一些优秀的学生在本科学习三年取得本专业的学分，就可以通过甄选进入硕士期间的学习。第二个"3"又可分为"1＋2"，"1"是进行为期一年的入门导向、教育实践、教职体验以及自身价值定向；"2"意指为期二年的"教师教育专业"方向，设有核心课程、各学科必修课程和教职课程、"课程超市"的各种选修课程以及学位论文撰写与答辩。

---

① 教苑：《上海师范大学"3＋3"教师教育模式》，载《外国中小学教育》，2007(4)：19—24。

在课程教学方面，对于后三年的课程调整主要是借鉴国外在教师培养方面的经验，学生在第四学年9月通过学校的选拔、面试之后，接受教育学院负责的为期1个月的入门导向——"教师教育专题讲座"，然后到教育实践基地（以中学为主的各种教育机构）从事教育实践8个月。这近一年的教育职业体验主要包括教育见习、实习、调研以及课堂教学实践等教育教学活动。通过教育职业体验，让学生完成教师职业的心理准备，确定自身的职业取向，同时还可以选择与教育实践密切相关的课题，作为今后两年攻读硕士的研究方向。在这近一年的实践课程中要求学生完成一篇教育实践调研考察报告，并计入学分。之后，学校再对进入"3＋3"模式的学生根据其意向进行分流，对于部分不适合教师职业的学生，学校给予他们重新选择的机会。愿意从事教师职业的大部分学生，将直接进入后两年的教育学硕士培养阶段。第二年的教育学硕士课程培养和科研训练阶段由四个模块的课程组成：公共必修课程（政治、英语、计算机应用）和现代教育技术课，由相关学院具体开设；教师教育的核心课程（教师教育专题讲座、前沿论坛），由教育学院负责开设；各学科必修课程和教职课程，由教育学院协同相关学科专业研究生导师合作开设；"课程超市"的各种选修课程，由全校的精品课程构成。第三年进入学位论文撰写阶段，提倡实践性和应用性强的题目，结合学科教学研究的调查报告、个案研究、教学案例分析等。由教育学导师、学科教学论导师和具有高级职称的中学教师或管理者组成指导教师组，进行学位论文的具体指导。学生通过学位论文答辩后，即可授予上海师范大学教育学院教育学硕士学位，充实上海市的基础教育教师队伍。

6. 实施成效

学士后教师培养模式改革是我国教师教育变革的里程碑事件。不论是"4＋2""4＋1＋2"还是"3＋3"模式，都是我国高校在遵循教师培养规律的前提下，进行学士后教师教育尝试的典型代表，为我国教师教育模式的改革提供了新思路。延长学制，对师范生进行本硕一体化的培养，改善了我国中学教师学历结构，为我国基础教育培养出高素质研究型教师。

学士后教师培养模式一直强调高素质研究型教师的培养，它与传统四年一贯制的"专业＋师范"的模式不同，是通过延长学制的方式把学科基础知识和教育专业知识设在本科和硕士两个不同的阶段来学习的。本科四年主要学习学科基础知识，研究生阶段学习教育专业知识。这种培养模式正是结合了教师教育的"师范性"与"学术性"，以培养兼具扎实的专业基础知识和过硬的教育教学研究能力的教师。因此，培养出来的教师不再是单纯的教学任务的执行者，而是教学活动的反思者和研究者。教师具备扎实的学科专业知识、丰富的教育学和心理学知识、教育教学研究能力、班级管理和组织能力以及持续学习的能力，以此促进我国基础教育教学的发展。以北京师范大学为例，"4＋2"模式的首批 40 多名毕业生被中学"一抢而空"，74％的学生进入北京市各重点中学教书；前两届大约 100 名学生中，约 80％任教于北京、上海、南京、广州、重庆、珠海、杭州等城市的重点中学，受到了用人单位的普遍好评。

尽管该模式取得了良好的效果，但在实施的过程中也存在一些不足。有研究对北京师范大学 2006 级和 2007 级 "4＋2" 模式的硕士生进行的问卷调查与访谈发现，"4＋2"模式的硕士生对该教师培养模式的选择动机存在一些消极因素，不是出于教育热忱，而是出于提升学历、找个好工作的功利性动机；管理较混乱，相关院系及部门缺乏必要的协调与配合；课程结构不太合理，如硕士课程与本科课程的衔接问题等。①

---

① 康晓伟、李琼、梁东升等：《"4＋2"教育学硕士培养模式现存问题的调查研究——以北京师范大学为个案》，载《中国教师》，2009(9)：41—43。

总之，学士后教师培养模式这一重大改革举措为师范院校教师教育体系注入了新的活力，在一定程度上处理了"师范性"和"学术性"的矛盾，为提高教师专业化水平做出了重要贡献。同时，解决了我国教师供求关系中的结构性矛盾，保证了更多的优秀师范生进入教师队伍，从而提高基础教育教师队伍整体质量。

（二）免费师范生培养模式①

1. 免费师范生培养模式改革的背景

免费师范生培养自近代师范教育体系形成就已存在，但在 20 世纪 90 年代末期，国家开始高校并轨改革，改变学生上大学由国家包下来、毕业时国家包分配的做法，通过设立奖学金、实施贷学金制度鼓励学生努力学习，引导学生毕业后通过自由竞争获得就业机会。学生在学习期间通过个人努力获得奖学金或贷学金以完成学业，就业不再依靠国家分配，而是通过政府的政策引导、就业信息的指引自主择业。师范生的优惠待遇随着高校并轨政策的推进被取消。②直至 2007 年，师范生免费教育政策再度得以实施。

从政策背景看，目前就实施免费师范生政策地区相关的政策文本来说，最经常提及的国家层面的宏观政策有两个，第一个是针对六所部属师范大学的免费师范生政策，第二个是《乡村教师支持计划（2015—2020）》。2007 年 5 月，国务院办公厅转发了教育部、财政部、中央编办、人事部制定的《教育部直属师范大学师范生免费教育实施办法（试行）》，决定自 2007 年开始在教育部直属师范大学实行师范生免费教育。在此项政策实施五年之后，2012 年国务院办公厅转发了教育部、财政部、人力资源和社会保障部、中央编办联合制定的《关于完善和推进师范生免费教育的意见》，对部属师范大学免

---

①　自 2018 年起"免费师范生"已改称为"公费师范生"。

②　高文财：《免费师范生教育硕士培养模式研究》，长春，东北师范大学博士学位论文，2016。

费师范生政策进一步进行完善，其中提出"逐步在全国推广免费师范生政策"——"鼓励支持地方结合实际选择部分师范院校实行师范生免费教育，为农村中小学和幼儿园培养大批下得去、留得住、干得好的骨干教师。各地可探索实行公费培养、学费补偿和国家助学贷款代偿等多种免费方式。地方师范生免费教育具体办法由省级人民政府制定，所需经费由地方财政统筹落实"。这成为地方纷纷推出各种类型的定向就业免费师范生培养计划的重要动机。2015 年国务院办公厅印发《乡村教师支持计划（2015—2020）》，其中提到"拓展乡村教师补充渠道"，这项政策"鼓励地方政府和师范院校根据当地乡村教育实际需求加强本土化培养，采取多种方式定向培养'一专多能'的乡村教师"。在此背景下，2016 年河南、湖南、山东等省份纷纷推出多种形式的乡村教师定向培养计划。2018 年，教育部等五部门印发的《教师教育振兴行动计划（2018—2022 年）》提出改进完善教育部直属师范大学师范生免费教育政策，将"免费师范生"改称为"公费师范生"，并推进地方积极开展师范生公费教育工作。

从现实背景看，可以概括为两个方面。

第一，中西部乡村师资队伍状况不容乐观。教师队伍的素质直接影响着整个教育事业的发展。一方面，当前我国基础教育教师队伍规模增长迅速，从整体上看教师总量不足的矛盾已经解决，但教师资源配置的结构性失衡却日益严重。这种结构性失衡既表现在地域层面，即我国西部地区、乡村地区、边远地区教师短缺，城乡师资不均衡；也表现在学科层面，如音乐、体育、美术、计算机等科目的教师短缺。尤其近年来我国城镇化进程加快使得越来越多的乡村人口转移到城市，乡村学校的学生和教师都逐年减少，"一个学校、二三十个学生、一两个教师"成为乡村小学办学的特有风景。尽管在 2010—2012 年撤点并校之后，乡村小学和教学点重新布局调整有了大规模的恢复，但师资队伍状况依旧不容乐观。一般情况下学校是按照学生数来核定教师编制,这样教师表面上看起来是超编的,然而考虑要开齐不同学段各门课程,教师又是严重短缺的。另一方面,中西部农村地区教师队伍学历偏低、继续教育缺失等导致相当一部分教师教育教学观念滞后、知识结构老化、专业化水平偏低。2008年的一项对陕西、贵州、广西、湖北、安徽、河南六省区农村教师队伍的调查发现,从农村教师第一学历看,大部分农村教师是高中(中专)毕业,76.8%的教师通过函授或自学考试获得当前学历;从当前学历看,小学教师具有大专及以上学历的比例是62.5%,初中教师具有本科及以上学历的比例是34.3%。尽管近些年来学历水平有了很大的提升,但相对来说学历依旧存在不达标现象。[①]

第二,乡村教师职业吸引力不足。随着社会的发展,教育越来越受到人们的重视,教师职业地位整体也在不断提升。但从社会经济地位来说,因为工资待遇低,很少有大学毕业生愿意到乡村学校任教。有调查显示,水平越高的师范院校在校学生,到农村当教师的意愿程度越低。"211工程"师范院校、省属重点师范院校、省属一般师范院校三类师范院校的学生愿意到农村当教师的比例分别为31.7%、33.2%、43.7%。总体而言,乡村教师职业对师范院校在校学生的吸引力仅有38%,且乡村生源师范生"去农村任教"的意愿明显高于城镇生源师范生。[②] 此外,由于乡村学校工作条件差于城市学校,且学生大多数都是成绩较差的留守儿童,基础差,教师教学成就感会较低。这些原因导致乡村教师自身的留守意愿也不高,很多教师力争到城市学校任教。东北师范大学农村教育研究所对全国11个省23个区县185所中小学的5900名教师进行问卷调查的结

---

① 管培俊、朱旭东:《中小学教师队伍质量建设研究》,41页,北京,北京师范大学出版社,2014。

② 东北师范大学农村教育研究所:《如何提高乡村教师职业吸引力》,载《教师博览》,2014(12):15—17。

果显示，有 64.7％的教师最初来农村是被动性因素所致，主动性因素仅占 28.4％。被初次配置到现在岗位上的教师中，县城教师、乡镇教师、村屯队伍的比例分别为 35.4％、56.1％、51.2％，县城教师资源的初次配置体现了明显的向农村倾斜的特点。而且进一步的分析表明，农村教师的流动方向中，"从下而上"向城里流动占绝大多数，县城学校有过流动经历的教师，89％来自乡镇学校、村屯学校。而在乡镇学校、村屯学校，从城市和县城来的教师比例均低于 7‰。①

因此，为了能够培养一批"下得去、留得住、干得好"的优秀教师，国家实施免费师范生政策，首先在教育部直属的六所师范大学开展免费师范生培养模式，近些年来地方院校也逐渐参与进来。随着基础教育改革的进一步推进和教师教育的不断发展，各高校对免费师范生培养模式也进行了相应的改革创新。

2. 基本实施情况

从 2007 年秋季开始，国家正式在教育部直属的六所师范大学实行师范生免费教育试点工作。这项政策试点成功后，在全国师范院校推广开来，如今已形成了具有地方特色的多种培养模式，包括普通定向模式；自主择业、鼓励从教模式；收费培养，履约退费模式；男教师定向模式；异地委托模式。

表 3-2　地方免费师范生培养模式探索

培养模式		条件	地区
普通定向模式	省内定向	免费师范生在录取时由省内或市内相应高校面向特定的地理范围招生，毕业后必须要在相应的地理范围或学段服务满一定期限	山东、吉林、湖南、河南等
	市域定向		河北、山西等
	县域定向		四川、广西、江西、重庆等
	乡镇定向		湖南

---

① 东北师范大学农村教育研究所：《如何提高乡村教师职业吸引力》，载《教师博览》，2014(12)：15—17。

续表

培养模式	条件	地区
自主择业、鼓励从教模式	免费师范生在经过免费培养毕业之后，可以自主选择职业，即自愿选择是否从事教育教学工作	上海，新疆(2010—2012)
收费培养，履约退费模式	免费师范生在上学期间是需要缴费的，在其毕业后按照履约情况退还上学期间所缴纳的学费与住宿费	江西
男教师定向模式	主要招收男性免费师范生，补充幼儿园或小学男教师数量	福建、广西、江苏、湖南
异地委托模式	省域外的高校为其代为培养免费师范生，毕业后仍回本省特定区域任教	天津、山东

此外，各地高校根据各自需求培养师范生的学历层次有所不同，以高中起点本科层次居多，由北京师范大学、华东师范大学、东北师范大学、华中师范大学、西南大学、陕西师范大学六所教育部直属师范大学和山东师范大学、上海师范大学等一些地方本科院校培养。另外还有初中起点专科层次、初中起点本科层次、高中起点专科层次、专升本等，如湖南省的免费师范生计划中包含的初中起点专科层次农村小学、幼儿园教师公费定向培养市州项目计划，初中起点专科层次农村小学、幼儿园教师公费定向培养省级项目计划。自 2010 年《教育部直属师范大学免费师范毕业生在职攻读教育硕士专业学位实施办法(暂行)》正式发布后，免费师范生培养在研究生层次上进行延伸与发展。

3. 案例一：华中师范大学"一本三化"培养模式

2007 年《教育部直属师范大学师范生免费教育实施办法(试行)》发布后，华中师范大学作为教育部直属师范大学之一，以教师教育改革为依托，积极探索师范生免费教育政策背景下的教师培养模式。"一本三化"培养模式，即以培养未来教育家为导向的根本目标定位，以实践化为取向的课程体系，以立体化育人环境构建关键的教学模式，以及以信息化为支撑的培养条件。[①]

第一，以未来教育家为导向的培养目标。传统师范院校培养的师范生在修完规定的学科专业课程、教育专业课程等学分后，再通过各科考试，毕业自动获得教师资格证书，即可从事教学岗位的工作。在传统师范院校目标定位偏低的情况下，华中师范大学将免费师范生培养目标定位为"以未来教育家为导向"。未来教育家除了具备基本的教师素养外，还应具备以下素养：乐教——具有坚定的职业信念、良好的师德、高度的责任感和团队合作精神；懂教——树立正确的教育思想观念，掌握教育教学方面的基本知识和基本理论，了解基础教育改革的实践状况；会教——具备过硬的教学基本技能，具备应用现代教育技术组织、设计课堂教学活动的能力，普通话和板书达标，且具有一定的教学研究能力，较好地掌握开展班级活动的技能；善教——学科专业基础扎实，具备较强的终身学习能力、研究能力和发展潜力。以未来教育家为目标不仅有助于激励免费师范生提高专业知识和教学技能，而且能够提高免费师范生对教师职业的认同感，激励免费师范生坚守对教育事业的热爱，坚守基层教育的清贫，坚守教育的本质。[②]

第二，以实践化为取向的课程体系。华中师范大学在传统课程体系上进行改革，构建以实践为取向的新型教师教育课程体系。首先，华中师范大学免费师范生培养课程注重选择性，加强综合课程、

---

① 马敏、王坤庆：《教师教育新模式理论探索及其实践——以师范生免费教育政策实施为契机》，载《教育研究》，2012(11)：87—92。

② 马敏、王坤庆：《教师教育新模式理论探索及其实践——以师范生免费教育政策实施为契机》，载《教育研究》，2012(11)：87—92。

通识课程的建设，开设大量选修课，以满足学生对知识的个性化需求。除了政治、外语、信息技术、体育等通识课程外，还增加了基础教育改革、教育评价、教育调研与实验、学习方法指导、竞赛辅导等选修课程。其次，规定教师教育的课程学分，构成以实践为导向的教师教育课程体系。学校以"3＋1"即"主修专业课程＋教师教育课程"的模式设计教师教育专业课程体系，教师教育专业的学生须全部完成主修专业课程和教师教育课程模块的学分。学校教师教育课程模块为 28 个学分，其中教育基础课程学分 18 个、教学实践学分10 个。教师教育课程分为：师范教育基础理论课程，包括 6 个学分的基础理论必修课程和 3 个学分的教育理论选修课程；教师技能课程，包括 2 个学分的现代教育技术课程和 1 个学分的教学技能训练课程，还有 1 个学分的教师口语（普通话）和 1 个学分的教师书法等教师职业技能测试；学科教育类课程，包括 2 个学分的学科教学论必修课程和 2 个学分的师范专业相关学科教材研究、校本课程开发研究、中学课程解读、竞赛辅导等选修课程；教育实践课程，包括 2个学分的教育见习和 8 个学分的教育实习。再次，创新教育实践课程，强化教师培养中的实践能力培养。学校针对免费师范生全面推行"素质拓展学分成绩单"制度，而且在教师教育学院下设师范生的教师职业能力训练部和教师职业能力测试中心，实施师范生的教师职业技能训练和达标测试制度。最后，学校还规定学生在校学习期间，在完成教师教育课程模块的学分要求和获取教学实践环节学分的同时，修满教育学专业规定的辅修课程后，还可获取教育学专业的辅修证书。

第三，以立体化育人环境构建关键的教学模式。华中师范大学打破了不同社会组织在教育上封闭、分散、低效的格局，通过发挥高校、中小学校、地方政府、行业组织等不同社会机构各自的优势，共同合作，实现教育资源的有机融合和全面共享。以网络技术为基础，在政府主管部门的监管和教育行业组织的运营下，华中师范大学负责免费师范生在专业知识、职业技能和普适性价值上的发展；中小学校为在校学生提供实践机会，促进在职教师在知识深化、问题解决和经验提升方面的进步，同时也推动中小学校课程教学绩效的持续改进以及教师专业发展。这一立体化育人环境注重学校学习的理论知识和技能与来自教学实践的现场经验的紧密结合，学生与优秀的一线教师结合，通过"认知学徒"的方式对师范生进行传、帮、带，把其长期积累的大量行之有效的解决教学问题的隐性知识与经验以言传身教的方式传递给即将走上讲台的师范生。

第四，现代信息化的教师培养平台。华中师范大学以信息化为依托和载体，建设了数字化学习港、数字化学习共享空间以及数字化学习资源。数字化学习港使得毕业后的免费师范生在实验区足不出户就可以直接参加华中师范大学的研究生课程学习，将教师培养、教育的变革、教学教研的动态、丰富多彩的文化生活等信息传递给免费师范生及当地的师生，将优质的教师教育资源和基础教学资源推广到学习港所在地，实现了大学与中学的一体、职前和职后的一体、城市和农村的一体，以及高等学校、地方政府、基础教育学校等多元力量在教师教育上的协同。学校创建了以数字化教室为代表的基于电子双板的互动性教学空间、以数字化活动室为代表的基于体验式学习的小班活动空间、以虚拟课室为代表的基于云服务的网络化学习活动空间。这些学习空间的建设改变教师讲授、学生被动接受的传统学习方式，能够实现自主学习、合作学习，加强师生之间的有效互动，在现实的教育问题情境中借助丰富的资源，促进学生对知识的理解掌握与迁移应用。

4. 案例二：青海师范大学小学全科教师培养模式

2012 年教育部等五部委下发了《关于大力推进农村义务教育教师队伍建设的意见》，指出各地要"采取定向委托培养等特殊招生方式，扩大双语教师、音体美等紧缺薄弱学科和小学全科教师培养规模"，"要把农村义务教育教师队伍建设作为一项重大而紧迫的战略任务，摆在重中之重的战略地位"。青海省教育厅于 2013 年初提出"服务牧区、全科培养、定向就业"的指导意见，青海师范大学按照"综合培养、全面发展、一专多能、学有特长"的工作思路，构建适应青海省农牧区小学教学需求的教师教育课程体系和实践能力培训体系，探索"全科型"农牧区小学教师培养新模式。①

在培养目标方面，青海师范大学力求培养知识广博、基础扎实、综合素质高、艺术专长突出，具有人文精神、科学素养、创新能力的小学全科教师。所培养的学生具体知识和能力结构体现为具有"两基础、一专长、一特长"，即每个学生打好英语和体育两门基础，在语文和社会、数学和科学中选一个方向作为主打专业方向，在音乐和美术中选修一项拓展其特长。

在课程设置方面，青海师范大学课程模块包括通识课程、专业课程和特长课程及公共选修课程。通识课程提供小学多学科教学需要的宽厚的文化基础知识，包括教师教育课程和综合实践课程；教师教育课程提供小学教师教育理论和教学的基本技能，包括活动课程和班队组织。专业课程和特长课程提供学生主要专业方向各科教学和艺术类课程教学的基本知识和基本能力。公共选修课程为学生的素质拓展而开设。通过这些课程打造培养学生的"两基础、一专业、一特长"的知识和能力结构。"两基础"是将英语和体育作为必修的基础课，开设针对小学英语教学的综合英语，总授课时比大学英语增加 50%，不再单独开设大学英语；综合体育课是指在公共体育课的基础上增加针对小学体育教学的授课内容，总授课时比普通师范专业体育课增加 50%。"一专业"是指学生在语文和社会、数学和

---

① 王金锐、冶成福：《青海农牧区小学全科教师培养模式研究》，载《青海师范大学学报（哲学社会科学版）》，2015(4)：148－151。

科学两个学科专业方向中选一个方向作为自己的主打专业方向，安排两个学期的学习时间，希望每位学生能承担小学语文和社会或数学和科学课程的教学任务。"一特长"是指该专业方向培养的学生在音乐和美术两门艺术类课程中选择一门课程学习，总学分为 20 学分，学习音乐或美术的基本知识，培养音乐或美术的基本能力，拓展其艺术特长，能胜任小学音乐或美术课程的教学工作。

课程教学采用分段、选学的方式进行。对一、二年级学生实行通识培养，大面积跨专业开设选修课程，音乐、美术课程从一年级开始连续四学期开课。三年级根据小学教学需求进行学科专业课程的学习，贯穿文、理、艺体科类进行全科培养。而且从第一至六学期，每学期都有一周的教育见习或实践。四年级实行专业素质提升培养，在第七学期进行一学期的顶岗支教实习，将"磨课"作为教学实习的主要手段，在反复训练中切实提高教育教学能力。第八学期完成毕业论文和毕业设计。此外青海师范大学历年始终把教师口语、普通话、三笔字等课程作为师范生培养方案中的核心课程，需要在教师普通话、三笔字、板书设计、教学方法、备课、说课、试讲、班主任工作技能以及教育研究能力等几门课程中达到标准。

5. 实施成效

师范生的免费培养在很大程度上吸引了优秀师范毕业生进入教师队伍。高校对免费师范生培养模式的不断创新，提高了教师培养质量，对于我国各地尤其是偏远、乡村地区的中小学教师队伍的数量补充和质量提升均发挥了重要作用。

从各地招收免费师范生的数量上看，山西省每年培养的省级免费师范生有 500 人。福建省 2015 年录取男免费师范生 394 名，其中本科层次 249 人，专科层次 145 人；小学教育 297 人，幼儿教育 97 人。广西壮族自治区每年招收学前教育男免费师范生 100 名，小学阶段免费师范生 3000 名。湖南省截至 2015 年已招收培养各类农村小学、幼儿园免费定向师范生 34793 人，毕业 10529 人；2015 年的地方免费定向师范生招生规模达 6400 余人，超过特岗计划年招聘 5700 人的规模。江苏省自 2010 年开展师范生免费教育试点五年来共录取 2800 多人，分数线均达到当地四星级高中分数。新疆维吾尔自治区从 2010 年到 2015 年累计招收免费师范生 2.66 万人。在保证数量的同时提高培养质量，如湖南省免费师范生绝大部分是从初中毕业生中择优录取的，生源优良，经过 4~6 年系统的师范教育，专业思想比较牢，专业素质比较高。许多毕业生一到乡村学校，很快就成了教育教学骨干，深受基层学校、教育行政部门以及广大学生和家长的欢迎。

免费师范生培养模式中的小学全科教师定向培养是解决小学师资问题的有益探索，已成为偏远贫困地区乡村小学教师补充的重要渠道，在一定程度上缓解了乡村小学师资紧缺的局面，完善了乡村小学教师队伍的年龄结构和学科结构，提高了队伍整体素质和稳定性。以湖南第一师范学院为例，该校 2011—2017 届共毕业定向师范生 7818 名，平均履约率（即回乡任教者占毕业生总数的比例）达到 96.87%，乡镇以下从教率（即到乡村小学工作者占回乡任教者总数的比例）达到 96.46%。[①] 此外，在这种模式下培养的教师学科结构全面，综合能力突出，能较好地适应乡村学校小班化现状和复式教学。比如，青海小学全科教师培养模式的实施，成为逐步解决农牧区小学教师总量不足、质量不高、知识结构不完整问题的有效措施。定向培养、定向就业机制有效改善了青海省农牧区小学教师队伍的学科结构，受到了农牧区教育部门和乡村学校的好评。[②]

---

① 庞丽娟、金志峰、吕武：《全科教师本土化定向培养——乡村小学教师补充的现实路径探析》，载《教师教育研究》，2017(6)：41—46。

② 王金锐、冶成福：《青海农牧区小学全科教师培养模式研究》，载《青海师范大学学报(哲学社会科学版)》，2015(4)：148—151。

但是，在取得成效的同时，免费师范生培养模式的实施也出现了一些问题。如在经费方面，一些地方政府因为财力原因，难以为项目规模的扩大提供足够的经费支撑。此外，有些地方对小学全科教师的培养制度还不够完善，限制了教师专业化水平的持续提升和个人职业的长远发展。

（三）卓越教师"三位一体"协同培养模式

近些年来，教师专业化发展的需要使我国处于教师教育变革之中。教育部《关于实施卓越教师培养计划的意见》提出的建立高校与地方政府、中小学"三位一体"协同培养新机制不仅是对教育综合改革所提出的协同性、整体性的贯彻，也成为新阶段培养卓越教师的改革新方向。提倡大学与中小学合作，改变单一的教师培养模式，双方发挥各自的理论与实践等方面的优势，其中政府及教育行政部门的参与和协调是保障实践进行的重要因素。近几年我国开始探索"三位一体"协同培养模式，即高校与地方政府、中小学三方在教师教育领域联合，在遵循一定规则的基础上，将政府的经济优势和制度优势、高校的资源优势和专业优势以及中小学的实践场所等优势联结到一起，形成教师培养共同体，共同致力于教师教育质量的提高、促进教师教育改革的开展。[①]主要包含高校主导的"U—G—S"模式和地方政府主导的"G—U—S"模式。

1. 理论基础

协同学一词最早是由德国物理学家赫尔曼·哈肯（Harman Haken)1970 年在斯图加特大学的演讲中提出来的。1977 年他提出协同学理论（Synergetics)，用以反映复杂系统与子系统之间的协调合作

[①]　贺美玲：《"U—G—S"协同的卓越中小学教师培养模式研究》，镇江，江苏大学硕士学位论文，2015。

关系。① 协同学方法以"协同导致有序"作为其根本指导思想，主要由协同效应原理、支配原理、自组织原理三条基本原理组成。其中，协同效应原理是这一方法的主要原理，是指系统内部的各要素或者子系统通过相互之间的关联运动产生协同效应，进而达成有序状态；支配原理是指系统内部的部分要素虽然是少量的，但在某种状态下却牵制着大部分要素，使系统难以达到平衡状态，此时这部分要素的作用是支配性的；自组织原理是指系统内部的各要素或子系统在没有任何外力的作用下，自发、主动地进行协同与合作。

　　教师培养是一个培养人的复杂系统工程，基于协同学理论，可以发现在这个系统中，高校、政府（各级教育行政管理部门）、中小学（幼儿园）三方机构是教师培养的主体，即系统节点或子系统；知识、信息、资本、实践、时空等资源是教师培养要素，它们通过某种机制运转于上述主体内或主体间，并通过有序和最优的协同与整合生成系统中的协同链和价值链，呈现出基于高质量教师培养的较高的协同效应。② 因此，这种协同培养模式可以将学科教育与专业教育融合、将教育理论与教育实践融合，同时也可以将教师职前培养与教师职后培训融合，实现教师教育一体化，实现融合的教师培养。这是一项需要多方人员参与的复杂的工作，其中必须有各方主体有效的合作，从而构建教师教育合作共同体。通过教师教育者间的合作、师范生的合作、教师教育者和师范生的合作、大学与中小学的合作、师范大学与地方政府的合作，大学教师、中小学教师与师范生之间建立一种平等对话的关系。这不仅有利于师范生学会合作和教学，而且在教育实践中架起理论与实践的桥梁，保障师范生

① 范如国等：《复杂网络结构范型下的社会治理协同创新》，载《中国社会科学》，2016(2)：98—120。

② 解学梅：《协同创新效应运行机理研究：一个都市圈视角》，载《科学学研究》，2013，31(12)：1907—1920。

有充分的高质量的教育实践机会，推动教师教育真正转向"基于实践的教育"。

2. 基本实施情况

近些年来，我国很多地区已经逐步探索"三位一体"协同培养模式，包括东北师范大学的"教师教育创新东北实验区"、山西师范大学的"大学－政府－学校"人才培养模式、首都师范大学倡导的"大学－区域－中小学"协同创新服务基础教育模式等，还有一些高校主导型模式，如表 3-3 所示。

表 3-3　高校主导型"三位一体"协同培养模式的探索

学校	协同内容	培养机制	实践形式	师资队伍	课程体系
东北师范大学	教育实习、在职教师培训、教育课题研究	职前、入职、职后一体化	多元评价的教育现场实习模式	双导师：高校教师与中小学教师	"理论＋案例＋实践体验＋研究发表"的教育实践课程
鲁东大学	人才培养、教师培训、智力引领	职前职后一体化	顶岗实习、置换培训		以教师专业发展学校为依托
淮阴师范学院	学生发展、教师发展、学校变革	职前、入职、职后一体化	双导实践教学体系		平台＋模块
湛江师范学院	"五力型"卓越教师	职前职后一体化	实践＋问题＋工作坊		

3. 案例：东北师范大学"U—G—S"模式

2007 年，东北师范大学以"融合的教师教育"理念为指导，以"教师教育创新东北实验区"建设为载体，启动了"优秀教师和教育家培养工程"，提出并开始实施"师范大学－地方政府－中小学校"合作教师教育模式，简称"U—G—S"模式。

在培养目标方面，东北师范大学设计并实施的"U—G—S"模式以培养、培育"优秀教师和未来教育家"为根本目标，与地方政府、中小学校共建实验区，打造大学与中小学校之间，大学教师、中小学校教师与师范生之间合作发展的教师教育合作共同体，促使教育理论与教育实践有机结合、师范生职前培养与在职教师培训一体化发展。历时六年多的探索中，他们将发展目标定位为：打破师范大学"封闭"的办学模式，推动师范大学内涵式发展；加强师范生与基础教育之间的融合程度，破解师范生培养过程中的实习场所匮乏、实习指导薄弱、实践能力缺失、创新能力不足等问题；创新教师教育者的专业成长范式，改变教师教育者面临的机制缺失和模式单一的专业发展状况。①

在组织机制方面，东北师范大学负责"U—G—S"模式在实施过程中的整体设计与规划、组织运行与成果推广，并为其他合作方提供理念指导、智力支持和人力资源保障；地方政府、中小学校积极参与教师教育人才培养方面的工作，并提供经费、物质、政策等各方面保障，积极为大学人才培养提供条件。地方政府、中小学校认同合作中产生的多方价值，在合作过程中获得了大量的智慧资源，在区域教育改革、学校改进、学校课程建设、教学提升、教师专业发展等方面得到了大学的指导和技术支持。②

在实践体系方面，建立了"教师教育创新东北实验区"。2007年12月，东北师范大学与辽宁省教育厅、吉林省教育厅、黑龙江省教育厅分别签署协议，共建"教师教育创新东北实验区"，开展师范生教育实践、在职教师专业发展、教育课题合作研究、教育信息资源

---

① 刘益春、高夯、董玉琦等：《"U—G—S"教师教育新模式的探索》，载《中国大学教学》，2015(3)。

② 刘益春、高夯、董玉琦等：《"U—G—S"教师教育新模式的探索》，载《中国大学教学》，2015(3)。

平台建设等工作。2014 年学校实验区规模稳定在东北三省及内蒙古自治区的 22 个县市教育局范围内的 110 所中学，可以同时容纳 1500 名师范生进行教育实习工作。① "U—G—S"模式突破了师范大学教育空间的限制，将师范大学"人才培养、科学研究、社会服务"的功能延伸至实验区中小学校。依托实验区建设，"U—G—S"模式中三方主体共同构建了"教育见习－模拟教学－教育实习－实践反思"的实践课程体系，建构了"理论引导—案例分析—实践体验—研究发表"教育实践课程实施模型，并探索总结出"县域集中－混合编队－巡回指导－多元评价"的教育实习模式，同时对实习生实行"双师型"指导。师范生也把研究扎根于实验区，基于实验区中小学校课堂进行研究，并将研究成果应用于实验区的基础教育教学中。

"U—G—S"模式的实施不仅为高校师范生的培养提供了有利的条件，而且为一线教师的专业发展以及高校教师深入开展教育课题研究提供了实践平台。针对实验区中小学校教师专业发展的现状与需求，东北师范大学通过"U—G—S"模式在实验区实施了"常青藤工程"等，如订单培训、置换培训、校本研修、专题报告、远程教育、送课下乡、同课异构等构成的多种在职教师培训形式，逐步形成形式多样、内容丰富、结合学科、深入课堂、针对教师的立体培训网络，极大地提高了教师职后培训质量。② 此外，每年拨专款立项鼓励大学教师深入中小学校开展教师教育研究，研究与基础教育紧密结合，促使教师教育研究者纷纷到实验区中小学校进行调研，针对教育教学中存在的现实问题开展研究，这样有利于高校与当地中小学校教师实现优势互补，共同成长、共同发展。

---

① 刘益春、李广、高夯：《"U—G—S"教师教育模式建构研究——基于教师教育创新东北实验区建设的实践与思考》，载《教师教育研究》，2013，25(1)：61—64。
② 刘益春、李广、高夯：《"U—G—S"教师教育模式实践探索——以"教师教育创新东北实验区"建设为例》，载《教育研究》，2014(8)。

4. 实践成效

卓越教师"三位一体"协同培养模式保证了师范生教育实践质量，在很大程度上增强了师范生教学实践能力，提高了师范生培养质量。比如，东北师范大学自 2007 年开始实施"U—G—S"模式，与东北三省教育厅签署协议，先后在黑吉辽三省和内蒙古自治区的 25 个县市的 105 所学校建立了"教师教育创新东北实验区"①。5 年的时间，"教师教育创新东北实验区"接收了 5000 余名师范生进行教育实习，生均完成 25 课时以上教学任务、人均授课达 20 余节，是传统教育实习的 3 倍以上；生均开展班主任活动 1.3 次，实习班主任至少开展一次班队会活动和一项教育调查研究，同时开展多次教学反思活动，学生实践教学能力得到极大提高。

通过这种协同培养，中小学为师范生课程设置提供了丰富的资源，充分将理论与实践相结合，提高课堂教学效果。比如，北京师范大学构建"三级协同多维度"U—S 伙伴合作关系后，北京师范大学教师教育研究中心（所）全体教师近 5 年来 100％在课堂教学中会使用到教育教学一线的课堂实录、案例等资料，其中 80％以上来自各层级合作项目当中收集的资料。同时，合作伙伴关系为大学实践性课程的创设提供了时间与空间，北京师范大学教育学部"2016 版研究生培养方案"中的"'教师研修'专业实践"课程（2 学分），即"以教师教育研究所同一线中小学开展'U—S'合作模式下的各项目为载体，吸纳学生全方位参与到项目的开发与研制、实施与评价、反思与研究当中来，提升学生对教育实践问题的关注、反思与研究能力"的一门专业选修课程。②

此外，协同培养模式不仅提高教师职前培养质量，而且为教师

---

① 刘益春：《协同创新培养卓越教师》，载《中国高等教育》，2012(23)：15—17。
② 袁丽、石中英、朱旭东：《U—S 合作伙伴关系"三级协同多维度"体系的构建与反思——以北京师范大学教育学部为例》，载《大学(研究版)》，2015(12)。

职后发展提供充分的学习机会，促进在职教师专业发展，这为更加成熟的开放性、一体化的中国教师教育体系建设打下了较好的基础。但不可忽略的是，因为组织结构建设缺失等原因，许多地方建设的协同创新实验区出现流于形式的问题，这需要进一步探索完善。

第二节　教师培训模式

教师培训是相对于教师培养而言的，是教师培养的延伸和发展。职前培养固然重要，但在一定程度上，在职培训对教师专业成长的意义更为重大。它是教师专业发展必不可少的途径，是教师逼近"专业人员"的阶梯。联合国教科文组织的报告《教育——财富蕴藏其中》提道："一般来说，教师继续教育在决定其教学质量方面的作用如果没有更大，至少也和职前培养对其教学质量的作用同样大。"同时，还指出："若以尽可能灵活的方式实施教师继续教育，将利于提高教师能力且改善教师地位。"研究表明，教师的职前培养与他们走上工作岗位后的实践教学联系不够紧密，存在脱节问题。[1] 对他们实际教学技能起到巨大作用的内容大部分是在其担任教师后的两三年中通过实践和在职培训获得的。

诚然，教师培训是促进教师专业发展的有效途径，教师培训模式又是影响教师培训效能的关键因素。对教师培训模式的研究不仅有利于促进教师的专业发展，还有利于更好地服务学生的发展。下面就教师培训模式的概念和教师培训模式的分类进行阐释，以帮助研究者厘清教师培训的多元化模式。

---

[1]　刘江岳：《专业化：中学教师职前教育研究》，苏州，苏州大学博士学位论文，2014。

一、概念厘清

（一）教师培训

20 世纪 60 年代，人们常把教师在职进修称作教师的在职培训，它既包括在职教师参与的促进其专业发展的各类活动，也包括在职教师为提升学历学位、考取证书或其他资格所做的准备教育活动。80 年代以来，人们对在职培训的概念产生了质疑，认为它并不能正确反映教师在职进修的内涵与外延，应将其称为在职教育，意为通过为教师提供完整且连续的学习活动来促进教师专业的、学术的和人格的发展。后来，又出现了在职教育与培训的概念，意图将教师的在职培训和在职教育两个概念统一起来。但随着国际教育形势的发展和终身教育理念的提出，上述概念都让位于一个新的称谓，即教师继续教育。近些年来，政策文本中的主要术语为教师专业发展和教师培训。为了与前文教师培养的术语保持一致性，本部分采用教师培训的术语。

广义的教师培训既包括对职前教师的培训也包括对在职教师的培训，狭义的教师培训主要指对在职教师的培训，即对教师的继续教育。本部分的教师培训主要从教师继续教育的角度出发，仅指对在职教师的培训。顾明远先生在 1990 年把教师继续教育定义为对达到一定知识水准的在职教师进行的知识更新、补缺和提高的教育，其目的已不单纯是补足学历、补充新知识或改进目前的教学工作，而是致力于改善教师教学的知识、能力、态度、行为等条件，提高教育对社会的总体适应性。[①] 有学者认为教师培训是指对已达到国家规定学历的教师进行的以提高思想政治素质和教育教学能力为主要目标的培训，主要包括新教师见习期培训、骨干教师培训和对部

---

　① 《教育大辞典》，6 页，上海，上海教育出版社，1991。

分骨干教师提高学历层次的培训。① 也有研究者把教师培训定义为通过有计划地组织在职教师开展各种层次、各种形式的学习活动，促进在职教师在专业上、学术上和人格上的可持续的发展。②

本节中的教师培训指的是教师入职时和职后所参与的和教师自身专业发展相关的所有教育活动的总称，如学历进修、知识和技能培训、校本培训、自学培训等。

（二）教师培训模式

教师培训模式也称为职后教师教育模式，是实现教师专业发展目标和任务的具体组织形式，是教师培训理论与培训实践的中介和桥梁。郭景扬从培训条件、培训目标、培训对象、培训内容、培训形式对教师培训模式的决定要素进行了探讨。③ 具体来说，教师培训模式是对取得教师资格的在职教师进行的以有效提高教育教学质量为目的的教育训练活动的方式及其相关活动，其基本构成要素包括教育理念、实施主体、培训对象、培训内容、培训手段、培训管理与评价等。④⑤ 不同的要素组合方式构成不同的教师培训模式，并形成独具特色的培训结构，为培训活动提供操作思路和实践策略。

二、改革开放后教师培训的发展历程

我国中小学教师培训大体经历了以下几个发展阶段：以教材教法过关为重点的教师培训时期（1978—1983 年）；以学历补偿教育为重点的教师培训时期（1983—1989 年）；学历培训与继续教育交叉时

---

① 郑百伟：《教师继续教育模式研究与探索》，43 页，北京，中国人民大学出版社，2009。

② 卫晓燕：《现状·问题·对策——对建立多样化的教师培训模式，促进教师专业化发展初探》，上海，上海师范大学硕士学位论文，2004。

③ 郭景扬：《教师继续教育研究》，239 页，徐州，中国矿业大学出版社，2001。

④ 陈跃辉：《教师专业化培训模式研究》，10 页，长沙，湖南人民出版社，2010。

⑤ 张利利：《新课改背景下中小学教师继续教育模式研究》，西安，陕西师范大学硕士学位论文，2011。

期(1990—1998年)；素质型教师教育的普及阶段(1999年后)。[①]

以教材教法过关为重点的教师培训时期。根据"教什么、学什么"和"缺什么、补什么"的原则，我国在1980—1983年开展了以教材教法过关为重点的教师继续教育培训工作。"文化大革命"造成的文化损失和教师队伍断层，使得我国教师队伍的素质难以满足教育发展的需要，尤其难以适应国际信息化时代背景下教育的新形势和新要求。1977年底，教育部颁发了《关于加强中小学在职教师培训工作的意见》，要求各地根据即将下发的中小学各科教学大纲和新教材的要求，立即采取多种应急措施，利用一切可利用的时间组织培训，尽快建立和健全省、地、县、校的培训网络。省、地可建立教育学院或教师进修学院，县可建立教师进修学校，以使现有大多数教师提高到能够初步适应使用新编教材的程度。

以学历补偿教育为重点的教师培训时期。由于中小学教师队伍中存在大量学历不合格的教师，我国在1983—1989年进行了以中小学教师学历补偿教育为重点的继续教育培训，基本目标是"通过继续教育，使当时不具备合格学历的或不能胜任教学的教师，绝大多数能够胜任教学工作，并取得合格证书或合格学历"。这一阶段的继续教育使教师在知识和技能等很多方面的水平得到了不同程度的发展，从根本上改变了10年前许多教师不能胜任教学的局面。同时，继续教育在教师专业成长中的作用也得到了相应的肯定和重视，师资培养和继续教育从封闭的师范教育向以继续教育为重点的开放型发展方向迈进。这一阶段的培训主要是在短时间内使大量学历不合格教师达到了合格学历，层次上仍属于低层次的教师继续教育。

学历培训与继续教育交叉时期。20世纪90年代以来，我国的教师继续教育进入转型期，工作重点由以往的只注重知识和文凭的传

---

① 张文明：《教师继续教育：现状及其管理策略——苏州市小学教师继续教育调查分析》，上海，华东师范大学硕士学位论文，2003。

统继续教育转向教师的在职继续教育，这是我国教师继续教育历史上的一大转变。我国的师资培训进入了第三个阶段，即学历培训与继续教育交叉时期，两者并存、并行发展，并逐步由学历补偿教育转移到继续教育上来。1990 年 12 月下发了《全国中小学教师继续教育工作座谈会会议纪要》，这次会议对中小学教师继续教育的原则、形式、内容、途径、方法等方面做出了较为明确的规定，从此我国教师继续教育走上了迅速发展的轨道。1996 年的第五次全国师范教育工作会议对以往开展的教师继续教育予以总结，并提出在学历补偿教育基本完成之后，要不失时机地将中小学教师培训转移到继续教育上来，标志着我国教师教育走向了全面发展的最好时期。同时，国家开始把教师的教育教学素质及继续教育问题纳入法制轨道。

素质型教师教育的普及阶段。20 世纪 90 年代中后期以来，随着我国教育改革的不断深化，教师继续教育也发生了质的变化，不再局限于学历培训，更重要的是担当起转变教师教育观念、提高教育教学能力、推进素质教育的任务。"跨世纪园丁工程"与"中小学教师继续教育工程"的实施标志着教师继续教育进入了攻坚阶段。1999 年，教育部颁布了《中小学教师继续教育规定》，要求教师继续教育原则上每 5 年为一个培训周期。"跨世纪园丁工程"是教育部"面向 21 世纪教育振兴活动计划"项目之一，以提高教师实施素质教育的能力和水平作为教师培养培训工作的重点。其子工程"中小学教师继续教育工程"的主要目标是：对现有约 1000 万名教师进行培训，使教师整体素质明显提高，使其能基本适应素质教育的需要。这在我国历史上是史无前例的。教师继续教育的工作重点由以学历补偿教育为主转向以继续教育为主，从单向知识或技能培训提升到以提高实施素质教育的能力和水平为重点的培训。教师继续教育逐步从部分地区扩展到全国各地，从小学扩展到中学，从部分教师扩展到全员培训。这标志着我国教师继续教育朝着专业化发展的方向迈进，逐步走上规范化、系统化、网络化的道路。

三、教师培训模式的分类

教师培训模式的基本构成要素(教育理念、实施主体、培训对象、培训内容、培训手段、培训管理与评价等)具有多样性，因此，在不同要素的组合下也形成了多元的教师培训模式。综合目前国内学者的研究成果，从不同的要素来看，教师培训模式主要有以下几种分类方式。

(一)从实施主体上看，主要包括培训机构主导模式、高校模式、校本模式、教师主导模式和社区模式

培训机构主导模式。培训机构主导模式是以教师培训机构为载体，通过整合和引进优质教育资源来培训在职教师的一种模式。这里的教师教育机构主要指教师进修学校和教师教育学院，是教师培训的主体力量。主要包括互动参与式培训模式、"以问题为中心"的培训模式等。互动参与式培训模式是指培训者和参训者在参与互动的过程中主动合作、探究学习，能够有效促进教师的自我发展及提高。但互动参与式培训模式对培训者的教育理论储备、教学实践经验都有较高的要求，同时还要求掌握一定的培训方法和策略，且班额不能太大，以 30～50 人为宜。"以问题为中心"的培训模式是教师选择教学实践中遇到的问题，在培训中以"解决问题"为中心展开探究式的学习。该模式中，问题既是培训的起点，又是培训内容确定的依据。问题确定以后，培训者采用一定的方式把问题呈现给参训者，培训双方同时面对问题，每个人都可以思考和尝试问题的解决，共同进步、共同受益。这种模式对培训者的探索性和创造性有很高的要求。[①]

---

① 张利利:《新课改背景下中小学教师继续教育模式研究》，西安，陕西师范大学硕士学位论文，2011。

高校模式。高校模式是指以高等院校为基地，利用高校中的教育资源对职后教师所实施的以理论教学与研究为主的教学实践模式，主要包括学历提升模式、短期研修模式、现代远程教育模式。我国自 20 世纪 90 年代末就有高等师范院校参与中学教师的职后培训。高校特别是高等师范院校是教师职前培养的核心机构，它们在长期的教师职前教育中积累了丰富的经验，同时一些先进的教育手段和教学技术首先在高校中得以产生和使用，所以高校对教师的职后培训有着独特的作用和价值，它们不仅可以对教育思想起到引领作用，而且可以对教学实践产生指导价值。另外，从可获得的资源来看，高校内丰富的学习资源是普通中小学校难以获得和享有的，这些资源可以为教师培训提供有力的支持。但是，高校的教育体系并不能完全满足教师培训的需求，理论与实践并不总是有机统一的，理论往往较为理想化。高校教师擅长的理论思维并不总是能应对复杂多变的教学实际，容易忽视教师教育教学行为的实践特征。两者需要加强沟通交流，才能实现理论与实践的有机结合。[1]

校本模式。校本模式是以教师任职学校为主体，依托学校本身现有的各类资源，解决教师在教学实践中遇到的问题的教师培训模式，常常以实际情境中的经常性问题与教学经验为主要学习内容。这种模式以教师的教育教学实践为中心，制订相应的研修计划，让教师在实践过程中发现问题、找出差距，通过自身的努力和同伴的帮助、专家点拨等方式提高自身素质，具有针对性和实效性等特点。[2] 校本模式的教师培训通常有两种具体形式：一种是中小学定期聘请相关的专家、学者来校对教师实施有计划、有组织的培训，在

---

① 时伟：《专业化视野下教师继续教育的理论与实践——高师院校的职能定位与应答》，上海，华东师范大学博士学位论文，2003。
② 王晓萍：《教师职后培训模式探讨》，载《大连教育学院学报》，2010，26(1)：22—23。

培训中结合教师在实践中遇到的问题，及时提升教师解决问题的能力；另一种是常规性的校本学习模式，即教师之间相互听课、相互学习与指正。[①] 校本学习模式主要包括导师指导模式、观摩审察模式、专题研讨模式、微格教学模式、课题研究模式、案例研究模式等。导师指导模式也常被称为"师徒结对""青年教师带教""师徒带教"等，虽名称不同，但通常都是指给刚入职的新教师安排一位有经验的优秀的老教师，通过一个安排有序的计划，向新教师提供系统而持续的帮助，使其尽快适应学校教育教学工作、尽快独立成长。它是一种非常经济而有效的入职教育形式，目前很多学校都以条文的形式把"导师制"定为学校培养新教师的主要形式和手段。1986年，国家教委颁布的《中学教师职务试行条例》和《小学教师职务试行条例》中规定，学校里的一级教师和高级教师，除了自己具有较强的教学能力和科研能力以外，还要指导比自己低一级别的教师的教育教学工作，以及承担培养新教师的任务。导师指导模式的特点有四个：首先，强调指导过程中的互动因素，这是一种相互影响的过程；其次，强调指导过程中的整合因素，这是一种优势互补的过程；再次，强调指导过程中缄默知识的传递；最后，强调指导过程中建立起来的职业关系，不仅仅是一种"教与学"的关系，更多的是一种情感上的心理支撑。[②] 但这种"一对一"的培训模式不可能在大范围内运用，且导师自身的个人爱好或缺陷也可能片面影响被指导者。[③]

　　教师主导模式。这是教师自我教育的最高境界，表明教师已经走上了自我教育、自我寻求发展之路。教师主导模式是指教师通过

---

① 潘麦玲：《我国教师继续教育模式的反思与重构》，载《继续教育研究》，2017(2)：75—77。

② 杨文颖：《"导师制"教师入职教育模式探究——以宝鸡文理学院为例》，西安，西安外国语大学硕士学位论文，2011。

③ 刘丽俐：《中小学教师继续教育培训模式研究》，128页，北京，中国人事出版社，2003。

自主学习，不断提高自身的素质的教师培训模式。该模式强调教师对自己的课堂进行观察和反思，评估自己的教学效果，开展"行动研究"。在这个过程中，教师既是培训者又是学习者，整个过程是自主的、有意识的，而且是长期甚至终身的。在教师整个自我发展的过程中，教师是教学理念的学习者、研究者、实践者。这种模式下又包括实践反思模式、名师网上授课模式。实践反思模式是指教师以自身的教学实践为思考对象，对自己的教学行为和教育现象进行分析，是发现问题、思考问题、解决问题的过程，是不断否定与修正的过程。作为一种新型的教师培训模式，名师网上授课模式为教师的学习提供了便捷化、多样化的服务。这种模式使教师学有所获、学以致用，令教师的专业化发展在教育信息化过程中良性互动、相互促进。网上学习的过程中，教师也会自觉地反思自身的教学行为，不断改进教学，提高教育教学能力。[①]

社区模式。社区模式是以社区教育机构为依托，利用社区资源，对教师实施的以丰富社会阅历、增强社会问题意识、提升社会参与能力为主的教育模式。社区资源是教师专业发展不可缺少的重要资源。由于居住方式与社会分工的原因，在共同工作或生活过程中，社区会逐渐形成自己的特色，使不同的社区呈现出经济、文化与政治差异。教师培训活动应该能使工作与生活在不同环境中的教师群体积极参与本地社区的各种活动，了解本地产业结构和经济情况，了解社区内不同群体的生存方式与生活感受，获得更多的有利于教育教学的背景知识与过程知识，增强社会适应能力，提高教师驾驭教学的能力。社区教育的实质是沟通教育与社区的联系，协调教育

---

① 张利利：《新课改背景下中小学教师继续教育模式研究》，西安，陕西师范大学硕士学位论文，2011。

发展与社区发展，构建终身教育体系，走向学习型社会。① 总的来说，社区模式是其他教师培训模式的辅助，通过社区教育资源的梳理与整合，使教师扩充社会经验，增强社会体验，增加问题意识，丰富社会情感，为教育教学问题的解决提供背景知识，配合其他模式，共同提高教师的教育能力。

（二）从培训对象上看，主要包括新教师培训模式、骨干教师培训模式、晋级履职培训模式

新教师培训模式。新教师培训模式是在教师入职的第一至三年中，学校、教育管理部门为提高新教师入职培训的效率，向新教师提供若干较稳定的有计划、系统的培训的形式。对新教师的继续教育普遍采用的培训模式是集中培训模式、校本培训模式和导师帮扶模式这三种，这些模式各有各的特点。② 也有学者归纳出了幼儿园新教师入职教育的四种模式，即导师制模式、校本培训模式、岗前集中培训模式和合作培养模式。③ 还有研究者从具体学科入手，总结了学科新教师培训模式的种类，有师徒式培训、教学现场培训、参观考察培训、先进典型培训、教育教学专题培训、校园文化培训、读书制度培训、调研式培训等。④ 新教师处在教师专业发展的关键阶段。因此，对新教师的培训越来越受到各级学校的重视。

骨干教师培训模式。骨干教师是教师中的核心和精华，是在教师群体中起主要作用的人，包括名师、学科带头人和各级各类的教育、教学骨干。骨干教师培养指向的教师培训模式主要有以下几类：

---

① 颜海波、王捷、付卓林：《基于终身教育视野构建以社区为中心的教师继续教育模式》，载《中共山西省委党校学报》，2007，30（3）：83—85。

② 施珺：《我国中小学新教师入职教育的现状与模式研究》，南昌，江西师范大学硕士学位论文，2009。

③ 杨茹：《幼儿园新教师入职教育模式研究》，上海，上海师范大学硕士学位论文，2012。

④ 韩春利：《体育教师入职教育的现状与模式研究》，载《北京体育大学学报》，2005，28（12）：90—92。

专家领衔的骨干教师培训、名师培养基地模式、名师工作室模式、导师团的培养模式、学科带头人带教模式、高级研修班、骨干教师专题研修班、硕士研修班和境外培训。无论何种形式的骨干教师培训，对培训者来说都是一种挑战，在培训计划、培训方案的设计、培训课程的安排以及培训者的专业素质方面，相对来说要求都比较高。培训者在培训前要了解培训对象的起点、培训对象的需求，针对不同层次的骨干教师安排不同的培训内容、选择不同的培训方式、配备相应的培训师资等。[1]

晋级履职培训模式。晋级履职培训模式顾名思义，是指以晋级和履职为主要目的的教师培训模式。一般来说，中小学教师每年履职、晋级培训的合格学分是其当年履职考核、聘任的必备条件，晋升专业技术职务当年和前 4 年连续所获合格学分是其晋升专业技术职务的必备条件。在实际过程中，这种模式常常与校本研修结合在一起。[2] 这种模式可以有效地实现高校科研与中小学、幼儿园的共同发展，弥补高校教师不熟悉中小学、幼儿园课堂的弱点和中小学、幼儿园科研能力薄弱的弱点。[3]

（三）从培训内容上看，主要包括基本功训练模式、计算机培训模式、热点培训模式

基本功训练模式意在培训教师在教育教学中应掌握的教育相关知识与技能。计算机培训模式旨在提高广大教师在"互联网＋教育"环境下运用多媒体网络技术的水平。热点培训模式以教育热点为内容，意在提升教师的热点学习意识，了解教育研究的前沿信息，也

---

① 郑百伟：《教师继续教育模式研究与探索》，263 页，北京，中国人民大学出版社，2009。

② 《云南省教育厅关于加强和改进中小学教师履职培训及晋级资格培训的意见》，载《云南教育（视界时政版）》，2007（10）：28—29。

③ 李全华：《构建履职晋级培训模式的探索》，载《云南教育（小学教师）》，2004（8）：5—6。

有利于提升教师的研究水平。

（四）从培训方法上看，主要包括集中培训模式、网络远程模式、行动研究模式[①]

集中培训模式。集中培训模式是指由师范院校、教育学院、教师进修学校等培训机构统一组织实施的一种培训模式。这些机构根据参与教师的特点和共性需求确定培训内容，有一定的理论高度，知识较为系统。整个培训过程富有研究性，即提出问题、研究问题，培训教师及时为参训教师提供相关信息、资料和方法，调动参训教师的学习热情，解决教育教学中的实际问题。虽然这种培训模式能够根据不同类别、不同层次教师情况确定培训目标和培训内容，但它的不足之处在于：这一模式易导致工学矛盾突出，增加学校和教师的个人经济负担。[②] 在培训中可以采用微格教学、案例教学等很多教学模式。其中，微格教学是利用先进的媒体信息技术，依据反馈原理和教学评价理论，把教学技能训练细分为一个个小的教学单元，利用现代化教学手段把学员进行教师角色扮演的情况录下来，由教师、学员对照录音、录像进行教学诊断、反馈评价的培训形式。微格教学与传统的教师培训活动相比，有四个特点：教学过程微型化、教学技能规范化、过程记录声像化、观摩评价科学化。它是对传统教师培训模式的超越，使教师培训的目标明确、便于检测，也便于对教学进行定量的分析、便于教师及时反思自身的教学行为。[③]

网络远程模式。网络远程模式是依托互联网技术、多媒体技术和现代通信技术而开展的研修方式，它不仅有利于解决教师专业发展中的工学矛盾问题，还因其经济性、开放性、自主性、便捷性、

---

① 王晓萍：《教师职后培训模式探讨》，载《大连教育学院学报》，2010，26（1）：22—23。

② 何巧燕：《边远贫困地区中小学教师继续教育调查研究——以广西凤山县为例》，南宁，广西大学硕士学位论文，2007。

③ 吴卫东：《教师专业发展与培训》，97页，杭州，浙江大学出版社，2005。

个性化等优势越来越受到教师们的欢迎。培训过程在网上进行，培训院校或培训者为参训教师创设一个网络平台，这个平台对区域内教师而言是一个开放的、共享的、生成性的资源平台，研修的各种资源通过网络平台送达每一位参训者，为受训教师提供理想的学习环境、高质量的学习资源和优秀的导师、广泛沟通与交流的平台。网络远程模式对参训者来说具有较大的学习自由度，但也正是由于其较大的自由度，这种方式的学习效果很难得到保证，需要参训教师有较强的自觉性和自控力。① 另外一个缺点是后续跟踪服务困难，教师们在学习过程中的问题也难以及时得到解答。

行动研究模式。这种模式是教师通过自身实践寻求专业发展的模式，教师能够亲临教学现场从事行动研究，使教师的科学研究更具针对性和实效性，也更容易将科研成果用于教育教学实践中。这种模式下，参与教师与培训者一同进入教学现场，在充分调查研究的基础上，筛选出有代表性的教学问题，而后培训者通过讲座、交流等多种方式有针对性地提供理论指导，帮助教师系统反思、考问自己的教学工作，从而不断改进教育教学方法。

(五)从培训时间上看，主要包括长期综合进修模式和短期研修模式

长期综合进修模式。这种模式是有计划地全面提升教师专业发展水平的一种培训形式，时间较长，培训也更加系统化，如教师的学历补偿教育。学历补偿模式是指教师通过在职或者全脱产的方式攻读更高层次的学历，以适应社会发展对教育提出的新要求，同时强化自身的教学能力和科研能力的一种教育方式。② 从教师专业发

---

① 周瑞芳：《贫困地区农村中小学教师继续教育模式研究——以国家级贫困县遂川县为例》，南昌，江西师范大学硕士学位论文，2010。

② 黄径舟：《我国高校青年教师职后教育模式研究》，天津，天津大学硕士学位论文，2013。

展的内在愿望和学历提升的外在激励看，学历补偿模式将是我国教师培训的一种重要模式。

短期研修模式。这种模式是以研修和指导为主要形式的培训模式，是一种提高型模式，时间较短，如骨干教师培训模式。短期研修模式的培训内容以解决教育实践中的具体问题和教学难题为主要目的，以急需解决的教育问题为主要内容，调动参训教师学习的积极性，以研究讨论的形式展开。参训教师在培训教师的指导下解决问题、提高实践能力。

（六）从教师培训管理角度看，主要包括学分驱动模式、自学考试模式

学分驱动模式。学分驱动模式是中小学教师继续教育中为了着重解决全员参与、分类管理问题而产生和发展起来的一种培训模式。主要指培训对象根据社会需求和自身专业发展需要相统一的价值取向，以任职单位和上级制定的中小学教师继续教育目标及规定的学分获得量为导向，通过培训对象自我明确任务，确立所需的学习资源和培训内容，以自主学习、独立研修为主，专家指导、同伴互学、集体面授为辅，继续教育培训机构及学校根据培训需求为学员提供相应的帮助和服务，并负责对学员的参训学习情况进行达标检测、考核，继续教育管理机关对学员的考核评估结果进行学分管理，以激发培训对象参加继续教育的积极性、主动性，努力实现从培训需求到培训目标（包括知识、理解、技能、态度和价值观等）的转变，从而大面积提高培训对象综合素质的一种驱动式培训模式。培训对象需求的多元化、培训条件的复杂化和培训教育管理任务的日渐繁重决定了学分驱动模式存在的必要性。

这种模式的优点是：强调培训的规范要求与个性差异的统一，能充分调动参训教师主动学习的积极性；实现了面向全体培训对象，整体推进教师培训工作，提高培训效率的目标；强化了培训工作的

针对性和实用性；缓和了工学矛盾等。其不足之处在于集体探讨问题不够；对高层次教师(如骨干教师、学科带头人)的培训中，在"注重理论对实践的反思指导作用"以及"将实践的反思与指导建立在对理论和实践相结合的研究上"等方面显得有些缺陷。①

自学考试模式。自学考试模式就是指中小学教师在参加自学考试教育过程中，施训者、受训者、培训内容与手段等要素组成的相对稳定的结构形式。中小学教师自学考试是自学考试的重要组成部分，具有自学考试的全部特点与属性，又有自己独特的、不同于普通自学考试的特点：主要针对各省中小学教师开设，要求学员必须是取得任职资格的中小学教师，经本人提出申请，任职学校推荐，经市地、县区教育行政部门审核后，方可报名参加考试，经考试录取的学员正式成为中小学教师自学考试的学员；对学员的管理既有考籍管理又有学籍管理，强调学员必须按规定参加面授辅导；强调学员所报考专业原则上与本人执教学科相一致，做到学以致用，按需施教；加强了省、市教育行政部门的宏观管理和教育学院、普通高师院校的助学辅导工作，采取了有计划集中培训的助学形式。从施训者和受训者的关系来看，自学考试主要有四种模式：传递—接受模式、示范—模仿模式、合作探究模式、自学辅导模式。②

综上可知，目前我国教师培训模式呈现多元化的特点。目前我国教师培训模式也存在一些不足，比如，易忽视教师在培训中的话语权，造成教师参与的积极性不高、培训效果差；部分地区和学校的教师培训缺乏系统规划，培训内容和教师实际需求不一致；实施方式以讲授灌输式为主，受训教师的主体地位被忽视；评价侧重于

---

① 刘丽俐：《中小学教师继续教育培训模式研究》，80 页，北京，中国人事出版社，2003。

② 魏光祥：《山东省中小学教师自学考试研究》，济南，山东师范大学硕士学位论文，2006。

奖惩，形式单一，难以达到促进教师专业发展的目的等。因此，必须要考虑教师培训对象的全员性、在职性、成人性及需求的多样性特点，在最合适的时间、最合适的地点为教师提供最优质、最有效的培训；必须形成多样化、有特色、可持续发展的教师培训模式，满足教师多样化的需求，提高培训的实效性。比如，可以对处于不同职业发展阶段的教师进行针对性培训：对新教师进行适应性培训，对职初教师进行校本培训，对中青年教师进行示范性培训，对老教师进行榜样培训等。

四、教师培训模式的典型案例

（一）"国培计划"

中小学教师国家级培训计划，简称"国培计划"，是由教育部、财政部2010年全面实施的一项国家重点工程，是提高中小学教师特别是农村教师队伍整体素质的重要举措。

"国培计划"包括"中小学教师示范性培训项目"和"中西部农村骨干教师培训项目"两项内容。"中小学教师示范性培训项目"主要包括中小学骨干教师培训、中小学教师远程培训、班主任教师培训、中小学紧缺薄弱学科教师培训等示范性项目，为全国中小学教师培训培养骨干，做出示范，并开发和提供一批优质培训课程教学资源，为"中西部农村骨干教师培训项目"和中小学教师专业发展提供有力支持。"中西部农村骨干教师培训项目"主要对中西部农村义务教育教师进行有针对性的培训，同时，引导地方完善教师培训体系，加大农村教师培训力度，提高农村教师的教学能力和专业水平。培训计划主要包括农村中小学教师置换脱产研修、农村中小学教师短期集中培训、农村中小学教师远程培训。

具体来说，中央财政每年划拨专项经费5000万元，支持教育部组织实施"中小学教师示范性培训项目"。2010—2012年，项目采用集中培训的方式培训3万名中小学学科骨干教师和骨干班主任教师；

采用远程培训的方式培训 90 万人，包括 60 万名义务教育学校学科教师和 30 万名高中新课程学科教师。政府购买和组织开发一批优质培训资源，为"中西部农村骨干教师培训项目"和教师终身学习提供服务支撑。在"中西部农村骨干教师培训项目"上，中央财政安排专项资金 5 亿元，通过创新培训机制，采取骨干教师脱产研修、集中培训和大规模教师远程培训相结合方式，对中西部农村义务教育骨干教师进行有针对性的专业培训。项目的实施为中西部农村地区培训了一批骨干教师，同时，引导和鼓励地方完善教师培训体系，科学制定教师培训规划，加大农村教师培训力度，全面提高教师队伍整体素质和专业化水平，为促进教育改革发展提供师资保障。

"国培计划"的总体要求是精心筹划，精心组织；创新模式，务求实效；竞争择优，确保质量；整合力量，共享资源。在项目的组织管理上的要求主要有三点：一是加强对培训的组织领导。省级教育、财政部门要切实加强对项目工作的统筹协调和组织管理，保证"国培计划"的顺利实施。项目承担院校主管领导要亲自负责，调配最好的资源为中小学教师培训服务，提供必要的条件保障。二是做好培训项目的督促检查。加强项目实施计划和培训方案的审核，建立培训项目监管机制，督促检查教师培训计划的落实，保证培训经费的及时到位。建立教师培训效果评价制度，以建设高素质专业化教师队伍为目标导向，制定评价标准，及时对教师培训机构的培训内容、教学安排、管理服务情况、学员满意率等状况进行调查。承担培训任务的院校和培训机构要加强自评，不断改进工作，力求高质量地完成培训任务。三是建立规范的培训经费管理制度。财政部和教育部制订相关资金管理办法。各地要加强对教师培训资金的管理，严格执行经费管理办法，强化财务管理和审计监督。要按照政府信息公开的有关规定向社会公开培训资金使用管理情况，接受监察、审计部门和社会的监督。严肃查处套取培训资金等违法违纪行为。加强教师培训监督管理，禁止乱办班、乱收费等损害教师合法权益的行为。

(二)全国中小学教师信息技术应用能力提升工程

信息技术应用能力是信息化社会教师必备专业能力。为贯彻落实国家教育信息化总体要求，充分发挥"三通两平台"效益，全面提升教师信息技术应用能力，国家决定实施全国中小学教师信息技术应用能力提升工程。工程的总体目标是到 2017 年底完成全国 1000多万中小学(含幼儿园)教师新一轮提升培训，提升教师信息技术应用能力、学科教学能力和专业自主发展能力，推动每个教师在课堂教学和日常工作中有效应用信息技术，促进信息技术与教育教学融合取得新突破。

工程按照教师需求实施全员培训。规定各地都要将信息技术应用能力培训纳入教师和校长培训必修学时(学分)，原则上每五年不少于 50 学时。教育部整合并推动"英特尔未来教育""微软携手助学""乐高技术教育创新人才培养计划""中国移动中小学教师信息技术能力培训"等项目与各地教师培训的融合。工程还明确了各地要根据信息技术环境下教师学习特点，有效利用网络研修社区，推行网络研修与现场实践相结合的混合式培训；强化情境体验环节，确保实践成效，使教师边学习、边实践、边应用、边提升；建立学习效果即时监测机制，确保培训质量。坚持底部攻坚，积极推动网络研修与校本研修整合培训，建立以校为本的常态化培训机制。推行移动学习，为教师使用手机、平板电脑等移动终端进行便捷有效学习提供有力支持。加强薄弱环节，采取"送教下乡"和"送培上门"等方式，为不具备网络条件的农村教师提供针对性培训。

(三)"教育部—中国电信中小学校长信息技术应用能力提升项目"

为贯彻落实《国家中长期教育改革和发展规划纲要(2010—2020

年)》和教育部《关于进一步加强中小学校长培训工作的意见》精神，全面提高中小学校长信息化领导力，2014 年，教育部决定组织实施"教育部－中国电信中小学校长信息技术应用能力提升项目"。

项目采取集中培训和远程培训相结合的方式。集中培训对全国 10.1 万名中小学校长进行信息技术应用能力提升培训，提高中小学校长信息化领导力，促进中小学教育信息化水平提升；采取专家讲授、案例研讨、同伴互助、操作实践等方式，对象为全国教育信息化工作基础较好的中小学校长，2014—2015 年每年培训 500 人。远程培训采取网络研修与线下实践相结合的混合培训方式，利用校长网络研修工作坊建立信息化领导力提升共同体，通过专家引领、骨干指导以及校长自主选学、观摩交流等多种形式帮助校长提升信息化领导管理能力，培训对象为全国中小学校长，2014—2015 年每年培训 5 万人，围绕创设校园信息化环境、提升学校信息化管理水平、推动教师和学生提升信息技术应用能力、推进信息技术在课堂教学中的有效应用等内容开展。

第三节　教师职前培养与职后培训一体化模式

长期以来，我国的教师教育模式在阶段上主要采取职前培养和职后培训两段分离的模式。但随着时代的进步和教育的发展，特别是新课程改革的不断深入开展，职前培养与职后培训相分离的模式越来越显示出其弊端和不足。单一的职前培养作为以学历教育为主的教师教育，学生的学习以理论知识为主，会造成理论与实践的脱节。同时，只在大学完成教师培养的终结式的教育不利于教师持续的专业发展。教师培训又存在缺乏系统规划、培训内容和教师实际需求不一致、忽视受训教师的主体地位等问题，所以教师教育模式的转型势在必行。为了适应终身学习理论和建设学习化社会的需要，建立一个教师职前、入职和在职教育三个阶段相互衔接、各有侧重的教师教育体系是大势所趋，教师职前培养和职后培训一体化的教师教育模式日益得到肯定和重视。

教师职前培养和职后培训一体化模式中的"一体化"主要体现在四个方面。①

培养目标和培养过程的一体化。在职前、入职、职后各个不同阶段应该制定不同的培养目标，而且这些目标要相互衔接、相互补充，为实现培养一支品德高尚、业务精湛、学识渊博、身心健康、结构合理的教师队伍的最终目标而服务。职前培养应能使准教师具备在整个专业生涯中完成许多教学专业任务所必需的大多数能力，能获得持续专业学习所必需的所有知识结构和态度。在职教师要着重提高教育教学能力，学习教育前沿理论，增强自身的职业适应性。他们的培养目标和培养过程应是一个统一的、连续的过程。

课程设置和课程实施的一体化。随着素质教育的开展和新课程的全面实施，中小学校对于选修课程与活动课程日益重视和强化。高校也应顺应这种课程改革增加选修科目、综合课程的内容，而且还应当进一步调整课程结构，增加教育实践课程以便加强理论课程与实践课程的协调。在课程实施中，应该注重从教师职业的特殊性、专业性方面考虑，全面培养师范生的综合素质，实现教师角色由"经验型"向"专家型"、由"教书匠"向"全能型"的转换。

培养培训师资队伍一体化。教师职前培养和职后培训的分离造成从事职后培训的师资数量难以满足大量在职教师的培训需求，而且两者的分离也使职前培养机构的优势得不到发挥。因此，整编和优化师资队伍以使职前培养和职后培训的师资相互融通合作是十分有必要的。教育部门应对教师进行动态管理，使得教师可以纵向横

---

① 赖艳：《论以教师专业化为导向的教师教育模式建构》，长沙，湖南师范大学硕士学位论文，2006。

向流动，达到师资管理的平衡和师资配置的优化。

培养机构和培训机构一体化。我国教师的职前培养是在普通师范院校中进行的，而教师的在职培训在教育学院、教师进修学校中进行，职前培养和在职培训相互分离、互不相关，不仅导致资源的重复配置和闲置浪费，而且给管理带来困难和障碍。按照教育发展需要和新课改对师资的要求，教师职前培养机构和在职培训机构应该合二为一。

实现教师教育阶段一体化的途径和可供选择的模式是多样的，比如：(1)"U—G—S"模式，即"师范大学—地方政府—中小学校"合作教师教育模式。[①] 自我国师范生免费教育政策实施以来，东北师范大学在为农村基础教育服务的办学思想基础上，创造性地提出并实施了该模式。"U—G—S"模式是在以往的"U—S"和"U—G"模式基础上发展而来，在开放融合的理念下关注教师教育理论与教师教育实践的融合，通识知识，学科知识和教育知识的融合，信息技术与教师教育的融合，职前培养与职后培训的融合，教师教育者与中小学教师的融合。将社会、大学、政府和中小学校等多元主体相联合，将教师职前培养、入职教育和职后培训三个阶段相贯通。在过程中，师范大学、地方政府、中小学校有共同的目标追求。师范大学在优秀教师培养、教育科学研究、中小学教师在职培训服务过程中需要地方政府与中小学校提供政策支持、经费保障和实践平台；地方政府在教育改革与发展政策的制定、中小学教师在职培训等方面需要师范大学提供优秀师资与科学指导；中小学校自身的发展需要优秀教师的补充与在职教师的优质培训。三方主体需求的内在一致性和现实互补性为"U—G—S"模式的实践运行提供了必要的主观条件和客观保障。(2)基于教师专业发展学校(Professional Develop-

---

① 刘益春、李广、高夯：《"U—G—S"教师教育模式实践探索——以"教师教育创新东北实验区"建设为例》，载《教育研究》，2014(8)。

ment School，PDS)的教师教育模式①，是融教师职前培养、在职研修和学校改革为一体的新型师资培育模式，它突破了原来大学本位的教师教育模式，成为促进教师专业发展的有效模式，在美国表现出强大的生命力。我国于 21 世纪初将该模式引进，在借鉴美国的教师专业发展学校的基础上，首都师范大学自 2001 年起先后与北京市丰台区、朝阳区和河北省唐山市合作，建设了 9 所教师发展学校，开启了我国教师教育模式改革探索的先河，掀起了我国教师发展学校建设实验的热潮。2004 年，中国教育学会在顾明远先生的关心下在山东、河南、四川等地建立了中国教育学会教师发展学校，一些地方性师范大学也与地方中小学合作，相继展开了教师发展学校建设的尝试，如天津、浙江、安徽、广东的教师发展学校等。(3)"4＋X"模式。② 北京师范大学从我国教育发展的需要以及国际教师教育发展的基本趋势出发，积极推进教师教育模式多元化改革，主动适应我国基础教育发展对高层次教师的迫切需求。以"4＋2"为核心的教师培养模式在培养方式、课程设置、实践环节、指导方式、论文写作等方面进行了富有创意的探索，为我国基础教育高素质教师的培养找出了新的路子。与此同时，还通过整合学校现有的各种资源，初步建立起了职前/职后、培养/培训一体化的教师终身教育体系，拓展和强化了教师教育的传统和特色。(4)"K—U—K"合作模式。③"K—U—K"合作模式在"U—G—S"模式的基础上发展而来，旨在构建职前教育和职后培训一体化机制，实现优质幼儿园、高校、弱势幼儿园三方的合作共赢。这里的两个"K"指的是两类不同质量层次

---

　　① 胡蓉：《基于 PDS 的教师教育模式改革研究》，赣州，赣南师范学院硕士学位论文，2011。

　　② 北京师范大学教务处：《创新教师教育模式，构建中国特色教师教育体系》，载《教师教育研究》，2005，17(3)：4—8。

　　③ 康建琴：《探索"K—U—K"合作模式 构建幼儿教师职前教育和职后培训一体化机制》，载《山西教育(幼教)》，2017(1)。

的幼儿园，即优质幼儿园和弱势幼儿园；"U"即指高校，这里特指高校学前教育专业。在这个三位一体的模式中，前一个"K"是优质幼儿园，拥有软硬件等优质资源；"U"是高校，拥有知识与智力资源、课程资源、学生资源等；后一个"K"是弱势幼儿园，拥有实践场。

　　本章主要从两个方面对多元化的教师教育模式进行了归纳总结。首先是教师培养模式。改革开放以来的职前培养经历了两个阶段的发展历程，分别是恢复与繁荣期（20 世纪 70 年代末至 90 年代初）和变革与发展期（20 世纪 90 年代末至今）；教师培养模式的类别主要有两种划分方式，一是根据定向与否划分（分为定向型教师培养模式和非定向型教师培养模式），二是根据学制划分（主要包括研究生层次的学制模式和本科层次的学制模式），在此基础上又发展出了基于实践能力提升的培养模式，如教师教育协同创新实验区、"双师型"教师教育者队伍和多样化的教育实习模式。教师培养模式变革的典型案例，有学士后教师培养模式、免费师范生（现为公费师范生）培养模式和卓越教师"三位一体"协同培养模式。再者是教师培训模式。改革开放以来的教师培训大体经历了以下四个发展阶段：以教材教法过关为重点的教师培训时期（1978—1983 年）、以学历补偿教育为重点的教师培训时期（1983—1989 年）、学历培训与继续教育交叉时期（1990—1998 年）和素质型教师教育的普及阶段（1999 年后）；教师培训模式的分类方式主要有以下几种：从实施主体上看，主要包括培训机构主导模式、高校模式、校本模式、教师主导模式和社区模式；从培训对象上看，主要包括新教师培训模式、骨干教师培训模式、晋级履职培训模式；从培训内容上看，主要包括基本功训练模式、计算机培训模式、热点培训模式；从培训方法上看，主要包括集中培训模式、网络远程模式、行动研究模式；从培训时间上看，主要包括长期综合进修模式和短期研修模式；从教师培训管理角度看，主要包括学分驱动模式、自学考试模式。最后，本章对教师教育模式的发展趋势进行了概括总结，即教师职前培养与职后培训一体化模式。教师职前培养与职后培训一体化模式中的"一体化"主要体现在以下四个方面：培养目标和培养过程的一体化、课程设置和课程实施的一体化、培养培训师资队伍一体化、培养机构和培训机构一体化。

李琼　冯璨　张倩

（教育部普通高校人文社科重点研究基地北京师范大学教师教育研究中心）

第四章

乡村教师队伍的供给与
配备

为实现中华民族伟大复兴，全面建成小康社会，党的十九大报告提出要"实施乡村振兴战略"，推动城乡义务教育一体化发展，并要高度重视农村义务教育，努力让每个孩子都能享有公平而有质量的教育。这一切的根本离不开一支高素质的乡村教师队伍。实际上，改革开放 40 年来，伴随国家的发展和对教育公平与质量的追求，我国政府对乡村教师队伍建设的力度在慢慢加强，积极探索补充和配置优质乡村教师的途径与方式。本章共分为 3 部分，首先梳理改革开放 40 年来乡村教师队伍建设政策的历史发展，其次梳理我国乡村教师队伍供给与配备中的若干创新举措与经验，最后在此基础上展望我国未来乡村教师队伍建设。

第一节　改革开放 40 年乡村教师队伍建设政策的历史发展

改革开放 40 年，是我国教育发展取得显著成就的 40 年。如何在穷国办大教育、办好的教育，如何为世界上最大规模的基础教育提供师资保障，如何在城乡"二元"经济体制、城乡教育发展不均衡、广大农村地区教师资源短缺且质量不高的背景下供给与配备高质量乡村教师队伍，我们积累了中国自己的经验。具体到乡村教师队伍建设而言，围绕着谁来供给、如何供给和供给什么，如由谁来出资支持乡村教育，通过怎样的渠道进行供给及提供怎样的课程等，我们将改革开放40年来的乡村教师队伍政策分为5个历史发展阶段：(1)1978—1992年：乡村教师队伍建设的恢复与放权阶段；(2)1992—1998年：乡村教师队伍建设初步国家化的阶段；(3)1998—2004年：乡村教师队伍建设改革启动阶段；(4)2004—2010年：乡村教师队伍与城市教师队伍均衡发展阶段；(5)2010年至今：重点建设乡村教师队伍的阶段。

一、1978—1992年：乡村教师队伍建设的恢复与放权阶段

"文化大革命"的10年，是我国教育事业遭受重创的10年。因此，"文化大革命"后至20世纪80年代中期，乡村教师队伍建设处于逐渐恢复的阶段，其中的建设重点有两个：一是恢复与重建师范教育体系，通过定向等招生办法和师范教育课程调整等补充农村合格教师的数量；二是对现有民办教师进行学历提升。从经费来源来看，此时基础教育财政管理体制基本上由地方政府负责，中央财政给予地方尤其是农村贫困地区和少数民族地区专项补助。

邓小平同志在1977年主持工作后，大力提倡尊师重教，办好师范教育。1978年教育部颁发《关于加强和发展师范教育的意见》，提出大力发展和办好师范教育，是发展教育事业、提高教育质量的基本建设和百年大计。该意见提出力争在三五年内使现有小学、初中、高中教师大多数分别达到中等师范、师范专科和师范学院毕业程度。1980年召开的全国师范教育工作会议，提出要建立一个健全的师范教育体系，并要求中等师范学校面向农村、面向小学，师范专科学校也要为地方教育事业服务，为本地区初级中学培养合格师资。会后，教育部颁发了会议通过的《关于办好中等师范教育的意见》《中等师范学校规程(试行草案)》《中等师范学校教学计划(试行草案)》和《幼儿师范学校教学计划(试行草案)》。1983年教育部《关于中等师范

学校招生工作的通知》明确要求，为解决农村特别是山区、边远地区缺乏教师的问题，各地可安排一定的指标，按照定向招生、定向分配的原则，从农村、边远地区招生。[①] 同年 5 月，中共中央、国务院颁发《关于加强和改革农村学校教育若干问题的通知》，明确提出"建设一支稳定、合格的教师队伍，是办好农村学校的重要关键"，除了要提高农村教师的政治地位、社会地位和工资待遇，改善农村教师工作和生活条件外，高师院校要根据农村学校教育的需求来设置课程、专业、教学方法和内容，增强对农村教育工作的适应性。有条件的高师院校，还要增设一些农村教育急需的专业。还需要"根据加强和改革农村学校教育的需要，制订师范教育的发展规划"。[②]

除了加强和规范师范教育外，党中央还开始重视教师培训工作。如 1977 年 12 月，教育部向各地发出《关于加强中小学在职教师培训工作的意见》，要求争取三五年内，使现有水平较低的教师，绝大多数达到合格的程度。长期以来，乡村教师以民间力量为主，大量的民办教师支撑起了乡村教育。此时面对乡村教师紧缺，国家除了呼吁用增加生活补贴的方式鼓励师范生到老、少、边、穷地区任教外（见 1983 年《关于中等师范学校招生工作的通知》），还试图通过增加中小学民办教师补助费（如 1981 年教育部颁布《关于增加中小学民办教师补助费的办法》）、选拔民办教师进行学历提升、将考核合格的民办教师转为公办教师、清退不合格民办教师等策略确保乡村教师队伍的数量与质量。

受经济发展水平的制约，为了在有限的财力物力条件下把教育搞上去以满足社会主义现代化建设的迫切需要，1985 年《中共中央关

[①] 阮成武、李子华：《新中国农村教师培养制度：历史、现状与未来》，载《教育学文摘》，2010(2)：47—49。

[②] 中共中央、国务院：《关于加强和改革农村学校教育若干问题的通知》，载《中国教育报》，1983-05-19。

于教育体制改革的决定》提出了中国教育体制改革的战略目标，进一步明确了发展基础教育的责任在地方，实行基础教育由地方负责、分级管理的原则。[①] 而自 20 世纪 70 年代末开始，中国全面推进农村经济体制改革，实行家庭联产承包责任制。这虽然促进了农村生产力的解放，但也削弱了农村集体经济，导致县乡政府财政状况滑坡。因此，尽管《中共中央关于教育体制改革的决定》提出要采取特定的措施提高中小学教师和幼儿园教师的社会地位和生活待遇，要切实办好教师进修院校，分批分次轮训教师，但教师职业特别是农村教师职业的吸引力并不强。据相关统计显示，1977 年全国农村教师数为 698 万，至 1985 年减为 30.59 万。[②]

为了从根本上改变农村基础教育薄弱，相当一部分农村地区仍未普及小学教育的局面，1986 年《义务教育法》颁布，将义务教育"实行地方负责，分级管理"以法律形式确定下来，同时规定"国家采取措施加强和发展师范教育，加速培养、培训师资，有计划地实现小学教师具有中等师范学校毕业以上水平，初级中等学校的教师具有高等师范专科学校毕业以上水平"，并建立教师资格考核制度，对合格教师颁发资格证书，规定"师范院校毕业生必须按照规定从事教育工作"，"国家保障教师的合法权益，采取措施提高教师的社会地位，改善教师的物质待遇，对优秀的教育工作者给予奖励"。[③]

此时，国家以办好师范教育作为解决师资问题的根本途径。1978 年，教育部发布《关于加强和发展师范教育的意见》，该意见中指出，坚持定向招生、提前录取，照顾边远地区和少数民族地区的

---

① 《中共中央关于教育体制改革的决定》，见何东昌：《中华人民共和国重要教育文献（1976—1990）》，2286 页，海口，海南出版社，1998。

② 蔡永红、侯中太：《中国农村教师队伍建设与发展 30 年》，"农村教育的抉择"国际学术研讨会，2009。

③ 《中华人民共和国义务教育法》，见何东昌：《中华人民共和国重要教育文献（1976—1990）》，2415 页，海口，海南出版社，1998。

原则；要求高等师范院校应适当调整专业设置，加强和发展短线专业，三年制师专和四年制本科专业可实行适合农村中学需要的主辅修制和双学科制。① 1990 年 3 月，国家教委发布《关于当前师范专科学校工作的几点意见》，继续强调可采用"定向招生"的方式，鼓励学生献身农村的教育事业。这一文件还就民办教师出台积极开展高等师范专科学校招收民办教师试点工作的措施。在 1978—1992 年，全国大约有 94.1 万名民办教师转为公办教师，54.8 万名民办教师被选招到各级各类师范院校学习，安置退休民办教师 10.2 万名，调整辞退不合格的民办教师 75.1 万名，因其他各种原因减少民办教师 14.7 万名，总计减少民办教师 248.9 万名。② 但在整个农村中小学教师结构中，民办教师仍占中小学教师总数的 30％以上。③

就师范教育如何培养学生以更好地服务农村教育，1989 年，国家教委在石家庄召开全国师范专科学校工作会议，提出为农村初中培养合格教师应当成为师范专科学校的主要任务。会议推广了四川乐山师范专科学校通过"主辅修制""校县结合、双向育人"，培养"热爱农村，志在山乡，德才兼备，一专多能"的农村教师的办学经验。1993 年，国家教委总结交流师范专科学校培养合格初中教师为普及九年义务教育服务特别是为普及农村九年义务教育服务的经验，进一步明确师范专科学校必须坚持为基础教育特别是农村基础教育所需要的合格师资服务的办学方向。④

总体而言，这一时期是乡村教师队伍的恢复期，也是乡村教师队伍建设雏形的形成期。它改变了"文化大革命"时期乡村教师队伍

---

① 《国家教委要求大力发展和加强师范教育》，载《人民教育》，1986(6)：11。

② 孟旭、马书义：《中国民办教师现象透视》，14 页，南宁，广西教育出版社，1999。

③ 吉标、刘擎擎：《我国民办教师群体的历史兴衰》，载《天津师范大学学报(基础教育版)》，2016，17(2)：24—28。

④ 阮成武、李子华：《新中国农村教师培养制度：历史、现状与未来》，载《教育学文摘》，2010(2)，47—49。

松散、落后的情况，为构建一支高水平、制度化、专业化的中小学乡村教师队伍奠定了初步的基础。

二、1992—1998 年：乡村教师队伍建设初步国家化的阶段

这一时期，我国的改革开放和现代化建设进入了一个新阶段，为了实现党的十四大确立的教育优先发展战略，1993 年，国务院印发《中国教育改革和发展纲要》，明确提出"振兴民族的希望在教育，振兴教育的希望在教师。建设一支具有良好政治业务素质、结构合理、相对稳定的教师队伍，是教育改革和发展的根本大计"。为此，《中国教育改革和发展纲要》提出了具体的措施来加强师资培养培训工作，提升教师质量：大力办好师范教育，鼓励优秀中学毕业生报考师范院校；进一步扩大师范院校定向招生的比例，建立师范毕业生服务期制度，保证毕业生到中小学任教；其他高等院校也要积极承担培养中小学和职业技术学校师资的任务；改善民办教师工作等。这些措施虽然没有专门针对乡村教师，但为以后乡村教师队伍建设打下了基础。此外，《中国教育改革和发展纲要》中明确提出"基础教育实行在国家宏观指导下主要由地方负责、分级管理体制"，要求国家和各省级政府设立用于贫困地区、民族地区、师范教育的专项补助基金，并逐步建立以国家财政拨款为主，辅之以征收用于教育的税费、校办产业收入、社会捐资集资和设立教育基金等多种渠道筹措教育经费的体制，提出要逐步提高国家财政性教育经费支出占国民生产总值的比例以实现 20 世纪末达到 4% 的目标。这一政策的出台意味着较上一阶段而言，国家开始承担更多对地方农村教育的责任与义务，因此，我们把这一阶段称为乡村教师队伍建设初步国家化的阶段。

与此同时，国家通过一系列教育法制建设对教师队伍乃至乡村教师队伍进行制度化和专业化，如《教师法》《教育法》以及《教师资格条例》的颁布，确定了教师的专业人员地位，对教师的权利与义务、

任职资格、培养培训、考核、待遇、奖励等以法律的形式进行规定，从法律上保障了教师的权益。《教育法》还正式以法律形式确定了《中国教育改革和发展纲要》提出的新的教育经费投资体制，保证国家举办学校教育经费的稳定来源。此外，为了从根本上发展贫困地区的义务教育，国家教委和财政部决定从 1995 年到 2000 年，利用中央普及义务教育专款和地方各级政府的配套资金，组织实施"国家贫困地区义务教育工程"，并要求从其中拨付经费用于教师培训。在这些政策的作用下，截至 1995 年，小学和初级中学教师合格率分别达到97.6％和 74.9％，比 1990 年各提高 23.7 和 18.0 个百分点，我国教师队伍建设取得显著进步。①

1996 年，《关于师范教育改革和发展的若干意见》颁布，再一次提出要从数量和质量两个方面加强师资队伍建设，其中提出在民办教师数量较大的地区，"应扩大师范院校招收民办教师的比例；根据需要扩大师范院校在边远贫困地区和少数民族地区定向招生的比例。继续采用和完善单独招生、提前录取、招收保送生、举办师范预备班等办法，进一步改善生源质量"。同时，"原则上师范专业学生免交学费，并享受专业奖（助）学金"。该文件还要求"各地制定相应政策，鼓励师范毕业生到边远、贫困和少数民族地区任教"，并强调师范院校应该配合教育改革进行相应的课程改革，要重视面向农村，深化教学改革，为"农科教结合"服务。此时，提高教育质量与效益仍然是政策的主要目标。

三、1998—2004 年：乡村教师队伍建设改革启动阶段

1998 年，教育部制定《面向 21 世纪教育振兴行动计划》，在2000 年实现"普九"任务的要求下，计划提出要认真解决边远山区和

---

① 中华人民共和国国家教育委员会：《全国教育事业"九五"计划和 2010 年发展规划》，载《中国高教研究》，1996(3)：86－93。

贫困地区中小学教师短缺问题，要进一步完善师范毕业生的定期服务制度，高校毕业生（包括非师范类）到边远贫困的农村地区任教采取定期轮换制度，并享受国家规定的工资倾斜政策。同时，继续加强中小学教师的"安居工程"建设。

1999年3月，教育部印发《关于师范院校布局结构调整的几点意见》，确立了在21世纪初逐步形成具有中国特色和时代特征、体现终身教育思想的中小学教师教育新体系的目标。该意见突出以院校改革为起点，从三级师范（高师本科、高师专科、中等师范）逐渐向二级师范（高师本科、高师专科）过渡，标志着我国开始从师范教育时代进入教师教育时代。这一师范院校布局结构的调整意味着国家开始自上而下对乡村教师的供给进行改革，也意味着国家开启了乡村教师队伍的全面建设阶段。同年6月，中共中央、国务院关于《深化教育改革全面推进素质教育》的决定继续强调"两基"是教育工作的"重中之重"，提出各地要从实际出发，改造薄弱学校，提高义务教育阶段的整体办学水平。由于高质量的教师队伍是全面推进素质教育的基本保证，"提高教师实施素质教育的能力和水平"被作为师资培养、培训的重点。除了大力改革师范教育外，该文件首次强调要"加强农村与薄弱学校教师队伍建设"，并提出要"合理配置教师资源"，"鼓励大中城市骨干教师到基础薄弱学校任教或兼职"，"采取优惠政策，吸引和鼓励教师到经济不发达地区、边远地区和少数民族地区任教。经济发达地区和城市也要采取多种形式，帮助少数民族地区和农村提高教师队伍水平"。

教育部2000年发布了《教师资格条例》，2001年又颁发了《关于首次教师资格工作若干问题的意见》和《教师资格证书管理规定》等文件，这一系列文件从教师资格认定条件、资格认定申请、资格认定、资格证书管理等方面做出了详细规定，在政策法规上保证了教师的专业化水平，也意味着乡村教师队伍开始了其专业化的进程。

2001 年，国务院发布的《关于基础教育改革与发展的决定》中首次单列一部分内容讨论农村义务教育建设，涵盖农村义务教育管理体制、农村教师工资保障、义务教育投入、农村中小学危房改造、调整农村学校布局等 11 条内容，将加强农村义务教育作为农村经济社会发展全局的一项战略任务。与此同时，该决定也对教师队伍建设做了相应的规定。

伴随社会主义市场经济的深化和国力的发展，2002 年党的十六大提出全面建设小康社会的理念。党和国家的工作重心开始向农村转移，强调建设社会主义新农村和解决好"三农问题"，农村教育及教育公平的价值观开始逐渐受到越来越多的关注。

2003 年，国务院召开首次全国农村教育工作会议，出台了《关于进一步加强农村教育工作的决定》。这项政策确定了农村教育在全面建设小康社会中的重要地位，并开始全面推行教师聘任制度。该决定还提出建立城镇中小学教师到乡村任教服务期制度；继续组织实施大学毕业生支援农村教育志愿者计划。

四、2004—2010 年：乡村教师队伍与城市教师队伍均衡发展阶段

2004 年，国务院批转教育部《2003—2007 年教育振兴行动计划》，将"重点推进农村教育发展与改革"放到了计划的第一条进行强调，对如何打好"两基"攻坚战、如何深化农村教育改革及农村义务教育管理体制、经费、保障机制等进行规定。其中单设"加快推进农村中小学教师队伍建设"，应该说这是相关国家政策中首次单独强调农村中小学教师队伍建设，要求"加强农村中小学编制管理，全面推行教师聘任制，依法实施教育资格制度"，并对农村教师的配备提出"积极引导和鼓励教师及其他具备教师资格的人员到乡村中小学任教，建立城镇中小学教师到乡村任教服务期制度。加强农村教师和校长的教育培训工作"。

2004 年 9 月，党的十六届四中全会召开。会上，胡锦涛同志明确提出"两个趋向"的重要论断，即在工业化初始阶段，农业支持工业、为工业提供积累是带有普遍性的趋向；但在工业化达到相当程度以后，工业反哺农业、城市支持农村，实现工业与农业、城市与农村协调发展，也是带有普遍性的趋向。① 在同年 12 月初召开的中央经济工作会议上，胡锦涛同志强调指出，我国总体上已达到"以工促农、以城带乡"的发展阶段。2005 年召开的党的十六届五中全会则确定了《关于制定国民经济和社会发展第十一个五年规划的建议》，其中明确就建设社会主义新农村提出了一系列要求，并强调坚持教育优先发展，全面实施素质教育，强化政府对义务教育的保障责任，普及和巩固义务教育，切实提高师资特别是农村师资水平，加大教育投入，建立有效的教育资助体系等。

在这样的政策脉络下，2005 年 12 月，国务院颁布《关于深化农村义务教育经费保障机制改革的通知》，提出要"逐步将农村义务教育全面纳入公共财政保障范围，建立中央和地方分项目、按比例分担的农村义务教育经费保障机制"，并提出"中央重点支持中西部地区，适当兼顾东部部分困难地区"。该文件中还将巩固和完善农村教师工资保障机制作为深化农村义务教育经费保障机制改革的主要内容之一。②

除了保障农村教师工资的足额发放外，国家还积极探索农村高质量教师的补充机制。2006 年教育部出台《关于大力推进城镇教师支援农村教育工作的意见》，其中明确提出，"随着农村经济社会发展和农村义务教育经费保障机制的逐步建立，进一步加强农村师资力量成为发展农村教育的当务之急。为此，必须采取有效措施，不断

---

① 《关于工农城乡关系的两个趋向》，见《胡锦涛文选》（第二卷），247 页，北京，人民出版社，2016。

② 周满生，王建：《一项具有里程碑意义的决策——解读国务院〈关于深化农村义务教育经费保障机制改革的通知〉》，载《国家教育行政学院学报》，2006(5)：26—30。

推进制度创新，积极探索建立提高农村教师队伍整体水平的新机制、新办法，解决农村教师队伍建设面临的突出问题，逐步缩小城乡教师队伍差距"。意见明确表示，"从建设社会主义新农村的战略高度，充分认识城镇教师支援农村教育工作的重要意义"，"是统筹城乡教育协调发展、优化教师资源配置、解决农村师资力量薄弱问题的重大举措，也是适应农村城镇化进程加快、农村学龄人口和教师供求关系变化的必然要求"。具体如何实施城镇教师支援农村教育，意见提出了大中城市中小学教师到农村支教、县域内城镇中小学教师定期到农村任教、实施农村教师特设岗位计划、组织高校毕业生支援农村教育工作、组织师范生实习支教及多种形式的智力支教活动。①

2006 年，中组部、人事部等多部委发布《关于组织开展高校毕业生到农村基层从事支教、支农、支医和扶贫工作的通知》（"三支一扶"计划）。5 月，教育部等部门发布了《关于实施农村义务教育阶段学校教师特设岗位计划的通知》（特岗计划），通过公开招募高校毕业生到西部"两基"攻坚县以下农村义务教育阶段学校任教，引导和鼓励高校毕业生从事农村教育工作。据统计，2006—2008 年全国共招聘特岗教师 5.9 万多人，覆盖 400 多个县、6000 多所农村学校。②

2006 年新修订《义务教育法》，其中明确规定，"国务院和县级以上地方人民政府应当合理配置教育资源，促进义务教育均衡发展，改善薄弱学校的办学条件，并采取措施，保障农村地区、民族地区实施义务教育，保障家庭经济困难的和残疾的适龄儿童、少年接受义务教育。国家组织和鼓励经济发达地区支援经济欠发达地区实施义务教育"。应该说，这是首次明确提出"义务教育均衡发展"，并用

---

① 教育部：《关于大力推进城镇教师支援农村教育工作的意见》，载《基础教育改革动态》，2006(7)：6—9。

② 《中小学新任教师全公开招聘 特岗教师将扩至 20 万》，载《人民日报》，2009-03-30。

法律条文的形式确定了国务院和县级以上地方各级政府对于促进义务教育均衡发展、改善薄弱学校的办学条件的责任与义务。这标志着我国教育政策从过去追求质量与效益转向将义务教育均衡发展放在价值追求的首位。该法明确规定，"县级以上人民政府及其教育行政部门应当促进学校均衡发展，缩小学校之间办学条件的差距，不得将学校分为重点学校和非重点学校。学校不得分设重点班和非重点班"，"应当均衡配置本行政区域内学校师资力量，组织校长、教师的培训和流动，加强对薄弱学校的建设"。

为了更好地促进城乡教育优质均衡发展，2007 年 5 月，国务院办公厅发布《转发教育部等部门关于教育部直属师范大学师范生免费教育实施办法（试行）的通知》。2007—2009 年，六所部属师范大学共录取 34267 名免费师范生。2010 年，教育部决定进一步扩大"农村学校教育硕士师资培养计划"规模，并与"特岗计划"结合实施。2004—2009 年，全国共有 4400 多名研究生去往国家级和省级扶贫开发工作重点县的农村中学任教。[①]

五、2010 年至今：重点建设乡村教师队伍的阶段

2010 年，国务院出台《国家中长期教育改革和发展规划纲要（2010—2020 年）》，提出"把教育摆在优先发展的战略地位""把育人为本作为教育工作的根本要求""把改革创新作为教育发展的强大动力""把促进公平作为国家基本教育政策""把提高质量作为教育改革发展的核心任务"。应该说，这一文件对于公平和质量这一对教育改革中所追求的价值的关系做出了明确的规定，在义务教育均衡发展的基础上提出了提高质量是核心任务的要求。这一文件明确提出要建立健全义务教育均衡发展保障机制，要求切实缩小校际差距，着

---

① 胡伶：《义务教育均衡发展背景下农村教师政策的问题与改进》，载《教育发展研究》，2009(22)：4—8。

力解决择校问题，加快薄弱学校改造，着力提高师资水平，实行县（区）域内教师、校长交流制度，加快缩小城乡差距，建立城乡一体化义务教育发展机制等。此时，县（区）域内教师、校长交流制度被当作一项重要的农村教师补充与质量提升的举措予以明确规定。为配合这一措施的实施，教师管理也要求发生相应变化，如要求逐步实行城乡统一的中小学编制标准，建立统一的中小学教师职务（职称）系列，建立健全义务教育学校教师和校长流动机制，城镇中小学教师在评聘高级职务（职称）时原则上要有一年以上在农村学校或薄弱学校任教经历。一些省市试图将教师从"学校人"变为"系统人"，由县级教育行政部门统一对中小学教师行使招聘录用、职务（职称）评聘、培养培训和考核等管理职能。①

2012 年，国务院印发《关于加强教师队伍建设的意见》，进一步提出至 2020 年我国教师队伍建设的总目标，其中确定了中小学教师队伍建设"要以农村教师为重点，采取倾斜政策，切实增强农村教师职业吸引力，激励更多优秀人才到农村从教"，除了在工资和编制配备上支持农村教师队伍的配备外，在农村教师的培养上，提出要"发挥教育部直属师范大学师范生免费教育的示范引领作用，鼓励支持地方结合实际实施师范生免费教育制度"，"创新教师培养模式，建立高等学校与地方政府、中小学（幼儿园、职业学校）联合培养教师的新机制"，并采取顶岗置换研修、校本研修、远程培训等多种模式支持农村在职教师的发展，建设教师网络研修社区和终身学习支持服务体系，继续实施中小学幼儿园教师国家级培训计划，推动各地结合实际，规范建设县（区）域教师发展平台。同年，教育部、中央编办、国家发展改革委、财政部、人力资源和社会保障部五部委联合发布《关于大力推进农村义务教育教师队伍建设的意见》，应该说，

---

① 毛雪逸：《浙江：中小学教师"县管校聘"三年内全面铺开》，载《江西教育》，2017（zl）：56—57。

这是中华人民共和国成立以来第一份专门针对农村义务教育教师队伍建设的意见，充分体现了国家加强农村教师队伍建设的决心。该意见明确指出要探索建立农村义务教育教师补充新机制，大力推进地方特岗计划，全面实施教师资格考试和定期注册制度，严把农村教师入口关，在编制配备上切实保证农村学校师资需求，通过实施师范生免费教育制度，"农村学校教育硕士师资培养计划"、定向委托培养等方式多渠道扩充农村优质师资，特别是少数民族双语教师、音体美等紧缺薄弱学科和小学全科教师的培养。此外，建立健全城乡教师校长轮岗交流制度，大力表彰在农村长期从教的优秀教师，建立分工明确、协调配合的工作机制以保障农村教师队伍建设。

2012年11月，党的十八大再一次强调要"大力促进教育公平，合理配置教育资源，重点向农村、边远、贫困、民族地区倾斜"。2015年6月，国务院办公厅颁布《乡村教师支持计划（2015—2020年）》，这是中华人民共和国成立以来第一份专门指向老少边穷岛等边远贫困地区乡村教师队伍建设的政策文件，体现了伴随国家的发展，我们有能力去对老少边穷岛等边远贫困地区乡村教师与教育进行关注，也充分体现了国家实施义务教育优质均衡发展的力度。其中不仅关注乡村教师队伍补充的渠道、机制与编制配备，也关注乡村教师的工资待遇、奖励激励制度及乡村教师队伍建设相关保障机制的建立，极具可操作性地为乡村教师队伍建设指明了方向。[1]

2017年党的十九大召开，习近平总书记在其报告中提出建设教育强国是中华民族伟大复兴的基础工程，必须把教育事业放在优先位置，加快教育现代化，办好人民满意的教育。其中，要推动城乡义务教育一体化发展，高度重视农村义务教育，努力让每个孩子享有公平而有质量的教育。此时，我们看到政策的天平开始从义务教

---

① 解光穆：《乡村教师队伍建设政策述评》，载《宁夏大学学报（人文社会科学版）》，2016，38（6）：183—188。

育均衡发展转向公平与质量并重，这也意味着对教师队伍特别是农村教师队伍的质量提出了更高的要求。因此，2018 年 1 月中共中央和国务院联合发布《关于全面深化新时代教师队伍建设改革的意见》，这是中华人民共和国成立以来党中央发布的第一份关于教师队伍建设的意见，充分体现出党中央和国家对教师队伍素质和教育的高度重视，将教师看作教育发展的第一资源和国家富强、民族振兴、人民幸福的重要基石。这份文件也意味着全面加强教师队伍建设将不仅仅是教育系统的事情，而是一项需要全部行政部门通力合作完成的重大政治任务与根本性民生工程。该意见明确表示，要根据各级各类教师的不同特点和发展实际，考虑区域、城乡、校际差异，采取有针对性的政策举措，定向发力，通过重视专业发展以培养一批教师，加大资源供给以补充一批教师，创新体制机制以激活一批教师，优化队伍结构以调配一批教师。具体而言，在教师职前培养上，实施教师教育振兴计划，通过加大对师范院校支持力度、完善教师教育体系、研制师范院校办学标准、完善免费师范生政策、改革招生制度以提高生源质量、开展师范类专业认证、鼓励高水平综合大学开展教师教育等方式提升教师培养的层次与质量。该文件首次提出"推进教师培养供给侧结构性改革，为义务教育学校侧重培养素质全面、业务见长的本科层次教师，为高中阶段教育学校侧重培养专业突出、底蕴深厚的研究生层次教师"，同时改进教师培训的形式、内容、学分管理的相关制度，建立健全地方教师发展机构与专业培训者队伍，"逐步推进县级教师发展机构建设与改革，实现培训、教研、电教、科研部门有机整合"等以提升教师培训质量。除此之外，继续优化义务教育教师资源配置，通过实行义务教育教师"县管校聘"，深入推进县域内教师交流轮岗、学区（乡镇）内走教等方式促进优质教师资源的辐射。此外，还将通过加强教师资源配置管理以增加农村地区的优质师资、严格教师资格和准入制度以确保农村教师质量、完善符合村小实际的教师职务(职称)评定标准等一系列健全教师管理制度的办法引导教师到乡村任教,并确保教师质量。应该说,这一文件的出台也预示着国家还将有一系列配套的相关乡村教师支持措施出台。

从上述 5 个阶段的梳理,我们可以很清晰地看到,在改革开放前 20 年左右,由于国家教育经费相对有限,为了集中优势力量培养国家建设需要的人才,国家将重心放置在城市的教育和教师队伍建设上,广大农村地区的教育很大程度上仰赖民办教师,这些教师入职后亦呈现出一种"野长"的状态,鲜有专业发展的机会。随着社会主义市场经济的发展和国家能力的增强,在普及九年义务教育任务的引领下,国家开始关注农村教育和农村教师队伍建设。特别是2002 年党的十六大以后,随着国家将建设重点转移到发展农村上,重点发展农村教育以促进义务教育均衡也成为教育工作的重点。相应地,农村教师队伍建设也逐渐成为中小学教师队伍建设的重点,并且在 2010 年以后,逐渐从原来的关注农村教师队伍数量的补充到关注在城乡教师均衡发展的基础上提升乡村教师质量。这个过程也是乡村教师队伍建设一步步国家化、专业化与规范化发展的过程。

第二节　乡村教师供给与配备的创新举措与经验

改革开放 40 年来,就如何借助政策杠杆引导优质师资到乡村任教,国家做出了一系列有益探索。这些探索具体包括发起乡村教师培养与补充的教师教育项目、创新乡村教师培养机制、改革教师教育的课程内容、加强对乡村教师的国家级培训、优化已有教师资源配置及从制度上保障乡村教师的生活待遇等方面。

一、乡村教师培养与补充的教师教育项目

这一系列有益探索包括实施免费师范生政策、实施特岗教师政

策、实施"硕师计划"、实施"三支一扶"。

（一）免费师范生政策

为了弥补中西部和农村地区教师资源的短缺，解决我国基础教育阶段中西部农村地区师资力量薄弱、区域发展不平衡的问题，2007 年 5 月，国务院决定在教育部 6 所直属师范大学（北京师范大学、华东师范大学、东北师范大学、华中师范大学、陕西师范大学、西南大学）从 2007 年秋季新生起，实行师范生免费教育。免费师范生政策是指师范生四年在校学习期间免缴学费、住宿费，领取生活费补助；免费师范生入学前与学校和生源所在地省级教育行政部门签订协议，承诺毕业后从事中小学教育 10 年以上。到城镇学校工作的免费师范毕业生，应先到农村义务教育学校任教服务二年。国家鼓励免费师范毕业生长期从教、终身从教。2013 年和 2015 年，这一政策分别扩展到省部共建的江西师范大学和福建师范大学。但这两所学校只招收本省生源，以解决本省农村地区教师紧缺的问题。

在社会主义市场经济脉络下，国家希望通过减免学费和在一定程度上保障就业等手段吸引优秀生源成为师范生，并服务于地方特别是农村义务教育，从而促进义务教育均衡发展。根据 2011 年在北京师范大学进行的调查，免费师范毕业生中，农村户口的约占 63.3％，城镇户口的约占 36.7％。[1] 由于免费师范生中 90％的招生名额向中西部倾斜，这也就意味着这些学生即使未能深入乡村工作，也有助于在一定程度上促进东西部义务教育均衡发展。

从报考的人数来看，2007 年一本线以上报考免费师范生的人数超出计划人数数倍[2]，且从 2007 年到 2011 年，各地报考免费师范生

---

① 姚云、马龙、李小红：《免费师范生政策实施结果评析》，载《高教发展与评估》，2012，28(4)：90—97。

② 《中国教师》编辑部：《2009 年部属师范大学免费师范生招生工作进展顺利》，载《中国教师》，2009(22)：8。

的人数持续增加，教育部 6 所直属师范大学共招收约 8 万名免费师范生[①]。与此同时，生源质量也有所提升，表现为录取线和控档线的差值扩大，波动幅度减小。2009 年，6 所部属师范大学免费师范生的平均成绩高出一本控档线 42.5 分，其中最高分高出 64.3 分，最低分高出 31.2 分。[②] 在就业方面，免费师范生就业率也保持在98％以上。[③] 2011 届和 2012 届免费师范生共 2.18 万人，全部到中小学任教，去高中及初中任教的多于去小学的。[④] 从就业区域看，九成免费师范毕业生到中西部任教[⑤]，选择城镇就业的多于选择农村的。以 2011 年为例，首届 10597 名免费师范生毕业后，90％以上去了基础教育还很薄弱的中西部任教，39％进入县镇及以下中小学。[⑥]

国家层面的政策实施为地方探索免费师范生的多元模式起到了良好的示范作用。2008 年，上海师范大学率先建立免费师范生教育试点，成为我国第一所恢复师范生免费教育的地方性大学。[⑦] 上海师范大学希望将免费师范生政策作为师范生培养模式改革的起点，带领师范生质量整体提升，因此在招生、培养、实习等环节上采取了一系列措施。从招生环节看，上海师范大学通过"笔试＋面试"的形式，对一本线以上的考生进行选拔，以保证生源质量。学校还为

[①] 谢湘：《谁为免费师范生解未来之忧》，载《中国青年报》，2014-09-16。

[②] 《中国教师》编辑部：《2009 年部属师范大学免费师范生招生工作进展顺利》，载《中国教师》，2009(22)：8。

[③] 张翔：《师范生免费教育政策的十年回顾与展望》，载《国家教育行政学院学报》，2017(8)：21－27。

[④] 汪伟、蒋馨岚：《公平、发展、有效性：师范生免费教育政策的价值》，载《现代教育管理》，2013(8)：41－45。

[⑤] 孙悦：《九成免费师范生到中西部任教》，载《新京报》，2011-06-27。

[⑥] 吴齐强、黄娴、银燕：《首届免费师范生去了哪里?》[2018-10-30]，http：//edu.people.com.cn/GB/15770949.html。

[⑦] 董川峰：《上海师范大学今年将首度恢复招收免费师范生》，载《新闻晨报》，2008-02-29。

免费师范生量身定制了课程体系培养方案，如为理科专业开设"大学语文"，为文科专业开设"文科高等数学"，完善免费师范生的基本素养结构。在技能课程板块，设立发声训练技巧、写作、书法、形体训练、英语语音训练、语言表达、礼仪训练 7 门技能课程，拓展未来教师的综合素质。此外，上海师范大学对免费师范生实施"浸润式"实践教学，从大一到大三，每学期都有为期一周的教育见习，大四第一学期为教育实习、第二学期为教育研习，同时学校还积极开展海外实习，力求树立起学生的职业身份认同，培养学生的教学实践能力。①

2011 年，广西壮族自治区教育厅委托天津职业技术师范大学定向培养"本科学历的免费中职师范生""免费男幼师""壮汉双语免费师范生"，并于 2013 年启动农村小学全科教师定向培养计划，丰富了免费师范生培养类型。② 2012 年，国务院办公厅转发教育部等部门发布的《关于完善和推进师范生免费教育意见的通知》，提出"逐步在全国推广免费师范生政策"，这一举措加速推动了地方开展因地制宜的免费师范生政策。一些地方为加强本土化培养，推出了不同级别的定向培养的模式。如吉林省和山东省分别于 2014 年和 2016 年推出省属高校免费师范生计划，面向省内招生，考生填报志愿时可以自主选择毕业后的服务市/县。江西省于 2013 年推出定向农村免费师范生政策，从考生户籍所在县招生，学生毕业后必须定向到户籍所在县或户籍所在县的协议乡镇任教。一些地区则推出自主择业的免费师范生培养模式，即学生毕业后可以自主选择是否从事教育工作。2010 年新疆维吾尔自治区教育厅印发《自治区对疆内师范生实行

① 董少校：《建培养未来卓越教师的"特区"——上海师范大学免费师范生培养改革纪实》，载《中国教育报》，2014-05-06。
② 谢振华：《广西：今年起实施农村小学全科教师定向培养计划》，载《新课程研究旬刊》，2013(6)：54。

免费教育的管理办法》，规定在 2010—2012 年录取的免费培养非定向师范生在毕业后可在整个新疆维吾尔自治区内自主选择任何职业，自治区鼓励其从事教育工作。① 此外，2013 年江西师范大学作为本科师范生免费教育试点，开始施行"收费培养，履约退费"的培养模式。地方免费师范生政策的多元化、灵活性与机动性，有效提升了政策的影响力，扩大了政策的覆盖面。截至 2015 年，全国有 22 个省（区、市）开展地方师范生免费教育试点，每年约有 3 万名师范生和其他高校毕业生到农村中小学任教。② 如今，地方免费师范生的招生规模累计已达数十万，极大地补充了农村中小学教师队伍。

自 2007 年免费师范生政策实施以来，国家也在不断完善这一政策。如在 2012 年，教育部、财政部、人力资源和社会保障部、中央编办联合颁布《关于完善和推进师范生免费教育的意见》，对"免费师范生计划"的准入与退出机制进行了进一步完善，如参加"免费师范生计划"的大学生入学 1 年内经考察不适合从教的可调整到非师范专业，也可以吸纳那些当初没有报名此计划却有着强烈从教意愿的优秀学生充实到"免费师范生计划"中。

2018 年，中共中央、国务院颁布《关于全面深化新时代教师队伍建设改革的意见》，将"免费师范生"改为"公费师范生"，并对公费师范生的服务期进行了调整，将教育部直属师范大学的公费师范生履约任教服务期调整为 6 年。2018 年 3 月 28 日，教育部等五部门发布了《教师教育振兴行动计划（2018—2022 年）》，其中师范生生源质量改善行动被列为主要措施之一，强调推进地方积极开展师范生公费教育工作；加大入校后二次选拔力度，鼓励设立免试考核环节；鼓

---

① 冯跃武：《新疆实行地方免费师范生政策解读》，载《教育教学论坛》，2012（S2）：197－199。

② 方增泉、祁雪晶、郑伟等：《免费师范毕业生，你们还好吗——2011—2013 届免费师范毕业生发展情况的调查分析之一》[2018-10-30]，http：//edu. people. com. cn/n/2015/0205/c1006-26510740. html。

励高水平综合大学成立教师教育学院，设立师范类专业。

这些政策上的调整，完善了公费师范生政策在退出机制、准入机制和服务年限等方面的规定，使得政策能选拔出更多适合乡村教育的优秀人才，从而推动乡村教师队伍的优化与乡村教育发展。

（二）特岗教师政策

特岗教师政策是自 2006 年起中央实施的一项针对西部地区农村义务教育的特殊政策，通过公开招聘高校毕业生到西部地区"两基"攻坚县、县以下农村学校任教，引导和鼓励高校毕业生从事农村义务教育工作，创新农村学校教师的补充机制，逐步解决农村学校师资总量不足和结构不合理等问题，提高农村教师队伍的整体素质，促进城乡教育均衡发展。

2006—2008 年，5.9 万多名特岗教师被录用，分布在 490 多个县的 6400 多所乡村学校，直接受益的农村孩子达到 200 万人。① 以 F 县为例，2009 年共招聘特岗教师 81 人，他们的年龄在 21～28 岁，平均年龄 23.4 岁，其中，本科学历 42 人，专科学历 39 人。② 这些特岗教师被分配到全县缺编严重的部分乡镇，分配最多的达 10 人，这在一定程度上缓解了师资短缺问题。由于非师范生亦通过这一政策进入乡村教师队伍，这在一定程度上也提高了乡村教师队伍的多样性，优化了农村教师队伍结构。

伴随特岗教师政策的实施，国家也对这一政策进行了调整与完善。2009 年，根据特岗计划试点的实施情况，经过充分的评价论证和磋商协调，四个部门决定继续深入推进实施这项计划，在计划的总体精神和目标没有改变的基础上，对原有设岗规模和实施范围进

---

① 邹跃：《教育政策分析——以农村学校教师"特岗计划"为例》，载《教育理论与实践》，2010(1)：28—30。

② 樊万奎、吴支奎：《农村特岗教师计划的"优"与"思"——以安徽省 F 县为例》，载《中小学管理》，2011(7)：19—21。

行了扩大调整：设岗规模达到 5 万个以上；实施范围由西部地区扩大到中部省份，由"两基"攻坚县扩大到国家扶贫开发工作重点县。同时，也积极引导地方政府根据中央特岗计划的精神推进地方性计划，加强教师补充，有力提高教师的整体素质。

2011 年，教育部办公厅印发《关于做好 2011 年特岗教师在职攻读教育硕士工作的通知》，决定从 2011 年起开展服务期满留任特岗教师在职攻读教育硕士专业学位工作。据了解，2011 年特岗教师在职攻读教育硕士的培养任务由 36 所高等学校承担，共计招收 1000人。"攻读硕士学位"的条件在一定程度上为特岗教师消除了"后顾之忧"，使那些期满滞留的特岗教师有路可走，同时也将吸引到更多的特岗教师应聘者。这一文件还规定，服务期满留任特岗教师在职攻读教育硕士专业学位的报名条件是：①具有全日制普通高等学校本科学历；②参加中央特岗计划和参照中央特岗计划实施的地方特岗计划，服务期满且继续留在当地学校任教；③近 3 年年度考核合格且至少有一次考核优秀。同等条件下，获得县级及以上荣誉称号者优先录取。这三项规定首先确保了攻读硕士学位的教师的质量，即他们有能力顺利毕业。其次，也确保这批特岗教师能在硕士毕业后继续为农村教育做贡献，改善乡村教师队伍结构，从而达到政策的根本目的。①

2013 年，中央特岗计划根据中共中央、国务院印发的《中国农村扶贫开发纲要(2011—2020 年)》将实施范围确定为 11 个集中连片特殊困难地区和 4 省藏区县、中西部地区国家扶贫开发工作重点县、西部地区原"两基"攻坚县(含新疆生产建设兵团的部分团场)、纳入国家西部开发计划的部分中部省份的少数民族自治州以及西部地区一些有特殊困难的边境县、少数民族自治县和少小民族县。这就进

---

①　《支持特岗教师的在职学习和专业发展——教育部师范教育司负责人就开展 2011年特岗教师在职攻读教育硕士工作答记者问》，载《中国大学生就业》，2011(24)：10。

一步扩大了特岗教师政策的范围，使更为广大的西部及边境的特殊困难地区得以享受到这一政策的优惠。

(三)"硕师计划"

教育部自 2004 年开始实施"农村学校教育硕士师资培养计划"(简称"硕师计划")，即从具有推荐免试硕士研究生资格的高校中，选拔部分优秀应届普通本科毕业生，录取为"硕师计划"研究生，并与地方政府教育行政部门签约聘为编制内正式教师，要求必须在贫困县镇及以下农村中小学任教不少于三年。在职期间，通过现代远程教育自学、寒暑假期间集中面授等方式进行基础课程学习，核心课程主要以在培养高校脱产一年集中学习的方式进行。如按期通过教育硕士毕业论文答辩，即可获得硕士研究生学历证书及教育硕士专业学位证书。

这一计划试图通过推荐免试攻读教育硕士、"特岗计划"等政策导向，鼓励和吸引优秀大学毕业生服务农村教育事业，并通过教育硕士培养，为立志长期从教的教师专业发展创造条件，可谓是创新教师培养模式、造就大批高层次高素质的骨干教师的重要举措。截至 2010 年，"硕师计划"已在全国 31 个省(区、市)实施，具有"硕师计划"专项硕士生招生资格的高等学校达 29 所，参加推荐免试工作的高等学校累计已达 86 所，承担"硕师生"培养任务的高等学校多达73 所，共有 9000 余名优秀本科毕业生赴国家级和省级扶贫开发工作重点县的农村中学任教。

"硕师计划"自 2004 年实施至今，共经历了三个阶段：试行阶段、推广阶段和完善阶段。[①]

2004—2005 年为试行阶段，培养模式为"1＋1＋1＋2"，即第一

---

① 张作岭、刘艳清、赵朋：《"硕师计划"研究生质量保障体系的构建》，载《教育探索》，2012(7)：77—79。

年，经推荐被免试录取的"硕师生"到签约扶贫县高中任教；第二年，"硕师生"到承担培养任务的高校注册学籍，采取脱产的形式学习教育硕士专业学位研究生课程；第三年，"硕师生"在任教学校工作的同时，继续学习研究生课程，并进行学位论文的开题、撰写和答辩，论文答辩通过方可获得硕士研究生学历证书和教育硕士专业学位证书；第四、五年，继续在任教学校承担教育教学任务。该阶段的政策主要在中西部19个省（区、市）开展，共有33所高校参与了推荐免试工作，有21所高校承担了培养任务，吸引了1125名优秀本科毕业生到291个国家扶贫县高中任教，促进了农村教育事业的发展。①

2006年，教育部在其公布的工作要点中强调指出，要"扩大农村学校教育硕士师资培养的规模"，"硕师计划"因此被进一步调整。首先，扩大了计划实施的规模，将服务范围确定为"国家扶贫开发工作重点县"和"省扶贫开发工作重点县"的农村学校，以中学为主。其次，培养模式调整为"3＋1＋1"，即：前三年，"硕师生"由省级教育行政部门安排到农村学校任教；第四年，"硕师生"到承担培养任务的高校注册学籍，通过脱产的方式学习教育硕士专业学位研究生课程；第五年，"硕师生"返回任教学校，在工作的同时，完成研究生课程学习任务，并进行学位论文的撰写。论文答辩通过后，由培养学校授予其教育硕士专业学位并为其颁发硕士研究生学历证书。②

2009年，教育部在《关于做好2010年"农村学校教育硕士师资培养计划"实施工作的通知》中明确规定，从2010年开始，进一步扩大"硕师计划"的招生规模，并与"农村义务教育阶段学校教师特设岗位

---

① 《农村学校教育硕士师资培养将扩大》[2018-10-31]，http：//www.eol.cn/zz_news_2094/20060331/t20060331_170917.shtml.
② 张作岭、刘艳清：《"硕师计划"研究生质量保障策略：过程控制的视角》，载《继续教育研究》，2013(3)：70－72。

计划"结合实施。基于此，"硕师计划"从 2010 年起在四个方面进行了调整。一是服务范围由国家级和省级扶贫开发工作重点县扩大到所有县镇及以下农村学校，由中西部 21 个省份扩大到全国 31 个省份。二是培养方式由"3＋1＋1"五年制改为"3＋1"四年制。三是结合"特岗计划"，采取两种方式：录取为"硕师计划"研究生并同时应聘为特岗教师，先到设岗县的农村义务教育阶段学校任教服务三年，并在职学习研究生课程，第四年到培养学校脱产集中学习一年，毕业时获硕士研究生学历证书和教育硕士专业学位证书；根据有关文件精神，对于具备普通高等学校本科学历、三年聘期内年度（或绩效）考核至少一年优秀并继续留在当地学校任教、表现突出的特岗教师，经任教学校和县级教育行政部门考核推荐、培养学校单独考核，符合培养要求的，可推荐免试在职攻读教育硕士。四是参加推荐免试工作的高等学校由 58 所增加至 86 所，承担教育硕士专业学位培养任务的高等学校由 30 所增加至 73 所。另外，"硕师计划"研究生在学期间免缴学费，培养经费由培养学校在教育部下达的研究生招生国家计划内安排，住宿等费用按照在校研究生缴费办法执行。在 3 年服务期内，"硕师计划"研究生的待遇按照在职教师相关政策待遇执行。3 年服务期满后与当地教育部门续签教师聘用合同的"硕师计划"研究生，脱产学习一年的相关待遇按照在职教师脱产学习的规定执行。①

从这三次改革可以看到政策的特点如下：（1）政策惠及面不断扩大，由国家级和省级贫困县扩大到所有县镇及以下农村学校，由中西部 21 个省份扩大到全国 31 个省份。（2）选拔机制逐渐优化，在工作时间安排和程序上都严格按照上级下达的指标推荐免试名额、报

---

① 薛寒：《2010 年"硕师计划"有四项政策调整》，载《中国教育学刊》，2009（11）：38。

名推荐、复试录取和培训派遣等程序进行，尽量做到客观公正。①
（3）培养模式日趋完善，国家通过不断调整培养模式以探索教师培养
的最佳方式、学习安排与准出机制，使得"硕师生"培养质量有所提
高。（4）财政保障力度加大，"硕师计划"研究生在学期间免缴学费，
培养经费由培养学校在教育部下达的研究生招生国家计划内安排，
住宿等费用按照在校研究生缴费办法执行。

应该说，"硕师计划"对为县镇及以下农村学校培养具有教育硕
士专业学位的骨干教师、提高农村教师学历水平和整体素质、加强
农村教师队伍建设、改善农村教育体系、提高农村教育质量具有重
要意义。

（四）"三支一扶"

2006年2月，中央组织部、人事部、教育部、财政部、农业部、
卫生部、国务院扶贫办、共青团中央决定，联合组织"三支一扶"。
人事部颁布《关于组织开展高校毕业生到农村基层从事支教、支农、
支医和扶贫工作的通知》。自此，"三支一扶"工作在全国范围内开展
起来，即大学生在毕业后到农村基层从事支农、支教、支医和扶贫
工作。

"三支一扶"流程包括公开招募、自愿报名、组织选拔、统一派
遣，从2006年起连续5年，每年招募2万名左右高校毕业生，主要
安排到乡镇从事支教、支农、支医和扶贫工作，工作时间一般为2
年，工作期间给予一定的生活补贴，工作期满后由其自主择业。并
对服务期满、考核合格的大学生颁发由人事部统一印刷的《高校毕业
生到农村基层服务证书》，作为服务期满后享受相关就业优惠政策的
依据。

---

① 黄小芳：《"农村教育硕士师资培养计划"政策实施中存在的问题及思考》，载《当
代教育理论与实践》，2013，5（3）：43—45。

此政策旨在培养高校毕业生服务西部、服务基层的精神，同时拓宽高校毕业生的就业面，舒缓就业紧张问题。具体落实到其中的支教计划，则是为了引导和鼓励高校毕业生到西部去、到基层农村去，为促进农村基层教育事业发展和新农村建设提供智力支持。[①]

2006 年起该政策开始在全国大部分地区实施，2011 年《关于继续做好高校毕业生三支一扶计划实施工作的通知》的发布意味着该政策开始第二轮实施。截至 2015 年，全国共招募了 27.7 万名高校毕业生，实施范围亦从大部分省份扩大到了全国 31 个省（区、市）以及新疆生产建设兵团。其中，东部地区平均每年招募近 1 万名大学生，中西部地区平均每年招募约 1.8 万名，招募人数占比从 2006 年的 62.8% 提高到 2015 年的 71.8%。[②]从招募质量来看，本科及以上学历所占比重逐年提升，重点大学生源也占有一定比重。数据显示，本科学历人数由 2006 年的 9300 余人增加到 2015 年的近 1.8 万人；研究生学历的由 2006 年的 90 余人增加到 2015 年的 1200 余人。从学历构成比例看，本科学历的从 2006 年的 40.2% 提高到 2015 年的 68%。如四川省在第二轮计划期间本科学历人员占比达到 40%，较第一轮有较大幅度提高。安徽省 2015 年报名参加"三支一扶"考试的大学生较 2011 年增加了近一倍。[③]

在第二轮实施中，各地区政府针对第一轮实施中出现的问题主动寻求解决办法，出台各类政策，使"三支一扶"大学生"进—管—出"各个环节的安排更为妥善。北京市在第二轮实施过程中陆续出台了 3 个市委文件和 12 个部门政策，同时还创新招募环节，增设了心

---

① 刘欣、汪旭：《我国农村教师支持政策的综合比较分析》，载《教师教育论坛》，2016，29(9)：10—15。

② 人社部"三支一扶"计划实施效果评估研究课题组：《第二轮"三支一扶"计划实施成效研究》，载《中国人力资源社会保障》，2017(6)：24—27。

③ 王晓辉：《"三支一扶"计划走向成熟》，载《中国人力资源社会保障》，2016(8)：30—33。

理测试等内容，重点考察大学生的政治素质、专业素质和心理素质。广西壮族自治区先后出台《关于我区"三支一扶"大学生服务期间参加社会保险有关问题的通知》等规范性的文件，从高校毕业生的选拔、培养、管理、生活补贴、福利待遇、社会保障、服务期满后续服务等方面全面规范了"三支一扶"各项工作。①

鉴于一些政策因宣传不佳而执行不力的情况，"三支一扶"政策尤其重视宣传动员工作的开展，营造良好的舆论氛围。像上海、湖北等地组织了评选表彰活动，采取组织宣讲团等形式，广泛宣传先进典型，积极吸引高校毕业生投身基层服务。黑龙江选择了借助媒体宣传政策的方式，在省日报、省电视台设立了"高校毕业生面向基层就业专栏"，对"三支一扶"计划进行了深入报道。山西则利用互联网的传播效能，建立了"三支一扶"网站，全方位展示"三支一扶"大学生的风采。另外，如湖南、西藏、浙江等地区和新疆生产建设兵团也结合实际开展了丰富多彩的宣传活动。②在持续的宣传工作中，政策的社会影响面不断扩大，影响力获得提升。

同时，为了保证服务质量，"三支一扶"大学生日常考评制度、年终考核制度、领导定期联系制度等也日渐完善起来。在日常管理上，各地创造了很多好的做法，如江苏建立了志愿者安全健康事故月申报机制、志愿者自我管理机制、志愿者动态跟踪机制，有效地加强了对大学生的管理。河南指定专门工作人员，设立热线电话，及时协调解决出现的问题。黑龙江、福建、贵州等不少省份充分利用"三支一扶"大学生 QQ 群、"短信通知平台"等信息化手段，悉心

---

① 曹阳：《"十二五"期间广西实施"三支一扶"计划的思考》，载《人事天地》，2011(7)：36-37。

② 王晓初：《总结经验 凝聚共识 进一步做好"三支一扶"计划实施工作——在全国高校毕业生"三支一扶"计划实施工作研讨会上的讲话（摘要）》，载《中国人才》，2010(7)：6-9。

为大学生提供服务。[1]

此外，财政支持上，中央和地方政府不断加大资金投入，为该政策的实施提供了物质保障。国家分别于 2012 年和 2015 年提高了中央财政补助标准，中央财政补助中部、西部地区标准由最初的每人每年 1 万元、1.5 万元分别提高到 1.8 万元、2.5 万元，其中新疆南疆四地州、西藏自治区提高到每人每年 3.5 万元。从保险和住房公积金缴纳情况看，截至 2015 年底，除极个别地方外，"三支一扶"大学生都参加了社会保险，接近一半的省份为他们办理了商业保险，北京、上海、天津、江苏、四川、陕西等省市还为他们缴纳了住房公积金。[2] 有了丰厚的津贴补助，大学生们就能更心无旁骛地投入到基层的工作当中去，支教生们也能更专注于乡村教育事业。

2016 年，"三支一扶"计划开始实施第三轮。为了提升"三支一扶"人员工作能力，人社部、财政部印发了《"三支一扶"人员能力提升专项计划实施方案》，明确提出到 2020 年实现"三支一扶"人员每年接受岗前培训或在岗脱产培训不少于 5 天，国家组织示范培训覆盖 2.5 万人次以上，切实帮助"三支一扶"人员不断增强政治思想水平，提高为基层群众办实事的能力素质，提升服务基层的效率。

示范培训项目和一般培训项目在财政支持上分别由国家财政和地方财政提供保障。示范培训项目由人社部会同财政部根据全国"三支一扶"工作需要和地方工作开展情况确定，以在岗培训为主，由国家安排培训经费，对纳入示范培训计划的人员按照每人 3000 元/次的标准给予补助。一般培训项目则由省级或地市级人社部门根据本地工作实际需要组织实施，由地方各级财政部门安排相应经费。

---

① 王晓初：《总结经验 凝聚共识 进一步做好"三支一扶"计划实施工作——在全国高校毕业生"三支一扶"计划实施工作研讨会上的讲话(摘要)》，载《中国人才》，2010(7)：6—9。

② 王晓辉：《"三支一扶"计划走向成熟》，载《中国人力资源社会保障》，2016(8)：30—33。

当前，第三轮计划正在实施。应该说，十余年的政策执行促进了乡村基层各方面的事业发展，尤其在教育上，为乡村教师队伍补充了新生力量，在一定程度上缓解了乡村师资人才匮乏的情况，推动了教育事业的发展。这一计划也使越来越多的高校毕业生转变了就业观念，投身到乡村教师队伍行列中。

二、创新乡村教师培养机制

如何在教师教育过程中加强理论与实践的结合，培养能够适应特定情境的教师？如何在教师教育中辐射优质教师教育资源？各地在教师培养机制上做出了一系列的探索，这些探索包括建立高校与地方政府、中小学"三位一体"协同培养教师的机制，于此基础上实现教师教育职前职后一体化；建立教师教育创新实验区；充分运用"互联网＋"的背景将城市中的优质教师教育资源输送到乡村供教师在职发展，或输送到地方师范院校以促进地方师范院校的师范生的发展。

（一）"三位一体"协同培养教师

2014年，教育部发布《关于实施卓越教师培养计划的意见》，明确提出要建立高校与地方政府、中小学"三位一体"协同培养新机制。这主要包括两方面内容：一是明确全方位协同内容。高校与地方政府、中小学协同制定培养目标、设计课程体系、建设课程资源、组织教学团队、建设实践基地、开展教学研究、评价培养质量。培养中等职业学校教师的高校还需加强与行业企业的协同。二是建立合作共赢长效机制。高校与地方政府、中小学建立"权责明晰、优势互补、合作共赢"的长效机制，优化整合内部教师教育资源，促进教师培养、培训、研究和服务一体化。之所以提出协同培养的模式，是出于整合供给侧资源的考虑。高校、政府与中小学尽管都希望培养出优秀的乡村教师，但由于管理制度不尽相同，各自运作的逻辑不同，往往导致力量分散，甚至互相牵制。"三位一体"协同培养体制的建立能将政府的行政资源、高校的知识资源和中小学的实践资源汇聚到一起，合力提高乡村教师培养与供给的效率和有效性。

在教育部的号召下，全国各地开始逐步建立起符合当地特色并具有创新意识的协同培养模式。浙江丽水学院的小学教育专业进行了山区农村卓越小学教师协同培养机制的研究与实践，提出了通过实施"服务－促动"机制、"参与－沟通"机制、"评估－激励"机制来实现"三位一体"协同培养模式的最终构建。丽水学院的协同培养机制主要体现为聘请研训部门专家、小学教学与管理骨干为兼职教师；邀请教授和一线教师举办讲堂；提出并实施"OP－SPR"实践教学策略，并推行双导师制；邀请研训部门的教研员、实习学校的指导教师协同学生完成实习。①

教育部的这一政策其实源自地方院校的早期探索。早在 2011 年，福建省闽南师范大学推行"高校、政府、中小学'三位一体'教师教育改革试点计划"，积极探索、创新乡村教师人才培养模式。为了提升师范生的教学能力，闽南师范大学实施师范生实习支教与在职教师校际交流和置换培训同步改革，使一线优秀教师能进行"支教交流"。截至 2015 年，学校共有 10 个学院 12 个专业的 6500 名师范生先后奔赴 16 个县（市、区）70 个乡镇的 120 所中小学、幼儿园的 5000 多个班级开展一学期实习支教，其中顶岗支教比例达 40％以上。考虑到乡村留守儿童的心理特点和学习特征，闽南师范大学还专门开展了"实习支教＋留守儿童关爱教育"改革试点，并在深化"U—G—S三位一体"基础教师教育改革实践上，强化院校联盟，加强与中小学指导教师的协调配合，建立大学教师、中小学指导教师、班主任（生管教师）、实习生协同引导教育留守儿童的"四位一体"合

———————

① 陈旭峰：《山区农村卓越小学教师协同培养机制的研究与实践——以丽水学院为例》，载《丽水学院学报》，2017，39(6)：120—124。

作管理模式。①

广东省积极开展了卓越教师协同培养项目。以广东省外语艺术职业学院为例，它与广东省广州市、东莞市、佛山市部分区政府签订了协同培养教师的协议，共建 248 所中小学为教师教育校外教学实践基地。在明确高校、政府、中小学在协同培养中角色分工的基础上，该项目深化了教师教育协作机制研究，创造性地提出了"双核心、两课堂、三实习"产学研相结合的人才培养模式，即建立围绕专业核心技能与职业核心技能的课程体系，在大学课堂与中小学课堂、第一课堂与第二课堂、常规课堂与网络课堂中开展教师教育，设置教育实习、项目实习与顶岗实习，以提升教师教育的职业性与实践性。②

此外，粤西地区还开展了院政校协同的在职教师培训，如由教育行政部门出面委托高校参与小学学校改进项目，高校教师引领小学教师开展行动研究。有研究显示，这样的协同培训促进了教师的教学实践能力与科研能力。③

（二）建立教师教育创新实验区

2008 年，教育部发布《关于"教师教育创新平台项目"实施工作的意见》，在北京师范大学、华东师范大学、东北师范大学、华中师范大学、陕西师范大学、西南大学 6 所部属师范大学启动实施"教师教育创新平台项目计划"。这一示范性举措落实了教育部直属师范大学师范生免费教育，加大了对教师教育的支持力度，推动了教师教育

---

①　李建辉：《关注农村留守儿童教育 拓展高师实习支教功能——以协同创新教师教育机制为视角》，载《闽南师范大学学报（哲学社会科学版）》，2015，29(1)：140—146。

②　徐苏燕：《"三方协同"模式下卓越教师培养的实践研究》，载《课程·教材·教法》，2017(8)：104—109。

③　利炳变：《院政校协同下高校教师与农村英语教师合作行动研究的实践探索》，载《普洱学院学报》，2016，32(6)：86—88。

的创新与发展。①

　　"教师教育创新平台项目"包含了提升教师教育质量的多种途径与多元方法，重点主要放在免费师范生攻读硕士、教师教育课程改革、中小学教师在职培训与资源共享等方面。教师教育创新实验区的建立，形成了我国教师教育中"三位一体"的培养模式，即在基础教育师资队伍培育和建设过程中，高校、地方政府(教育行政部门)、中小学校"三位"在教师教育创新实验区内构建职前培养、入职教育与职后培训"一体化"体系。②应该说，这一项目的启动，有助于提升师范生的培养。

　　漳州师范学院(后更名为"闽南师范大学")自建立教师教育创新实验区以来，4 年时间里先后共选派了 7 批次 14 个专业的 3659 名师范生赴 4 个实验区，共计 16 个县(市)86 个乡镇的 139 所中小学和幼儿园进行为期一学期的实习支教，由实习支教学生顶岗置换培训的骨干教师达 1856 名，攻读在职教育硕士的教师 62 名，并促使 2 万多名中小学生直接受益，促进了城乡义务教育的均衡发展。③

　　2013 年初，重庆市教委规划建立 3 个教师教育创新实验区，引导高师院校、地方政府、研训机构、中小学共同协作。同年，西南大学和重庆渝中区签署协议，共建高水平的教师教育一体化创新实验区，建构校地一体、连贯系统的教师教育新体制，创新教师培养和教师专业发展的方式方法。据共建协议确定的"五年行动计划"，西南大学和渝中区将在 5 年内共建两个教师教育实习实践和研修基地，共同打造 3 个教师教育平台，形成学分互认和进修顶岗等 4 项

　　① 佚名：《教育部启动实施"教师教育创新平台项目计划"》，载《中国教师》，2009 (17)。

　　② 李进金：《地方政府统筹下的教师教育模式改革与机制运行——以漳州师范学院为例》，载《大学(研究版)》，2011(11)：75—79。

　　③ 黄晓农：《高校共建"三位一体"教师教育创新实验区探究》，载《赣南师范大学学报》，2013，34(4)：103—105。

教师教育协同制度，设计、开发并实施5门教师教育课程，建设6所教师专业发展示范学校，开展"渝中区中小学名师成长"项目和"渝中区中小学种子老师"项目等7个特色项目。①

2015年，重庆江北区正式与北京师范大学合作，联手打造 A-PEx教师发展实验区，开展培养具有国际视野的名师与未来教育家的"名师工作坊"项目、促进共同体内全体教师发展和质量提升的"以校为本的教师研修集群"项目和打造后备人才队伍的"卓越教师培养创新实践基地"项目等10个子项目。同时，为了能够密切双方关系，为重庆十八中等项目校答疑解惑，北京师范大学组建了由本校专家、重庆本地专家、江北区教研员和联盟校骨干教师组成的"集群建设支援小组"，使该实验区项目能够发挥其最大效应。②

2018年5月14日，广东省教育厅在华南师范大学召开"新师范"建设工作推进会，会上公布了华南师范大学、广东技术师范学院、岭南师范学院、韩山师范学院、广东第二师范学院、韶关学院、嘉应学院、惠州学院、肇庆学院、广州大学、深圳大学获批为"广东省创建国家教师教育创新实验区"立项单位，构建起"三位一体"教师教育新机制。③

（三）"互联网＋教师教育"的探索

早在2002年，教育部就发布《关于推进教师信息化建设的意见》，适应信息化社会的发展要求，以信息化带动教育现代化，促进教师教育跨越式的发展，积极推进教师教育信息化建设。"互联网＋"是互联网思维进一步深化的实践结果，作为知识社会改革、创新、发展的网络平台，这种新业态正在推动经济形态不断发生变化，

---

① 张国圣：《重庆：创建教师教育创新实验区》，载《光明日报》，2013-10-09。
② 《"私人定制"催生教师"无限生长"——重庆江北区与北师大联手打造教师教育创新实验区》，载《中国教育报》，2015-05-19。
③ 《广东：建教师教育创新实验区》，载《中国教育报》，2018-06-04。

并且影响到了各个传统行业，如教育。2015 年，国务院印发《关于积极推进"互联网＋"行动的指导意见》，显示出"互联网＋"不可阻挡的趋势。

由于互联网在社会资源配置中的优化和集成作用，教育期望借助信息化技术为教师的教学与学生的学习添加动力与手段，教师教育也同样窥探到"互联网＋"的高效与快捷，开发出多种"互联网＋教师教育"培养新模式，以信息化手段来整合供给侧资源，使教师人才的培养质量与效率获得提升。有不少学者在这一背景下讨论了"互联网＋教师教育"的可能性。学者孙笛认为"互联网＋"环境为教师教育提供了新的路径。一方面，"互联网＋"转变了职前培养的传统教学观，在信息环境中，教师的角色由原来的"知识传播者和讲授者"转变为现在的"资源组织者"和"学习的引导者"，学习者也由原来的"知识的被动接受者"转变为"积极主动的探寻者"。另一方面，"互联网＋"能够构建"职前＋职后"的个性化生涯发展档案，从而紧密职前职后的联结。① 学者梁茜提出以探究式的"Big6"教学、"教育工作坊"式合作学习以及创造性的"创客社团"建设作为关键路径，以时间、空间和职前职后教师教育阶段联结的三维资源平台搭建作为重要依托，来创新互联网职前教师教育模式。② 学者戴玮、王清也强调了创客教育在教师教育当中的重要性，认为其能加快资源共享，充分调动教师自主能动性。③

在实践中，各类适应当地情况的"互联网＋教师教育"模式也被创建出来。比如，福建省专门为开展中小学教师培训搭建了"福建省

① 孙笛：《"互联网＋教育"环境下教师教育模式新探》，载《教育参考》，2017(4)：108－112。
② 梁茜：《论互联网＋教育环境下职前教师教育模式的创新》，载《基础教育研究》，2016(19)：30－33。
③ 戴玮、王清：《"互联网＋"时代创新教师教育方式研究》，载《软件导刊(教育技术)》，2016，15(9)：65－67。

中小学教师(校长)远程研修平台"，此平台以优质培训资源与名师网络指导对接为基础，以在线互动交流与过程质量监控为驱动，实现远程平台、网络课程、个性研修"三位一体"提高培训的针对性、灵活性和实效性。平台在每位老师的个人网页中设定了任务驱动式研修模块，包括观看名师视频、自主阅览培训资源、开展互动交流、开展名师指导答疑、创设优质资源共享。同时，福建基础教育网利用网络技术对培训进行了过程性监测，防范假学、替学、抄袭行为，并实施培训任务模块过程性管理。① 浙江师范大学则针对师范专业学生的教学技能自主研发了国内第一个达标网络考核系统，规定不达标者不得参加教育实习，并通过允许多次考核追求卓越，从而培养卓越教师。②

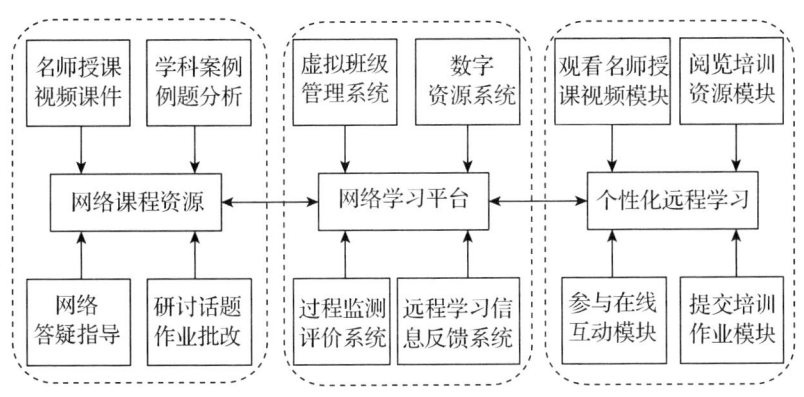

图 4-1　福建基础教育网培训模式整体构建③

2018 年，教育部印发《教育信息化 2.0 行动计划》，明确提出要积极推进"互联网＋教育"发展。为大力提升教师信息素养，《教育信

---

① 范光基：《"互联网＋"背景下中小学教师培训模式探索及策略思考——以福建基础教育网为例》，载《中小学教师培训》，2016(3)：13—17。
② 顾沈静：《"互联网＋"背景下我国高校教师教育人才培养模式改革》，载《大学(研究版)》，2016(11)。
③ 范光基：《"互联网＋"背景下中小学教师培训模式探索及策略思考——以福建基础教育网为例》，载《中小学教师培训》，2016(3)：13—17。

息化 2.0 行动计划》决定启动"人工智能＋教师队伍建设行动"，推动人工智能支持教师治理、教师教育、教育教学、精准扶贫的新路径，并创新师范生培养方案，完善师范教育课程体系，加强师范生信息素养培育和信息化教学能力培养。

三、改革教师教育课程以提升教师教育质量

当前教师教育课程改革主要有两方面，一是强化教师教育现有课程体系中的实践环节改革，二是积极探索能够适应乡村全科教学的教师培养课程体系。

(一)教师教育课程改革

2011 年，为深化教师教育改革、提高教师质量，教育部印发《关于大力推进教师教育课程改革的意见》，分创新教师教育课程理念、优化教师教育课程结构、改革课程教学内容、开发优质课程资源、改进教学方法和手段、强化教育实践环节、加强教师养成教育、建设高水平师资队伍、建立课程管理和质量评估制度、加强组织领导和条件保障 10 部分阐述了对于教师教育课程改革的意见，并明确提出"教师教育课程在中小学和幼儿园教师培养中发挥着重要作用，是提高教师教育质量的关键环节"。

在这一文件的指导下，6 所教育部直属师范大学率先开始了教师教育课程改革。北京师范大学经过多年探索，构建出了职前职后、培养培训一体化的教师教育新体系。当前北京师范大学将师范生课程设置为专业课和选修课，专业课包括教育学基础课、学科教学专业课和实习，选修课则包括教师教育相关任选课程。同时，北京师范大学首创教师教育硕士学位，将教师教育重心上移，并进行了硕士研究生阶段教师教育课程改革。相较于本科课程，硕士必修课程增加了研究方法、史论的比重；选修课则结合教学过程各个环节进行了能力培养设计，突出应用性与前沿性。华东师范大学设计的职前教师教育课程体系是国内较早推出的体系性课程，主要包括教育

与心理基础理论类课程、教育研究与拓展类课程、教育实践与技能类课程、学科教育类课程四大类共 30 学分，其中必修课程占 22 学分，选修课程共有 35 门课程供学生选择，涵盖了基础教育研究的方方面面。[①] 此外，东北师范大学、陕西师范大学、华中师范大学、西南大学也对教师教育课程进行了调整与创新，力图提高免费师范生的培养质量，改善乡村教师队伍结构。

省属师范院校及地方师范院校也积极探索教师教育课程改革，拓展所开教师教育项目的实践属性，提升教师教育质量。如南京师范大学着重发展师范生的教学实践技能，以此为培养目标，经过多年探索，从体验层、实验层、践行层和研究层四个层次构建了较为完备的教师教育实践课程体系，其中既包括了实践的理论知识学习，又包含真正的实习体验。南京师范大学师范生一般会在第七学期的 9 月和 10 月赴中学开展教学与班主任等工作，实习指导教师和实习学校领导、学科指导教师共同组成指导小组，对教育实践的各个环节进行管理和指导。[②] 广西师范大学的教师教育课程改革以突出师范性专业对基础教育课程改革的适应性为重点，加强了通识教育与专业教育的有机结合，在重视教育理论的同时强化教育实践训练，形成了由通识教育、教师教育、专业教育、集中实践教学环节四大模块必修课程及相应系列选修课程组成的教师教育课程体系。[③]

总体而言，无论是教育部直属师范大学还是地方师范院校，都以教师教育课程改革为途径，在着眼于政策大局的同时，力图改善教师供给质量，为乡村教育输出优秀的教师专业人才。

[①] 田学红：《我国"教师教育课程"的改革实践及其思考》，载《教育研究与实验》，2009(3)：21—25。

[②] 周晓静：《教师教育实践课程改革与思考——以南京师范大学教师教育课程为例》，载《中国教育学刊》，2011(7)：56—59。

[③] 钟瑞添、马佳宏：《高等师范院校教师教育课程改革的探索与思考——以广西师范大学为例》，载《广西师范大学学报(哲学社会科学版)》，2008，44(6)：62—66。

2016 年，教育部发布《关于加强师范生教育实践的意见》，提出要加强师范生教育实践，弥补职前教育的薄弱环节，具体措施包括：组织开展规范化的教育实习，全面推行教育实践"双导师制"，完善多方参与的教育实践考核评价体系，协同建设长期稳定的教育实践基地等。这一意见的出台亦意味着各院校将大范围探索教师教育中如何强化教育实践的环节。

（二）乡村小学全科教师培养计划

当前学界对"全科教师"并无统一的界定。一般来说，全科教师不是包揽所有课程，而是强调要有承担小学阶段各门课程教学的能力，并能进行小学教育研究与管理，达到"知识博、基础实、素质高、能力强、适应广"的水平，以适应小学的包班制度。全科教师由具备资格的专业机构培养，学历层次为本科或专科。

2012 年，《关于大力推进农村义务教育教师队伍建设的意见》指出，要为农村学校定向培养补充"下得去、留得住、干得好"的高素质教师；采取定向委托培养等特殊招生方式，扩大双语教师和音体美等紧缺薄弱学科及小学全科教师培养规模。2014 年，教育部颁布《关于实施卓越教师培养计划的意见》，强调"针对小学教育的实际需求，重点探索小学全科教师培养模式，培养一批热爱小学教育事业、知识广博、能力全面，能够胜任小学多学科教育教学需要的卓越小学教师"。2015 年，国务院办公厅发布《关于印发乡村教师支持计划（2015—2020 年）的通知》，鼓励地方政府和师范院校根据当地乡村教育实际需求加强本土化培养，采取多种方式定向培养"一专多能"的乡村教师。可见，培养小学全科教师已经成为我国教师教育改革特别是面向乡村教育培养教师的重要方向。同时，我国《小学教师专业标准（试行）》确立了"学生为本、师德为先、能力为重、终身学习"四个基本理念，这为农村小学全科教师核心素养提供了一个基本框架。①

　　与国家自上而下实施免费师范生政策、特岗教师政策和"硕师计划"不同，乡村小学全科教师的培养来自地方经验，是自下而上的实践探索。2006 年，湖南省率先开始实施农村小学教师定向培养专科计划，选拔初中毕业生免费培养五年制专科层次的农村小学全科教师，即招收初中毕业生，对其进行为期五年的大专培养，其培养模式是"全科、低龄、定向和专门培养"②。2010 年，湖南省又启动实施了六年制本科乡村小学教师定向培养计划③招收中招考试成绩不低于"省级示范性普通高中计划内分数线"的学生。招生按照"学生自愿报名、学校初审推荐（或可参考综合素质评价）、县市区教育局初选公示、县市区教育局组织体检、市州教育局预录并公示、签订协议、培养学校录取、省教育厅审核"的流程进行。学生入学两年后，可以参加专门设定的升学考试，过线者能进入本科阶段，未能过线者只能拿专科文凭。④ 应该说，这一培养模式有利于对培养质量进行实时监测，从供给侧保证了教师质量。

　　"十一五"期间，江西省也开展了定向培养农村中小学教师工作，于 2006—2010 年开设每年定向招收了 5000 名初中毕业生"五年一贯制"和高中毕业生三年制的全科型小学师范专业。2012 年，浙江省在丽水设立试验点，招收 30 名小学全科教师，在杭州师范大学进行培养。浙江省湖州师范学院也专门设置了小学教育"全科方向"，提出

　　① 高葵芬、徐莉莉：《农村小学全科教师核心素养及培养策略》，载《现代中小学教育》，2017，33(12)：115-118。
　　② 徐雁：《全科型本科小学教师培养模式研究》，载《湖南第一师范学院学报》，2011，11(4)：8-10。
　　③ 庞丽娟、金志峰、吕武：《全科教师本土化定向培养——乡村小学教师补充的现实路径探析》，载《教师教育研究》，2017(6)：41-46。
　　④ 赵邦屯、王真真、张献伟：《关于提高师范专业认证及师范生准入门槛的政策建议》，载《河南教育(高教)》，2018(2)。

了"3-3-5"模式：遵循"全科培养、全程实践、全面发展"三全培养思路；达成"专业情意深厚、专业知识广博和专业能力全面"的三大教育目标；发展"教育教学能力、组织管理能力、活动指导能力、教学研究能力、学习创新能力"五种专业能力。① 重庆市则于 2013 年以"3＋1"学制四年模式（即高校 3 年和教师进修学院 1 年）培养本科层次小学定向农村全科教师，毕业后服务期限不少于 6 年。② 2013 年，广西壮族自治区计划面向高中毕业生定向招收 5000 名两年制农村小学全科免费师范生。同年暑假，湖北省专门针对偏远农村小学举办"全科教师"培训。③河南省则开拓了小学全科教师培养的多种模式，其中周口师范学院设置了双语方向，提升小学全科教师的现代适应性；洛阳师范学院则采取"N＋1"模式，即发展多学科教学能力和 1 种艺体特长。④

当前多个省、区、市的全科教师培养政策已逐渐转为定向培养，并有一定的服务年限要求，其目的是使全科教师能"下得去"农村，又在农村"留得住"。全科教师的本土化定向培养在部分地区已取得了一定的成效，积累了一些宝贵的政策经验，对其他地区和在更大范围内调整、完善和推广这种培养模式具有重要的政策参考和借鉴意义。⑤

在各地探索乡村小学全科教师培养模式的过程中，高校、地方政府和农村小学之间所建立的"三位一体"的协同培养新机制逐渐受到关注，在三方联动下，师范院校、地方政府和农村小学之间的伙

---

① 魏永：《外省已有高校探索培养"全科教师"》，载《合肥晚报》，2012-10-20。
② 刘志强：《重庆为农村小学定向培养全科教师》，载《人民日报》，2013-05-29。
③ 张莲：《农村全科型小学教师培养模式探究》，载《教学与管理》，2014(5)：8－10。
④ 刘艳艳：《"洛阳模式"与农村小学全科师范生培养模式的创新》，载《文教资料》，2018(9)。
⑤ 庞丽娟、金志峰、吕武：《全科教师本土化定向培养——乡村小学教师补充的现实路径探析》，载《教师教育研究》，2017(6)：41－46。

伴关系逐渐构建起来。[①]　这种变化打破了仅限于高校内部培养小学全科教师的封闭局面，促进了全科教师的培养。

四、实施乡村教师的"国培计划"

2010 年，教育部、财政部开始全面实施中小学教师国家级培训计划，简称"国培计划"。该计划是提高中小学教师特别是农村教师队伍整体素质的重要举措，包括"中小学教师示范性培训项目"和"中西部农村骨干教师培训项目"两项内容。2010 年以来，共有 9 所高校实施"国培计划"，包括 2 所综合大学（北京大学、广州大学）与 7 所师范大学（北京师范大学、华东师范大学、华中师范大学、陕西师范大学、华南师范大学、江西师范大学、江苏师范大学）。

在同年发布的《国家中长期教育改革和发展规划纲要（2010—2020 年）》中，"国培计划"被当作落实教师素养的重要路径。这一政策也得到了各地方政府的积极响应。如湖南省自 2013 年开始实施"国培计划"，在持续的推进中，各项目以乡村教师为重点。同时，针对国民教育体系中的薄弱环节，湖南省启动了幼师"国培计划"，以项目县为抓手，将送教下乡、网络研修与集中培训相结合，对乡村幼儿教师进行周期性、专业化的在职培训。这一举措使湖南省乡村地区的幼儿教师获得了专业发展的有力支持。为了进一步提升乡村幼儿教师的职业认同感，湖南省"国培办"出台了一系列文件，对"国培计划"实施工作提出了非常明确具体的要求，如要求精选"专业师德"模块课程内容，采用团队课程、同题异构、实践浸润等培训方式，由理论专家、一线名师和培训学员共同完成课程学习。[②]作为"中西部农村骨干教师培训项目"的承训院校，湖南省怀化学院按照

---

①　郭翠菊：《小学全科教师培养的现状分析与路径设计》，载《安阳师范学院学报》，2017(6)：116—121。

②　李洋：《在职培训对乡村幼儿教师队伍建设的积极影响——以湖南省幼师"国培计划"项目实施为例》，载《陕西学前师范学院学报》，2017，33(4)：127—130。

"国培计划"的要求，立足学校的办学优势和特色，对基于提升教师专业能力的培训模式做了初步探索，在全校范围内开展了以"专业能力素质"培养为主线的"三位一体"人才培养模式改革。其中，该学院外语系在具体承训"国培计划（2011）——中西部农村骨干教师培训项目"的"初中英语骨干教师短期集中培训项目"和"初中英语骨干教师置换脱产研修培训项目"中，以"参与—分享"式培训为主导，通过创建"国培 QQ 群"、举办"国培英语教学研究会"等手段增进教师之间的交流，为教师提供专业发展的平台。①

与湖南省类似，2014 年河南大学在其实施的新一轮"国培计划"中将目光聚焦于乡村中小学和幼儿园，并在原有的基础上创新模式以提高培训的针对性和实效性。仅在 2016 年，河南大学"国培计划"就开展了 87 次送教活动，使数千名中小学教师受益。②

"国培计划"同样惠及西藏自治区。2010—2014 年，"国培计划"共培训西藏教师 27453 人次，占全区教师的 62.5％（全区共有教师 43898 人）。同时，"国培计划"生发出依自治区具体情况而定的"西藏模式"。由于西藏地处偏远，交通不便，"国培计划"大多通过远程学习的方式实现，而非脱产集中学习。各级教育行政部门也认为"国培计划"远程培训项目是提高中小学教师特别是农牧区教师队伍整体素质的重要举措，且将其与校本研修结合起来是使其常态化的关键。从学者的调研情况来看，西藏自治区广大教师对"国培计划"远程培训的认识程度逐年提高。从参加培训的合格率来看，2013 年小学参训学员合格率为 97.45％，中学参训学员合格率为 99.35％。③

---

① 于洁、唐姿：《从提升专业能力视角探索"国培计划"培训模式——以怀化学院"国培计划"中西部农村英语骨干教师培训项目为例》，载《中国大学教学》，2012(5)：74—76。
② 河南大学"国培计划"领导小组办公室：《河南大学"国培计划"助推乡村教师专业成长》，载《河南大学学报（社会科学版）》，2017，57(3)。
③ 吴艳青：《西藏自治区中小学教师对远程培训的需求与分析》，载《中国电化教育》，2015(3)：129—133。

2010—2015 年，中央财政投入 85.5 亿元，通过"示范性项目""中西部项目"和"幼师国培项目"，培训中小学幼儿园教师 900 多万人次，培训中小学校长、幼儿园园长近 11.7 万人，并于 2014 年推出边远贫困地区农村校长助力工程，每年组织连片特困地区 2000 名中小学校长、幼儿园园长参加国家级培训。2015 年该工程实现并集中支持中西部乡村教师校长培训，培训人次达 200 万。① 2016 年，为贯彻落实《乡村教师支持计划(2015—2020 年)》，推动各地变革乡村教师培训模式，提升乡村教师培训实效，在总结各地经验基础上，教育部研究制定了《送教下乡培训指南》《乡村教师网络研修与校本研修整合培训指南》《乡村教师工作坊研修指南》《乡村教师培训团队置换脱产研修指南》等乡村教师培训指南，并发布要求全国各地印发乡村教师培训指南的通知，作为在"国培计划"和乡村教师全员培训组织实施工作中的执行参照。

五、优化已有教师资源的配置

为了促进义务教育优质均衡，各级政府创新了教师资源的配置方式，实行县域内义务教育阶段教师轮岗交流制度，并在乡村教师编制配备上作出相应倾斜。

(一)县域内教师轮岗交流制度

早在 20 世纪 90 年代末，一些地方为了解决乡村优质师资紧缺问题，就已对县域内教师交流和支教、走教等做出实践探索。2010 年《国家中长期教育改革和发展规划纲要(2010—2020 年)》颁布，提出实行县(区)域内教师和校长交流制度。2012 年 8 月，国务院颁发的《关于加强教师队伍建设的意见》要求"建立县域内义务教育学校教师轮岗交流机制，促进教师资源合理配置"，这表明党和国家进一步认识到了城乡轮岗对于教育均衡发展的重要性。2014 年，教育部、

---

① 《教师队伍建设专题评估报告》，载《师资建设·双月刊》，2016(1)：37—42。

财政部、人力资源和社会保障部印发《关于推进县（区）域内义务教育学校校长教师交流轮岗的意见》，就"校长教师轮岗"做出了全面部署。首先确定轮岗的工作目标是"促进教育公平，推进义务教育均衡发展"，明确提出"力争用 3 至 5 年时间实现县（区）域内校长教师交流轮岗的制度化、常态化"；其次政策向农村倾斜，"校长、副校长在农村学校、薄弱学校连续任职时间可根据工作需要予以延长"，并提出"校长教师交流轮岗的重点是推动优秀校长和骨干教师到农村学校、薄弱学校任职任教并发挥示范带动作用。有镇区和乡村学校的县（区），重点推动城镇学校向乡村学校交流轮岗；没有乡村学校的市辖区，重点推动优质学校向薄弱学校交流轮岗；乡镇范围内，重点推动中心学校向村小学、教学点交流轮岗"。

2016 年，国务院发布《关于统筹推动县域内城乡义务教育一体化的若干意见》，将"办好农村教育"作为统筹城乡义务教育发展的重要举措，并要求"城镇学校和优质学校教师每学年到乡村学校交流轮岗的比例不低于符合交流条件教师总数的 10％，其中骨干教师不低于交流轮岗教师总数的 20％"。政策下达之后，全国多地逐渐建立起城乡教师轮岗制度。截至 2016 年底，全国各省份参与轮岗的城乡教师达 60.3 万人次，已有 1824 个县（市、区）通过了义务教育发展基本均衡县（市、区）评估认定，达到全国总数的 64％，上海、北京、天津、江苏、浙江、广东、福建 7 个省市已整体通过验收。①

（二）编制职称向农村教师倾斜

长期以来，教师队伍缺编现象严重，有限的编制更多被分配到更受关注的城市学校。此外，根据师生比测算，乡村学校由于学生少，所能享受的教师编制少，但学科门类又需要配齐各学科教师，因此，乡村教师长期处于结构性紧缺的局面。2014 年，中央编办、

---

① 《〈2016 年国家教育督导工作报告〉发布》，载《中国教师报》，2017-04-12。

教育部、财政部联合发布《关于统一城乡中小学教职工编制标准意见的通知》，一方面统一城乡教师编制标准，促进城乡中小学教育资源均衡配置，"将县镇、农村中小学教职工编制标准统一到城市标准，即高中教职工与学生比为 1∶12.5、初中为 1∶13.5、小学为 1∶19"；另一方面，教师编制对农村边远地区适当倾斜，"重点对学生规模较小的村小、教学点，按照教职工与学生比例和教职工与班级比例相结合的方式核定教职工编制"，并"确保基本开齐开足国家规定课程，特别是体育、音乐、美术、科学技术等课程，以保障基础教育发展需要和素质教育全面实施"。

此外，教育部在 2015 年公布的《国家中长期教育改革和发展规划纲要(2010—2020 年)中期评估 教师队伍建设专题评估报告》中，明确提出"教师职称评聘向农村教师倾斜"，因而"在中小学职称制度改革试点中，按照新的评价标准和办法评聘中小学正高级教师 806人，其中县及以下农村学校教师有 240 多人，约占总数的 30％，拓宽了农村教师的职业发展通道"。[1]

六、从制度上保障乡村教师的生活待遇

根据马斯洛的需求层次理论，人类需求像阶梯一样从低到高按层次分为五种，分别是：生理需求、安全需求、社交需求、尊重需求和自我实现需求。其中安全需求包括人身安全、健康保障、资源所有性、财产所有性、道德保障、工作职位保障、家庭保障。如果乡村教师长期处于一个缺乏保障的环境中，就很难从教师这份职业上满足个人的安全需求，也更难获得高层次需求的满足，如教师的身份认同以及自我超越的专业发展。从而只能赋予工作工具性的意义，将教师这份工作看作是谋生的手段。[2] 但乡村教师这一角色的

---

[1] 《教师队伍建设专题评估报告》，载《师资建设：双月刊》，2016(1)：37—42。

[2] 叶菊艳：《农村教师身份认同的影响因素及其政策启示》，载《教师教育研究》，2014，26(6)：48—49。

特殊性在于，它不仅要求教师有对乡村环境的归属感，还要求有比一般教师更强的职业认同感，这是乡村教师队伍稳定的前提，是乡村教师结构优化的基础。

作为乡村教师队伍建设长期性的议题，乡村教师的待遇受到了党和国家持续的关注，获得了一系列的政策支持与大量的财政投入。乡村教师待遇改善主要体现在工资、补贴、住房等方面。

（一）工资

改革开放后，国务院于 1981 年印发了《关于调整中、小学教职工工资的办法》，同年，教育部发布《关于增加中、小学民办教师补助费的办法》，对于提升教师待遇起到了重要的推动作用。同年 11 月，《关于调整中、小学教职工工资中若干具体政策问题的处理意见》对教师的工资增长采取了先补、后靠、再升级的办法，使教师工资得到了有效提升。

1984 年 12 月，国务院发布《关于筹措农村学校办学经费的通知》，规定："要采取有效措施，逐步改变中小学教师生活待遇偏低的状况，使教师这个职业成为最受人羡慕的职业之一。农村中小学民办教师全部实行工资制，逐步做到不再分公办、民办。"此后陆续有政策出台，对先前措施进行完善，如 1986 年《义务教育法》为改善教师物质待遇提供了法律层面的保障。1987 年，国务院发布《关于提高中小学教师工资待遇的通知》，将中小学教师和幼儿园教师现行的工资标准提高 10％。

1992 年，国家教委、国家计委、人事部、财政部发布了《关于进一步改善和加强民办教师工作若干问题的意见》，提出进一步提升民办教师的地位和待遇，逐步实现与公办教师同工同酬，这为对乡村教育做出巨大贡献的民办教师提供了政策保障。

中共中央、国务院于 1993 年 2 月发布《中国教育改革和发展纲要》，规定："改革教育系统工资制度，提高教师工资待遇，逐步使教师的工资水平与全民所有制企业同类人员大体持平。'八五'期间，教育系统平均工资要高于当地全民所有制职工平均水平，在国民经济十二个行业中居中等偏上水平，其中高等学校平均工资高于全民所有制企业职工平均水平。"同年 10 月 31 日，《教师法》颁布，第二十五条规定"教师的平均工资水平应当不低于或者高于国家公务员的平均工资水平，并逐步提高。建立正常晋级增薪制度，具体办法由国务院规定"。在此基础上，1994 年国务院发布《关于〈中国教育改革和发展纲要〉的实施意见》，对教师工资做出了更详尽的规定，要求"要建立有效机制，决不允许拖欠教师工资，人事、财政部门应制订相应的提高教师工资的规划和计划。各地区、各部门在国家规定的政策内可根据实际情况，具体制订教师的津贴标准和范围。要采取特殊措施较快速度地改善优秀骨干教师的待遇"。

由于各级财政情况不尽相同，教师工资拖欠、克扣问题大面积存在。1997 年 8 月 15 日，国务院办公厅就此问题发布《关于保障教师工资按时发放有关问题的通知》，并于 1998 年对此通知落实情况进行对照检查。1999 年，国务院办公厅转发人事部、财政部《关于调整机关事业单位工作人员工资标准和增加离退休人员离退休费三个实施方案的通知》，决定调整机关事业单位工作人员工资标准和相应增加离退休人员离退休费。此次调资，中小学教师月工资最低增加 100 元，最高增加 160 元。

2001 年，国家决定将农村义务教育教师工资的管理权由基层乡镇上收到县，并逐步构建农村义务教育经费保障机制，该项举措使乡村教师工资拖欠情况有所缓解。2006 年，我国农村义务教育教师工资开始绩效改革。当年，《义务教育法》的修订进一步完善了教师待遇的内容，要求"各级人民政府保障教师工资福利和社会保险待遇，改善教师工作和生活条件"，并增加针对乡村教师待遇的内容，"完善农村教师工资经费保障机制。教师的平均工资水平应当不低于当地公务员的平均工资水平。在民族地区和边远贫困地区工作的教师享有艰苦贫困地区补助津贴"。为落实这一法律规定，2006 年 10 月，人事部、财政部、教育部联名印发了《高等学校、中小学、中等职业学校贯彻〈事业单位工作人员收入分配制度改革方案〉三个实施意见的通知》，规定"中小学实行岗位绩效工资制度。岗位绩效工资由岗位工资、薪级工资、绩效工资和津贴补贴四部分组成，其中岗位工资和薪级工资为基本工资。基本工资执行国家统一的政策和标准。中小学教师岗位工资和薪级工资标准，在新的专业技术人员基本工资标准的基础上分别提高 10%。义务教育学校教师的平均工资水平应当不低于当地公务员的平均工资水平"。

（二）补贴

1978 年，为了奖励特别优秀的教师，教育部、国家计委印发了《关于评选特级教师的暂行规定》，包括对特级教师的补贴办法：小学特级教师每月补贴 20 元，中学特级教师每月补贴 30 元；民办中小学教师评选为特级教师的，也享受同样补贴，由教育经费开支。这一政策加强了教师的光荣感、责任感，为广大教师树立了榜样。1979 年，教育部、财政部、国家劳动总局《关于在全国普通中学和小学公办教师中试行班主任津贴的通知》决定对班主任进行补贴，以鼓励班主任做好工作。班主任津贴标准被定为：中学每班学生人数在 35 人以下发 5 元，36 人至 50 人发 6 元，51 人以上发 7 元；小学每班学生人数在 35 人以下发 4 元，36 人至 50 人发 5 元，51 人以上发 6 元。

1983 年，在中共中央、国务院《关于加强和改革农村学校教育若干问题的通知》中，要求国家计委、财政部、劳动人事部会同教育部专门提出方案，鼓励教师到农村，特别是到老、少、山、边、穷地区任教。具体措施除荣誉鼓励外，还包括适当增加生活补贴，保留城市户口，定期轮换；对民办教师逐步实行社队统筹工资制，有条件的地区还应建立民办教师的福利基金，解除他们的后顾之忧。[①]为进一步增强教师的工作积极性，1985 年，国家教委颁发《关于教师教龄津贴的若干规定》。规定指出：中小学公办教师，教龄满 5 年，均可领取教龄津贴；从事教师工作满 20 年，因工作需要，经领导批准，调离教师工作岗位，仍在学校从事教育工作的人员，以及从事教师工作不满 20 年，调任学校行政工作并继续兼课的人员，也可领取。1992 年，中央组织部、国家教委印发《关于加强全国中小学校长队伍建设的意见（试行）》，校长兼任管理工作与教学工作。为体现按劳分配，鼓励中小学校长认真做好学校管理工作，校长职务津贴制度逐渐建立起来。

进入 21 世纪后，专门针对乡村教师的补贴政策逐渐增多，在乡村教师补贴政策当中，物质津贴成为重要内容。2006 年 2 月，中央组织部、人事部、教育部、财政部、农业部、卫生部、国务院扶贫办、共青团中央决定，联合组织"三支一扶"。人事部颁布《关于组织开展高校毕业生到农村基层从事支教、支农、支医和扶贫工作的通知》，决定从 2006 年起连续 5 年，每年招募 2 万名左右高校毕业生，主要安排到乡镇从事支教、支农、支医和扶贫工作，工作时间一般为 2 年，工作期间给予一定的生活补贴。为了落实该项政策，中央和地方政府不断加大资金投入。国家分别于 2012 年和 2015 年提高了中央财政补助标准，中央财政补助中部、西部地区标准由最初的每人每年 1 万元、1.5 万元分别提高到 1.8 万元、2.5 万元，其中新疆南疆四地州、西藏自治区提高到每人每年 3.5 万元。[②]

教育部制定的《乡村教师支持计划（2015—2020 年）》也专门提出

---

① 中共中央、国务院：《关于加强和改革农村学校教育若干问题的通知》，载《人民教育》，1983(06)。

② 《人社部人力资源市场司司长谈高校毕业生"三支一扶"计划》，http://www.gov.cn/xinwen/2016-07/06/content_5088894.htm，2016-07-06。

要"全面落实集中连片特困地区乡村教师生活补助政策，依据学校艰苦边远情况实行差异化的补助标准"。该政策自启动至今，中央财政下发综合奖励补助资金43.92亿元，惠及604个县的94.9万名乡村教师。

另外，财政方面，示范培训项目和一般培训项目分别由国家财政和地方财政提供保障。示范培训项目由人社部会同财政部根据全国"三支一扶"工作需要和地方工作开展情况确定，以在岗培训为主，由国家安排培训经费，对纳入示范培训计划的人员按照每人3000元/次的标准给予补助。一般培训项目由省级或地市级人社部门根据本地工作实际需要组织实施，由地方各级财政部门安排相应经费。

（三）住房

1992年，国家教委、建设部、全国教育工会联合发布了《关于"八五"期间解决城市中小学教职工住房问题的意见》，明确提出在"八五"期间，争取城市中小学教职工的住房达到全国城镇居民人均居住面积7.5平方米及成套率40%~50%的水平。各省、市、自治区"八五"期间要以解危解困为主，重点解决无房户及人均居住面积在三至四平方米以下的困难户。此外，国家亦积极建设边远艰苦地区农村周转宿舍。

"三支一扶"计划也着力解决支教生的住房问题。从保险和住房公积金缴纳情况看，截至2015年底，除极个别地方外，"三支一扶"大学生都参加了社会保险，接近一半的省份为他们办理了商业保险，北京、上海、天津、江苏、四川、陕西等省市还为他们缴纳了住房公积金。[①] 2015年教育部制定《乡村教师支持计划（2015—2020年）》后，国家进一步加快建设边远艰苦地区农村教师周转宿舍。截至2014年，中央安排预算内资金141亿元，建设教师周转宿舍25.2万

---

① 王晓辉：《"三支一扶"计划走向成熟》，载《中国人力资源社会保障》，2016(08)。

套，入住教师 31.2 万人，建设规模 888.6 万平方米。

从上述梳理可以看到，我国改革开放 40 年以来，乡村教师队伍供给与配备的改革呈现出一种从宏观结构调整到微观的教师教育课堂中对教与学的内容、方式调整的态势。乡村教师培养机构的数量和层次均有所提升，乡村教师教育的过程也越来越专业化。与此同时，国家逐渐从关注乡村教师数量上的补充到关注乡村教师质量上的优化，并越来越关注义务教育的优质均衡发展，教师队伍建设重点逐渐从城市转移到农村。

在乡村教师供给与配置的方式上，一方面，国家注重发挥中央政策的引领示范作用，率先推行高质量教师培养项目(如免费师范生政策、"硕师计划"等)以激励地方实行相应政策；另一方面，国家也充分尊重地方政府的主体性和地域性，给予自下而上创新体制机制以空间，并适时地把地方经验融入中央政策。这也使得教师能了解地方教育所处的政治、经济和文化脉络，以及地方制度与教育问题，更好地适应地方的教育教学工作。

第三节　未来乡村教师队伍配置与供给的展望

尽管我国改革开放 40 年来在乡村教师队伍的配置与供给上探索了有益经验并取得较好的成果，但还存在一定的问题。我们有必要在供给侧改革的背景下反思未来乡村教师队伍建设的方向。

一、乡村教师队伍建设中存在的问题

(一)政策的可持续性问题

当前，我国乡村教师政策中，以"工程""项目"形式为主的支持

性政策居多①，这些政策的制定一般都会配套政策执行方案，包括执行时间表、进度表、资金配给、人员安排、规模等，最直观的表现就是乡村教师的服务年限。这样的形式具有较强的针对性，政策一般在短时间内即能见效，但这样的临时性政策设计又会带来其他的问题。如参与特岗教师计划、教师轮岗交流计划等的教师，任期往往有一定年限，这虽然可以在短时间内解决乡村教师队伍的紧缺问题，但相较于其他乡村教师而言，这些教师的"临时性"尤为突出。这种"临时性"一方面会使教师无法安心教书，另一方面也给学校管理带来相应挑战，给乡村教师队伍带来不稳定的因素。

以外部援助为主的教师政策，在一定程度上影响乡村教师队伍建设内生机制的生成。② 也就是说，当前的政策令乡村教师队伍产生了依赖性，一旦这些政策出现变化，乡村教师队伍无法进行自我调节。从制定的一系列政策来看，我们难以确保这些政策所输送的乡村教师是真正热爱农村、热爱乡村教育的教师。当然，这并不意味着政策通通做了无用功，免费师范生政策、"硕帅计划"、特岗计划、"三支一扶"等都起到了雪中送炭的作用，很大程度上缓解了乡村教师队伍缺乏优秀人才的困境，争取到了改革需要的时间，也收获了许多经验教训。但我们也需要正视依靠外援可能造成乡村教育无法"自力更生"的状况。要想从根本上优化乡村教师队伍结构，政策必须进行长效制度安排，针对不同地区、不同县域评估当地教师的发展困难、发展需求和发展意向，设计出有利于县域内教师自主专业发展的体制机制。③

---

① 邹奇、苏刚：《建国后我国农村教师政策变迁及应然走向》，载《东北师大学报（哲学社会科学版）》，2016(1)：130-134。
② 邵泽斌：《新世纪国家对农村教师队伍建设的特别性支持政策：成效、问题与建议》，载《南京师大学报（社会科学版）》，2010(5)：74-79。
③ 邵泽斌：《新世纪国家对农村教师队伍建设的特别性支持政策：成效、问题与建议》，载《南京师大学报（社会科学版）》，2010(5)：74-79。

此外，单一的政策工具与缺少合理配置也影响了长效机制的建设。作为政策赖以施行的手段，政策工具被政府频繁地使用以达到政策目的。纵观已实施的政策，政策工具以命令性为主，其他如激励性工具、能力建设工具、系统变革工具、劝告告知工具的使用频次加起来也不及命令性工具的使用频次高。[①] 使用命令性工具有助于政策在短时间内取得较大成效，但命令性工具迅速达成政策目标的前提是地方政府有较为充足的资源和良好的运作机制，显然多数贫困地区政府并不具备这两个条件。[②] 因此，合理配置政策工具而不单一使用命令性工具，有利于乡村教师队伍长效机制建设。

(二)政策制定与政策执行对接困难

政策制定与政策执行是两个不可分割的功能领域，政策制定是政策执行的依据与前提，政策执行则是对政策制定的保障，也是再制定的过程。从目前乡村教师队伍建设的政策执行情况来看，政策制定过程中缺乏对实际情况的充分考虑，导致在与政策执行的对接上出现了问题。

首先，政策制定缺少体系设计。乡村教育的问题在各个学段、各个学科、各个学校均存在，但又不尽相同，需要区别对待。比如，小学教师的岗位比例和资助费用与高中教师应该是不同的。[③] 从已有的政策来看，乡村义务教育阶段已得到较好的安排，如小学有专门的全科教师培养计划，免费师范生、特岗教师等也陆续分派到各中小学，但鲜有针对乡村学前教育阶段的教师配备政策。尽管地方上已经有相关政策出台，如 2014 年重庆出台《关于开展学前教育免

① 李津石：《教育政策工具研究的发展趋势与展望》，载《国家教育行政学院学报》，2013(5)：45—49。

② 金志峰、吕武：《我国农村教师补充政策：变迁、困境及路径选择》，载《学习与探索》，2017(9)：57—62。

③ 廉转梅：《乡村教师支持政策文本分析——以各省市〈乡村教师支持计划(2015—2020 年)〉为例》，载《吉林省教育学院学报》，2017，32(12)：123—125。

费师范生定向培养工作的通知》，但是在国家层面上仍旧缺乏政策保障，政策的执行效果可能会因此大打折扣。此外，政策制定由于不成体系，各自独立，在一些内容上会有重复，造成资源浪费。

其次，政策细节与现实情况有出入。党和国家在制定全国性的、宏观性的农村教师政策时，有时把重点放在政策方向性的把握上，而把操作细节的问题交由教育行政部门或地方政府具体规定。[①] 但从政策执行来看，当教育行政部门和地方政府没有对现实情况进行充分的调研和良好的预测时，政策执行难以取得其预期效果。例如在实施免费师范生政策时，如何确保真正招到对乡村教育有热情的师范生，又如何确保这些师范生在毕业后能真正服务于乡村教育，就需要在招生、就业等制度设计上做实，但这往往非某级政府凭一己之力能完成，而需各级政府乃至经济单位形成合力。再如资金投入方面，由于县级财力的高低不同，地区差异性明显，因此如果一概而论而不根据具体情况作细节上的调整，便会导致政策目标在实施过程中出现偏差，造成政策制定与政策执行不对接，政策效果与政策期望不相符[②]。

最后，政策力度有待加强。政策力度有两方面的表现：举措力度与执行力度。从政策举措力度来看，存在总体力度低、局部不平衡的情况。就边远乡村教师的津贴而言，目前一些边远乡村教师津贴平均在 500 元左右，这一水平根据学者的调查，仅仅相当于乡村教师心理预期的约1/4。[③] 而在当前政策框架下，边远乡村教师津贴已经是对乡村教师的主要倾斜性政策，在其他方面，如职称评审、

---

① 曹如军、叶泽滨：《我国新时期的农村教师政策评析》，载《教学与管理》，2007 (19)：24—26。

② 金志峰、吕武：《我国农村教师补充政策：变迁、困境及路径选择》，载《学习与探索》，2017(09)：57—62。

③ 张婧：《我市艰苦边远地区农村中小学教师特殊津贴标准提高》，载《抚州日报》，2015-10-16。

荣誉制度、专业培训等，则更缺乏具体的、更具激励性的举措①，因而对人才没有足够的吸引力。另一方面，有良好意愿的政策要真正落实，还需加强执行力度。一些政策在实施的时候，总是会由于各种主客观原因而无法贯彻落实，究其原因，其实是执行力度有所欠缺。这跟地方的财政、行政能力以及责任意识等均有关系。

（三）缺乏配套制度

政策的执行需要一系列配套制度作为保障，这正是当前所缺乏的地方。第一，缺乏明确的责任制度。政策的责任主体一般来说是各级人民政府，但与政策相关联的部门、人员都非常多，与分工细化相对应的是责任的细化。就"三支一扶"而言，支教生结束服务期后，根据本人意愿可以回到原籍或到其他地区工作，凡落实了接收单位的，接收单位所在地区应准予落户；进入国有企事业单位时，由接收单位按照所任职务比照同等条件人员确定其职务工资标准，其服务期限计算为工龄，在今后晋升中高级职称时，同等条件下优先评定等。这项内容涉及了支教单位和接收单位、接收单位所在地区户籍管理部门、财政部门等，要想贯彻落实，就需要各个部门之间的相互配合，但从目前来看，还缺乏配合的责任配套制度。

第二，缺乏清晰的监督制度。我国幅员辽阔，国家的政策要落实到地方层面，尤其是落实到分布广、数量大、离中央权力中心较远的乡村地区，要保证每一个环节都不出纰漏是很具难度的。此时就需要建立完备的监督制度来保证政策执行的质量。以乡村教师工资发放的政策内容为例，2017 年中共中央办公厅、国务院办公厅印发《关于深化教育体制机制改革的意见》，提出"教师工资不低于当地国家公务员的平均工资水平"。这首先需要明确"当地"为何种行政级

---

① 金志峰、吕武：《我国农村教师补充政策：变迁、困境及路径选择》，载《学习与探索》，2017(9)：24-26。

别，其次还需要有监督体系保障各项薪资、津贴能够按时、按量发放，且乡村教师工资不应低于城镇教师，使地区差异保持在合理范围内。[①] 不光是待遇问题，各项关乎乡村教师、乡村教育切身利益的规定都应在严密的监督制度下得到贯彻实施。一旦出现"问题出现、无人负责"的现象，只会极大地妨碍乡村教师支持政策目标的实现和乡村教育质量的提升。[②]

第三，缺乏科学的考核制度。乡村教师供给侧培养的准入与准出制度一直是学界讨论的热点，因为这有可能直接决定乡村教师的质量。与准入与准出制度相关联的还有职前与职后的考核制度。对于职前培养阶段来说，科学的考核制度能够有效监测培养质量，促进学生努力学习教育教学知识。对于职后阶段来说，科学的考核制度能够保障教师的教学质量，推动教师的专业发展。同时，考核制度还需淘汰机制的配合，二者合力，才能够及时纠正培养过程中的各种偏差，培养出乡村教育所需要的高质量教师，并且保证这批教师在入职以后还能不断提升教学水平，保障教师队伍结构的稳定。

(四)政策精神维度缺失

政策内容在精神维度上的缺失造成了政策优惠与个人动机之间的博弈。纵观已有的政策，均将"免费培养"或其他优惠作为政策的主要宣传点。如国家及地方的免费师范生政策，主打为学生报销大学期间的学费、住宿费并补贴一定的生活费。类似地，"硕师计划"脱产学习期间享受免缴学费的政策优惠，"三支一扶"的优惠政策侧重于服务期满后的就业优惠，特岗计划同样享受"三支一扶"有关优惠政策。可见，激励型政策工具被普遍使用，但在看到其吸引大量

---

① 曲铁华、张立军：《农村义务教育教师政策：近 30 年的演进与思考——以农村教师工资待遇为视角》，载《沈阳师范大学学报(社会科学版)》，2012，36(5)：1—5。
② 廉转梅：《乡村教师支持政策文本分析——以各省市〈乡村教师支持计划(2015—2020 年)〉为例》，载《吉林省教育学院学报》，2017，32(12)：123—125。

人才的优点的同时，也需看到其在人才培养和筛选上的弊端。

从政策梳理中可以发现，乡村教师政策的选拔标准中缺乏明确的精神维度，大多只是"政治素质好，有敬业奉献精神"等抽象、概括且难以核实的要求，因此就出现了个人动机复杂而导致政策目标偏离的情况。一些乡村教师对乡村教育并无热情，也不想留在乡村，只是由于家庭条件困难，受政策优惠吸引才选择进入乡村教师队伍。由于动机的功利价值取向，他们往往难以对工作全情奉献，教学动力不足，甚至出现中途毁约的情况。根据对重庆师范大学三届全科师范生调查发现，"毕业后到定向区县（带编制）从事小学教育工作"这一就业政策是高中毕业生和其父母选择报考的主要动因。[1]

乡村教师的精神状况直接决定他们能否从自己的工作中获取深层意义。成为乡村教师，不仅要热爱教育事业，还需要认同农村及农村文化，能够融入农村环境。如果政策不从精神维度上进行考核，那动机不单一的乡村教师就极易成为"乡村社会的陌生人"[2]，无法形成在农村的有"根"之感，更无法找到自己作为乡村教师的价值、使命与工作意义。[3] 因此政策需要考虑精神维度的进一步深化和到位考核，以尽量避免那些以政策优惠作为工作动机而毫无教育情怀、乡村情结的功利主义投机者进入乡村教师队伍。

二、继续探索我国乡村教师队伍建设供给侧改革

在根本上解决农村教育改革发展中的师资障碍，要注重从源头上确保乡村学校优秀师资来源充足、补充渠道畅通与及时，只有立足于合格、优秀乡村教师的有效培养与及时补充，才能从根本上解

---

①　肖其勇、郑华：《农村小学全科教师培养供给侧改革研究》，载《中国教育学刊》，2016(12)：69－74。

②　张济洲：《乡村教师的文化冲突与乡村教育改革》，载《河北师范大学学报（教育科学版）》，2008，10(9)：121－124。

③　叶菊艳：《农村教师身份认同的影响因素及其政策启示》，载《教师教育研究》，2014，26(6)：48－49。

决其素质不高、能力不强的现实挑战。①因此，有必要尽快从供给侧对教师教育进行结构性改革，从高校培养体系入手，改变未来乡村教师队伍的素质。

（一）改革完善招生与培养模式

生源质量的高低将直接决定乡村教师队伍优良与否，改革完善招生与培养模式是提升生源质量的有效途径。

当前高校招生的主要渠道是高考，虽然在公平性上有一定保障，但鉴于当前考生在专业选择中的倾向，师范专业往往在高校招生中处于弱势地位。因此，高校首先需要创新招生模式。如浙江省率先于2011年在杭州师范大学等高校启动"三位一体"综合评价招生制度，融学业水平测试、综合素质评价和高考三方面评价要素为一体。对高校来说，这有利于增加其招生的自主权，有助高校选拔、挖掘到有潜质的对口学生。高校跟踪调查也发现，通过"三位一体"招收的学生在活跃度和心理调适能力上明显高于其他学生，他们的学习成绩、社会活动能力、适应性普遍较好。该招生模式在乡村教师的培养上不仅有质的保障，也是学生与学校在相互了解的基础上自主选择的表现，为各高校创新招生制度起到了表率作用。针对乡村教师的招生还可采用分类招生的模式，具体讲就是要根据小学与初中不同的教育阶段招收不同培养层次的学生，如对将来从事乡村小学低年级教育的教师，可探索以初中毕业生为起点的五年一贯制或六年一贯制的专科层次培养机制。②

乡村教师的培养模式也应根据学段、学科的不同而细化。乡村小学教师可遵循全科教师培养计划，着重多种学科胜任力的培养。

---

　　① 解光穆、谢波：《乡村教师队伍支持政策精准落地讨论三题》，载《教育发展研究》，2017(10)：8—13。

　　② 解光穆、谢波：《乡村教师队伍支持政策精准落地讨论三题》，载《教育发展研究》，2017(10)：8—13。

如山东省继续完善师范生定向培养计划，实施师范类专业初中起点"3＋4"的贯通培养，将培养高水平的全科教师作为免费师范生的人才培养目标。[①] 乡村中学教师则可采取分科培养模式，力求精而非通。除此之外，民族地区的乡村教师培养可采用"民汉双语"模式；为惠及乡村特殊儿童，需分类采用特殊教育培养模式；针对乡村幼儿园和职业学校，应采用学前和职业教育培养模式。

招生与培养模式的改革完善有助于教育资源利用的最大化，实现人才的精准培养和有效配给，将乡村教师队伍补充到位，减少学科、学段不对口等情况出现。

(二)优化教师教育课程体系

乡村教师培养的课程体系直接关乎他们的知识结构与综合能力。当前高校培养乡村教师的课程体系缺乏一定的针对性。为满足需求侧的诉求，高校作为供给侧重要培养机构，必须构建知识与能力兼备的课程体系，提升培养的质量和效率。

第一，新的教师教育课程体系需构建学生的综合知识结构。乡村教育环境的特殊性要求乡村教师具有多元课程胜任力，尤其对于乡村小学全科教师来说，跨学科的综合知识结构是开展教学的基础。比如，重庆师范大学针对小学全科教师的培养开发出一套以培养综合知识为目标的课程结构，理论知识教学主要分为通识课程、学科基础课程、教师教育课程及专业方向分流模块四部分，并坚持加强学科基础课程设置的特色。一、二年级全面学习语数英体美等课程，三年级开设专业方向分流模块课程，确定学生自身的专业发展方向。同时开设较全面系统的教师教育类课程，包括：小学教育心理学、学科课程与教学论、课程标准与教材分析、教学设计与技能训练、

---

① 徐永军、张剑：《〈乡村教师支持计划〉的政策朔望与内涵分析》，载《现代中小学教育》，2018(1)：57—61。

教育科研方法、课堂管理等。① 可以看到，这种着重培养综合知识结构的课程体系有助于发展学生的多元能力，满足多方面的教学要求，兼具师范性与综合性，同时具备专业特性、乡村特性以及学段特性。

第二，新的教师教育课程体系需培养学生的教学实践能力。当前，我国现有教师教育见习中，实践环节相对较弱，如何在课程体系上优化实践课程设置以加强学生的教学实践能力，直接影响着培训质量。从当前师范院校的课程设置来看，相较理论课程，实践课程或实习课程所占学分和课时较少，学生的实习时间平均为一个月左右。大部分学校都将实践集中放在大四，只有少部分院校每学年都下校实习。针对此种情况，高校急需改良实践课程模式。首先，在不牺牲理论学习的情况下，加大实践课程课时、学分所占比例，给学生充分的教学体验，深入了解教学工作。其次，高校可以与地方乡村学校达成长期合作，为学生提供实习场所，使学生在实习中与乡村环境、乡村学校建立起情感上的联系。再次，为保持实习的连贯性与完整性，高校可采用"同一学校多次实习"的方式。最后，创建理论指导实践、实践反思理论的学习模式，将理论与实践充分融合，让学生的理论知识能在实践中得到验证，而实践经验又能作为理论知识的补充。

第三，新的教师教育课程体系需提升学生的信息技术水平及使用信息技术执教的能力。面对学前科技的快速发展，信息技术也成为乡村教师的重要教学手段。因此，高校必须将信息技术纳入师范生课程体系。首先，高校需要设置信息技术的理论课程，这既能帮助学生了解当代科技、理解信息技术背后的原理，又能培养学生的信息技术课程胜任力。其次，高校应提供充足的资源让学生进行信

---

① 肖其勇、郑华：《农村小学全科教师培养供给侧改革研究》，载《中国教育学刊》，2016(12)：69—74。

息技术实操，熟练掌握多媒体、远程教育、线上资源下载等技术，关键时刻助力教学，达到理想效果。最后，高校也需要就教师如何使用信息通信技术执教对师范生进行相应的引导与能力培养。

第四，新的教师教育课程体系还需兼顾学生的研究及管理能力。四年的本科培养仅仅是乡村教师成长的初始阶段，要想得到长足的专业发展，乡村教师还必须具有研究能力和管理能力。因此，为了培养出可持续发展的乡村教师，高校应将研究能力与管理能力的培养加入课程体系之中。在提升研究能力方面，高校需让学生了解学术研究的流程、方法与规范。同时，着重培养学生在教材、教法、课程等方面的研究能力。随着现代学校的发展、包班制的普及，乡村教师也越来越被要求具备一定的教育管理能力。这一能力不仅为教师的班级管理工作提供保障，也有助于教师开发新的专业发展路径，如教导主任、后勤部长甚至校长。此外，高校需在硕士阶段的课程体系中进一步强化这两种能力。

（三）构建职前职后一体化平台

从免费师范生政策推出在职读研的规定，到"硕师计划"攻读研究生的改进，以及特岗教师攻读硕士的优惠政策，可见当前乡村教师政策已逐渐显示出构建职前职后一体化平台的重要性。

在职前阶段，高校主要为师范生提供一系列学习、实践和成长的平台。首先，让师范生在校内受到系统的专业训练，奠定教师的知识和技能基础。其次，提供实习实践支撑体系[1]，将职前与职后连接起来，使师范生在毕业后能自然过渡到教师身份。为此，高校需要与地方政府联合起来，联系当地乡村学校提供实习场所，让师范生提前熟悉乡村环境与教师工作。最后，高校应与各个学校、教

---

[1]　肖其勇、郑华：《农村小学全科教师培养供给侧改革研究》，载《中国教育学刊》，2016（12）：69—74。

育部门、人事部门进行合作，开拓就业渠道，举办乡村教师政策的宣讲会，为师范生提供多种就业机会，同时也促成政策意愿的实现。

在职后阶段，高校则应成为乡村教师专业发展的主要平台。乡村教师的专业发展可以通过在职培训、网络研修以及提升学历等方式来实现。基于此，高校可以采取以下措施：第一，借助高校资源延请地方乃至全国各中小学优秀教师进入课堂或者开展讲座活动，为乡村教师提供在职培训的机会，提升教学技能，丰富教学知识。第二，对乡村教师进行信息技术培训，开发教师发展网络课程，或者与其他高校建立伙伴互助关系，共享课程资源，积极探索以"互联网＋"为中心的教师线上培训，促进乡村教师培训的灵活化、技术化、创新化[1]，使乡村教师能借助信息技术提升专业水平，实现专业发展。第三，应建立起完善的乡村教师研究生教育制度，通过脱产或在职的方式，让乡村教师受到系统、完整的硕士教育。此外，高校应该主动与地方学校进行合作，为乡村教师做研究提供学术指导和资源保障，使他们内生出专业发展自觉。

（四）培养教师的乡村性

乡村性作为乡村教师基本属性的逻辑起点决定了乡村教师队伍建设的政策方向，即应把乡村教师队伍的乡村性作为建设的出发点与切入点[2]，作为职前培养的重点。社会主义市场经济的快速发展、多元文化的冲击与影响使得"逃离农村"成为一种普遍的社会心理与社会价值选择。[3] 这使得越来越多的学生把教育作为一种跨越阶级的手段，以实现他们离开农村、去往大城市的期望。尤其是受过高

---

[1]　徐永军、张剑：《〈乡村教师支持计划〉的政策朔望与内涵分析》，载《现代中小学教育》，2018(1)：57—61。

[2]　吴桂翎、赵燕：《乡村性：乡村教师队伍建设政策的原点》，载《阜阳师范学院学报(社会科学版)》，2017(2)：129—133。

[3]　石中英：《失落的农村文明与农村教育》，载《青年教师》，2010(1)：31—33。

等教育的学生，更加不希望回到或去乡村工作、生活。这对各项乡村教师政策的实施产生了一定的影响，一方面在校学生不愿意成为乡村教师，另一方面已经参加工作的乡村教师意志不坚定，随时有可能离开乡村教师队伍。因此，乡村性的培养急需提上日程。

所谓"乡村性"包括以下几方面：乡村环境归属感，乡村教师身份认同，乡村文化建设能力。乡村教师首先要适应乡村教学并融入乡村环境，这样才能更好地了解乡村教育中的学生，因材施教。因此高校应潜移默化地培养学生对乡村环境的归属感，让学生对乡村不再抱有陌生感与畏惧感，而对乡村产生一种自然而然的亲近感。培养对乡村教师的身份认同则是乡村性的深化。乡村教师不仅要有针对性地对乡村孩子进行教育，更要充分认识到自己的使命与责任，知晓自己要成为怎样的一名教师。对于当前乡村教师队伍的困局来说，改善条件与待遇始终是"标"，只有形成乡村教师的职业认同感才能治"本"①，从而赋予这份工作超越工具性的意义。最后是需要在乡村教师职前培养阶段训练师范生乡村文化建设能力。乡村教师对于乡村不仅具有推动教育发展的重要意义，也被看作现代农村文明的建设者。乡村教育的发展必然附着于乡村的全方位整体发展，而不可能独立发展。因此，乡村教师如果具有乡村建设的宏观目光与能力，就能将局部发展与整体发展联系起来，这也是乡村发展的需求。

基于以上几方面，高校应加强乡村教师职业教育。第一，将乡村文化融入日常教育，为学生展现乡村教育发展的现状，唤醒大学生的社会责任感与对乡村的情怀；第二，组织学生去当地乡村学校参观、学习，与当地教师进行交流；第三，鼓励学生回家乡或去乡村实习、进行社会实践，以熟悉乡村环境；第四，在校内多加宣传

---

① 王鉴、苏杭：《略论乡村教师队伍建设中的"标本兼治"政策》，载《教师教育研究》，2017，29(1)：29—34。

乡村文明，使学生理解乡村文化。[①]

（五）建立长效机制

要想从根本上优化乡村教师队伍结构，政策必须进行长效制度安排，针对不同地区、不同特点评估乡村教师的发展困难、发展需求和发展意向，设计出有利于乡村教师专业自觉发展的体制机制。[②]

此外，我们需要合理配置政策工具。单一的政策工具与缺少合理配置会影响长效机制的建设。纵观已实施的政策，政策工具以命令性为主，其他如激励性工具、能力建设工具、系统变革工具、劝告告知工具的使用频次加起来也不及命令性工具的使用频次高。[③]使用命令性工具有助于政策在短时间内取得较大成效，但命令性工具达成政策目标的前提是地方政府有较为充足的资源和良好的运作机制，显然乡村教育还不具备。因此，国家还需要进行更为长远的规划，多使用能力建设工具，帮助乡村教师获得在职从教的成就感，从成就感中萌生专业热忱与使命感，并运用相应激励性工具，使乡村教师可持续地保有其热忱与使命感。

叶菊艳　杨雪临

---

① 王鉴、苏杭：《略论乡村教师队伍建设中的"标本兼治"政策》，载《教师教育研究》，2017，29(1)：29—34。

② 邵泽斌：《新世纪国家对农村教师队伍建设的特别性支持政策：成效、问题与建议》，载《南京师大学报(社会科学版)》，2010(5)：74—79。

③ 李津石：《教育政策工具研究的发展趋势与展望》，载《国家教育行政学院学报》，2013(5)：45—49。

第五章
教师教育的质量保障

党的十九大报告提出，培养高素质教师队伍。习近平总书记指出："要加强教师教育体系建设，加大对师范院校的支持力度，找准教师教育中存在的主要问题，寻求深化教师教育改革的突破口和着力点，不断提高教师培养培训的质量。"2018 年 1 月，中共中央、国务院印发《关于全面深化新时代教师队伍建设改革的意见》，明确提出实施教师教育振兴行动计划。① 教师教育质量的问题已经成为深化教育改革、提高我国基础教育质量的切入口，教师教育质量的保障是一项系统工程，依赖于职前培养与在职培训各个环节的有效性，特别依赖于由这些环节构成的制度化的建设工作。我国教育改革 40 年来，在百年师范教育的基础上，在借鉴国际教师教育理念与经验发展的过程中，逐步构建并完善教师资格制度，以及其他以标准为导向的教师教育质量保障体系，这些都成为我国当前教师教育质量保障系统工程的核心工作。本章将对我国教师资格制度的发展以及以标准为导向的教师教育质量保障体系进行分析阐述。

---

① 王家源、柯进：《提升教师教育质量 培养高素质教师——〈教师教育振兴行动计划（2018—2022 年）〉解读》，载《中国教育报》，2018-03-29。

第一节 教师资格制度的发展

教师资格制度是随着现代教育的兴起和发展的实际需要而发展起来的，是教师职业专门化的结果，也是择优录用从业人员的一种手段。建立合理化的教师资格制度，完善以国家统一标准、省市组织考核、县域组织招聘、学校予以聘用的教师资格体系，是当前教师资格制度改革的重点，也是我国教师资格制度发展的基本方向。我国当前教师资格制度的主体部分是准入阶段的教师资格国家统一考试和教师资格认定制度，以及入职后的教师资格定期注册制度。教师资格制度的确立与实施首先为教师职前培养设定了准入的标准，具有"门槛"的作用，同时，资格认定工作又为教师的在职培训设定了路径与方向，是教师教育质量保障体系的重要环节。本节将对这一主体的发展历程、内容，以及实施状况与发展建议等几个方面进行阐述。

一、相关概念的回顾

(一)教师资格制度

从法学角度来看，教师资格制度是国家对专门从事教育教学人员的最基本要求，是公民获得教师岗位的法定前提条件。[①]《教师法》第十条规定："中国公民凡遵守宪法和法律，热爱教育事业，具有良好的思想品德，具备本法规定的学历或者经国家教师资格考试合格，有教育教学能力，经认定合格的，可以取得教师资格。"因此，合法的教师资格获取的流程，及其涉及的监管工作就构成我国教师资格制度的主体部分。

教师资格制度也称"教师资格证制度"或"教师证书制度"，它是

---

① 黄崴：《教育法学》，199 页，广州，广东高等教育出版社，2002。

指国家对教师实行的一种特定的职业资格认定制度。① 也有人认为，教师资格证书制度是国家对教师实行的一种法定的资格认定制度，它是保证一个国家教师任用科学化、规范化的重要措施，有利于体现教师的职业特点和促进教师专业化的发展。② 此外，还有学者认为教师资格证书制度是一项有关教师资格鉴定和教师证书发放的制度，它授权证书持有者在教育系统内从事专业活动的权利。③

综上，对于我国的教师资格制度可以理解为教师资格证书制度或教师许可证制度，作为职业资格制度的一种，它是政府的管理机构(或教师专业组织)依照教师所需具备的知识与技能，对教师实行的一套法定的职业许可和规范体系，它规定了教师资格的分类与适用、教师资格的认定(其中包括认定机构、资格条件和资格考试等)和教师资格的管理(包括考核与更新)。

(二)资格证书

关于资格证书的含义主要有两个层面上的理解：一是"执照"，即一种具有法律意义的文件，具有强制性，属于职业资格的范畴，是由政府根据相应的法律、法规，针对某些职业而建立的准入资格认定制度。当某人具备某一行业或领域所要求的最低知识、技能与能力时，经过认证或考试，合格后由政府部门颁授证明方可执行服务。二是"证书"，是指某人具备或通过某一行业或领域的专业组织所制定的基本要求时，由该专业组织所颁发的证明。它是一种非法律的文件，不具备强制性。④ 依据职业资格证书的两层含义，教师

---

① 陶然、赵更群：《中国教师百科全书》，123页，北京，中国国际广播出版社，1994。

② 祝怀新、丁波：《日本教师资格更新制浅析》，载《比较教育研究》，2007，28(2)：77—80。

③ 陈永明：《现代教师论》，199页，上海，上海教育出版社，1999。

④ 严望良：《职业资格制度的国际借鉴思考》，载《上海综合经济》，2002(7)：54—55。

资格证书也具有执照与证书的两层意思，首先是满足其持有者因符合教育主管部门所设立的最低能力标准，所以能在教育主管部门所管辖的学区内合法任教；进而说明其持有者已具备充分的能力并达到较高的专业标准。

从我国当前的普遍情况来看，入职前教师资格证的获得与教师的任用是分开的，因此在实际应用中主要彰显的是其"执照"的含义与功能；而在职期间教师资格的定期注册才进一步体现出了"证书"的含义，即对专业能力的持续肯定。

（三）教师资格考试

在实施教师资格制度的过程中，不少国家采取了教师资格考试的认定方式，根据教师专业发展过程中考试出现的时间不同可分为：教师资格证获取的考试、教师任用资格考试、教师续聘资格考试、教师资格证更新考试等；根据教师资格与教师任用的关系，考试又可分为：教师资格证获取考试、教师任用资格考试等。本节将重点阐述我国当前实施的教师资格证获取的国家统一考试与资格认定工作。

（四）教师资格定期注册

教师资格定期注册是教师专业发展过程中的必要推动环节，从国际范围来看，不少教师资格制度发展比较成熟的国家对于教师资格证书的有效期限有着明确的规定，并要求有效期满后进行证书的再认证，称之为"定期注册"。定期注册本身也分为无层级和有层级的不同类型。[①] 当前，逐渐取消教师资格证书"终身制"而实行教师资格阶段性定期认证，已成为世界领域内的一种促进教师专业化发

---

① 袁丽、朱旭东、王军：《比较视野中的教师资格定期注册与考试类型分析》，载《比较教育研究》，2014(12)：51－56。

展的教师资格制度发展趋势①，我国近年也在积极进行这一改革的思考和试点。

二、我国教师资格制度的发展历程

我国教师资格考试制度的变迁是伴随着国家在基础教育领域的改革和立法而生的。尤其是 20 世纪 80 年代以来，《中共中央关于教育体制改革的决定》《中国教育改革和发展纲要》《国家中长期教育改革和发展规划纲要（2010—2020 年）》等政策文件与《义务教育法》《教师法》《教师资格条例》等法律和法规文件的出台，直接影响了我国教师资格考试和认证的内容、形式、考试主体和组织管理等多项规定，教师资格考试制度也逐渐完善，由最初的促进教师文化知识能力的补偿性提升转向教师数量的扩充，进而走向育人性和专业化的教师资格考察体系。

（一）初建期：学历提升与质量保证

党的十一届三中全会后，国家开始着手推动教育改革，建立独立的教师发展体系。据统计，当时教师队伍的学历合格率不足 1/3②，教师数量不足与质量低下成为国家教师队伍建设工作中的难题。因此，提高在职教师的学历和能力，促进其质量提升就显得尤为必要。

1985 年，《中共中央关于教育体制改革的决定》中指出，"必须对现有的教师进行认真的培训和考核，把发展师范教育和培训在职教师作为发展教育事业的战略措施。……要争取在 5 年或者更长一点的时间内使绝大多数教师能够胜任教学工作。在此之后，只有具备合格学历或有考核合格证书的，才能担任教师"。教师资格考核与质

---

① 闫建璋、郭赟嘉、赵英：《教师资格定期认定制度研究——基于教师专业化的视角》，载《教育理论与实践》，2014(4)：39—43。

② 朱旭东、胡艳：《中国教育改革 30 年：教师教育卷》，43 页，北京，北京师范大学出版社，2009。

量认定得以实现，教师队伍质量提升工程得以拉开了序幕。为推动教师资格认定工作，在之后的几年里我国相继出台了《义务教育法》《中小学教师考核合格证书试行办法》等相应法律法规，强调要建立教师资格考核制度，为通过考核的教师颁发教师资格认定合格证书。受教育发展环境和历史因素的影响，当时的教师资格考核主要集中于教育学和心理学、教材教法和学科专业知识，因此对考试合格者仅颁予《教材教法考试合格证书》和《专业合格证书》两种，两种证书都设有小学、初中和高中三个学段。根据相关法规规定，1986 年底从事教育工作不满 20 年且学历不达标的教师应参加《教材教法考试合格证书》考试，考试合格后，方可选择学历进修或者通过自学培训获得《专业合格证书》。① 之后，教师资格考试在北京、内蒙古、吉林、广东等地相继开展试点工作。由此，教师资格考核制度得以初步建立。

1987 年 10 月，国家教委召开考试试点工作总结会议，决定从 1988 年 8 月起，有计划地在全国范围内开展教师专业合格证书专业知识考试，并对考试科目、组织管理办法、考试教材与辅导进行了相应的说明与规定，同时颁布了《关于中学教师〈专业合格证书〉考试及格成绩与系统进修高师本科、专科单科结业成绩互相承认问题的通知》②，为教师在取得《专业合格证书》后继续取得学历证书及尽快适应工作需要等创造了条件。

这一阶段，教师资格考核制度的出台适应了国家教育发展的需要，为广大教师提供了在职进修和学历提升的途径，并通过相应的教师聘任、考核与晋升制度增加了教师资格证书的含金量，提升了

---

① 陈尚琼、余仁胜：《我国中小学教师资格考试制度的回顾与展望》，载《课程·教材·教法》，2015，35（04）：98－104。

② 贵新：《国家教委在杭州召开一九八七年全国中小学教师〈专业合格证书〉考试试点工作总结会议》，载《中小学教师培训》，1987（6）：54。

教师行业的吸引力，且随着师范教育体系的重建，教师的社会地位和教学质量较之以往也有了提升。从 1985 年到 1993 年，我国小学教师的学历合格率由 62.8% 提升至 84.7%，初中教师的学历合格率由 27.0% 提升至 59.9%，高中教师学历合格率由 39.3% 提升至 51.1%。①

（二）发展期：立法与渠道开放化

20 世纪 90 年代以来，我国义务教育质量不断提升，对教师资格的立法也提出了更多的要求。初建时期的教师资格考试制度只是短期的历史产物，无法对在职教师形成有效的激励，也无法在法律上得以真正的确认。随着我国基础教育质量提升的需求日益迫切，教师队伍建设的法制化、专业化和多元化也成为国家教师资格考试制度改革的新方向，推动教师资格法律法规的完善、建立法制化的教师资格认定制度，成为教师工作的重点。为深入推进基础教育改革，1993 年，中共中央、国务院印发了《中国教育改革和发展纲要》，明确提出"中小学逐步实行教师资格制度和职务等级制度"。1993 年 9 月 1 日全国人大通过的《教师法》、1995 年 9 月 1 日正式实施的《教育法》等法律规定，"国家实行教师资格、职务、聘任制度"，由此标志着教师资格法律地位的确立。1995 年 12 月，国家颁布《教师资格条例》，对教师资格考试的分类、适用、对象、报考条件、考试内容、主管部门、组织管理等都做了详细的规定和安排。② 之后，国家出台了《教师资格认定的过渡办法》，为已在现有岗位上做出突出贡献的老教师提供学历和资格上的"自然认定机会"③，并在上海、江苏、

---

① 教育部：《2003 年全国教育事业发展统计公报》，载《中华人民共和国教育部公报》，2004(2)：32—35。

② 余仁胜、冯加根、陈睿：《完善我国教师资格考试制度的构想》，载《中国考试》，2005(7)：22—26。

③ 这里的"自然认定"是指，凡具有教师职务，连续两年考核合格，且 1993 年 12 月前在岗人员，可过渡取得相应的教师资格。

湖北、广西、河南等地开展教师资格认定试点工作，使教师资格制度产生了良好的社会影响。[①]

　　然而，义务教育普及率的提高和质量提升的需求，除了在立法和制度化方面对教师工作提出了挑战，在数量补充方面也成为摆在师资建设中的难题。由于当时我国的教师教育体系和培养制度仍处封闭型的状态，教师培养主要在中等和高等师范院校完成，毕业的师范生数量远远无法满足学龄儿童的增长速度，因此，中共中央、国务院于 1999 年 6 月颁布了《关于深化教育改革，全面推进素质教育的决定》，指出"全面实施教师资格制度，开展面向社会认定教师资格工作，拓宽教师来源渠道"。2000 年 9 月，在总结前期教师资格试点和过渡工作经验的基础上，教育部颁布了《〈教师资格条例〉实施办法》，提出了申请者在学历方面的要求；以及"双轨制"教师资格认定方式——师范生直接认定，非师范生补考教育学和心理学并参加试讲的基本考核方式也正式得以确立。该举措除了有益于国家从教师教育制度上保障师范生的权益，更激励了有志于从教的非师范在校生、符合学历要求的社会在职人士踊跃投身于教师资格报考中来，从而缓解了教师队伍数量的短缺。

　　进入 21 世纪以来，基础教育课程改革成为教育改革的重大转折，教师资格考试制度在教育改革深入推进、资格立法不断完善、社会报考不断增加的良好背景下，正式进入了全面实施阶段。教育部印发了《关于首次认定教师资格工作若干问题的意见》，对实施教师资格制度的法律和政策依据、认定条件和程序、非师范生的课程补修、非师范生教育教学能力考察等做了进一步的说明与规定。各地教育行政部门在认真贯彻国家政策文件的基础上，成立了相应的教师资格制度实施机构，并积极向社会宣传制度的意义、政策和实

---

　　① 杨晨光：《完善教师资格制度，强化教育教学能力——访教育部师范司司长管培俊》，载《中国教育报》，2008-04-30。

施要求等。到 2004 年底，全国完成首轮教师资格认定工作。据统计，从 2001 年到 2004 年，全国 32 个省市区约认定在职教师和社会人员 608 万人。[①] 面向社会的教师资格考试制度吸引了许多优秀的学生补充到教师队伍中，拓宽了教师来源，缓解了教师的供需矛盾。2006 年，全国共有中小学专任教师 1043.8 万人。截至 2009 年底，全国 31 个省份共有 2192.1 万人取得了教师资格证书。[②] 社会资源的补充为教师队伍更新提供了多元的渠道。

（三）成熟期：国家统一考试与专业提升

经过近 30 年的制度推广和实践，教师资格考试在数量补充和质量提升上有了一定成效。但是，在实施过程中也遇到了一些问题，如各地的考察标准差异较大、把关不严，缺乏有效性选拔；考察内容上比较单一，只是考察教育学和心理学的基础知识，短期培训所通过的考试并不能具备教师的基本素养等。此外，由于院校扩招、合并及调整，开放化的教师教育体系得以建立，师范生的毕业数量逐渐增加，已远远大于师资的需求；加之教师教育体系的质量保障制度和教师教育机构的资质认证标准、教师教育课程标准尚未建立，因此师范生和社会人员在参加教师资格考试和认定时质量良莠不齐。因此，从 2009 年末，教育部开始着手改革现有的教师资格考试制度，制定新的考试大纲和内容。教师资格国家统一考试拉开了帷幕。

2010 年 7 月，中共中央、国务院印发了《国家中长期教育改革和发展规划纲要（2010—2020 年）》，纲要明确指出"完善并严格实施教师准入制度，严把教师入口关。国家制定教师资格标准，提高教师任职学历标准和品行要求"。12 月，国务院办公厅《关于开展国家教

---

① 管培俊：《面向未来：中国教师资格制度现状与展望》，载《中国首届教师资格制度国际学术研讨会论文集》，181—184 页，2005。

② 梁杰：《奏响人才强教的时代乐章——我国教育人才队伍建设纪实》，载《中国教育报》，2011-08-05。

育体制改革试点的通知》出台，教师管理制度的健全和教师队伍质量建设成为教育改革的主要任务之一，试点工作中明确提出"要开展教师资格考试改革和教师资格定期注册试点"。为此，教育部考试中心组织专家对考试方案、标准和大纲进行了大量的研究工作，并开始建设面试和笔试题库，标准制定和方案研发工作正式实施。

　　2011 年 9 月，教育部召开"中小学和幼儿园教师资格考试改革和定期注册制度试点工作启动会"，湖北、浙江成为工作试点地区。之后，教育部下发了《关于开展中小学和幼儿园教师资格考试改革试点的指导意见》，具体规定了国家统一考试下的考试标准、考试对象、报考条件、考试内容和形式、考试的组织和管理等。10 月，教育部公布了《教师资格考试标准（试行）》和《教师资格考试大纲（试行）》，确定教师资格考试的具体内容，涵盖了教师综合素质、保教知识与能力、教育教学知识与能力、学科知识与教学能力等相关科目（其中学科知识与教学能力包含了当前中等教育阶段的所有学科类别，共计 13 门）。11 月，改革后的教师资格统一考试正式在湖北和浙江试点，约 2.8 万人参加了本次考试。① 此后，教育部办公厅又相继印发了《关于扩大中小学教师资格考试与定期注册制度改革试点的通知》《中小学教师资格考试暂行办法》《中小学教师资格定期注册暂行办法》等相关文件，并于 2013 年起全面推广教师资格国家统一考试。

　　2016 年可以说是教师资格制度改革试点工作迈向全面实施的一年。在教育部教师工作司的领导和部署下，各级教育行政部门不断改进和完善工作，使中小学教师资格考试改革试点工作全面展开，中小学教师定期注册制度试点工作也得到了稳步推进。2016 年，中小学教师资格考试改革试点扩大到 28 个省份，中小学教师资格定期注册制度试点也扩大到 25 个省份 160 个地市的 1270 个县和 10 个省

_____

　　①　教育部考试中心：《中小学教师资格考试统计分析报告（2012 年下半年版）》，内部资料，2013。

直管县；未参加试点的省份，也在积极做着试点的准备工作。据统计，2016 年全国共有 129.44 万人新获得教师资格证书。[①]

应该说，改革后的教师资格国家统一考试制度为教师教育机构的认证、教师教育课程的改革和师范生的培养提供了制度参考，也为教师资格定期注册积累了相应的经验。综上所述，各时期的教师资格考试制度改革历程可通过表 5-1 得以概览。

表 5-1　各阶段教师资格考试制度分析

	20 世纪 80 年代初至 90 年代初	20 世纪 90 年代至 2009 年	2009 年至今
纲领性文件	《中共中央关于教育体制改革的决定》	《中国教育改革和发展纲要》	《国家中长期教育改革和发展规划纲要（2010—2020 年）》
实施性文件	《中小学教师考核合格证书试行办法》《国家教委关于幼儿园教师考核的补充意见》	《教师资格条例》《教师资格认定的过渡办法》《〈教师资格条例〉实施办法》《关于首次认定教师资格工作若干问题的意见》	《关于开展中小学和幼儿园教师资格考试改革试点的指导意见》《中小学教师资格考试暂行办法》
学历	无限制	《教师法》规定的相应条件	小学：专科以上 中学：本科以上
报考对象	1986 年底从事教育工作不满 20 年且学历不达标的在职教师	学历达标、拟申请教师资格的非师范生，或学历达标、拟申请高一级教师资格的在职教师	学历达标、拟申请教师资格的高校应届毕业生和社会在职人员
考试目标	具备教材教法分析能力，学科教学的文化专业知识与能力	具有教育学和心理学的基础知识，掌握基本规律；职业道德和心理素质能力、教学设计能力、综合素质能力	具有教育理念、法律意识、职业道德和科学文化素养等综合素质条件；教育教学、班级指导、学生管理的基本能力；教师基本素养与技能

---

① 教育部教师资格认定指导中心：《全国教师资格制度实施工作年度报告——2016》，内部资料，2016。

续表

	20 世纪 80 年代初至 90 年代初	20 世纪 90 年代至 2009 年	2009 年至今
考试内容	文化专业知识考试：幼儿园：3 科小学：3 科中学：每个学科考 3~6 门科目	教育学、心理学；教师试讲与综合能力	综合素质：幼儿园：保育知识与能力小学：教育教学知识与能力；中学：学科知识与能力、教育知识与能力
考试形式	客观题为主	选择、名词解释、简答、论述、材料分析	选择、简答、论述、材料分析、诊断、辨析、教学设计、活动设计、教学情境分析、写作、作品分析
组织管理	教材教法考试、小学和幼儿园阶段的专业合格证书考试由省级单位自主命题；中学专业合格证书考试由国家统一命题。省级教育行政部门组织实施考试	国家统一确定教师资格考试大纲，省级教育行政部门负责命题和组织实施考试。在资格认定阶段，通过面试和试讲进行教育教学能力的测试，其标准和办法由省级教育行政部门制定，各县级教育行政部门负责组织实施	教育部颁布专业标准、考试标准和大纲。教育部考试中心负责组织统一命题，省级教育行政部门组织笔试和面试

　　教师资格与国家统一考试制度的发展体现了我国教师教育结构一体化、质量更优化、主体多元化的发展需求，尤其是实施国家统一考试以来，教师资格认定与教师专业标准、教师教育课程、教师教育机构资质和教师培养质量更加紧密联系起来。

三、教师资格考试制度的内容与实施

（一）"三级双轨多类别"的资格证书类型

　　教师资格证书的分类和适用是教师资格分层考试的依据，也是我国教师资格体系的重要组成部分。根据《教师资格条例》规定，我国基础教育阶段的教师资格证书类型有三个级别：幼儿园教师资格证书、小学教师资格证书和中学教师资格证书。为适应我国经济建设、发展职业教育的需求，中学阶段的教师资格证书呈现出双轨分布的特征：一是普通中学教师资格证书（含初级中学教师资格和高级中学教师资格），二是职业学校教师资格（含初级职业学校教师资格、中等职业学校教师资格），根据不同的职业学校级别，结合具体的学科，设置文化课指导教师资格、专业课指导教师资格和实习指导教师资格等。此外，该条例规定了各种教师资格所对应的任教学科与学校类别，并且具有向下融通的特征。取得教师资格的公民，可以在本级及其以下等级的各类学校和其他教育机构担任教师。

（二）"开放性"的考试主体

《中小学教师资格考试暂行办法》规定了教师资格报考人员在国籍、思想品德、身体与学历条件等方面要求，对在校学生的报考做出了特别说明："普通高等学校在校三年级以上学生，可凭学校出具的在籍学习证明报考"，并对国家统一考试试点工作启动后的教师资格考试主体进行了区分。由此可见，以往在校师范生的教师资格直接认定制度已趋于消亡，教师资格考试的主体呈现出"开放性"特征，即无论是师范生、非师范生还是社会在职人员，都需要通过"国家统一考试"的途径，获得国家承认的资格证书，方才具有应聘中小学教师岗位的基本资格。在这里，将普通高校的在读师范生、非师范生，以及已毕业、有意从事教职活动的社会人员，完全纳入教师资格考核与认证的系统中，统一称为"教师资格考试的申请者"。

（三）基于专业标准的考试内容

2012年，教育部颁布了不同学段的教师专业标准，对在岗教师的知识、能力和文化素养进行了相应的规定。它是国家对合格教师专业素养的基本要求，也是教师开展教育教学活动的基本规范和准则。为实现职前培养与职后发展的衔接性和一体化，基于教师专业标准、结合不同学段学生发展需求和教师工作的不同特点，确定资格考试内容，是我国教师资格考试制度改革的重要特征。以中学教师专业标准与资格考试内容为例，其各维度的对应关系如表 5-2 所示。

表 5-2　中学教师专业标准与资格考试对应表

（根据《中学教师专业标准》整理）

教师专业标准维度	教师资格考试内容（笔试）
职业理解与认识	综合素质
对学生的态度与行为	
教育教学的态度与行为	
个人修养与行为	
教育知识	教育知识与能力
学科知识	学科知识与教学能力
学科教学知识	
通识性知识	综合素质
教学设计	教育知识与能力
教学实施	
班级管理与教育活动	
教育教学评价	
沟通与合作	综合素质
反思与发展	

由表 5-2 可见，国家统一标准下的教师资格考试内容以教师专业标准为参照，将教师专业标准的要求纳入对教师资格申请者的考察过程中。笔试的内容主要包括"教育理念、职业道德、法律法规知识、科学文化素养、阅读理解、语言表达、逻辑推理和信息处理等基本能力；教育教学、学生指导和班级管理的基本知识；拟任教学科领域的基本知识，教学设计实施评价的知识和方法，运用所学知识分析和解决教育教学实践问题的能力"，面试则从职业认知、心理素质、仪表仪态、语言表达、思维品质等教师基本素养和教学设计、教学实施、教学评价等教学基本技能考察教师的专业胜任能力，从

而保证准教师们能够适应教育变革和学生多元化发展的时代诉求。

表 5-3　不同学段的教师资格考试内容

（根据《中小学教师资格考试暂行办法》整理）

申请教师资格类型	笔试内容	面试内容
幼儿园教师资格	综合素质、保教知识与能力	基本素养：职业认知、心理素质、仪表仪态、语言表达、思维品质基本技能：教学设计、教学实施、教学评价
小学教师资格	综合素质、教育教学知识与能力	
中学教师资格	综合素质、教育知识与能力、学科知识与教学能力	
中等职业学校专业课教师和实习指导教师	综合素质、教育知识与能力、专业知识与教学能力	

（四）"国标、省考"的考试实施过程

教师资格国家统一考试制度将考试与认定分离，采取"国标、省考"的方式，由省级地方招生考试院以教育部制定的统一考试标准和大纲为依据，在教育部考试中心的监督下，负责组织区域内的笔试、面试和评分工作。教师资格统一考试中，笔试主要考核申请人是否具备了从事教职所需的教学基础知识、科学文化知识、职业基本技能、教学设计和研究能力、教师职业伦理与法规等（表 5-4），而面试主要对申请者的教学能力、逻辑思维和精神气质等进行综合考察（见表 5-5）。考试内容偏重知识与实践运用，体现育人取向，较之以往更为科学、有效，在内容的综合性、实践的指向性和形式的多样性（纸笔测试和机考）等方面更能挖掘申请者成为教师的专业素质与潜质。

表 5-4　教师资格笔试内容比例与分值

（根据《中小学教师资格考试暂行办法》整理）

	笔试内容与分值		
	科目 1(150 分)	科目 2(150 分)	科目 3(150 分)
幼儿园	综合素质（幼儿园）	保教知识与能力	

续表

	笔试内容与分值		
	科目 1(150 分)	科目 2(150 分)	科目 3(150 分)
小学	综合素质（小学）	教育教学知识与能力	
初级中学	综合素质（中学）	教育知识与能力	学科知识与教学能力
高级中学			
中职文化课			

表 5-5　教师资格面试内容及权重

（根据《教师资格考试面试大纲》整理）

		面试内容及权重							
		项目 1	项目 2	项目 3	项目 4	项目 5	项目 6	项目 7	项目 8
幼儿园	内容	职业认知	心理素质	仪表仪态	交流沟通	思维品质	幼儿理解	技能技巧	评价与反思
	权重	10	10	10	15	15	10	20	10
小学	内容	职业认知	心理素质	仪表仪态	言语表达	思维品质	教学设计	教学实施	教学评价
	权重	5	10	10	15	15	10	25	10
中学	内容	职业认知	心理素质	仪表仪态	言语表达	思维品质	教学设计	教学实施	教学评价
	权重	5	5	5	15	15	10	35	10

从教师资格首次国考试点单位来看，2011 年 11—12 月，教师资格国家统一考试在浙江、湖北两个试点省份举行了笔试和面试，教师资格首次国考便有 45000 人报名，其中 28909 人参加了笔试科目的考试，10910 人通过了笔试考核，笔试通过率在浙江省为 40%，湖北省为 35%；9800 人参加了面试阶段的考核，其中 7118 人通过了面试，最终获得了教师资格证书，通过率为 72.6%。总体来看，

国考首次实施的总体通过率为 15.8%。[①] 由以上数据可知，教师资格国家统一考试首次报录比不到 20%，其中笔试通过率不到 50%。可见教师资格国考较之以往的省考形式，一方面在内容上难度有所增加，另一方面在教师素养的考核上呈现出全面和多样化的特征。从已经实施的教师资格国家考试内容来看，体现出了内容更为全面的发展趋势。

在追求考试内容更加全面的同时，还需要对考试的效度进行考量。所谓考试的效度是指考试的准确性，反映的是考试内容与统一考试标准和大纲的吻合程度。有学者选取了其中的 18 套试卷进行信效度、难度和区分度检验，对各学段、学科进行横向比较后，认为该次考核具有较好的信效度。[②]

值得注意的是，资格考试的面试环节，特别是考官们给予考试认定的结果是体现考试效度的一个重点环节，这环节上的效度不仅依赖于考试内容（考题）的准确性，更依赖于考官（评判者）的专业素养、评判能力、公正态度及其评判工作的经验。因此，逐渐蓄积和锻炼出一支教师资格考试评判者队伍及考官资源库，是教师资格考试制度发展的重要支持性工作。这支队伍的建设工作要体现出常规化、规范化、梯队化，并且这一工作如果能够同评判者自身的专业发展结合起来，就更能够保障这一队伍的高水平和稳定性了。根据《中小学教师资格考试暂行办法》，地方在组织教师资格面试考官时，一般由高等院校、教研机构的专家以及中小学和幼儿园副高级职称以上的优秀教师组成。以广西壮族自治区为例，广西各市县教育行

---

① 王世存、王后雄：《国家教师资格考试：必要性、导向及问题思考——基于对浙江、湖北两个试点省份首次考试情况的统计分析》，载《教师教育研究》，2012(4)：34－39，20。

② 王世存、王后雄：《国家教师资格考试：必要性、导向及问题思考——基于对浙江、湖北两个试点省份首次考试情况的统计分析》，载《教师教育研究》，2012(4)：34－39，20。

政部门聘请符合条件的考官专家与考务工作者，建立考官资源库，并以各市为单位设置考区，在自治区招生考试院的统一组织下具体实施本地区的教师资格考试工作。考官经统一培训后，持证上岗。截至 2015 年，广西壮族自治区的笔试考点和面试考点分别为 19 个和 13 个，面试合格线由自治区教育厅划定。① 因申请人数较多、地域分布较广，广西壮族自治区大多由县级教育行政部门为小学和初级中学教师资格申请者进行认定，而由市级教育行政部门为高级中学教师资格申请者进行认定(需先由申请者在户籍或人事档案所在地的县级行政部门认定后方可)。由此也可知，国家教师资格考试的"省考、县聘"模式在很大程度上改变了以往考试与认定各自为政、界限不清的局面，使教师资格考核与申请更加精细化，以保障这一工作的成效。

四、教师资格考试制度对教师队伍建设的影响

(一)教师资格考试对教师队伍建设的必要性②

1. 教师资格考试提高了教师职业准入门槛，有利于提升教师队伍质量

教师资格考试难度有所提升，相应地提高了教师职业的准入门槛。有调查表明，试点的 6 省区市参加考试人数 28.08 万人，通过 7.72 万人，通过率仅为 27.5%，而改革前各试点省考试通过率为 70% 以上，着实下降不少。这意味着教师资格考试对标准的把握更加严格，提升了教师队伍来源的质量。

---

① 冼娟：《国家中小学教师资格考试制度研究——基于广西师范院校的调查》，25 页，桂林，广西师范大学硕士学位论文，2016。
② 北京师范大学教师教育研究中心"教师资格考试制度与教师教育改革"课题组：《教师资格考试制度与教师教育改革调研报告》，7—13 页，北京师范大学教师教育研究中心，2015。

2. 教师资格考试内容更具科学性与专业性，有利于提升教师队伍的专业化水平

新的教师资格考试在考试科目、内容、考试方式、评价标准上均做了调整，考试设计更具科学性和专业性。调研数据表明，考过生认为教师资格统考的考试科目与考试方式比较合理。

从调研数据来看，考过生的专业水平比较高，在专业理念与师德、专业知识、专业能力方面都有良好的基础。

3. 教师资格考试的统一标准有利于公正地评估各地的教师质量，促进教育公平

以往各省考试内容不一、难度各异带来各省教师资格证含金量不一的问题，不利于各省之间教师资格证的互认。而教师资格统考制度能够更加公平公正地评估各地的考生质量，把好教师准入关。与此同时，研究者也发现：每个省份的教师资格考试成绩一定是与各省的基础教育质量和高等教育质量密不可分的，这背后是各省经济发展水平的差异。正如有关数据显示，上海的笔试合格率最高，达44%，浙江省基本上均衡在42%上下浮动。像贵州、广西这些省区笔试通过率仅为10%多。

因此，国考的统一标准有利于检测各地的教师队伍质量，从而通过区域倾斜的激励政策，吸引优质教师向薄弱地区流动，促进教育公平。

(二)现行教师资格考试对教师队伍产生的不利影响[①]

1. 现行教师资格考试侧重知识考查，不利于将教学技能强的师范生选拔进入教师队伍

目前的教师资格考试主要考察教育学、心理学的基本知识，也

----

① 北京师范大学教师教育研究中心"教师资格考试制度与教师教育改革"课题组：《教师资格考试制度与教师教育改革调研报告》，7—13页，北京师范大学教师教育研究中心，2015。

设置面试环节考察教学技能。但是短短的面试过程中很难全面考察一个准教师的基本教学技能。相关研究的访谈发现，不少非师范生毕业生通过报考教师资格证考试辅导班，就可以顺利通过教师资格考试，根本考察不出来教学技能。现行教师资格考试逐渐催生出教师资格考试辅导市场，使得教师资格考试走向应试化，这背离了教师资格考试的初衷，说明教师资格考试在考察教师技能方面存在提升的空间。师范生的培养过程既包括教育知识的学习，也包括教学技能的全程训练，同时整个培养过程是教师教育文化的浸润过程，而这些内容却很难通过现行的教师资格考试进行较为全面的评价与测量。

2. 以纸笔考试为主的考试形式无法充分考察师德等非智力因素

目前的教师资格考试主要考查智力性的内容，这些内容的考察可以通过记忆性学习获得，甚至会导致应试化的倾向。然而，对教师的基本素质要求绝不仅仅是知识与技能的要求，还需要良好的道德、得体的人际沟通、健全的人格等非智力因素，而目前的教师资格考试很难考察这些内容。

对不同类型师范生的专业理念与师德、专业知识与技能的调查发现，中师和中职的师范生在专业理念与师德、专业知识与技能方面的得分要高于其他类型的师范生，综合院校和师范院校在生源质量、教学层次方面高于中师和中职，而教师资格考试却没有衡量出来，如图 5-1 所示。

因此，专业理念、师德等因素是一个复杂的问题。这些从事教师工作的必要素质很难在教师资格考试中测量出来，通过几分钟的面试也很难了解这些素质。

3. 现行考试采用标准化统一考试，并不利于乡村教师队伍建设

现行的教师资格考试采取统一化的考试方式，这对保证教师入职时的基本资质具有重要的价值。然而，在当前教师教育机构分层

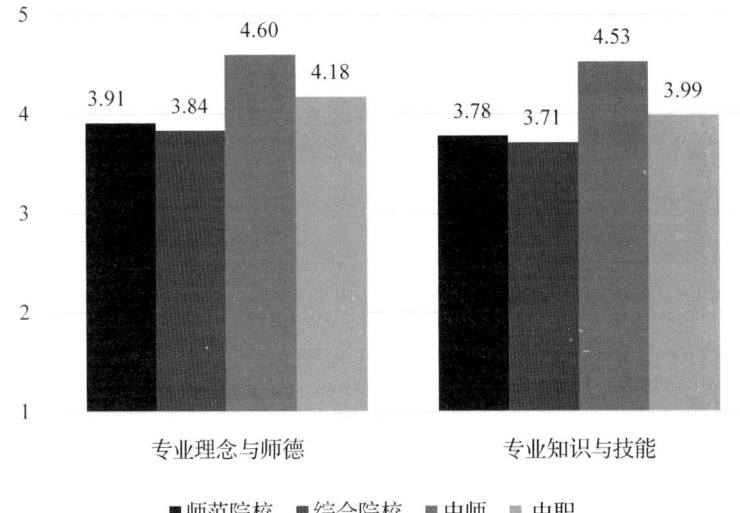

图 5-1　不同类型在校师范生对专业理念与师德、专业知识与技能的认识

化严重的状况下，师范学院、师范专科学校、地方综合学院、职业院校等处于高等教育的底端，办学层次和水平较低，生源质量很差，甚至招不到学生，而这些层次院校的学生事实上又是乡村教师队伍招收的"主力部队"。教师资格考试如果采取统一的标准，那么这些院校的毕业生必然会出现很多学生考不过的情况，不利于农村学校教师资源的补充和建设。

五、针对教师资格考试制度的对策与建议

北京师范大学教师教育研究中心的调查研究显示[1]，教师教育机构、师范生、地方教育行政部门、中小学都对目前实施的国家教师资格考试持有积极正面的态度，认可国家教师资格考试对提升教师专业门槛、提高教师队伍专业水平的积极作用，并有利于培养"四

---

[1]　北京师范大学教师教育研究中心"教师资格考试制度与教师教育改革"课题组：《教师资格考试制度与教师教育改革调研报告》，13—38 页，北京师范大学教师教育研究中心，2015。

有好教师"。但参与调查的人员同时指出，由于我国东中西部区域差异大，特别是中西部地区农村教师吸引力不足，加之音体美等学科教师缺口明显，对国家教师资格考试可能带来的负面影响表示担忧。因此受调查各方都提出，对国家教师资格考试及其配套制度方面需要加以调整和完善，以减少和避免国家教师资格考试可能带来的负面影响和问题，并最终实现"造就一支师德高尚、业务精湛、结构合理、充满活力的高素质专业化教师队伍"的目标。

（一）完善国家教师资格考试，实现分区域、分类型、分科目的个性化考核制度

我国区域差异、城乡差异大，同时，我国教师供需结构上一直存在区域、城乡和科目上的不平衡，西部地区、农村地区和音体美教师一直存在师资缺口，因此在国家教师资格考试上，应针对这些差异进行不同的处理。目前实施的国家教师资格考试要求所有申请人，不论是否师范毕业都需要参加资格考试，对师范院校和其他院校发展教师教育的积极性会产生较大的负面影响。因此，要回应这些需求，对国家教师资格考试本身做出一定的调整。

1. 完善国家教师资格考试题库建设，照顾区域差异

国家教师资格考试制度上进一步推进题库建设，特别是要将东、中、西部地区的差异和城乡差异纳入题库设计的考量，在考试内容中应包括这类差异性内容，如西部地区存在的双语教育教学问题、中部地区存在的大班授课问题、东部地区存在的流动儿童教育问题、农村地区存在的复式教学和留守儿童教育问题等。

2. 师范生参加国家教师资格考试，符合条件可免面试和科目二

由于师范生在三年或四年的教师教育专业学习过程中，需要修读相关教师教育学分和实习学分，因此此类师范生在参加国家教师资格考试中，可在部分科目上实施免考。同时，各地教师资格考试管理机构和组织方也提出，目前非师范生参加国考已经带来巨大的

考试成本，特别是在面试部分，如果师范生也参与国考，这一成本压力会更大，特别是在面试环节，可能会因为参考人员多而导致考官的评价信效度降低，影响考试公平。国家教师资格考试政策的出发点是要提高教师准入门槛，推进教师教育改革和质量提升，因此在设计师范生免考部分科目政策上，必须保证所提出的替代性评价方式要符合国家教师资格考试的要求和政策目标。

3. 音体美专业考生采取标准分制来核定分数线

音体美专业考生在目前的教师供给结构处于需求大于供给的状态，而这类申请人之前中考、高考时都以艺体类招生方式入学，文化课成绩较低，且分数线也较低，因此国考部分内容对这类申请人则显难度过大。为了避免挫伤这类申请者的积极性和保障这类紧缺学科的教师供给，建议采取标准分制来核定分数线。即①所有申请者按照其科目一、二、三的考试总分，依照成绩名次以计算标准分；②再根据其他专业考生的平均通过率为依据，确定标准分的分数线。

4. 符合条件的教育硕士毕业者可以免考国家教师资格考试

目前教育硕士的培养院校主要集中于师范大学和高水平的综合性大学，其培养质量和水平有保障，而且随着国家扩大专业硕士规模，教育硕士培养也会成为未来教师队伍学历水平提升的重要措施。因此建议，符合下列条件的教育硕士毕业者可以免考国家教师资格考试，直接认定国家教师资格：①全日制教育硕士毕业生需提供由院校、地方教育行政部门、实习学校三方共同核准的一学期实践课程证明，并提供师范生实习过程的档案袋，涵盖实习手册、听课记录、讲课教案、院校与实习学校指导教师评语、其他活动材料；在职教育硕士则需提供所在学校的教学实践评价证明。②修读学位公共课和专业必修课的平均绩点在 3.0 以上。

（二）完善教师资格考试相关制度，形成教师质量保障系统

1. 建立教师教育学科专业制度

国务院学位办颁布的教育学一级学科确定的方向中列入了"教师教育学"，这就意味着，教师教育在学科制度上获得合法性地位。因此，相关研究建议[①]，建立在教师教育学科制度下的专业和方向，涵盖幼儿园教师教育专业、小学教师教育专业、中学教师教育专业、特殊教育教师教育专业、中职教师教育专业五个专业，在五个专业下可以根据需要建立方向，如中学教师教育专业设不同学科教师教育方向，如数学教师教育方向、科学教师教育方向等。

2. 建立教师资格考试申请人的专业教育制度

教师资格考试无论以怎样的方式来开展，都仅仅是认知上的，而不是行动上的。课堂教学需要行动，行动在更大程度上是技能，技能需要形成，形成技能需要养成，养成需要教育过程，教育过程不仅是通过课堂学习的认知能力的形成过程，还是一个通过学校实践的行动能力的形成过程。既然教师资格考试只能满足准教师的认知化过程，而不能满足准教师的社会化过程和行动化过程，因此需要为教师申请人，特别是"非在读人员"申请人建立起专业教育的制度，使其与教师资格考试相辅相成。这一制度建立的一个重要方面就是教师教育机构的"课程开放"问题，以及生成性实践能力支持制度的建立。

六、教师资格定期注册工作的初步开展

在教师专业发展理念与浪潮的推动下，我国教师资格制度的改革打破了通俗意义上所谓"铁饭碗"的教师资格的"终身制"，即教师

---

① 北京师范大学教师教育研究中心"教师资格考试制度与教师教育改革"课题组：《教师资格考试制度与教师教育改革调研报告》，33—38 页，北京师范大学教师教育研究中心，2015。

资格认定的"无年限单次注册"的类型，开始实施"有年限多次注册"的制度类型。[①] 2013 年 8 月 15 日，教育部印发《中小学教师资格定期注册暂行办法》。《中小学教师资格定期注册暂行办法》的出台是教师资格制度发展的一项重大改革，改革前，只要教学能力测试通过后就可获得教师资格证，证书有效时间为终身制，改革后，中小学教师资格每 5 年注册一次，注册条件以师德表现、年度考核和培训情况为主要依据。定期注册不合格或逾期不注册的人员，不得从事教育教学工作。教师资格定期注册对象仅限于公办普通中小学、幼儿园和中等职业学校在编在岗教师，相同类型民办学校的在岗教师是否纳入注册范围由省级教育行政部门确定。中小学教师资格定期注册工作现仍处于试点阶段，试点省份根据自身情况划分注册试点地区、学校和对象。相关教育行政部门根据要求制定本地区定期注册制度试点工作方案，被工作方案纳入注册范围的人员必须参加注册，未纳入注册范围的人员无须注册，其教师资格证书仍然有效。

（一）定期注册试点工作的意义与实施状况

开展中小学教师定期注册改革试点，对于激励教师不断学习和进取，促进教师职业生涯发展有着积极意义。更为重要的是，使教师真正做到能进能出，让不合格教师退出，对教师考核有了更加客观的标准和依据，变得更具操作性。当然，对于教师的师德表现、年度考核和培训情况还需进一步明确标准和要求，相关实施细则也有待细化。同时，要有严格的规章和流程，使教师定期注册的意义和价值真正得到体现，避免流于形式、走过场。

事实上，这一试点工作的推进力度是比较大的，以试点工作开展两年后的 2016 年为例来看，开展中小学教师资格定期注册制度试

[①] 袁丽、朱旭东、王军：《比较视野中的教师资格定期注册与考试类型分析》，载《比较教育研究》，2014(12)：51—56。

点工作的已有河北、辽宁、吉林、上海、江苏、安徽、福建、江西、山东、河南、湖北、湖南、广东、海南、重庆、四川、贵州、云南、陕西、甘肃、青海、宁夏共 22 个省区市。其中，辽宁、江西、广东、重庆、云南、陕西、青海 7 省市是第一次开展定期注册试点工作；江苏、安徽、湖南、四川 4 省已经将工作范围扩大到全省；北京、天津、黑龙江 3 省市虽然参加了试点工作，并制订了试点工作方案，但尚未开展首次注册试点工作。内蒙古、西藏、新疆、新疆生产建设兵团还没有参加定期注册试点工作。2016 年实际开展定期注册试点工作的 22 个省区市中，144 个地市 1137 个县和 7 个省直管县共 1259 个注册机构所辖的 52079 所学校的 264.96 万名教师进行了定期注册申请报名，其中 260.35 万人注册合格，1245134 人暂缓注册，557 人注册不合格，443 人无教师资格，6558 人不属于注册范围，总体合格率为 98.26%。[①]

同时，我们还需要关注的一个重点就是在教师资格制度实施过程中的教师"岗证一致性"的问题。所谓岗证一致性是指教师所持资格证书的类型与其岗位从教的一致性。这一问题不仅关乎微观层面的教师个人是否有资格在目前的岗位上从教，以及是否能够在工作岗位上充分体现出个人的专业价值，也关乎宏观层面的地区范围内教师队伍建设与岗位需求之间的供需平衡问题。

从 2016 年全国参加定期注册的教师数据来看，已取得的教师资格与任教岗位在同一学段（简称"同段聘任"）的人员占 77.18%，已取得的教师资格高于任教学段（简称"高证低聘"）的人员占 20.98%，所持教师资格种类低于任教学段（简称"低证高聘"）的人员占 1.81%，持中职实习指导教师资格在其他岗位任教的人员占 0.01%，无教师资格人员占 0.02%。分省份来看，辽宁"同段聘任"的人员占本省份

---

① 教育部教师资格认定指导中心：《全国教师资格制度实施工作年度报告——2016》，内部资料，2016。

所有注册人员的比例要高于其他省份，为 87.90％。河北和山东"高证低聘"人员占本省份所有注册人员的比例在各省份中排在前两位，分别达到 50.00％和 49.72％，另外贵州"高证低聘"注册人员的比例同样较高，达到 43.66％。在"低证高聘"人员中，湖南省占比 3.12％，在各省中最高。① 从这些数据可以看出，试点地区师资队伍和岗位需求之间存在供需不平衡，有的省份"高证低聘"教师数量较多，分学段师资的供需矛盾比较突出。

　　从定期注册人员各任教学段"岗证一致性"情况来看，2016 年参加定期注册的教师中拥有小学教师资格的人员最多，占定期注册总人数的 35.26％，其次为拥有初中教师资格人员，占 31.38％，拥有高中教师资格人员占 27.06％，拥有幼儿园教师资格的为 3.97％，拥有中职教师资格的为 2.11％，拥有中职实习教师资格的为 0.09％，还有 0.11％为拥有高校教师资格者。"高证低聘"人员主要集中在幼儿园、小学和初中学段。其中，小学学段持有初级中学教师资格的人员占全体定期注册人员的 7.73％，初中学段持有高级中学教师资格的人员占 7.71％，小学学段持有高级中学教师资格的人员占 4.22％。按各自任教学段中"高证低聘"情况所占比例来看，小学和初中较高，分别占各自学段定期注册人员的 26.16％和 25.35％，值得注意的是，幼儿园学段"高证低聘"人员占幼儿园定期注册人员的 19.15％。② 这里特别需要关注的问题是幼儿园教师专业性的问题。事实上，对于幼儿园教师的"高证低聘"的情况，需谨慎考虑其合理性。幼儿园教师的工作是专业性的工作，具有专业的特殊性，如"保教结合""游戏课程"等，在幼儿教师专业培养过程中，

---

　　①　教育部教师资格认定指导中心：《全国教师资格制度实施工作年度报告——2016》，内部资料，2016。

　　②　教育部教师资格认定指导中心：《全国教师资格制度实施工作年度报告——2016》，内部资料，2016。

对学前教育专业的教学条件、培养方案和课程设置有特定要求。同时，教师资格考试以及对幼儿园教师资格的认定工作中都有包括保教知识、游戏课程设置能力等的考核。因此，那些"高证低聘"的幼儿教师是否达到了这些专业能力的要求是个值得调研的问题，同时鉴于实际情况如何进行补救是需要进行制度完善的环节。

(二)定期注册工作尚需解决的问题

应该看到，教育部推出这一改革试点，是建设高素质专业化教师队伍的一个重要手段，为中小学教师队伍注入了活力。但毕竟改革尚处于试点阶段，制定好本省(区、市)试点实施细则至关重要，要使广大教师理解、支持并参与到改革中来，为改革的顺利推进营造良好的社会氛围。同时，对于试点工作的积极效应及可能产生的矛盾和问题也要有准确把握，并及时化解矛盾和问题，这是改革试点取得成功的重要保障。目前来看，定期注册工作面临的挑战主要集中在以下几个方面：[①]

第一，注册对象还需国家层面的进一步明确。目前我国教师聘任形式多样，除了在编在岗教师外，还有大量的在岗的非事业编制人员、事业单位编制总量控制下政府聘用人员等。尽管国家政策规定的注册范围是公办普通中小学在编在岗教师，广东、安徽等省份已经根据本省份教师队伍构成情况，将定期注册范围定义为在岗人员，突破了国家政策规定。因此，这一部分人员是否纳入定期注册范围还需要从国家层面予以进一步明确。其次，地方教研室、电教馆等其他教育机构中的教师是否纳入定期注册范围，各地政策也不尽相同，也需要国家层面加以明确。最后，对于教育部门以外的其他部门举办的公办学校(如体校、卫校、财会学校、交通学校等)，

---

① 教育部教师资格认定指导中心：《全国教师资格制度实施工作年度报告——2016》，内部资料，2016。

其聘任、考核等人事管理权不在教育系统，是否要纳入定期注册范围，目前也是由各省自行确定的，还需要国家政策对此类教师作出相应的规定。

第二，定期注册结果的运用还需配套的人事管理制度。在定期注册工作中，定期注册的结果如何运用、如何生效是一个重要的问题。国家的政策文本原则上规定了"定期注册不合格或逾期不注册人员不得从事教育教学工作"，多数省份对于暂缓注册者实行"暂缓期间不得晋升高一级教师职称，不得参加评优评先"或"暂缓期间试聘"等政策；对注册不合格者，则规定"不得从事教育教学工作，应及时调离教育教学岗位"，有的省份还规定"定期注册不合格者，证书失效"。但在实际执行中，这类人员可否直接清退出教师队伍尚未明确。所以，根据现行的教师管理体制，教师资格注册结果如果没有相应的人事管理政策的呼应与支撑，定期注册制度的效度也会受到一定的影响。

第三，因定期注册制度产生的教师资格证书有效性问题需要完善。定期注册制度规定，"定期注册不合格者，不得从事教育教学工作"，但对其教师资格证书的有效性问题没有作出规定。这就产生了此类人员特别是因连续两年年度考核不合格而定期注册不合格人员的教师资格证书是否继续有效、是否可以继续到其他学校任教和重新参加首次注册等系列问题。另外，部分临近退休教师因种种原因，注册结论为"暂缓注册"，且在暂缓期间，教师本人退休，此类情况会造成什么影响、退休后证书是否还能正常使用等也是需要厘定的具体问题。

第四，民办学校教师定期注册合格率有待提高。从开展继续教育全员培训情况看，民办学校教师继续教育参训率、合格率都较低，5年一周期完成培训360学时存在一定的困难。其中主要原因是民办学校过于重视升学率，教师工作任务时间安排较满，教师参加继续教育的时间基本上被压缩，从而影响教师的定期注册。部分省份将民办学校纳入定期注册范围后，保证民办学校教师达到定期注册条件特别是保证继续教育培训学时的达标，也是一个需要重点考虑解决的问题。

七、教师资格制度的发展建议

世界各国都在为提高本国教育质量提供制度保障，教师资格制度是这类保障制度中不可或缺的重要一环。教师资格制度建设涉及教师教育专业自身内在问题，也涉及诸多外在问题，这些外在问题包括教师的学位和学历、教师培养机构的类型、教师教育专业的设置等，在很大程度上会影响到教师资格制度的设计、教师资格政策的制定和教师资格制度的实施。教师资格制度还与教师的聘任、培训、考核、职务晋升和教师流动等制度相互衔接、密切配合，成为一个有机整体，如何使教师资格制度成为激励教师积极、主动、创造性地工作的动力，如何使其成为激励教师终身学习和促进教师职业发展的动力机制和约束机制，有必要做更深入的研究与探讨①，在此我们也提出发展上的一些展望。

（一）修订教师职业资格相关法律法规，不断完善教师资格标准

建立完善的教师资格认定制度，严格规定教师任职资质。对不同层次师资持有哪一类证书、需要何种程度学历、必修哪些课程、各类课程应达到的学分与水平，以及教学实践能力、资格证书有效期限等方面做出明确的规定。同时也要看到，《教师法》《教师资格条例》《〈教师资格条例〉实施办法》等法律法规颁布时间已久，对于近年出现的一些问题，如学历标准、体检标准、认定次数和范围等没有相应规定，造成国家级的认定标准界限模糊，因此地方执行过程中

---

① 朱旭东：《教师资格制度相关问题研究》，载《河南大学学报（社会科学版）》，2009，49(4)：123—128。

就会出现不统一、不明确等问题。为完善相关的内容，还需要尽早出台补充条例予以明确。

（二）借鉴他国经验，丰富教师资格证书的类别和等级

由于历史、文化传统、地区经济发展、民族地区多样化等诸多复杂的原因，我国教育实践工作的现实状况复杂与多样，教师资格证书体系的发展需要基于这些多样化的现实状况更加完善和指向解决实际问题。从其他国家的经验来看，教师资格证书制度呈现出了层次化、阶段性、弹性与应急预案性。鉴于此，建议以教师资格证书制度为基础，将资格证书的级别和有效期相结合，建立教师职业发展阶梯，进一步完善我国教师资格证书体系，使我国教师资格认证等级多层次化。例如，将初次申请合格者任命为正式教师，颁发教师资格证书，证书有效期为 5 年，期满合格者颁发高级教师资格证书，有效期为 8～10 年，期满合格者可颁发终身教师资格证书。同时，可设置临时教师资格证书，在特殊情况、特殊地域下，如特殊条件下短缺科目或临时代课教师，可颁发临时教师资格证书，对每一级教师的资质条件明文规定，实行多级多类别制资格证书。

（三）改革资格考试，促进其与学校教育及教师教育学科发展的相互吻合

教师资格考试作为教师职业准入的必由之路，必须与学校教育的实际以及教师教育的学科发展相互吻合，才能够实现这一专业领域中的系统性与一体化。例如，资格考试认定的学科还需完善。目前国考所开设科目中，没有心理健康教育及综合实践科目。在国家强调加强中小学薄弱学科建设的背景下，这些学科的教师无法认定相应的教师资格，建议应逐步完善学科设置。反之亦然，教师教育的学科发展也同样要与实际学校教育和教师资格制度相匹配，如小学教师、中学教师作为教师资格证书类型之一，在教师教育的学科建设中已具有小学教育学科，而缺乏中学教育学科的建设。

（四）完善针对特殊人群的教师资格问题

残疾人认定特殊教育教师资格问题有必要提上改革议程。在国家修订《残疾人教育条例》后，残疾人申请教师资格的问题逐渐突出，目前大多数地区教师资格认定仍然没有对聋哑人、盲人等对象开放。建议从国家层面出台全国统一的政策，为这一特殊人群认定教师资格提供保障。

（五）完善教师资格制度实施程序，加强监督检查

严格按照教师资格申请、受理、审查、决定的认定步骤规范认定程序，增加具体条款，保障申请人充分享有知情权，保证教师资格认定公开、公平、公正地进行，提供便民高效的服务。对于已经依法取得的教师资格给予法律上的保护，增强政府透明度与诚信度。增加听证环节，申请人在整个认定过程中依法享有陈述权、申辩权，对认定机构出具的未予认定理由或变更、撤销教师资格证书的决定不服的，可以申请行政复议，充分保障自己的合法权益不受侵害。教师资格认定应该建立一套公开、有效的监督机制，使其成为完善教师资格法律法规的重点。

第二节　以标准为导向的教师教育质量管控体系

经过 40 年的改革与发展，我国已建立起了较为完善的教师资格制度。教师资格制度作为广义理解下的标准的一种，为管控我国教师教育的质量，尤其是保障新入职教师的质量起到了至关重要的作用。除了教师资格制度之外，我国还初步建立起了若干其他与教师教育质量管控有关的标准，这些标准以法律法规、政策文件、教师教育专业标准等多种形式存在，涉及职前教师教育和在职教师专业发展等不同阶段，横跨学前教育、小学教育和中学教育等不同学段。这些标准共同形成了当前我国以资格证书和专业标准为导向的教师

教育质量保障体系。本章第一节已对我国的教师资格制度与教师教育质量保障的关系进行了集中分析与讨论，本节将重点介绍与教师教育有关的其他标准，以及它们是如何为保障我国教师教育的质量服务的。

　　本节分为四个部分展开。第一部分是对一系列的核心概念和理论假设的澄清。比如，当我们使用"标准""质量监控""教师教育"这些概念时具体指的是什么？这些概念之间应该具备何种关系？这些关系是基于何种理论被提出来的？第二部分简要回顾了过去 40 年来我国共出台了哪些具体的与教师教育质量管控有关的标准，以及这些标准的出现与发展大致可分为哪几个阶段，其中重点介绍了 2011 年所颁布的《教师教育课程标准(试行)》以及 2012 年所颁布的《幼儿园教师专业标准(试行)》《小学教师专业标准(试行)》《中学教师专业标准(试行)》。第三部分介绍了当前我国教师教育标准体系的特征及其对于保障我国教师教育质量的意义。在第四部分中，我们重点讨论了我国基于标准的教师教育质量监控体系所面临的挑战以及未来发展方向。

一、标准、质量监控与教师教育之间关系的理论基础

　　在北京师范大学出版社 2009 年出版的《中国教育改革 30 年：教师教育卷》中，对"以标准为导向的教师教育管理"的定义是，"以教师标准为代表的相关教师及教师教育标准与规范来统领教师教育的管理，政府以指导者、协调者、监督者的身份参与教师教育管理，而包括办学自主权等更多管理权力赋予教师教育院校手中"[①]。

　　该定义间接地提到了基于标准的教师教育质量管控所涉及的三个核心概念，即教师教育、标准、质量管控。在上述定义基础上，

---

　　① 朱旭东、胡艳：《中国教育改革 30 年：教师教育卷》，162 页，北京，北京师范大学出版社，2009。

并结合过去 40 年来中国教师教育改革与发展的状况，我们对这三个概念的内涵进行概括。狭义的"教师教育"是指"教师培养"或是"职前教师教育"。然而在本节中，"教师教育"既包括教师培养的职前阶段，也包括新教师的入职培训以及在之后的职业生涯中持续的专业学习与发展。① 这是因为，对教师教育的质量管控不是一蹴而就的事件，而是贯穿于教师的职前、入职和在职的各个阶段。讨论基于标准的教师教育质量管控所涉及的第二个核心概念是"标准"。顾名思义，标准指"标的""准绳"，它既是对目标的设立和阐述，又提供某种准则来判定目标是否达成。尽管有的与教师教育质量管控相关的法律规范、行政政策并不具有"标准"的名，但却有"标准"之实，因为它们为教师教育的目标设立提供了法理依据和行政治理基础。因此，在本章中所使用的"标准"，既包括与教师教育直接相关的各项专业标准，同时也包括那些为教师教育目标的设立与达成提供法理、行政和政策基础的其他规范性准则。

第三个需要界定与澄清的概念是"质量管控"。关于教师教育质量的界定可以聚焦在教师教育不同的方面，如机构、课程、任职资格等。② 针对每一个方面又可以从不同的维度来建构何为"质量"，如教师质量可以从专业信念、专业知识和专业技能等维度来建构。就质量管控来看，又大致可以划分为对于过程性质量的管控和结果性质量的管控。③ 在教师教育中，"过程性"质量管控即对那些培养高质量教师所必需的过程性因素进行管控的行为，这些过程性因素包括教师教育机构的质量、教师教育课程的质量、教师教育者的质量等。"结果性"质量管控即对教师教育培养的直接结果——教师本

---

① 王树洲：《论教师教育的职前职后一体化》，载《教学与管理》，2011(3)：51—52。
② 朱旭东：《教师教育标准体系的建立：未来教师教育的方向》，载《教育研究》，2010(6)：30—36。
③ 许明：《美国教师教育专业标准概述——美国教师队伍质量保证机制研究之二》，载《课程·教材·教法》，2002(11)：64—68。

身的质量——进行管控的行为。① 对于教师质量的界定，教育研究
者和实践者达成的共识是，高质量的教师应该具有某些特定的价值
观与信念，掌握某些特定类别的知识以及能完成某些特定教学实践
的能力。教师教育的质量还可以从"学生学习"与发展这一教育活动
中更为根本性的目标来进行界定。但是由于教师教育质量与教师质
量的关系、教师质量与学生学习成果的关系均受到若干外部因素的
影响，因此很难建立起教师教育质量与学生学习成果之间的因果关
系。已经采用学生学习成果来评价教师教育质量的做法，如美国的
增值性教师评价，在实践过程中遇到了许多困难、挑战甚至是批
判。② 简言之，本节中的质量管控是指一个多维度的、过程性与结
果性并重的质量管控行为。

在厘清"标准""质量管控"和"教师教育"等重要概念的基础之上，
我们需要进一步从理论的角度理解为什么包含教师资格制度在内的、
以标准为导向的教师教育质量管控能够得以形成或是被政策制定者以
及许多教育学者所提倡。如图 5-2 所示，这一实践或主张是以现代管
理理论、教师专业化理论和教育测量理论为共同理论基础的。

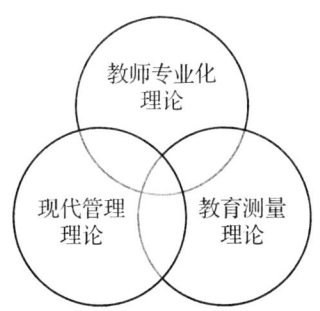

图 5-2　基于标准的教师教育质量管控的理论基础

① 周文叶、崔允漷：《何为教师之专业：教师专业标准比较的视角》，载《全球教育
展望》，2012(4)：31—37。
② 庞威：《美国中小学增值性教师评价研究》，重庆，西南大学博士学位论文，
2009。

首先，对教师教育的质量管控是在教师教育领域中的管理行为。现代管理理论提出了管理行为的四项核心任务，包括：计划、组织、领导和控制。[①] 通过有计划地设立管理目标，组织相应的人力、财力、物力投入管理对象中，并在过程中持续、动态地对管理对象进行领导与控制，最终才能够达成既定的目标并获得持续的成长。因此，提出对教师教育质量进行管控，是依托于现代管理理论这一基本的理论假设的，即通过科学有效的管控，可以持续提升教师教育的质量。

其次，在具体管理教师教育这一社会活动时，何为"高质量的教师教育"是为教师教育质量管控设立目标的重要基础，教师专业化理论为这一问题提供了理论解释。教师专业化理论认为教师是一项需要"终身学习"的职业，教师的学习围绕着与教学相关的信念、知识和技能所展开。[②] 教师只有在这三方面不断学习与进步，才能最终成长为专业化或者高质量的老师。因此，对于教师教育质量的管控，实际上转化成了对教师在其职业生涯发展的不同阶段应该具备何种质量的界定、测量、数据分析和应用、制定并实施质量改进措施并最终实现质量提升的问题，这也是为什么教育测量理论作为第三个相关理论为基于标准的教师教育质量管控提供了理论依据。教育测量理论提出进行教育测量的若干基本原则，包括：构建可操作化的测量指标，测量指标应该能准确、充分地反映测量对象的内容，测量的方法应该具有可靠性，测量的数据应被分析并用于制定如何提升测量对象质量的手段等。[③] 因此，在教育测量理论的指导下，教师教育相关标准应当能够为质量管控提供可操作化的、有效的、可

---

① ［美］斯蒂芬·罗宾斯，玛丽·库尔特：管理学(第 13 版)，北京，中国人民大学出版社，2017。

② 顾明远：《教师的职业特点与教师专业化》，载《教师教育研究》，2004，16(6)：3—6。

③ 黄光扬：《教育测量与评价》，45—87 页，上海，华东师范大学出版社，2002。

靠的测量指标，并有一套如何分析和使用测量数据来提高教师教育质量的流程。

二、我国基于标准的教师教育质量管控的发展历程

本节第一部分已从普遍意义上对基于标准的教师教育质量管控的核心概念和理论基础进行了论述。在这一部分中，我们将回顾发生在我国过去 40 年里的教师教育质量管控的发展历程。概括地说，我国的教师教育质量管控经历了"确立合法性""获得持续的政策支持"和"初步建立起教师教育专业标准体系"这三个阶段。在每一个阶段都有若干具体的法律性、政策性或是专业性的标准颁布，不断推动着我国基于标准的教师教育质量管控从无到有、从点到面、从宏观到具体的发展进程。需要说明的是，为了向读者展示这一历史进程的主要方面，我们人为地将其划分成了以上三个阶段。但在实际发展中，它们并非是线性地、无缝衔接的关系，而是相互交叠、共同推进并仍然处于发展变化之中。这也是为何我们并未使用具体的年限来标定这些发展阶段。表 5-6 列出了过去 40 年来我国颁布的与教师教育质量管控有关的法律性、政策性和专业性标准。

（一）确立合法性基础

20 世纪 80 年代和 90 年代是我国教师教育质量管控确立合法性基础的阶段。在这期间一共颁布了 4 部法律，分别是《义务教育法》《教师法》《教育法》《高等教育法》。这些法律从不同的角度为教师教育质量管控提供了合法性依据。比如，《义务教育法》第三十条就明确提出，"教师应当取得国家规定的教师资格"；第三十二条规定，"县级以上人民政府应当加强教师培养工作，采取措施发展教师教育"。相应地，《教师法》第十条也提出"国家实行教师资格制度"；第二十二条规定，"学校或者其他教育机构应当对教师的政治思想、业务水平、工作态度和工作成绩进行考核。教育行政部门对教师的考核工作进行指导、监督"。《教育法》第三十五条也提出，"国家实

表 5-6　过去 40 年来我国所颁布的与教师教育质量管控
有关的法律法规性、政策指令性和教师专业性标准

标准类型	颁布年份	标准名称	制定或颁发机构
法律法规性标准	1986	《中华人民共和国义务教育法》	全国人民代表大会
	1993	《中华人民共和国教师法》	全国人民代表大会
	1995	《中华人民共和国教育法》	全国人民代表大会
	1998	《中华人民共和国高等教育法》	全国人民代表大会
政策指令性标准	1985	《中共中央关于教育体制改革的决定》	中共中央
	1986	《关于加强和发展师范教育的意见》	国家教委
	1993	《中国教育改革和发展纲要》	中共中央、国务院
	1998	《面向 21 世纪教育振兴行动计划》	教育部
	1999	《关于深化教育改革，全面推进素质教育的决定》	中共中央、国务院
	1999	《关于师范院校布局结构调整的几点意见》	教育部
	2002	《关于"十五"期间教师教育改革与发展的意见》	教育部
	2004	《2003—2007 年教育振兴行动计划》	教育部
	2010	《国家中长期教育改革和发展规划纲要（2010—2020 年）》	中共中央
	2012	《关于加强教师队伍建设的意见》	国务院
	2018	《教师教育振兴行动计划（2018—2022 年）》	教育部、国家发展改革委、财政部、人力资源社会保障部、中央编办
	2018	《关于全面深化新时代教师队伍建设改革的意见》	中共中央、国务院
教师专业性标准	1995	《教师资格条例》	国务院
	2011	《教师教育课程标准（试行）》	教育部
	2012	《幼儿园教师专业标准（试行）》	教育部
	2012	《小学教师专业标准（试行）》	教育部
	2012	《中学教师专业标准（试行）》	教育部

行教师资格、职务、聘任制度，通过考核、奖励、培养和培训，提高教师素质，加强教师队伍建设"。此外，尽管《高等教育法》并非是专门针对教师教育机构的法律，但是高等师范院校既是我国教师教育体系的重要组成部分，又是高等教育中的重要一类，因此亦适用于此法。《高等教育法》中的第四十六条规定，"高等学校实行教师资格制度"；第五十一条规定，"高等学校应当对教师、管理人员和教学辅助人员及其他专业技术人员的思想政治表现、职业道德、业务水平和工作实绩进行考核，考核结果作为聘任或者解聘、晋升、奖励或者处分的依据"。与前三项法律中的"教师"一词指代的中小幼教师不一，这里的"教师"是指高校教师。教师教育者作为"高校教师"这一群体的组成部分，《高等教育法》提出对他们的任职资格、专业能力等质量进行管控，是与教师教育质量管控密不可分的。

尽管在 20 世纪 80 年代和 90 年代所颁布的这 4 部法律并非与教师教育质量管控直接相关，但它们都是由我国最高立法机关表决通过，这为基于标准的教师教育质量管控的后续建立和发展提供了合法性支持。

此外，这些法律对教师教育质量管控的重要方面进行了总体性规范，包括：管控主体、管控对象以及管控手段。首先，这 4 部法律共同明确了教师教育质量管控的主体包括教育主管部门、教师教育机构以及中小幼学校等。其次，教师教育质量管控的对象也涵盖了教师培养和培训等不同阶段。再次，就管理手段而言，实行教师资格制度是这 4 部法律所共同提及的质量管控手段。最后，这些法律条文也对教师的"质量"进行了概括性描述，这些法律条文中所涉及的教师质量包括了教师的政治思想、道德、业务水平、工作实绩等方面，这对后续建立具体的教师专业标准具有指导性意义。

（二）获得持续的政策性支持

与颁布法律法规交叠进行的另一历史进程是一系列相关政策的

颁布与实施，这些政策对于细化教师教育质量管控的目的、对象和手段起到了重要作用。表 5-6 中"政策指令性标准"对应行中所列出的，是过去 40 年里我国所颁布与教师教育质量管控有关的主要政策。从政策颁布时间上来看，过去 40 年里不断有新的政策出台。就政策内容而言，既有关于教育改革与发展的整体方向的政策，如 1985 年颁布的《中共中央关于教育体制改革的决定》、1993 年颁布的《中国教育改革和发展纲要》、2010 年颁布的《国家中长期教育改革和发展规划纲要（2010—2020 年）》等；也有专门针对教师教育和教师队伍建设的政策，如 1986 年颁布的《关于加强和发展师范教育的意见》、2002 年颁布的《关于"十五"期间教师教育改革与发展的意见》以及 2018 年颁布的《教师教育振兴行动计划（2018—2022 年）》等。此外，颁布这些政策的部门涉及了教师教育管理的多个部门，包括中共中央、国务院、教育部、财政部、中央编办、人力资源社会保障部、国家发展改革委等。政策颁布的多部门参与也体现了教师教育管理与改革的多部门协作性与系统性。

表 5-6 中所列的各项政策并非是针对教师教育管理的专项标准，但是它们共同为教师教育相关专业标准的最终出台提供了必要的、持续的和有力的政策性支持。与此同时，这些政策指令性标准与前面提到的 4 项法律法规性标准不一样，政策指令性标准更加灵活，它们会根据国家教育改革与发展不同阶段的特点与需求进行方向和内容上的调整；此外，它们也对法律法规的概括性规范进行了更加具体的阐述，包括对教师教育质量管控到底应该管控什么、以何种标准管控以及如何管控等提出了更为具体的指导意见。

首先，关于应该管控教师教育哪方面的质量，这些政策始终关注三个方面：师范生生源质量、培养过程质量以及培养结果质量。比如，在 1993 年颁布的《中国教育改革和发展纲要》第 41 条就指出，"师范教育是培养中小学师资的工作母机，各级政府要努力增加投入，大力办好师范教育，鼓励优秀中学毕业生报考师范院校"。在2010年颁布的《国家中长期教育改革和发展规划纲要（2010—2020年）》也提出要"吸引优秀人才长期从教、终身从教"。2012年颁布的《关于加强教师队伍建设的意见》也指出，要"完善师范生招生制度，科学制订招生计划，确保招生培养与教师岗位需求有效衔接，实行提前批次录取，选拔乐教适教的优秀学生攻读师范类专业"。这些政策条款体现了国家对教师教育生源质量的关注与管控。

教师教育培养过程的质量也是这些政策条款一直关注的重要方面。比如，2012年颁布的《关于加强教师队伍建设的意见》对于如何夯实师范生对于学科和教学知识的学习、增强师范生的实习经历、创新教师培养模式等提出了具体要求。2018年颁布的《教师教育振兴行动计划（2018—2022年）》更是对教师教育课程质量以及教师教育者的质量提出了要求。比如，在关于教育实习的内容中就明确提到，"明确教育实践的目标任务，构建全方位教育实践内容体系，与基础教育、职业教育课程改革相衔接，强化'三字一话'等师范生教学基本功训练"；同时，该政策也提出了要对教师教育师资队伍进行优化的要求。

在职教师的工作表现作为教师教育（包括职前教育与在职培训）的重要结果之一，其质量也一直是相关政策的关注点。比如，早在1985年颁布的《中共中央关于教育体制改革的决定》中就提到，"必须对现有的教师进行认真的培训和考核，把发展师范教育和培训在职教师作为发展教育事业的战略措施"。在2018年颁布的《关于全面深化新时代教师队伍建设改革的意见》中，同样强调了要"全面提高中小学教师质量"。概括地说，过去40年的相关政策话语始终围绕着教师教育的招生质量、过程质量与结果质量三方面，这对于聚焦教师教育质量管控应该"管控什么"提供了重要的政策信号。

其次，相关政策对于"以何种标准"来进行质量管控也提出了若干指导性意见，但是大部分意见仍然停留在概括性界定的程度。依据现代管理理论，标准以及基于标准的测量结果是进行质量管控的重要依据。[①] 然而，由于教师教育的情境性与复杂性特点，以及区域之间差异较大，很难制定一套统一的标准来对教师教育质量进行管控。比如，对于师范生招生质量的管控，相关政策只是比较宽泛地提出了要吸引"优秀"的高中毕业生进入教师教育专业，但是关于何为"优秀"的高中毕业生，这些政策并未提出更具体和可测量的指标（如高考分数、院校层次、专业背景等）来加以界定。就教师教育过程质量而言，除了一些模糊性、象征性的话语之外（如"素质全面""业务见长""底蕴深厚"等），已有政策还提出了若干具体的可测量标准。比如，国务院 2012 年颁布的《关于加强教师队伍建设的意见》就明确提出了"落实师范生教育实践不少于一学期制度"；关于在职教师培训，提出了"实行五年一周期不少于 360 学时的教师全员培训制度"。相较于其他的模糊性政策话语，"一学期""360 学时"为管控教师教育过程性质量提供了可操作化的政策指导意见。同样，关于教师教育直接结果的质量，即教师队伍的质量，相关政策也提出了若干具体的、可测量的标准。比如，几乎所有政策都提及了"教师资格证制度"，即只有取得相应教师资格证才能从事教学工作。这对于管控新入职教师及在职教师的质量起到了至关重要的作用。

除此之外，在前述的 4 部法律的基础之上，已有的政策指导性标准也对教师质量应该包含哪些方面以及它们的重要性进行了界定。比如，中共中央、国务院 2018 年颁布的《关于全面深化新时代教师队伍建设改革的意见》中，提出了"为义务教育学校侧重培养素质全面、业务见长的本科层次教师，为高中阶段教育学校侧重培养专业突出、底蕴深厚的研究生层次教师"。这一条款从培养层次以及教师

---

① Norman Jackson，"Understanding Standards-Based Quality Assurance：Part I-Rationale and Conceptual Basis."in *Quality Assurance in Education*，1998(3)：132—140.

质量方面提出了具体要求。同时，根植于我国社会文化中尊师重教的传统，许多政策都强调了师德的重要性。比如，《教师教育振兴行动计划（2018—2022年）》就进一步强调了师德在教师质量中所占据的比重，提出"将学习贯彻习近平总书记对教师的殷切希望和要求作为教师师德教育的首要任务和重点内容。加强师德养成教育，用'四有好老师'标准、'四个引路人'、'四个相统一'和'四个服务'等要求，统领教师成长发展，细化落实到教师教育课程，引导教师以德立身、以德立学、以德施教、以德育德"。这反映了师德在教师质量中所占的优先性和决定性作用。

总之，关于"以何种标准"对教师教育质量进行管控，相关政策分别从教师教育生源质量、过程质量和结果质量这三方面进行了细化。尽管现有政策已经对教师教育质量的若干方面进行了可测量的标准性界定，如关于师范生教育实践和在职培训的时长、教师任职基本条件等，但对于教师教育其他方面的质量，如教师教育课程质量、教师教育者的质量、教师的课堂教学质量等，尚未有可操作化的、有效的和可靠的标准出台。

最后，已有政策还提出了进行教师教育质量管控的若干举措。首先，关于如何管控教师教育生源质量，已有政策提出的做法包括师范生提前批招生制度、为师范生提供免费教育的制度、增加师范生招生面试环节、大力提升教师的物质待遇与社会地位等。其次，关于如何对教师教育过程的质量进行管控，这些政策分别提及了教师教育课程、教师教育者、教育社会实践等若干方面。比如，国务院2012年颁布的《关于加强教师队伍建设的意见》中就提到了提升职前教师培养质量和在职教师培训质量的若干举措。就提升职前培养质量来说，具体包括"创新教师培养模式，建立高等学校与地方政府、中小学（幼儿园、职业学校）联合培养教师的新机制，发挥好行业企业在培养'双师型'教师中的作用。加强教师养成教育和教育教学能力训练，落实师范生教育实践不少于一学期制度"。关于在职教师发展，许多政策均提出应为在职教师提供持续的、与时俱进的、符合其教学工作需求的专业学习机会。比如，国务院 2012 年颁布的《关于加强教师队伍建设的意见》中就明确提出，在新的时代应"推动信息技术与教师教育深度融合，建设教师网络研修社区和终身学习支持服务体系，促进教师自主学习，推动教学方式变革"。最后，已有的政策也提出了提升教师教育的结果性质量的若干举措，包括以任职资格制度确保入职教师的基本质量、通过定期的考核与聘任制度激励教师不断提升自身业务水平与质量、提升教师的物质待遇与社会地位来激励教师不断提升其质量等。

　　总的说来，在过去 40 年里，我国持续地颁布了一系列与教师教育质量管控相关的政策。这些政策在相关法律法规的基础之上，对于如何管控教师教育质量进行了一定程度的细化。但是由于教师教育本身所具有的复杂性以及我国教师教育改革与发展的阶段性，目前尚未建立起一套完备的、可操作的、专业化的标准体系来管控我国教师教育的质量。

　　（三）初步建立起教师教育专业标准体系

　　当《中国教育改革 30 年：教师教育卷》一书于 2009 年出版时，除了 1995 年颁布的《教师资格条例》外，我国尚未出台其他与教师教育直接相关的专业标准。但是经过 30 多年的累积，教育部于 2011 年颁布了《教师教育课程标准（试行）》（以下简称为《课程标准》），并于 2012 年颁布了《幼儿园教师专业标准（试行）》《小学教师专业标准（试行）》《中学教师专业标准（试行）》（以下一并简称为《教师专业标准》）。这些标准的颁布与试行标志着我国基于专业标准的教师教育质量管控时代的到来。下面我们分别对除《教师资格条例》之外的其他 4 项新近颁布的教师专业标准的主要内容进行介绍。

　　我国颁布的第一项专门针对教师教育的专业标准是《教师教育课

程标准(试行)》。2010 年，中共中央颁布了《国家中长期教育改革和发展规划纲要(2010—2020 年)》，这是指导我国近 10 年来的教育改革与发展最重要的政策之一。这一文件提出"要深化教师教育改革，培养造就高素质专业化的教师队伍"。为了具体落实这些改革目标，教育部于 2011 年颁布了《关于大力推进教师教育课程改革的意见》，并以附件的形式发布了《教师教育课程标准(试行)》。这是我国第一套关于教师教育课程的专业标准。该标准由三大部分组成，即基本理念、课程目标和课程设置、实施建议。

就基本理念而言，《课程标准》明确了其所依托的三大理念，即"育人为本""实践取向"和"终身学习"。"育人为本"强调了教师工作之本是促进学生学习和发展，教师应该始终关注其工作如何能促进学生个人的成长与发展，及其工作对于社会整体发展的贡献。因此，《课程标准》指出应该在教师教育课程中纳入关于儿童观、学生观、教师观和教育观的内容，以及设计相应的教师教育课程帮助教师引导其学生树立正确的世界观、人生观和价值观。《课程标准》力图体现的第二大理念是"实践取向"。教师的工作并非发生于真空或纯粹的思想之中，而是在物理空间、社会文化、历史进程等具体情境之中的。因此，《课程标准》指出教师教育课程需要扎根实践，帮助教师解决教育中的实际问题，并帮助教师形成个人教学风格和实践智慧。《课程标准》所依托的第三大理念是"终身学习"，这呼应了过去近半个世纪来在世界范围内所发生的教师专业化运动。教师专业化运动基于教学工作的情境性和复杂性特点，指出了教师专业化是一项持续终生的过程。并且在这一过程中，教师只有通过在实践中不断地反思、学习与总结，才能不断获得专业进步。《课程标准》采用了这一在教师教育研究与实践中已经达成的共识，并指出教师教育课程应该从观念、知识和方法等多方面培养教师成为终身学习者。

《课程标准》的第二部分为其主体部分，是按照幼儿园、小学和中学三个不同学段，外加在职教师教育这四类情况分别制定的课程标准。幼儿园、小学和中学教师教育课程标准针对的是职前教师教育，在职教师教育课程标准针对的是在职教师的持续学习与专业发展。职前教师教育的三项课程标准采用的是相同的论述框架，该框架包括"课程目标"和"课程设置"这两大方面。就课程目标而言，幼儿园、小学和中学教师教育课程标准分别以该学段的学生及其学习的特点，从"教育信念与责任""教育知识与能力"和"教育实践与体验"这三方面对职前教师应该达到何种课程目标进行了细化。比如，在幼儿园教师教育课程标准中，就提出了在"教育信念与责任"方面职前幼儿园教师应该达到的三项目标，即"具有正确的儿童观和相应的行为""具有正确的教师观和相应的行为""具有正确的教育观和相应的行为"。针对每一类具体的课程目标，该标准又罗列出了若干具体要求。比如，就"具有正确的儿童观和相应的行为"这一课程目标，具体化为以下三项要求：①理解幼儿阶段在人生发展中的独特地位和价值，认识到健康愉快的幼儿园生活对幼儿发展的意义；②尊重和维护幼儿的人格和权利，保护幼儿的好奇心和自信心；③尊重幼儿的个体差异，相信幼儿具有发展的潜力，乐于为幼儿创造发展的条件和机会。

幼儿园、小学和中学教师教育课程标准的"课程设置"部分，也采用了相同的框架来进行架构，分别包含了"学习领域""建议模块"和"学分要求"这三大维度。学习维度罗列出了职前教师需要进行学习的具体领域。比如，针对小学学段的教师教育课程的"学习领域"就包括了"儿童发展与学习""小学教育基础""小学学科教育与活动指导""心理健康与道德教育""职业道德与专业发展"和"教育实践"这六大领域。而这些学习领域是与之前的课程标准相互对应的。比如，"儿童发展与学习"学习领域对应的是"具有正确的学生观和相应行为"以及"具有理解学生的知识与能力"；"教育实践"学习领域对应的是"教育实践与体验"目标领域之下的若干具体课程目标。

教师教育课程标准中"课程设置"的第二个维度是"建议模块"，这是对于各"学习领域"的进一步细化。比如，在小学教师教育课程设置里的"儿童发展与学习"模块，就被细分为了"儿童发展"和"小学生认知与学习"这两大建议模块；针对"小学学科教育与活动指导"这一学习领域，被具体化为"小学学科课程标准与教材研究""小学学科教学设计""小学跨学科教育""小学综合实践活动"等建议模块。这些学习模块也与课程目标中所列的"基本要求"前后呼应。

"课程设置"的第三个维度是"学分要求"。在针对不同学段的三项教师教育课程标准中，分别对不同学制（包括三年制专科、五年制专科、四年制本科）以及不同类别的课程（必修课程、选修课程、教育实习）应该达到的基本学分进行了规定。比如，《中学教师教育课程标准》就规定了三年制专科和四年制本科的最低必修学分应分别为8学分和10学分，教师实践均应为18周，教师教育课程最低总学分（含选修课程）应该分别为12学分＋18周实习和14学分＋18周实习。其中，1学分相当于学生在教师指导下进行课程学习18课时，并经考核合格。值得注意的是，随着学段的上升，《课程标准》中所要求的教师教育课程学分总数呈现递减的趋势。比如，以四年制本科培养模式为例，幼儿园、小学和中学职前教师教育课程标准中所规定的最低必修学分数分别为44、24和10。这或许是因为在国家新课程标准中，随着学段的增加，学科知识的量和难度逐渐升高，相应地对于教师在学科知识方面的要求也更高，因此，教师教育课程在教师培养总课程中所占的学分比例相应地就下降了。

《课程标准》的主体部分除了幼儿园、小学和中学职前教师教育课程标准之外，还包括针对在职教师教育课程设置的建议。但是相较于针对职前阶段的课程标准，关于在职教师专业发展课程设置的建议更加笼统。这是因为教师在不同的职业发展阶段呈现出不同的学习特点与需求，在职教师教育培养机构之间也存在诸多差异。因此，在这一试行版的《课程标准》中并未对在职教师教育课程提出具体的标准，而是提出了在职课程的三大功能指向，包括"加深专业理解""解决实际问题"和"提升自身经验"。每一个功能指向下，又通过一系列具体的课程主题或模块加以说明。比如，关于"提升自身经验"，就列举出了"教师专业发展专题研究""教育经验研究""反思性教学""教育行动研究""教育案例研究""教育叙事"等课程主题或模块。

《课程标准》的第三部分是关于如何实施这一标准的三条建议。第一，建议各级教育行政部门根据基础教育改革与发展的需要，依据《课程标准》，加强对教师教育质量的评估和监管。第二，建议各教师教育机构依据《课程标准》，科学安排公共基础课程、学科专业课程和教师教育课程的结构比例，并建立自我评估制度。同时，这一条建议还强调了教育实践环节的重要性，要求教师教育机构确保教育实践课程的时间和质量，并积极探索高校、中小学、地方政府合作培养师范生的新机制。第三，建议以《课程标准》中列出的三项课程开发和实施原则为指导，为在职教师提供有针对性和实效性的教师教育课程。

教育部在《课程标准》出台后的第二年，即 2012 年，颁布了分别针对幼儿园、小学和中学学段的试行版《教师专业标准》，这也是我国到目前为止与教师教育相关的另外三项专业标准。《教师专业标准》的出台是为了进一步贯彻党的第十七届六中全会的精神，落实《国家中长期教育改革和发展规划纲要（2010—2020 年）》中提出的构建教师专业标准体系和建设高素质、专业化教师队伍的改革目标。

在介绍《教师专业标准》的具体内容前，有必要对《教师专业标准》和《课程标准》之间的区别和联系进行分析，因为它们共同构成了我国当前的教师教育专业标准体系。二者的区别主要体现在其关注点上：《课程标准》关注于教师如何学习，《教师专业标准》则关注于教师如何实践。这里的教师学习是指教师通过职前或在职教师教育课程不断提升自身素质的过程；在该过程中，教师的主要身份是学习者，其主要任务是学习与自我提升。教师实践则是指教师在实际课堂和学校中的教学活动，在该过程中，教师的主要身份是学习促进者，其主要任务是促进并提升学生的学习。《教师专业标准》和《课程标准》的联系体现在《教师专业标准》中对合格教师特征的描述是《教师课程标准》中的"课程目标"的依据，因为教师教育课程的主要目的是培养合格教师。

与《课程标准》类似，《教师专业标准》是按照幼儿园、小学和中学这三个学段分别组织起来的，体现了该标准对于不同学段的教师应具备的个性化特点的考虑。幼儿园、小学和中学教师专业标准采用了同样的论述框架。该框架包括三个部分：基本理念、基本内容和实施建议。就基本理念而言，这三项教师专业标准共同强调了一系列专业理念，包括：师德为先、幼儿/学生为本、能力为重、终身学习。后三条理念可以基本对应《课程标准》中所提的三项理念，即"育人为本""实践取向"和"终身学习"。尽管《教师专业标准》中的"能力为重"理念与《课程标准》中的"实践取向"理念在名称上并不完全对应，但其具体内涵均指教师应注重在实践中不断反思和提升自我的专业能力。此外，"师德为先"在《课程标准》中并未被专门提及，但却在《教师专业标准》中作为首要理念被提了出来。这或许是因为师德问题往往存在于教师专业实践而非专业学习中，因此关注于教师专业实践的《教师专业标准》将"师德"作为首要并极其重要的理念单独提了出来。尽管《课程标准》中并未明确提及"师德为先"是其基本理念之一，但是对师德的关注贯穿于该其标准之中，如《课程标准》中提出要"尊重和维护幼儿的人格和权利""了解教师的权利和责任，遵守教师职业道德"等，这些内容体现了对教师职业道德的严格要求。

《教师专业标准》的主体是其"基本内容"部分，该部分对合格教师应该具备何种"专业理念与师德""专业知识"和"专业能力"进行了规范性说明，幼儿园、小学和中学版本的专业标准采用了相同的论述框架。在这三项标准中，"专业理念与师德"被进一步细化为几乎相同的四个子维度：职业理解与认识，对学生的态度和行为，教育教学的态度与行为，以及个人修养与行为。唯一的区别在于，《幼儿园教师专业标准（试行）》中将"对学生的态度和行为"这一子维度改称为"对幼儿的态度与行为"，将"教育教学的态度与行为"改称为"幼儿保育和教育的态度与行为"。针对小学和幼儿园的标准在子维度的称谓上一致，每一子维度后面的若干基本要求中也体现了不同学段的教学特点。比如，这三项标准中的第九条基本要求均是关于教师应该如何看待教育和教学的，这一要求在幼儿园、小学和中学教师专业标准中分别如下：

- 重视生活对幼儿健康成长的重要价值，积极创造条件，让幼儿拥有快乐的幼儿园生活。
- 积极创造条件，让小学生拥有快乐的学校生活。
- 信任中学生，积极创造条件，促进中学生的自主发展。

通过对比不难发现，该标准认为幼儿园和小学教师都应该充分重视学生的在校体验，尤其是幼儿园教师需要认识到幼儿的教育体验对其成长的重要性，中学教师更应该关注教育结果，努力促进学生的自主发展。标准中的这一差异化要求照顾到了不同教育阶段具有的不同的教育目标以及不同学段的学生呈现出不同学习需求等特点。

"专业知识"是教师专业标准中的第二大方面，它在这三项标准中同样被细分为了若干子维度。在幼儿园阶段的标准中有三条关于"专业知识"的子维度：幼儿发展知识、幼儿保育和教育知识、通识

性知识。在小学和中学阶段的标准中，除了将以上三类知识的学段
分别调整为小学或中学之外，还增加了第四类知识——学科知识。
这是因为我国中小学教育课程是按照学科的形式组织起来的，而且
学生从进入小学开始，其认知会发展到可以开始系统学习不同学科
知识的水平，相应的中小学老师也应该具备扎实的学科知识才能够
胜任其教学工作。与"专业理念与师德"的情况类似，"专业知识"下
的每一项子维度均有若干基本要求，这对于标准使用者更准确地掌
握教师应该具备哪些具体专业知识很有帮助。

　　《教师专业标准》中的第三方面是"专业能力"。相较于前两部分
来说，"专业能力"更强调教师在实施教学活动时的若干要求。在幼
儿园、小学和中学教师专业标准中，"专业标准"呈现出更大的差异
性。在幼儿园阶段的标准中，"专业能力"包括了七项具体的子维度：
环境的创设与利用、一日生活的组织与保育、游戏活动的支持与引
导、教育活动的计划与实施、激励与评价、沟通与合作、反思与发
展。在针对小学阶段的标准中，"专业能力"被细化为：教育教学设
计、组织与实施、激励与评价、沟通与合作、反思与发展。在中学
阶段的标准中，"专业能力"具体包括：教学设计、教学实施、班级
管理与教学活动、教育教学评价、沟通与合作、反思与发展。不难
发现，幼儿园、小学和中学教师专业标准中关于"教学能力"的子维
度既包括课堂内的教学活动，比如如何设计、实施、评价教学，又
涵盖了课堂之外教师如何参与学校和教师专业组织中的各项专业活
动，上述能力是中小幼教师均应具备的专业能力。但与此同时，幼
儿园、小学和中学教师专业标准亦体现出了若干差异性。比如，针
对幼儿教育阶段的标准更强调幼儿教师创造适合于幼儿学习与发展
的环境与活动（如游戏）的专业能力，针对中学阶段的标准则认为，
如何组织和管理学生使其能在学识与其他方面（如心理、三观、道
德）同步均衡发展，是中学教师应该具备的重要专业能力。

《教师专业标准》的最后一部分是关于如何使用这套标准的若干实施建议。这些建议是按照不同的使用主体提出来的，所涉及的使用主体包括了各级教育行政部门、教师教育机构、中小幼学校以及中小幼教师。实施建议指出，各级教育行政部门应该以《教师专业标准》为教师队伍建设的依据，规范并完善其关于教师准入、考评、激励与退出等方面的管理活动；教师教育机构同样应该以此标准为依据，从目标、方式和考核等多方面来改革其教师培养方案；中小幼学校应该以该标准来指导其对教师的各项管理活动，包括制定教师专业发展规划，开展校本研修，改善教师岗位职责和考评制度等；对于中小幼教师而言，该标准还应该成为其不断进行专业学习和实现专业发展的重要参考依据。

三、我国现有教师教育专业标准体系的特点及其对质量管控的意义

本节的第二部分对我国现有的与教师教育直接相关的四项专业标准[《教师教育课程标准(试行)》《幼儿园教师专业标准(试行)》《小学教师专业标准(试行)》和《中学教师专业标准(试行)》]的产生背景和主要内容进行了介绍。这四项专业标准与《教师资格条例》共同组成目前保障我国教师教育质量的专业标准体系。从结构功能的角度看，这些标准或条例在该体系中分别发挥着何种作用？它们是如何形成一套有机运转的系统的？它们对于保障我国教师教育的质量又有何重要意义？本节的这一部分试图回答这些问题。

图 5-3 是一幅理解当前我国教师教育专业标准体系的概念图。该概念图认为，教师教育是由紧密相关的三个部分组成的，即教师教育投入(包括生源、经费、制度安排等)、教师教育过程(职前培养

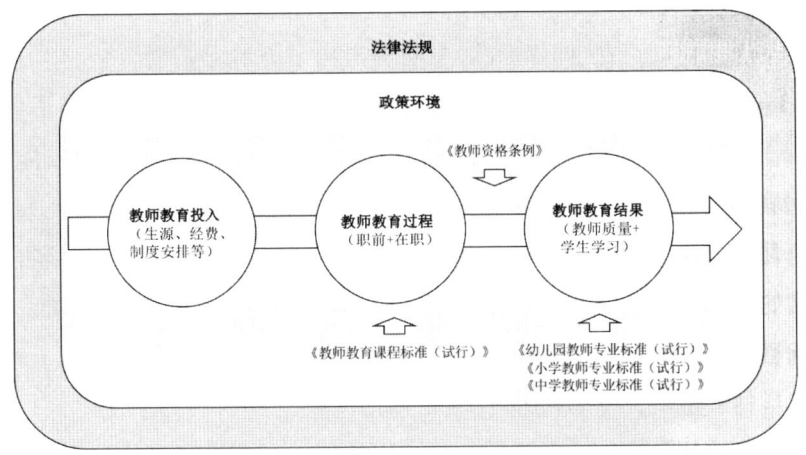

图 5-3 当前我国教师教育专业标准体系的概念图

和在职培训)、教师教育结果(教师质量以及学生学习)。[1] 教师教育同时也是发生在一系列的政策环境与法律法规基础之上的,本节的第一部分和第二部分分别对这两类基础进行了分析。在本概念图中,它们体现在标记为"政策环境"与"法律法规"的两层背景上。由于"法律法规"相较于"政策环境"而言是更基础性的要求,因此,在该概念图中"政策环境"处于内层,"法律法规"处于外层。概念图中的核心部分是针对教师教育不同阶段的各项专业标准,如《课程标准》主要关注教师教育过程,而《教师专业标准》则聚焦在教师教育的重要结果之一即中小幼教师的专业素质上。《教师资格条例》作为管控教师队伍新入职和在职人员质量的重要制度,其关注点落在了教师教育过程与结果之间。

(一)我国现有教师教育专业标准体系的特点

我国当前的教师教育专业标准体系展现出了以下四方面的特点。

---

① 朱旭东:《论我国教师教育体系的重建》,载《教师教育研究》,2009,21(6):1—9。

第一，它体现了对于教师教育作为一种动态、持续、复杂过程的理解。比如，在《课程标准》中明确提出了教师是需要"终身学习"的职业。因此，对于教师职前和在职阶段的课程要求分别进行了规范。在职前阶段，标准更加注重塑造师范生的理念、知识与技能，这些具体的方面都是根植于教师教育理论与研究基础之上的。比如，教师教育领域的奠基人之一李·舒尔曼(Lee Shulman)提出了一名合格的老师应该具备以下六大类知识：学科知识，一般教育学知识，课程知识，学科教学知识，关于学习者和他们特点的知识，关于教育目的、价值、哲学和历史基础的知识。①

不论《课程标准》还是《教师专业标准》中，都涵盖了这六大类的知识。比如，在《课程标准》中首先就提到了"儿童发展与学习"作为教师教育必修课程模块之一；《幼儿园教师专业标准(试行)》将"幼儿发展知识"列为幼儿教师所需掌握的知识类别之一；在针对小学和中学的标准中也有关于学习者及其特点的标准指标。这些具体的标准均指向舒尔曼关于教师知识框架中的"关于学习者和他们特点的知识"。除此之外，舒尔曼框架中的其他类知识也分别可以在我国当前的教师教育标准体系中找到对应的内容。

第二，当前我国教师教育专业标准体系形成了以"信念－知识－能力"为基本框架的质量观。此处的"信念""知识""能力"指的是广义上教师所应具备的三方面的素质。"信念"包括了教师所具有的若干与教学相关的性情与特质、信念与价值观，它们包括但不限于对知识、学习、学生、教学、教育、发展、公平等重要概念的根本性看法。"知识"包括了研究与实践所发现的能促进学生学习的若干类知识，包括但不限于上述的舒尔曼所提出来的六大类知识。"能力"(许多其他的专业标准采用的是"技能""专业表现"等内涵相近的词汇)是

① Lee Shulman，"Knowledge and Teaching：Foundations of the New Reform，"in *Harvard Educational Review*，1987(1)：1—23。

指教师能够将其与教育教学相关的"信念"与"知识"外化为一系列可观察的并能最终促进学生学习的教学行为的一种能力。设立标准的重要目的之一是管控质量，因此标准如何建构"质量"这一概念显得尤为重要。我国现有的教师教育专业标准体系所认为的"质量"体现在教师的信念、知识和能力等方面。比如，针对幼儿园、小学和中学的教师专业标准均采用了三个维度建构教师质量的具体特征。在《课程标准》中分别是"教育信念与责任""教育知识和能力"和"教育实践和体验"。此外，其他国家颁布的教师教育相关标准，如美国的《InTasc模型核心教学标准》(《*InTasc Model Core Teaching Standards*》)、英国的《教师专业标准》(《*Professional Standards for Teachers*》)和澳大利亚的《澳大利亚教师专业标准》(《*Australian Professional Standards for Teachers*》)等都采用了类似的质量观来建构其关于教师质量的专业标准。总之，从教师所持有的一些关于教育和教学相关的信念、所具备的若干类别的专业知识，以及他们将专业信念与知识应用到课堂教学中的专业能力这三个维度来建构何为"高质量"的教师和教师教育，不仅符合专业社会学里对"质量"进行描述的基本框架，也与目前国际上主流的教师专业标准的基本框架相一致。[①]

　　第三，当前我国教师教育专业标准体系重点区分了学段与阶段的差异性。比如，教育部颁布的《教师专业标准》有专门针对幼儿园、小学和中学阶段的版本。由于儿童和青少年在不同发展阶段，其认知、心理、社会、情感等方面呈现出许多差异，导致不同发展阶段的学生具有不同的学习需求，这进一步对教师提出了不同的要求。在《教师专业标准》中对不同学段进行区分，有助于帮助不同学段的教师更好地掌握针对某一学段的学生的教学技能。此外，《课程标

---

　　① 　朱旭东、周钧：《教师专业发展研究述评》，载《中国教育学刊》，2007(1)：68—73。

准》还对职前和在职教师进行了区分，这实际上是考虑到了师范生与在职教师的学习特点和需求的不同。对于新入职的教师，需要以循序渐进、观摩学习、理论和实践相结合的方式来逐渐进入到教学专业中，因此他们的学习需求可能更多的是向内关注于自我的成长，以及如何将理论运用到实践中。相反，对于在职教师而言，由于他们大多数已经度过了职业初期的"生存期"，逐渐能胜任基本教学任务，并积攒了丰富的教学经验与智慧。他们的学习需求可能变成如何优化教学从而能最大化促进所有学生的学习、如何更好地将学生的学习与他们的现实世界相结合、如何将最新的教育科学技术纳入教学中、如何从实践经验中总结出理论、如何将自己的成功经验分享给更多的人。因此，现有标准对于学段与阶段的差异性考虑，有助于更有针对性地为培养不同学段不同职业发展阶段的优秀教师提供更精准的专业支持。

第四，当前我国教师教育专业标准体系建构了一套相对一致性的专业话语体系，这有助于促进标准之间的对话。不同标准的关注点不同，只有当标准之间协调一致，才能共同形成一套体系，共同促进教师教育的改革与发展。不论《课程标准》，还是《教师专业标准》，均共同采用了一系列的专业话语，包括"以学生为本""终身学习""实践取向"等。因此，无论我们是以《课程标准》来设置教师教育课程，还是使用《教师专业标准》来提升当前教师队伍的质量，都在使用一套共同的话语体系。长期来看，这有助于提升标准体系的整体一致性与协调性，从而使其更有效地为保障教师教育质量发挥作用。

(二)我国现有教师教育专业标准体系对质量管控的意义

建立标准体系本身并不能实现质量管控的目的，因为质量的管控还需要一系列的管理行为才能实现，标准体系的建立为质量管控提供了必要的基础。首先，我国已有的教师教育专业标准为测量教师和教师教育的质量提供了若干具体指标。如《小学教师专业标准（试行）》就提出了三大类、十四小类的测量指标，从而将"小学教师质量"这一抽象概念具体化成了一系列的指标。尽管让这些具体的指标达到教育统计与测量的要求还需要更多的工作，但是它至少可以提供一个具体的框架来讨论现有的教师队伍如何提升其质量。

其次，现有的标准也明确了"教师教育质量管控"的主体，即谁来实施质量管理。比如，在教育部颁布的《教师专业标准》中，就明确指出了四大类管理主体应该如何使用该标准来进行质量管控，包括行政主管部门要将这些标准作为教师队伍建设的依据、教师教育机构要将这些标准作为教师培养的依据、中小幼学校要将这些标准作为教师管理的重要依据、中小幼教师要将这些标准作为自身专业发展的依据。

此外，现有的标准都还处在试行阶段，还未对教师教育管理主体如何使用标准作出硬性要求，或是要求将基于标准的测量结果作为做出重要决定的依据（如人事决定、工资待遇等）。因此，目前对标准的低风险、松散式的运用，有助于在实践中进一步检验标准的科学性、可用性和适切性，这对后续进一步升级和优化教师教育专业标准体系以及使用该体系来保障教师教育质量预留了必要的空间。

四、基于标准的教师教育质量管控体系所面临的挑战及未来发展方向

我国已经初步建立起了一套教师教育标准体系，并开始依托该体系进行教师教育质量的管控。尤其是实施超过 20 年之久的《教师资格条例》，对保障我国新入职教师的质量起到了至关重要的作用。然而，建立一套完备的教师教育标准体系需要经历漫长的过程。同时如何使用这套标准体系来实现教师教育质量的管控，不仅仅是教师教育事业内部的任务，更是教育行政管理甚至是教育平衡中的重要任务和课题。目前我国基于标准的教师教育质量管控体系还面临着若干挑战。下面我们对主要的挑战进行分析，并针对每一类挑战提出我们认为的未来可改进和发展的方向。

第一，教师教育标准体系的完备性有待增强。如图 5-3 所示，教师教育包括投入、过程与结果三大部分，针对每一部分都应该有相应的标准对其质量进行界定与管控。然而到目前为止，关于教师教育者、财政和制度上的投入都缺乏一定的标准作为指导。还有关于师范生生源质量的标准、教师教育财政投入在总体教育财政投入中是否应该有一定比例的标准、关于教师教育者这一教师教育中的重要人力资源投入以及教师教育的制度安排标准等，目前还处于缺失状态。

此外，在教师教育课程方面，我国已经有了试行版的《课程标准》，但是教师教育作为实践性非常强的一门学科，其质量很大程度上取决于师范生和在职教师如何能够通过教育实习和实践，不断弥合理论与实践的鸿沟。尽管目前在试行版的《课程标准》中已经有教育实践部分的要求，但我们认为有必要专门针对教师教育实践的标准（如时长、形式、考核标准）等进行更加明确和细致的规范。此外，现有的若干标准，如"教师职称评定标准""教师荣誉称号评定标准""教师绩效工资考核标准"等与教师的专业质量之间并不存在直接的关系。但是它们作为管理教师质量的手段，也应该纳入教师教育标准体系中来保障我国教师教育的质量。[1]

第二，现有标准需要进一步细化。当前的教师教育标准对于不同学段的特点进行了区分，并颁布了不同版本的《教师专业标准》以及《课程标准》。但是教师教育领域的研究和实践表明，若干其他因素会影响教师教育质量以及如何提升其质量的路径，如学科和学生特点。就学科而言，由于每一个学科的学科知识、本体论和认识论

---

① 朱旭东：《教师教育标准体系的建立：未来教师教育的方向》，载《教育研究》，2010(6)：30－36。

之间都存在明显的差别，这进一步导致学生如何学和教师如何教存在差异。[①] 因此，有必要从不同的学科方面对教学和教师教育的质量进行标准性界定。在其他国家，如美国，除了有跨学科的专业标准，还有专门的以学科为基础的教学和教师教育专业标准，如科学教育有《下一代科学标准》(《Next Generation Science Standards》)，外语教学有《语言学习者的世界准备性标准》《World-Readiness Standards for Learning Languages》，以及数学教育有《原则与标准》(《Principles and Standards》)。总之，基于学科特点制定专门的教学和教师教育专业标准在其他国家的实践中证明是有必要且有效的，这或许是未来我国教师教育专业标准体系进一步发展的方向之一。

类似地，影响教学和教师教育的质量还有来自学生方面的因素。当前我国的标准体系对于不同学段的标准进行了区分，但是研究表明学生的身体/智力/情绪障碍的特征会让特殊教育学生的学和教师的教很不同；具有不同语言和文化背景的学生也存在不同学习特点和需求。因此，在未来或许还需要针对不同特点或是类别的学生制定更加细致的标准。当然，如果往细处深究，我们还会发现不同的地域、不同的历史阶段，甚至不同的性别都会对教师教育专业标准的制定和使用产生一定的影响。不断要求细化会逐渐走入一种相对主义和虚无主义，然而情境性和复杂性始终是教学和教师教育的本质特点之一。[②] 因此，如何平衡这两者之间的张力是建立和完善教师教育专业标准的过程中始终面对的主要挑战。

此外，增加不同层次的描述是完善我国《教师专业标准》的另一

---

① Ruth Neumann, Sharon Parry, and Tony Becher, "Teaching and Learning in Their Disciplinary Contexts: A Conceptual Analysis," in *Studies in Higher Education*, 2002(4), 405－417.

② David Cohen, *Teaching and Its Predicaments*, Cambridge, Harvard University Press, 2011: 26。

重要方面。目前试行版的《教师专业标准》对于合格教师应该具备的各项素质进行了较为系统和细致的描述，但是作为一项标准，它还不能区分不同发展阶段或是不同专业层次的质量。国际上其他更为完备的教师专业标准就每一个具体的专业指标均有更为细致的描述。比如，美国的《InTasc 模型核心教学标准》就采用 1、2、3 三个不同的层次，来描述在每一个重要的专业标准指标点上，教师是如何从新手教师水平逐步过渡到专业教师水平的。类似地，中国香港使用的教师专业标准《教师核心能力框架》，将各项专业指标的描述分为了"入门级""胜任级"和"卓越级"逐渐递进的三级水平。对于每一个专业指标点进行分层级的划分将有助于职前教师教育和在职教师专业发展依据教师所处的不同专业发展阶段，制定更加精准有效的教师培养和培训目标。

第三，关于如何使用教师教育专业标准体系来管控质量还需要进一步的细化和论证。目前，现有的大多数标准仍然处于试行的阶段。标准本身并不会自动地实现教师教育质量提升的目的，还需要合理有效地使用该标准，对当前教师教育的质量进行准确测量。通过对测量结果的分析来制订质量提升计划，并通过财政、行政和专业等各种手段，系统地提升教师教育的整体质量。简言之，如何能够依托标准产生一股质量数据流，通过对质量数据的科学分析，持续性地提升教学和教师教育的质量，这或许是未来发展的方向之一。以美国的 CAEP(Council for the Accreditation of Educator Preparation)对于教师教育项目认证为例，其认证过程中有专门的一项指标是教师教育项目需要证明其如何测量、记录与质量有关的数据，以及如何使用质量数据来制订行动计划，并持续提升教师教育质量。

基于以上三点，我们在图 5-3 的基础上，设想了未来我国的教师教育专业标准体系，如图 5-4 所示。相较于现有的体系，未来的体系有更加完备的专业标准，涉及教师教育投入、过程和结果的各个重要方面。同时，不同部分之间能够以标准之间的内在连接为纽带，产生可以相互流通的质量评估和改进数据（如图 5-4 中的双向箭头所示），真正实现不同标准和教师教育构成部分之间的协作与沟通，从而系统性地提升教师教育的质量。此外，教师教育所处的政策和法律环境也并非是一成不变的。随着国家更加重视教师教育和教师队伍建设，未来或许还会有更多法律法规性、政策指导性的标准加入该系统之中，从更加宏观的、基础性的方面为基于专业标准的教师教育质量保障体系提供更加有力的支持。

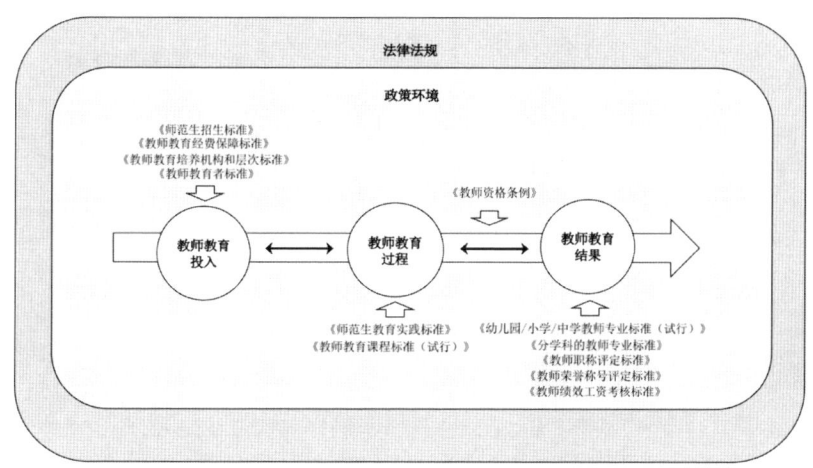

图 5-4　我国未来基于专业标准的教师教育质量管控体系

最后，我们需要时刻清醒地认识到标准化和教师教育情境性特点之间存在的不可调和的矛盾，如何在这两者之间取得合理的平衡是一件长期、艰巨且无法绕开的挑战。由于目前我国仍然处在教育和社会进一步现代化的历史阶段，其突出特点为标准化、高效化、统一化。然而，随着我国现代化进程的推进，基于标准的教师教育质量管控可能不再适应此时的教育和社会发展需求。因此，尽管目前我国仍然处在试图建立起基于专业标准的教师教育质量管控体系阶段，我们也应该意识到，除了基于标准的质量管控之外，还有诸如基于专家意见的、基于同行审议的、基于模糊性专业共识的、基于民主决议的质量管控模式。这些其他的教师教育质量管控方式或许会在将来的某个历史阶段发挥更好的作用。但不论是现在还是未来，我们需要持续思考的问题是：这些标准在实践中是被如何使用的？对这些标准的使用是否促进了教师和学生的学习？它们与教育公平之间的关系又是怎样的？关于这些复杂但长期存在的问题，在我们未来回顾过去 50 年来甚至更久时间内我国教师教育改革与发展历程时，或许才能有更加清晰的答案。

袁丽　廖伟　陈林

第六章

教师教育的思想与理论

改革开放 40 年以来，教师教育议题，尤其是教师教育体系受到的关注度无论是政府的政策，还是院校的实践，抑或学术的研究都达到了一个前所未有的程度。从政策上，习近平总书记在北京师范大学庆祝第三十个教师节的讲话中指出，"要加强教师教育体系建设，加大对师范院校的支持力度，找准教师教育中存在的主要问题，寻求深化教师教育改革的突破口和着力点，不断提高教师培养培训的质量"。教师教育体系建设在战略上被摆在了首要位置；从实践上，我国实现了由独立、封闭和职业院校三轨多级的教师教育体系；在学术上，学者们面对着教师教育体系向开放、灵活的教师教育体系转型，形成的师范院校、综合院校转型所带来的教师教育供求比例失衡、师范专业生源质量差、教师教育课程脱离实践等诸多问题，展开了热烈的讨论。教师教育的理论研究，特别是尽快开展基于我国教师教育体系、制度和机构现状的教师教育理论研究的需求十分迫切。我国教师教育工作者从国际视野和本土实践两个方面获取了发展教师教育理论与思想的丰厚养料。一方面，我国学者通过积极了解和吸收国际上有关教师教育的理论研究成果，梳理和总结了国际教师教育的思想流派，开阔视野，扩展理论思维，形成了具有代表性的成果。如福建师范大学洪明教授及研究团队发表的一系列研究成果、北京师范大学朱旭东教授及研究团队发表的"教师教育思想流派研究"等，为构建认识我国教师教育改革与实践提供了思想和理论养料。另一方面，在探索富有中国特色的教师教育理论的道路上，随着我国教师教育改革的深入，我国教师教育界已经形成了理论上的争鸣，并初步构建了以我国教师教育机构改革为基础的专业化教师教育理论。本章将在系统梳理相关理论争鸣的基础上，探讨和总结中国特色专业化教师教育理论的基本成果。

从当代欧美各国教师教育发展的经验来看，自 20 世纪 60 年代末开始提出教师专业化议题以来，教师教育研究领域发表了大量有关教师教育的专业教育属性的论证，在世界各国的教师教育实践中也形成了专业主义教师教育流派。90 年代，我国随着改革开放事业逐步走向深入，教育改革全面铺开，开始了适应教师队伍专业化发展的教师教育机构改革，从封闭、定向的师范教育走向开放、灵活的教师教育体系。新的教师教育体系体现了专业化教师教育体系的初步特征：第一，教师培养机构以本科及以上学历层次的高等教育机构为主；第二，教师教育机构内部逐步探索出多种形式的学科制度与治理模式，以专业教育的逻辑整合教师教育机构的内部资源。可以说，教师职业专业化的思想已经深入人心，在有关教师教育机构转型的研究中，专业主义教师教育的思想在我国学术界和教育实践中获得了一定的认识与践行，并且逐步发展、提炼出了具有中国特色的教师教育专业化思想。

在近 10 年中，学术界围绕着有关教师专业属性和教师教育的"专业教育"属性开展了大量研究，并逐步形成了具有中国特色的教师专业化思想和专业主义教师教育思想。

第一节　从教师专业化思想到教师的全专业属性思想

专业主义教师教育思想的逻辑起点是对教师职业专业性的确认。

教师专业化思想首先兴起于西方社会，既关注从教师个体层面对教师专业本质特性的讨论，也关注从社会的角度讨论如何提高教师职业的社会地位。

我国的教师专业化特征首先反映在国家法律法规及政策层面对教师专业性的规定性要求上。随着我国近 10 年来改革不断深入，在课程改革的基础上，从教师队伍建设的角度上，教师培养制度与培养方式、教师聘任制度、教师人事制度以及教师专业发展制度的全方位深化改革，当前我国教师的专业性从政策层面表现为三个政策期望。第一，以教师师德规范和师德伦理构筑教师专业性的核心内容。与国际学术界将教师的专业情意进一步细化为专业承诺、专业信念、专业情感等心理层面的因素加以研究与强调的路径不同，强调与重视教师的良好个人品行与高尚道德情操在我国教师专业性理论发展中占据了突出重要的位置，构成教师专业性的核心。第二，教师队伍的思想建设、师德规范与伦理以及教师教学的价值取向反映了国家意志，教师是国家政策的执行人和接受者。与欧美社会由民间自治传统发展而来的行业专业地位不同，我国教师职业的专业化过程显示出了强烈的国家主导特征，教师被看作是国家公职人员，因此，教师专业实践中包含着国家意志的要求。第三，教师是教育变革的基础性力量。自教师专业化这一问题提出以来，教师对于教育变革所产生的重要作用以及教师作为变革者的能动作用已经成为国际社会的普遍共识。在这方面，我国有关教师专业性的规定性与国际社会别无二致。进入 21 世纪以后，特别是在深化课程改革的背景中，教师作为课程设计者与实施者，作为教育观念革新的实践者，是实现教育改革的基础性力量，也是最终提升基础教育质量的决定性力量。

有关教师的专业属性，除了政策层面的规定性之外，我国教师专业化理论的相关研究还从教师专业的学习特征与教师专业的全专业属性角度，对教师专业性加以论述。在通常意义上，无论是国外还是国内，传统意义上的教学所包含的教与学的二元对立意味都是显而易见的。在我国学者新近的研究和教师的专业特性中，教学不仅指教师的教，同时还包含着教师要教会学生学习，也就是教师专业的学习特性。相关研究还指出，教师的学习专业属性是教师面向未来社会与学校变革乃至决定未来教育质量的根本属性。[①] 进一步分析表明，教师的学习专业属性核心是教师教会学生学习，其内涵可进一步分为三个层次：即教师如何教会学生学习、如何教会学生如何学习以及教会学生学习什么。[②]

在教师学习专业属性的基础上，我国学者进一步提出教师的全专业属性观点，认为从教师专业的内部属性角度，可以形成教师的学习专业、教授专业和学科专业。[③] 教师专业离不开学生的学习，只有学生学习的建构才能体现教师的学习专业属性；同时教师的学习专业属性和教师的教又离不开内容。在上述三者的融合中，方能建构对教师专业属性的理解。[④]

第二节　与我国教师培养机构体系相适应的专业主义教师教育体系思想

第二次世界大战后，以英美为代表的发达国家率先开始了教师教育升格的历程，到 20 世纪 60 年代，中等教育层次的教师培养在发达国家已经成为历史。从 80 代起，国际社会又提出了教师教育是专业教育的专业主义教师教育思想。这一思潮的核心内容：一是教

---

① 朱旭东：《论教师的学习专业属性》，载《教育科学研究》，2017(9)：5—11。
② 朱旭东：《教师专业发展的理论模型建构》，载《教育研究》，2013(9)：81—90。
③ 朱旭东：《论教师的全专业属性》，载《教育发展研究》，2017(10)：1—7。
④ 朱旭东：《论教师的全专业属性》，载《教育发展研究》，2017(10)：1—7。

师教育是培养专业人员的教育，应借鉴医学和法律人才的"通识＋专业"的培养模式，在高等教育乃至研究生教育层次以上的教育系统中培养教师；二是教师培养在专业学院中进行；三是培养过程应与教师资格认定建立联系；四是教师教育专业应接受一定认证程序以保证质量。在这一思潮的影响下，加拿大、芬兰等发达国家纷纷对教师教育体系加以改造，使其成为专业教育体系。如加拿大取消了四年制本科层次的教师培养专业，代之以五年制双学士学位或教育专业硕士层次的教师培养；芬兰除教师培养的学历层次提升到学士后层次以外，还具体规定了教育学科课程与学科课程的比例和关系，将所有与教学相关的学位均纳入教育学科的学位体系，极大地确立了教师培养的专业教育地位。

从 20 世纪 90 年代起，我国教师教育机构始终处于转型的过程当中。在建立开放灵活的教师教育体系的主导思想下，我国形成了"三轨多级"的教师教育体系。"三轨"是指师范院校、综合院校和职业院校三轨；"多级"是指教师培养的学历多层次体系，具体地说，幼儿园教师表现在中专、大专、大学本科、研究生四个层次，小学教师表现在大专、大学本科和研究生三个层次，中学教师则有大学本科和研究生两个层次，从而形成了多层级的教师教育体系。[①]

随着这一教师教育体系的建立与转型，具有中国特色的专业主义教师教育理论也逐步生发、形成和完善。

一、教师培养机构的高等教育化与教师教育由多轨培养走向一轨融合的思想

我国自 1949 年后根据苏联模式改造了师范教育模式，建立了中等师范学校(培养幼儿园和小学教师)、高等师范专科学校(培养初中

---

① 朱旭东：《论当前我国三轨多级教师教育体系》，载《教师教育研究》，2015，27(6)：1－7。

教师)、师范学院和师范大学(培养高中教师)的师范教育体系。① 20
世纪 60 年代，在教育部的明确要求和一系列配套措施的支持下，中
师由于其定向培养、定向安置和综合化全科培养的教师培养模式成
为小学教师特别是农村小学教师培养的主要机构。② 90 年代以后，为
提升教师队伍的质量和教师培养水平，我国由原有的三级师范教育
体系向二级师范体系过渡，取消了中师层次的教师培养，通过高等
教育机构培养教师。在转变的过程中，中师向高等教育机构发展主
要通过以下两种路径实现：一是通过直接升格、合并以及合并后升
格成为师范专科院校、本科师范院校或地方综合性大学；二是通过
合并、转化成为中等职业技术学校，然后再升格成为高等职业技术
学院。③④ 还有少数中师并未在机构上完成向高等教育的升格，而是
通过学制改革，如初中起点的五年制大专培养实现了在高等教育水
平上培养教师。

　　从培养规模上来看，截至 2016 年，我国各级各类院校中，本科
及以下师范生在校生总数为 130.2 万人，其中，本专科层次师范生
125.1 万人，参考 2015 年普通高等教育本专科层次在校生规模
(2625.30 万人⑤)计算，本专科层次师范生约占我国本科以下师范生
总数的 96%，占全国普通高校本专科在校生的 5%；中等教育层次
(中师、中职)师范生在校生人数约 5 万人，约占全部师范生总数

　　① 顾明远：《师范教育的传统与变迁》，载《教师教育研究》，2003，15(3)：3—8。
　　② 程建荣、白中军：《百年中师教育特色问题撷探》，载《教育研究》，2011(9)：82—86。
　　③ 别林业：《中师布局调整和师范教育制度的逐步开放——关于我国师范教育体制改革的政策建议》，载《教育研究》，2000(7)：55—58。
　　④ 教育部普通高校人文社会科学重点研究基地北京师范大学教师教育研究中心：《构建我国现代教师教育体系研究报告》，北京，北京师范大学，2012。
　　⑤ 《2015 年全国教育事业发展统计公报》(2018-11-12)，http://www.moe.gov.cn/srcsite/A03/s180/moe_633/201607/t20160706_270976.html。

3%，参考 2015 年中等职业教育在校生总体规模（1656.7 万人①），约占全国中等职业教育在校生的 0.3%。

全部在校师范生中，各类举办教师教育专业的院校中，本科以下层次的师范生中，本专科师范生总数达到了 125.8 万人，占全部本科以下师范生总数的 96.7%，这说明当前我国教师教育层次已经提升到了高等教育层次，教师培养的学历水平有了显著提高。同时调查数据还显示，本科层次的师范生在校生人数达到 91.1 万人，占本科以下师范生在校生人数的 70.0%。因此，可以说，我国已经初步形成了以本科为主的教师培养层次结构。

实现高等教育层次的教师培养是教育事业发展的大势所趋，也是国际社会教师培养的主流方式。从 20 世纪 90 年代起，中等师范学校逐步退出教师培养的历史舞台，随着高等教育的改革，中等师范学校、师范专科学校、师范学院和师范大学通过升格和转型，成为高等师范教育机构或转向综合性大学或综合学院，并最终形成了当前我国教师培养机构由传统的师范院校体系扩展为师范院校与综合性高等教育机构共同参与的混合模式。

然而，新的教师教育体系也存在突出的问题。具体表现在：当前我国教师教育生源质量出现分化，生源质量受院校层次和高考招生录取政策影响巨大，本科教师教育生源总体质量尚可，但本科以下层次教师教育生源以"托底性"生源为主，且"托底性"生源主要集中在学前教育和小学教育专业，严重制约了我国高质量教师队伍的建设。此外，我国教师培养虽然已经实现了高等教育化，但总体培养层次仍然偏低，教师队伍整体学历水平与国际社会仍然存在较大差距。

依赖于我国以高等教育入学考试为基础的分批次高等教育录取

---

① 《2015 年全国教育事业发展统计公报》(2018-11-12)，http：//www. moe. gov. cn/srcsite/A03/s180/moe_633/201607/t20160706_270976. html。

政策，教师教育机构的生源质量主要由该机构在高等教育机构的层级体系中所处的位置决定。一项调查研究结果显示，2015 年我国本科层次师范生招生数约为 21.9 万人，各批次录取师范生比例分别为：提前批次 10.8%，本科一批次录取 20.2%，本科二批次录取 63.7%，本科三批次录取 5.3%。但值得注意的是，提前批次录取的本科师范生主要以部属师范大学提前批次录取的免费师范生及提前批次录取的艺体专业学生为主。因此，从本科层次来看，我国教师教育生源质量尚可。前期的研究表明，自 20 世纪 90 年代以来我国教师教育体系逐渐由封闭向开放的过渡过程中，教育部直属师范大学师范生素质提高明显。[1] 不仅如此，在教师教育机构内部，一项前期的调研成果显示，在已经综合化了师范学院内部，师范生生源要优于非师范生生源；在同批次招生的各类院校中，师范生的生源质量居于中等水平；在高考招生制度改革试点省份，省属师范学院重点师范专业的生源质量有了较大提高。[2]总体而言，在生源质量相对较好的提前批次和第一批次招生的教师教育机构中，传统师范院校所占比重高于综合大学和综合学院。

对于大专层次和中等教育层次的师范专业而言，无论是师专、高职高专、中师还是中职院校，除部分实施"订单式"培养从而获得了政策倾斜的专业之外，绝大多数中等教育和大专层次的师范生生源质量均属于相同学历水平学生的底部。尤其是中师和中职院校，因为失去了原有的政策福利，只能依靠大量招收"托底性"生源来保障教学经费，维持办学。如广东某幼儿师范学校 2004 年招收的五年

---

① 朱旭东、李琼、宋萑等：《中国现代教师教育体系构建研究》，7 页，北京，北京师范大学出版社，2014。

② 教育部普通高校人文社会科学重点研究基地：《教师教育体系现状、存在的问题及其解决研究报告》，北京，北京师范大学，2015。

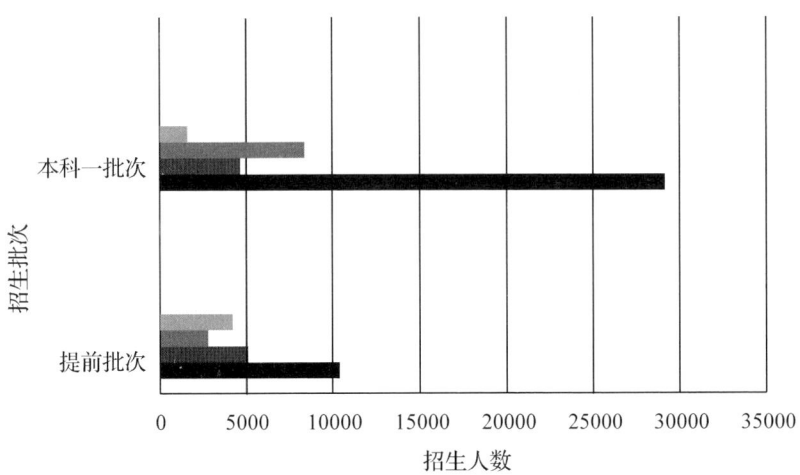

■综合学院 ■综合大学 ■师范学院 ■师范大学

图 6-1　四类院校本科一批次与提前批次招生人数

制学生中，高考 300 分以下的占 17.37%。[①] 更有甚者，部分中师和中职院校的招生已经困难到"只要学生来念，根本不管成绩"的地步。[②]

"托底性"生源为主的大专和中等层次教师培养专业主要集中于小学教育专业和学前教育专业。其中，2015 年小学教育专业大专学历层次的招生人数占到了小学教育专业总招生人数的 72.52%。学前教育专业中，大专层次的师范生生源占 66.27%，中等教育层次的师范生生源占 16.57%，可以说，超过 80% 的学前教育生源来自非竞争性的"托底性"生源。

更为严峻的问题是，来自"托底性"生源的师范生毕业后去向也主要是在学前教育领域。2015 年的统计数据显示，中等教育层次的

①　彭世华、皮军工：《学前师范教育急需调整发展机制、加强宏观调控》，载《学前教育研究》，2005(2)：18—23。

②　教育部普通高校人文社会科学重点研究基地：《教师教育体系现状、存在的问题及其解决研究报告》，北京，北京师范大学，2015。

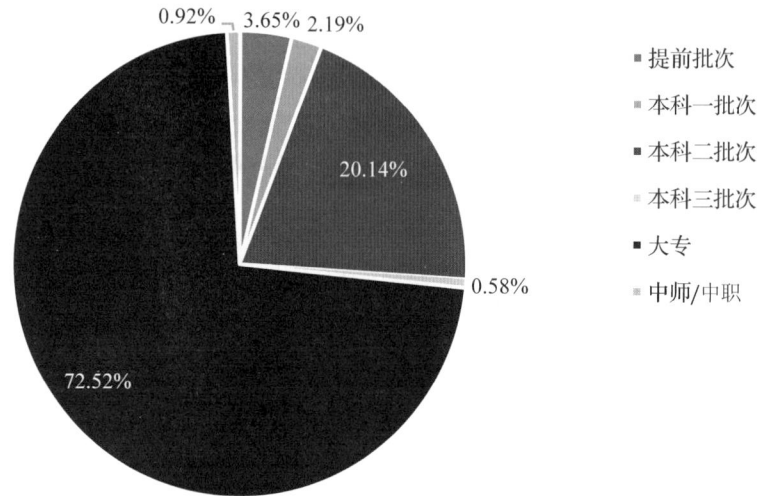

图 6-2　小学教育专业师范生生源招生批次

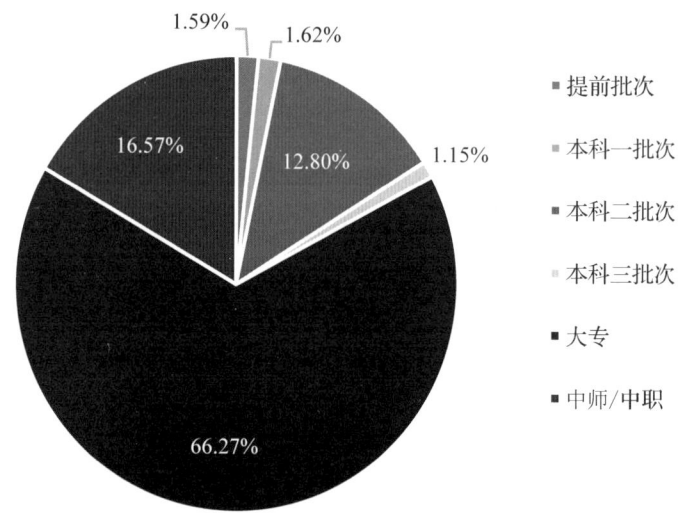

图 6-3　学前教育专业师范生生源招生批次

在校师范生和毕业生人数分别为 6.1 万人和 1.7 万人，其中学前教育专业的在校师范生和毕业生人数分别为 5.2 万人和 1.5 万人，分别占中等教育层次师范生在校生的 85％ 和毕业生的 88％。调查数据还显示，2015 年中小学教育机构的中师毕业生共有 4647 人，其中 4608 人来自学前教育专业，占从教人数的 99％；中职院校师范生毕业从教人数为 4250 人，其中 3639 人，即约总从教人数的 86％ 在学前教育领域。从中可以发现，生源质量最差的师范生毕业后基本都流向了学前教育领域。

相比之下，在教师职业吸引力较高的国家，教师教育的生源质量十分可靠。如芬兰教师教育专业的录取率通常在 10％ 左右。一项对美国纽约州的研究也发现，美国近 10 年来教师教育专业生源质量也出现了明显的提升，反映在进入教师教育专业学习的 SAT 高分段学生增加了 40％，同时低分段学生①减少了 7％。进入教师队伍的教师教育专业毕业生中，来自高水平综合性大学和本科学院的教师教育专业学生也分别达到了 17％ 和 28％。②

调查研究的结果还显示，我国本科层次的师范生已经达到了 70％；中学教师培养已经基本实现了本科化，小学教师培养也在逐步向本科层次发展，教师队伍的整体学历水平明显提升，这与国际社会教师教育发展的主流趋势是一致的。但是，进入 21 世纪以后，国际社会经历了教师培养学历层次的快速提高阶段，教师学历层次总体提升幅度较大，相较而言，我国教师培养的学历层次与发达国家仍然存在较大差距。

根据教育部发布的相关统计信息计算，我国各类学校教师学历状况如表 6-1 所示③：

---

① SAT 成绩高分段学生指成绩位于全体考生前 1/3 排序的考生，低分段学生指成绩位于全体考生后 1/3 排序的考生。

② Lankford, H., Loeb, S. & McEachin, A. et al. Who Enters Teaching? Encouraging Evidence That the Status of Teaching is Improving. *Educational Researcher*，2014，43（9）：444－453.

③ 根据《2014 年教育统计数据》计算所得(2018-11-12)，http：// www. moe. gov. cn/ s78/A03/moe _ 560/jytjsj _ 2014/2014 _ qg。

表 6-1　我国各类学校教师学历状况

	中等教育学历	大专	本科	硕士及以上
幼儿园教师	25.4%	54.7%	18.1%	0.2%
小学教师	10.0%	48.2%	41.2%	0.4%
初中教师	0.04%	19.6%	69.2%	1.4%
高中教师	2.7%	90.9%	6.4%	

总体上，我国小学教师队伍中，具有本科及以上学历的达到了 41.6%，初中教师具有本科及以上学历的达到了 70.6%，高中教师学历已经实现了本科化，具有本科及以上学历的教师达到了 97.3%。但与发达国家相比，教师学历层次水平仍处于较低水平，特别是在硕士以上的高学历教师培养方面，差距非常明显。

经合组织(OECD)教师专业发展调查的数据显示，进入 21 世纪以后，教师学历提升速度极快。在将近 10 年的时间里，参加教师专业发展调查的国家和经济体中具有本科以上学历的初中教师比例从平均 83% 提高到了 89.5%，提升幅度和速度均前所未有。2007—2008 年，在参加调查的 28 个国家(经济体)中，平均有 30% 的初中教师拥有硕士及以上学历水平，斯洛伐克和波兰甚至分别有 96.2% 和 94% 的初中教师达到了硕士学历层次。到 2013 年，参加经合组织教师专业发展调查的 33 个国家(经济体)的数据显示，平均 89.5% 的初中教师拥有本科及以上学位。其中，澳大利亚、塞浦路斯、丹麦、以色列、日本、韩国、拉脱维亚、挪威、斯洛伐克、美国等国家具有本科以上学历水平的初中教师比例均在 95% 以上。与我国同属"金砖国家"的巴西，具有本科以上学历的初中教师比例也达到了 93.5%。小学教师队伍中，芬兰、波兰和丹麦有超过 95% 的小学教师拥有本科以上学历。更进一步的数据显示，早在 2007 年，以色列就有 18% 的小学教师拥有硕士学位，35.1% 的中学教师拥有硕士及博士学位。美国的调查统计数据显示，到 2012 年，美国拥有本科以

上学历的公立中小学教师（小学和初中）占公立学校教师总数的
87.3%，其中拥有硕士学位的教师占 47.7%；高中教师拥有硕士学
位的比例为 47.9%，拥有博士学位的比例为 2.1%。

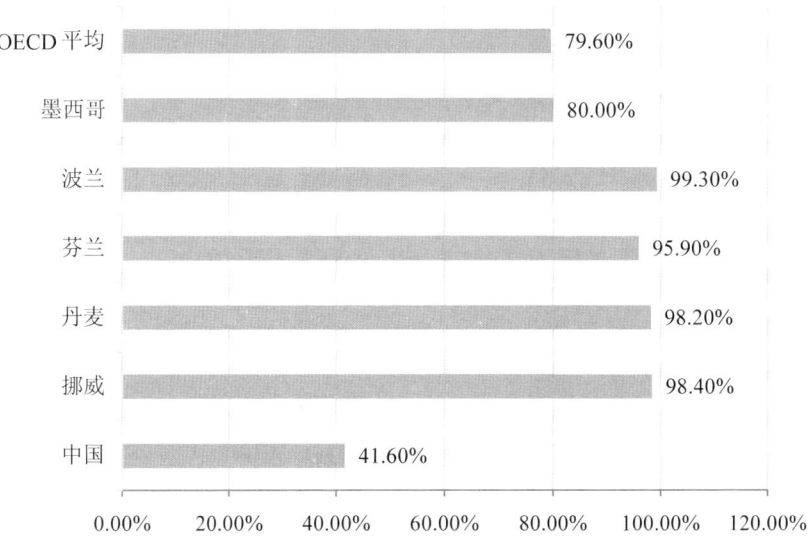

图 6-4　拥有本科以上学历的小学教师比例的国际比较(2014)

从前文中有关数据可以发现，"三轨多级"的教师教育体系目前
存在的最大问题在于：首先，中等教育层次的教师培养未能完全退
出，距离实现专业化的教师培养仍然有较大差距。特别是当前中等
教育层次培养的教师以幼儿园教师为主，这样的幼儿教师队伍无法
在儿童成长中最关键的三年为幼儿提供高质量的教育，对于幼儿身
心发展乃至未来基础教育质量都很可能造成潜在的损害。其次，职
业院校参与教师培养的正当性值得商榷。当前职业院校参与教师培
养固然有以往中师升格合并进入职业院校的历史因素，但不可否认，
在推动教师队伍走向专业化的今天，职业院校在学科专业知识结构、
培养层次和师资队伍建设等方面已经完全不能满足教师培养的需要，
失去了培养教师的合法性。职业院校参与教师培养的另一条路径是

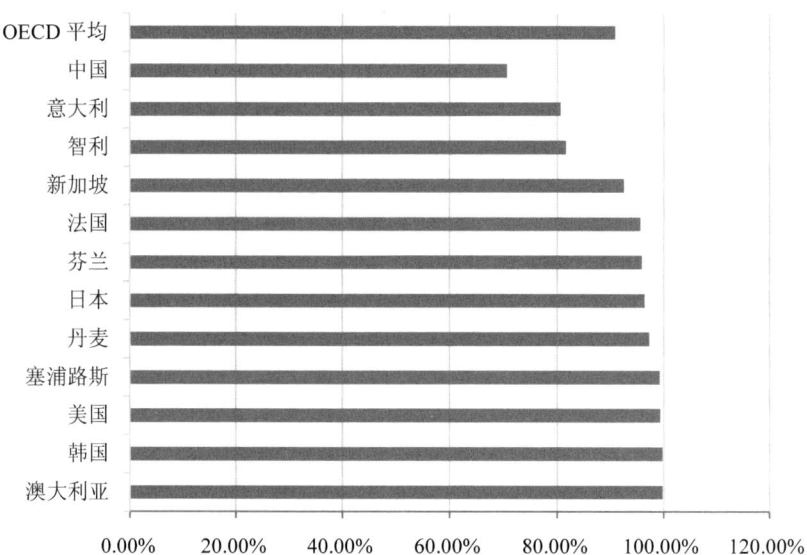

图 6-5　拥有本科以上学历的初中教师比例的国际比较(2014)

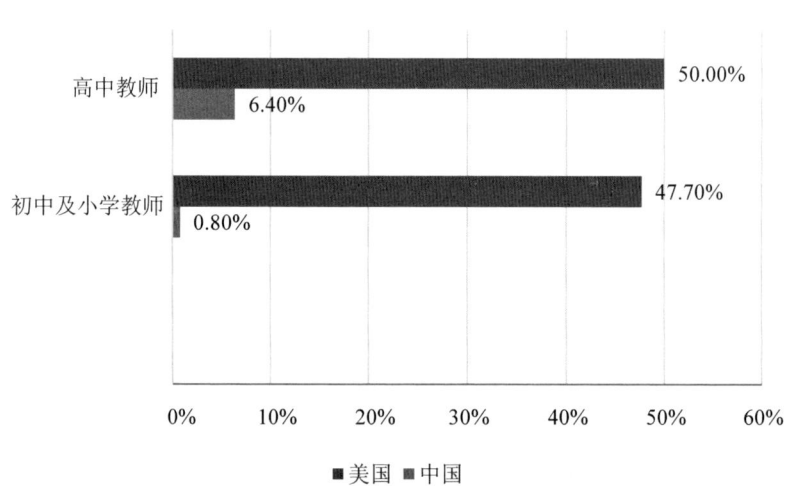

图 6-6　拥有硕士以上学历教师的中美比较(2014)

通过新增幼儿教育专业培养幼儿园教师。由于当前我国正处于学前教育大发展时期，幼儿园教师数量远远不能满足市场需求，相当数量的职业院校瞄准了劳动力市场的需求纷纷开办学前或幼儿教育专业，至于职业院校本身是否具有开办学前教育的资质、师资和环境条件，却并不是相关职业院校和机构考虑的首要问题。此外，职业院校的办学定位和办学条件与教师培养的要求相去甚远。一般来说，职业院校主要面向社会各行业培养各类初、中级职业技术人员或掌握较高工艺能力的从业人员，其培养目标和培养方向与需要掌握较为高深的学科知识与教育知识、需要具有独立开展实践探究，不断评估、诊断和解决实践问题的专业人员相去甚远。因此，在一定意义上可以说，通过职业院校培养教师不仅降低了教师培养质量，而且影响了我国教师队伍建设的专业性水平，损害了教学专业的社会形象和教师队伍的社会声望。

最后，三级多轨的教师教育体系面临的另一个挑战是教师教育体系机构质量不均衡。这种不均衡体现在招生结构不均衡、培养数量和质量不均衡。由于多轨教师教育体系并行，我国教师培养机构主要分布在师范院校、综合院校和职业教育机构中，受我国现行高等教育招生制度的影响，各类院校的生源质量、招考方式、招生数量均存在较大差异。并且，由于相应学科制度尚未建立，不同学段、不同类型的师范生招生数量难以及时调整，导致当前我国中等教育师资、小学教育师资和幼儿教育师资的供给存在严重不均衡。中小学教师培养数量远远超出学校教育的需求，而幼儿教师培养数量远远不能满足学前教育事业的发展。

基于上述现状与问题，我国学者提出，我国教师教育的专业化发展应从"开放灵活"的教师教育体系，经历"二次转型"，重新融合进入由大学专业学院培养教师的"一轨"通道上来，建立"一轨多级"的教师教育体系。一轨是指大学体系下的教师教育专业学院体系，多级是指基于大学不同性质的教育系、教育学院、教育研究生院的多级体系。①

　　教师教育体系从封闭走向开放再走向"二次封闭"的过程是基于我国教师教育机构转型的现实与实践提出的富有中国特色的专业主义教师教育专业化思想。综合国际上不同国家教师教育机构走向专业化的经验，有些国家是以大学教师培养的专业主义教师教育与"解制主义"的非大学为主要教师培养机构的教师培养模式与制度并行的二元制教师教育体系，如美国、英国、澳大利亚等；有些国家则是以分段式的"本科＋教师培养机构"的教师教育体系实现教师教育的专业化，如德国、法国；另有一些国家则是由不同的机构来分别承担小学教师培养与中学教师培养的任务，如一些北欧国家即采用这种方式。构建"一轨多级"的教师教育体系以及在此基础上发展的教师教育专业化理论对于解决当前我国教师教育体系所面临的困难和问题，构建和发展教师教育学科以及推动高等教育机构向现代大学转变具有积极的现实意义。

二、逐步探索专业化的教师教育机构内部学科制度和治理结构

　　我国教师教育机构的专业化发展及其所遇到的困境与教师教育机构内部的学科制度和治理结构息息相关。当教师培养层次由中等师范教育提升到高等教育水平之后，有着类似师范教育传统和升格过程的国家经验表明，教师教育与大学之间的关系会导致教师教育本身向两个不同取向发展，即以一般性大学的教师教育专业为代表的大规模培养教师的专业教育取向和以精英大学为代表的以教育科学和教师教育研究为主、以小规模教育管理人员和精英教师培养为

---

① 朱旭东：《论当前我国三轨多级教师教育体系》，载《教师教育研究》，2015，27 （6）：1—7。

辅的研究化发展取向。[1] 这两种发展取向在我国教师教育体系的变迁过程中也有所体现。不仅如此，在机构转型之后，由于教师教育机构内部的学科制度建设尚未完成，教师教育的合法性未能从学术制度上获得支持，因而有学者提出，我国应通过教师教育的二次转型，调整教师教育机构内部的行政资源和学术资源。

在实践中，教师教育机构也在探索以专业学院的方式建构教师教育机构内部学科治理模式的可能性。以我国教师培养数量最为庞大的机构之一——地方师范学院——为例，可以对我国教师教育机构的内部学科制度和治理结构的探讨进行较为深入的分析。

据不完全统计，当前我国共有师范学院 67 所（不含科技/职业师范学院）[2]，其中含 1 所学前师范学院、1 所特殊教育师范学院和 4 所民族师范学院。随着原有师范学院合并、升格为师范大学或综合性大学，现有师范学院大都是 20 世纪 90 年代教师教育机构改革与转型的高潮中发展而来的。转型的路径主要有以下四种：第一种路径是，从原有师范专科学校或师范学校升格成为师范学院，如湖南第一师范学院、伊犁师范学院。第二种路径是在师范专科学校或师范学校升格的基础上合并原教育学院或教师进修学院成为师范学院，如唐山师范学院、盐城师范学院等。第三种路径则由原教育学院转型成为师范学院或省级第二师范学院，如齐鲁师范学院由原山东教育学院转型而来，广东、重庆、江苏和湖北等省（直辖市）则将教育学院转型为第二师范学院，分别设立广东第二师范学院、重庆第二师范学院、江苏第二师范学院和湖北第二师范学院。其中江苏第二

①　Labaree, D. An uneasy relationship: the history of teacher education in the university. In *Handbook of Research on Teacher Education* (3rd Ed.). New York & London: Routledge, 2008: 290—306.

②　教育部普通高校重点人文社会科学基地重大课题"教师教育机构数据库建设研究"和教育部《2013 年具有普通高等学历教育招生资格的高等学校名单》。以下无特别标明出处的数据均来自教育部普通高校重点人文社会科学基地重大课题"教师教育机构数据库建设研究"。

师范学院与江苏省教育科学研究院实行一套班子、两块牌子的管理
体制。第四种路径则整合了教师培养、培训资源以外的其他行业教
育资源，即师范学校升格后，或者在升格过程中合并当地的其他行
业教育资源，共同构成新的师范学院。如廊坊师范学院，由廊坊师
范学校、廊坊师范专科学校于 2000 年合并升格成为廊坊师范学院，
2005 年整合了河北职业技术学院成为新的廊坊师范学院。从师范学
院的地区分布来看，大部分师范学院位于地级市，约占全部师范学
院的 76.6％。20.3％的师范学院位于省会城市，2 所位于直辖市（重
庆）。在培养层次上，84.4％的师范学院的培养层次是本科学历层
次，仅有 1 所师范学院的培养层次为专科。另有 8 所师范学院达到
了硕士学位培养层次，占全部师范学院的 14.1％。师范学院的教师
培养集中于专科和本科学历层次，总体规模均高于师范大学。有关
调查数据显示，从 2010 年到 2013 年，在由师范学院和师范大学培
养的本科和专科层次的毕业生中，师范学院和师范大学培养的毕业
生占比如表 6-2 所示。

表 6-2　2010—2013 年师范学院与师范大学培养的本、专科层次毕业生比例

	2010		2011		2012		2013	
	师范学院	师范大学	师范学院	师范大学	师范学院	师范大学	师范学院	师范大学
本科毕业生	52.1％	46.8％	53.9％	44.8％	55.6％	43.2％	56.5％	42.3％
专科毕业生	83.2％	16.8％	86.5％	13.5％	93.4％	6.6％	89.3％	10.7％

更重要的是，师范学院所在地以地级市为主，教师培养的覆盖
面和辐射面都比师范大学更加贴近基层学校。因此，在师范学院教
师培养的规模超过师范大学教师培养规模的前提下，提高师范学院
的教师培养质量对于提升我国教师培养的整体质量具有关键性意义。

相关研究表明，教师教育的学科治理结构在师范学院中主要体
现为两种类型。第一种类型为分散型治理模式。即师范生分布在各

学科专业院系中培养。部分院系的所有专业方向均为师范专业，少数院系则为师范专业和学科专业共存。第二种类型为半整合式二级学院模式。教师教育学院（二级学院）中包含小学教育、学前教育、教育技术学、应用心理学四个师范专业，其他师范专业则分布于各专业学院中。全校的教师教育公共课（非学科教学论课程）均由教师教育学院承担，学科教学法课程则基本由各个专业学院承担。同为二级学院的教师教育学院与其他文理专业学院通过不同的分工分别承担教师培养过程中不同环节的工作。第三种类型的治理模式则为二级学院模式。即以教师教育学院或是由教育学院组成的专门承担教师教育职能的二级学院，负责各学科方向的师范生培养工作，文理专业学院则不再承担教师培养的任务，而是专注于本学科的教学和研究工作。严格意义上来看，二级学院模式与国际上通行的建立专业学院培养教师的做法较为接近。这一实践的基本前提是，教学专业具有双专业属性，教师既要有自己所教学科的专业，又必须接受有关教学的专门培养方可胜任教学岗位。这一实践的最终发展趋势将是把教师教育改造和发展成为"学科方向的本科教育＋教学专业的学士后教育"所构成的较为完善的专业教育体系。然而，现实中二级学院模式在我国教师教育机构的学科制度建立和治理模式探索方面所面临的困境最多、挑战最大，几乎还未获得成功的经验。

师范学院在学科治理中表现出的不同类型和特征与其自身的综合化发展水平有关。如果经过了升格、合并等转型后，师范学院师范专业和师范生数量在学校专业和学生总体数量上均不占优势，虽然名称仍然是师范学院，但已经是彻头彻尾的综合性大学。并且，升格和转型的历史过程决定了当前师范学院的优势学科和专业建设重点，除教师教育之外，师范学院自身还有其他特色和优势学科。这类师范学院往往倾向于采取半整合式或二级学院模式的学科治理结构来调动和协调教育机构内部学科间的资源配置。相较而言，如果师范学院的综合化水平尚不突出，师范专业和师范生数量仍然在教师教育机构内部占较高比例，那么师范学院更倾向于采用分散式的治理模式，仍然以文理专业科系为主培养教师，由教育学院承担教育专业公共课的教学任务。

在从单一的教师培养机构转向多科性大学的综合化过程中，如果师范学院吸收的其他教育机构在广义上仍属于教师教育机构，如中等师范学校或是教师进修学院，那么师范学院原有的以文理学科为主的学科结构就会相对完整地保留下来，教师教育专业在学院内部的比重会保持在较高的水平上，在此基础上，师范学院才会通过学科的扩展逐步实现综合化。反之，如果师范学院的综合化路径是通过与其他学科的教育机构合并而来的，那么教师教育在师范院校内部就会以一个"学科方向"的形式与其他学科方向展开竞争，师范学院原有的、依托于文理学科的专业设置方式就有可能面临重组或整合的局面。

师范学院在综合化过程中，师范学院自身也意识到了教师培养所面临的学科划分不清晰、师资队伍建设乏力以及资源配置不利的问题。事实上，师范学院也在努力尝试着通过内部治理结构的转型理顺教师教育资源配置。但是，当前师范学院自身的调整由于外部条件的限制很难实现充分、彻底的整合。其中一个突出的表现就是学科教学论教师队伍的补充和身份归口无法满足专业化教师教育的需要，成为提高教师培养质量的瓶颈之一。一般而言，学科教学论教师往往是按照学科归口招聘进入师范学院的相关学科院系中，学科归口和职称评定参照学科研究方向的标准，导致学科教学论教师无暇顾及学科教学论的研究与教学工作。然而，由于学科教学法师资遭遇到学科专业课教学和学科教学论课程教学的冲突以及教师岗位职称等具体问题，往往最终教师教育机构会采取相对比较折中的半整合式治理模式。

　　师范学院内部治理结构的转型涉及我国教师教育二次转型的重大问题。[①] 20 世纪 90 年代以来从封闭走向开放的教师教育体系完成了由独立的师范院校向综合院校转变的第一次转型，同时，第一次转型未能解决的问题也就突出地表现为教师教育的资源在师范学院内部未能得到很好地整合，教师教育资源在师范学院内部仍然十分分散，在与其他学科的资源竞争中处于不利的局面。

　　探索整合师范学院教师教育资源整合问题的关键，是调整师范学院内部学科与专业建设的关系。通常来说，在大学环境下，专业的基本标志是"具有符合社会需求的明晰的人才培养目标和规格、科学的培养方案和课程体系、稳定的师资队伍、完备的实验实践基地、有效的质量监控和保障体系，学生修完全部课程，达到质量标准、获得相应的毕业证书和授予相应的学位，成为合格的专业人才"[②]。而我国大学的二级学院以及专业设置又常常表现为基于学科方向的建制，这就造成了教师培养中的学科专业与教师教育专业相互结合的特点难以通过现有的大学内部治理结构很好地反映出来。

　　问题的解决之道，从根本上在于理顺学科与专业的关系，在教师培养中转变以学科方向建制为主的局面，向专业取向转型，依据教师培养的类型将教师教育专业按照学前教师教育、小学教师教育、中学教师教育、特教教师教育和职业教师教育统一到二级教育学科之中。抑或是借鉴欧美国家的"教师教育项目制"[③]来改革和调整当前师范学院教师教育的内部治理结构，由文理学院承担教师教育的学科专业方向内容，教育学院设置教师教育项目，承担教学专业课

　　① 朱旭东、李琼：《论我国教师教育的二次转型》，载《教育学报》，2014，10(5)：98—104。
　　② 钟秉林、李志河：《试析本科院校学科建设与专业建设》，载《中国高等教育》，2015(22)：19—23。
　　③ 杨跃：《从"师范专业"到"教师教育项目"：教师专业人才培养模式改造初探》，载《教育发展研究》，2015(18)：66—72。

程和实践学习的培养任务，理顺教师教育的师资、教学、实践指导的关系，协调教师职前培养与在职培训的关系，整体上提高教师教育质量。

此外，还应鼓励有条件的师范学院发挥自身的科研教学优势，研究小学和初中阶段学生的发展与学习特征，尝试开设专门面向小学和初中教师培养的专业与课程，探索学段特征更为明显的教师培养方式，以更好地满足不同学段学生学习与发展的需求。

第三节　教师教育专业化的理论争鸣

我国教师教育体系转型过程中，教师培养层次逐步提高，随着机构的转型，与之相伴的师范生招生、培养、实习、聘任与人事制度乃至教师专业发展都已经或正在发生巨大的变化。在教师培养的学历层次上，我国逐步完成了教师培养向高等教育层次的过渡，并且开始大力培养硕士以上层次的教师；在教师培养机构中，师范院校与综合性大学共同承担教师培养任务；职前培养与在职教师专业培养一体化方面，传统上作为教师培养机构的高等院校越来越多地开始承担教师专业发展的任务，一部分以教师专业发展为主要职能的省级教育学院转型为第二师范学院，成为以教师培养为主的高等教育机构，同时仍然承担教师在职培训的任务。此外，原有教师专业发展机构，如教师进修学校等也正在加快改革步伐，为教师专业发展提供更多高质量的支持。在转型与发展过程中，教师教育体系遇到了诸多新的挑战。如前文所述，三轨多级的教师教育体系在师范生招生、培养和就业、聘任等诸多方面存在不均衡。有学者认为，当前教师教育体系遇到了诸多困难与挑战，突出表现为生源素质下滑、课程体系和教学模式陈旧、封闭①，没有地方特色，偏重学术性，实践环节偏弱②。

此外，专业主义教师教育思想自 20 世纪 90 年代起，在全球范围内也受到了解制主义教师教育思潮的挑战。在这股思潮的影响下，师范生培养的实践性被提高到了前所未有的高度，在教师培养的具体实践中，关注实践情境中的练习与训练，强调中小学在教师培养中的重要作用成为国际上各国教师教育改革的重要发展方向。与此同时，在这股思潮的影响下，大学作为师范生培养的主要机构的地位和作用也日益受到质疑。美国、澳大利亚、英国等国相继出现了以非大学为主要教师培养机构的教师培养模式与制度。这一思潮常被称为解制主义教师教育思潮，并且在我国也形成了一定的回响。但与国外相比，解制主义教师教育思潮在我国的回响并不是否定大学在教师教育中的作用和职能，而是反映为在实践中，否定教师培养的专业性，降低教师职业的入职门槛，教师资格证书认定制度改革取消师范专业考生的直接认定，同时取消了对非师范专业毕业生获得教师资格证书的资格要求，修习教师教育学分不再是获取教师资格证书的前提条件。

面对实践的困境与挑战，在有关我国教师教育体系构建的研究中，我们梳理出六种主要观点，同时也是学术界、政策与改革实践中出现的焦点问题。这六种主要观点要么是表现出了保守主义倾向，对封闭型的师范教育体系以及中等师范层次教师培养的弊端认识不足；要么是倾向于以解制主义的立场去尝试解决我国教师教育体系转型中出现的问题。我们认为，有必要在此通过对不同的教师教育

---

①　李尚卫、袁桂林：《我国农村教师教育制度反思》，载《教师教育研究》，2009，21（3）：34—38。

②　苏春景、张济洲：《从农村教师教育现状调查看地方高师课程改革》，载《课程·教材·教法》，2010(8)：84—87。

理论开展争鸣，进一步澄清教师教育专业化思想。争鸣的六种主要观点分别是：师范教育体系保留论、中师优越论、教师教育体系主体地位丧失论、教师教育体系异化论、教师教育体系应用转型论和教师教育体系无用论。以下做逐一评述。

一、师范教育体系保留论

我们要讨论的第一种普遍流行的观点是师范教育体系保留论。它的主要观点是中国教师培养要保留独立的师范教育体系，回归原有的中师、师院、师大三级师范教育体系。这种论点的主要理由是，在独立的三级师范教育体系下，任何一级师范院校都可以招收到优秀的生源。尤其是中师层次的教师培养机构，在当时的历史条件下，吸引了大批优秀生源，对建设稳定的小学教师队伍做出了巨大贡献。

中国的教师培养体系起源于独立的师范教育，这也几乎是全球共同的规律。并且，自从第一所师范学校在法国建立，师范教育就与现代国家的形成有着千丝万缕的联系。就师范的法语词源而言，师范代表了与大学不同的价值取向，即不以学术自由与自治为根本目标，不以学问的高深理解和长期变化为志趣。

然而，随着现代国家的变迁与社会的发展，全球几乎都走向了综合高等教育机构培养教师。按照许美德与李军的研究，世界范围内，教师教育的综合化形成了三种主要模式：第一种模式是综合大学的教育学院模式；第二种模式是教育大学或地方性综合大学的教育学院模式；第三种模式是师范院校成为具有独立法人地位的大学独立学院，与大学合作培养教师。[①] 我国的教师教育体系走向综合化的过程则与上述路径不同：一方面是通过合并、升格，原有的师范院校成为地方综合性大学；另一方面是原有的师范院校不断在机

---

① 许美德、李军：《世界教师教育发展的历史比较》，载《教育研究》，2009（6）：54—62。

构内部综合化，虽然名称中仍然保留"师范"二字，但内部的学科治理结构与一般的综合性大学别无二致，教师教育仍然作为学校的办学特色与传统得以保留和持续。一项调研结果显示，在 20 世纪 90 年代从封闭独立的师范教育体系向开放灵活的教师教育体系转型过程中，已经有相当一部分师范学院在合并与升格的过程中发展了大量的非师范专业，成为事实上的综合学院或大学。[①] 在这样的背景下，一味强调保留独立的师范教育体系既与教师教育发展的国际潮流相悖，也不符合我国的实际情况。

此外，应该看到，全球范围内教师教育综合化的根本原因在于现代社会生活对教育和教师工作提出了更高的要求。传统的师范院校学科和专业设置是以基础教育的学科为指向的，以基础文理学科为主；综合性大学的学科设置逻辑是以知识的发展为目标的，通过多学科的交叉与综合，通过高水平的科学研究开拓学科前沿。现代基础教育的人才培养不仅注重知识的获得，同时更加注重形成学科思维方法与探究精神。比较而言，传统的师范院校在人才培养方式上已经根本不足以满足现代基础教育的需求。因此，即便政策层面提出"十三五"期间师范院校一律不更名[②]，也不意味着师范院校在发展过程中可以脱离现代高等教育体系，更不意味着师范院校原有的教师培养体系、模式不需要变革。相反，师范院校更应该抓住新一轮高等教育改革和师范专业认证的契机，调整人才培养模式，提高教师培养质量。

二、师范教育体系中的中师优越论

与师范教育保留论相联系的观点是师范教育体系中的中师优越

[①] 赵萍：《我国师范学院的机构转型与教师培养——对三所师范学院的个案考察》，载《教师教育研究》，2017(1)：93—101。

[②] 《教育部官员：中国 181 所师范院校一律不更名》(2018-11-12)，http：// www. xinhuanet. com/politics/2017-01/15/c _ 1120315502. htm.

论。中师优越论的观点认为，我国传统的中等师范学校为小学教师培养，特别是乡村教师队伍建设，探索出了一套有效的教师培养模式。中师教师培养的主要经验包括：吸收本地优秀生源；初中毕业起点招生，学生年龄较小、可塑性强，有利于教师职业的养成教育和艺术技能的培养；毕业生多在县级以下小学任教，打造了一批业务精良、多才多艺、扎根乡村教育的小学教师队伍。不仅如此，近百年来，在中师悠久的办学历史中形成了一批有特色、高质量的教师培养机构，形成了具有我国特色的乡村教师培养传统。然而，20世纪 90 年代以后的教师教育改革没有很好地传承中师培养教师的历史与宝贵经验。

从当前我国教师队伍建设遇到的问题来看，对中师教师培养方式确实可以提供一定的启发。首先，现代研究表明，教师行业的从业者相比其他行业，表现出了更多的本地化特征，即使是在人口流动较为活跃的美国，教师队伍以本地人为主的现象也较为普遍。[①]面向本地优秀生源招生，有助于提高教师队伍的稳定性。其次，中师培养层次大致相当于高中，生源年龄小，可塑性强，有利于教师的养成教育和艺术体育技能的训练与形成，也是不争的事实。最后，在中师教育最为繁荣的年代，我国几乎每个县都有一所师范学校，毕业生往往就地分配，直接进入乡村学校担任教师，为我国乡村学校输送了大批教师。

然而，必须指出的是，中师教师培养的成功，最值得总结的经验在于，中师教育在入口端吸引了大量本地最优质生源，同时在就业方面又直接面向乡村学校。这二者之间有着密不可分的联系，中师对优质生源的吸引力恰恰来自就业的特殊倾斜政策，来自当时教

---

① Reininger，M. Hometown Disadvantage? it depends on where you're from：teachers' location preference and the implications for staffing schools. *Educational Evluation and Policy Analysis*，2012，34(2)：127—145.

师职业的吸引力。与普通高中相比，当时中师学校不仅学制短，而且免费培养、定向就业，特别是从农民向干部身份的转变是吸引优秀贫困学生的重要原因。因此，可以说，中师的优越，不是教师培养机构本身的优越，而是当时的政策优越。同时，更为重要的是，优质生源是产生高水平教师队伍的重要条件，但绝不是充分条件。OECD 的研究表明，成功的教师教育体系都是把吸引优质生源和加强培养环节二者结合得最为成功的体系。[①] 高质量生源毫无疑问为培养高质量教师奠定了良好的基础，但还需要经过精心的培养过程才能真正打造出优秀的教师。

除此之外，在学历层次上，中师相当于高中水平，学生在学科知识领域所学较为浅显，并且观摩、实践科学研究过程的机会极少，不利于师范生了解学科知识的发展方式和深层概念体系。从现代基础教育对教师的要求来说，即便是小学教育，也不仅仅是要求学生掌握知识本身，而是着力于培养学生掌握学科的内在逻辑与研究方法，培养学生的以想象力、创造力和批判思维能力为代表的高级认知能力。显然，按照现代基础教育的要求，中师对教师的学科知识培养是不够充分的，更不能培养满足学生认知发展需要的师资。

最后，针对中师强化师范生教学技能和艺体技能的训练方面，必须指出的是，在师范生年龄较小的时候进行艺体技能和教学基本功的技能训练确实效果较好。然而，必须看到的是，尽管教师具备较强的技能对于教师开展教学工作是必要的，但是现代教师的培养和养成，绝不是技能操练，不能把技能训练等同于教师培养。对于非艺术、体育课教师而言，具备一定的艺术素养目的是在于帮助教师通过多种方式表达和设计学习过程，丰富教师内心的情感和审美体验。过硬的专业技能虽然有助于教师做出规范的示范，但是相比

---

① OECD. Lessons from PISA for the United States：Strong Performers and Successful Reformers in Education，2011.

教师通过丰富的学习环境获得开阔的视野，形成尊重儿童、面向社会公正的价值观以及善于反思的学习习惯，从而获得长久的职业生涯发展潜力，技能的训练反而相对容易获得提升。

三、教师教育体系主体地位丧失论

与师范教育体系保留和中师优越论相呼应的是教师教育体系主体地位丧失论。有研究者认为，在师范院校升格、合并转型为综合性高等教育机构的过程中，虽然培养师范生的学历层次提高了，但是"教师教育特色弱化……丢弃了自身长期以来在教师教育方面形成的办学优势和办学特色"①，教师教育由师范院校的核心任务与目标沦为综合性大学中的边缘与弱势部门。"升格后的师范院校越来越走向综合化，师范专业教育的领地日益狭窄，师范专业变成边缘性专业。……师范教育的资源流失严重，因为它们不是借用综合学科的优势来加强师范专业，而是挤占师范教育资源，削弱了师范专业。"②

这种观点有一定的现实依据。2012 年的一项调查研究显示，已经有相当数量的师范学院，教师教育专业占全校专业总数的 20% 以下，同时师范生占在校生总数的 20% 以下。③ 从数量上看，教师教育专业似乎真的是在被削弱、被边缘化。但如果从大学的办学规律角度看问题就会发现，既然师范院校已经走向了综合化，成为地方综合性大学，或是在院校内部实现了综合化，那么大学就已经从单一的教师教育机构转向了多科性大学，大学内部如果再出现某一个专业或者某一职能独大的局面，那么就从根本上与综合性大学的办学定位相悖了。

---

① 黄正夫、李尚卫：《地方综合性大学教师教育发展定位与策略研究》，载《广西社会科学》，2010（10）：154－157。

② 王建平、胡重光：《中师教育传统的价值追寻与现实反思——以湖南一师为例》，载《湖南师范大学教育科学学报》，2011，10（1）：64－67。

③ 朱旭东、李琼、宋萑等：《中国现代教师教育体系构建研究》，北京，北京师范大学出版社，2014。

对于教师教育体系的主体地位，我们不仅应该从量的角度去理解，更要从质的角度加以分析。教师教育仍然是多数师范院校的办学特色，师范院校也在积极探索提高师范生培养质量的路径与措施。本科层次小学教育专业的设置逐渐成为师范院校小学教师培养的主干专业；顶岗实习、订单式培养等多项师范生培养的创新举措的提出表明，师范生培养工作仍然受到高度重视，部分省市在师范院校师范专业的招生、培养和就业等方面还出台了倾斜政策，因此不能笼统地判断教师教育主体地位丧失。

师范院校综合化之后，教师教育体系被削弱的主要问题在于，大学的办学方向和学科结构发生变化后，原来举全校之力办教师教育的资源配置方式发生了改变，大学内部出现了教师教育与其他学科争夺资源的现象，根本原因在于大学内部还没有通过治理模式的调整理顺教师教育与其他学科在资源配置中的关系。这表明，我们还没有充分理解教师教育在大学内部的地位与制度。相比于文理学院以学术领域划分专业的做法，教师教育的学科制度并未真正建立起来，在综合性大学或是师范学院中，教师教育也未以专业学院的形式实现其学科制度的机构化。当前我国中等教育教师的培养仍然以学科教育为基本逻辑，分散在以学科逻辑设置的文理专业当中。在封闭式的教师教育体系时期，师范院校以教师教育为特定职能，举全校之力办教师教育，因此分散地以学科逻辑设置教师教育专业不会产生资源配置的问题。而在综合化之后，外部资源得到了丰富和充实，在师范院校的职能更为多样化的背景下，分散式的资源配置就会导致教师教育专业必须与其他学科专业竞争内部资源，其结果就是目前教师教育的学科治理模式不仅不能充分发挥和加强教师专业培养的作用[1]，反而会带来了更多的冲突与矛盾。问题的关键

---

[1]　赵萍：《我国农村中小学教师培养机构与培养过程研究——基于文献的考察》，载《教师教育研究》，2015，27(1)：68-78，112。

不是教师教育主体地位的丧失，而是如何协调和理顺学科之间的关系，形成和构建教师教育与其他学科的资源分配方式，充分有效地发挥教师教育资源的作用。

四、教师教育体系异化论

教师教育体系异化论观点认为，师范大学追求综合化的过程是"舍弃自身教师培养优势的趋势，一味盲目地向综合性研究型大学靠拢，不仅使师范教育的特色渐渐泛化与弱化，而且在非师范教育方面也会遭到不断的挑战与挤压"①。相对于培养高质量的教师这一核心任务，师范院校的综合化以及教师教育体系的开放使教师培养被泛化甚至是虚化。② 这种观点的实质是认为师范大学走向综合化是对其核心任务的"异化"。

这种观点与教师教育主体地位丧失论相互联系，根源都在于，师范院校走上综合化道路之后，出现了师范生生源质量下降、教师培养质量不能满足基础教育学校发展的问题。对于这种看法，需要讨论的是，综合性大学的人才培养模式如何满足教师培养的需要，达到高质量教师培养的标准。就传统师范院校的教师培养模式而言，要注重学科结构与基础教育的对应，但是这样的培养模式是否符合现代教师专业性的需求呢？对于现代教师而言，教师的学科知识也不再是经验式的组织方式，而是通过建构的学习过程生成的。同时，现代社会的特征决定了教师不仅是课程的建构者，也是教学知识的生产者③。以命题式的知识，特别是以学科逻辑为核心的课程组织

---

① 伏干：《我国教师教育的发展与教育主体性》，载《天津师范大学学报（基础教育版）》，2012(2)：21—25。

② 吴遵民、傅蕾：《我国 30 年教师教育政策价值取向的嬗变与反思》，载《杭州师范大学学报（社会科学版）》，2011，33(4)：93—100，128。

③ Hargreaves, A., Transforming Knowledge: Blurring the Boundaries Between Research, Policy and Practice. *Educational Evluation and Policy Analysis*, 1996, 18(2)：105—122.

方式忽视了教师作为学习者的知识建构过程，并不能够适应培养现代教师的需要。相反，交叉学科和学科前沿有助于开拓师范生视野，引领师范生体验学科知识的形成过程，探索未知的知识领域，从而形成研究性的思维与能力，有助于在未来教学中，实现跨学科的理解性教学，培养以想象力、创造力和批判思维能力为核心的高阶认知能力。

不仅如此，异化论的观点片面地强调了可训练的教师基本技能在教师培养过程中的作用。"三笔字"、简笔画等基本教学技能，甚至包括一部分艺术技能从本质上说都是可以通过大量重复性操练逐渐熟练精通的。但除此之外，对教师而言更为本质的专业能力究竟是什么？研究表明，在提升学生学业成就方面最有影响力的人物是"那些成为他们自身所产生效果的学习者的教师"[①]，也就是说，教师在变革教学的过程中，实际上是一个研究者，他们要研究"什么在起作用什么没起作用，……寻找反证，渴望发现任何预期和非预期的影响"[②]。教师作为一名研究者开展反思性教学的能力，在实践环境中开展探究活动的能力，乃至掌握规范的教育科学研究方法，通过实践探究成为教育学知识的生产者，都需要在教师培养阶段大量学习相关课程，通过精心地研究指导和教学实践才能实现。因此，师范生课程包含大量的职业技能训练，如"三笔字"、普通话、朗诵课程等固然重要，但更为重要的是培养师范生的实践探究能力。与其说师范院校的综合化是教师教育的异化，不如说是当代教学专业的本质需求推动了传统师范院校的培养模式必须发生颠覆性的变革，才能符合未来教学的要求。

---

①　[新西兰]约翰·哈蒂：《可见的学习：对 800 多项关于学业成就的元分析的综合报告》，29 页，北京，教育科学出版社，2015。

②　[新西兰]约翰·哈蒂：《可见的学习：对 800 多项关于学业成就的元分析的综合报告》，29 页，北京，教育科学出版社，2015。

五、教师教育体系应用转型论

教师教育体系应用转型论与近年来教师教育的实践转向和我国引导部分地方普通高校向应用型转变的高等教育政策有关。教师教育体系应用转型论关注的核心在于是否应该通过大量的实践课程来培养教师。在大量师范生培养院校开展"顶岗实习"的实践教学形式的背景下，实践转向似乎已经成为提升教师培养质量的可行途径。我国高等教育政策提出，引导部分地方普通本科高校向应用型转变的政策导向下，部分地方师范院校更是提出了从整体上"走向职业类或应用教育类"的口号。

教师教育的实践转向不仅是近年来西方发达国家教师教育的一个重要思潮，也是长期以来有关教师教育学术性和实践性争论的反映和延续。英国和美国近年来的教师教育改革普遍重视中小学作为教师教育机构主体的作用和角色，鼓励大学和基础教育机构形成教师培养的伙伴关系，甚至在政府政策的导向和支持下，出现了以基础教育机构为主的教师培养模式。教师教育的实践转向肯定了基础教育机构在师范生培养方面的重要作用，为师范生提供基于真实教学情境的学习机会，对于提高教师培养的质量有积极意义。然而，问题在于，教师培养的实践转向需要对实践有充分深刻的认识。实践绝不等同于"做中学"，也不是教学技术的反复机械操练，更不是让师范生置身于复杂的教学环境中任其自生自灭。专业认识论的研究表明，专业人员的实践方式是一种反思性实践，实践者并不是盲目地发出行为，而是有内在的实践理论作为行动的指引。并且，实践理论有其内在结构，阿格里斯认为，实践（行动）理论包含信奉理论和使用理论，这二者之间也并不总是保持一致的。因此，如果以理论与实践的二元对立视角去割裂地看待教师教育的实践性，把教师教育的实践转向仅仅理解为增加实践学习时间，而不是在精心的设计与指导下加强师范生的实践学习，并不能真正提升教师培养质量。

　　教师教育的实践转向隐含的一个重要观念就是怀疑教育学学术对于教师培养的价值。从第一所专门培养教师的师范学校到今天，在世界主要国家中，极个别国家之外，世界各国的教师教育体系都已经把教师培养提升到本科和硕士的学历层次，教师教育的机构也以综合性大学或是综合性大学与师范院校共存为主，独立设置师范教育体系的国家逐渐减少。与此同时，教育学的学科性质与地位发生了极大的变化。教育学既是培养教师的教学法，也是从哲学中分化而出的研究人类教育活动与现象的人文领域，又与新兴社会科学学科相互交叉成为社会科学大军的一员。[①] 甚至于从教育学院自身的职能和功能而言，在不同的大学内部，都有因不同性质的"教育学"而形成的专事教育科学研究和教育行政管理人才培养的教育学院与专门培养教师的教育学院的分野。因此，毫不意外，教育学对于教师培养的价值受到了质疑与挑战，也正因此，教师教育的实践转向在一定程度上被简化为"学科知识＋实践学习"的教师培养模式。

　　地方普通本科高校向应用技术类型、职业教育类型转变不能以牺牲教师教育的专业性为代价。正如弗隆（Furlong）所言，教师培养专业性的核心是在具体的情境中发展学生的实践智慧。因此，地方普通高校在向应用技术型大学转型的过程中，应充分发挥大学与实践基地相结合的优势，加强师范生的实践学习环节，培养师范生扎实过硬的教学技能。但实践智慧也包含反思的能力以及达成共同体良好目的的能力，技术必须与判断相结合，因此具有很强的伦理性。[②] 这就进一步揭示出，教师的培养不仅是技能的训练，还包括师范生的人格塑造与专业伦理、专业精神的养成。因此，教师教育

---

① Furlong, J., *Education-An Anatomy of the Discipline：Rescuing the university project？* London and New York：Routledge，Taylor & Francis Group，2013.

② Furlong, J., *Education-An Anatomy of the Discipline：Rescuing the university project？* London and New York：Routledge，Taylor & Francis Group，2013.

的专业性还体现在对师范生个体成长的关注。不仅如此，应用技术型大学以及以应用型人才为培养目标并不意味着应用技术型大学不开展研究，应用型人才不需要在实践中进行研究。因而，如果仅仅以知识应用的逻辑去看待应用技术型大学的教师培养，忽视对师范生教育学术素养和实践探究能力的培养也将削弱了教师培养的专业性。

此外，要说明的是，教育学学术自身发展水平能否满足教师培养的需要与教师培养是否需要教育学学术是两个不同的问题。当前教育学学术对教师以及师范生支持乏力的状况是由于教育学的学术研究自身发展水平不足导致的，而非教师不需要教育学的知识。大学的学科制度和学术环境驱动着教育学向着社会学、经济学等社会科学方向发展，导致教育学学术活动更加关注作为社会现象的教育，而不是作为学校日常生活的教学，其结果造成教育学学术对教学本身的研究远不能满足教师胜任教学工作的需求。因此，面对教育发展对教师教育提出的新挑战，加强有关教学和学习过程的研究，以适当的方式呈现和组织教育学学术的成果，使其更加面向教学需求，更加适应教师培养的需要才是教师教育的实践取向带给教师教育的最为宝贵的财富。

六、教师教育体系无用论

近年来，一些优秀的基础教育学校在新任教师招聘中青睐名牌综合性大学毕业生，青睐博士学历教师引起了较大的社会反响。同时，由于中小学教师编制、聘任等环节存在的问题，导致中小学教师学非所教、教非所学的学科错位现象较为突出，在这样的背景下，教师教育无用的声音逐渐有了市场，甚至在一些中小学校长中流行。

需要明确的是，教师队伍的建设是一个系统性的过程，不仅包括教师的职前培养和职后专业发展，也包括教师的人事聘任制度、薪酬制度、晋升制度、荣誉制度等各个方面。因此，如果将教师聘任和编制中出现的错位与缺陷归咎于教师教育无用则难免与问题本身南辕北辙。首先，教师教非所学、学非所教大都是由于教师聘任与培养的结构性矛盾造成的。例如，在一次针对某县的调研中发现①，该县由于编制和财政的限制，曾经整整十年未招考中小学主科正式在编教师，导致教师队伍老化、短缺的问题十分严重。其间，仅有一次在省编制办公室的支持下，专项招聘了若干位音乐、美术和体育教师。这些教师入编上岗后，第一要务是补充主科教师的巨大缺口，而并非做音、体、美教师的本行。在这种情况下，所谓教师教育无用是指教师培养与聘任的结构性矛盾，而非教师教育真的没有价值。其次，优秀的基础教育学校青睐综合性大学毕业生，青睐博士学历教师也并非是因为教师培养无用，恰恰相反，而是充分暴露了我国教师培养在质量和层次上的欠缺。当前，我国教师队伍中，高中教师拥有硕士及以上学位的教师仅占教师队伍的 7.1%②，拥有博士学位的教师更是凤毛麟角，远远不能满足优质高中对教师的需求。高中对高学历教师的追捧，在一定程度上反映了我国高中教育的学习方式由"接受式学习"向"探究性""研究性"学习的转变；反映了高中教育在追求课程的多元化、丰富性方面做出的可贵探索。高中教育的改革需要大批学科知识基础扎实、课程设计与实施能力突出、富有探究精神与研究能力的高水平教师。然而，当前我国教师教育的学历层次以本科为主，以传统文理学科为主的教师教育专业设置模式并没有根本性的改变，因而师范生的学科知识结构、教师教育专业知识与技能结构乃至从教信念与师德养成均有亟待改进的突出问题。因而，教师教育无用论本质上不是无用，而是无人可用，其实质仍然是教师

① 《教育部普通高校人文社会科学重点研究基地北京师范大学教师教育研究中心北京师范大学自主科研基金创新研究群体建设项目"中国农村教师培养与培训体系建设研究"课题调研报告》，北京，教育部普通高校人文社会科学重点研究基地北京师范大学教师教育研究中心，2015。

② 根据《2015 年教育统计数据》计算所得(2018-11-12)，http://www.moe.gov.cn/s78/A03/moe_560/jytjsj_2015/2015_qg/201610/t20161018_285337.html。

培养不能满足基础教育改革与发展需求这一突出矛盾。

硕士和博士等高学历教师有过从事科研工作的经历，在学科知识方面有较为长期的积累，因而在研究性学习和学科性质的把握上，具有一定的优势。然而问题在于，当前我国专业学位教育在人才培养目标、模式和课程方面还没有形成自己的特色，高学历教师的培养模式几乎是照搬学术学位教育，这就导致以培养学科科研力量为主要目标的学术型研究生学历教育的培养目标与基础教育学校需求之间的差距较大，新教师上岗后往往需要花费三五年的时间在实践中以"做中学"的方式学会教学。我国与美国的相关研究同时发现，经历过教师教育专业培养的师范生，入职适应的时间更短[①]，留任意愿更为强烈，但对学生的学业进步的影响并没有显著差异。[②] 可以说，盲目追求高学历教师，盲目追求名牌综合性大学的非师范专业毕业生事实上会带来一定的风险。一方面，高学历教师进入基础教育学校在"做中学"，往往随意性很大，即便是以"师徒带教"等形式在实践中学习，也极易受到各方面因素的影响，教学效果不能保证，对学生不公平；另一方面，在没有任何准备的情况下，新教师迅速面对高不确定性、高挑战性的教学工作，受到来自行政、教学专业与家校关系等方方面面的压力，极容易产生挫败感，不利于教师长期从教，损害教师未来专业发展的潜力与动力。有关不同代际特征教师的职业生涯研究也表明，对于新一代的教师，由于其职业生涯呈现出了"加速发展"的特征，准备不充分的新教师在未来的专业发展中也会缺乏潜力，提前进入阻滞专业发展的"保守期"。[③]

---

① 弋文武：《我国义务教育阶段师范学历教师和非师范学历教师的教学能力差异研究》，载《教育理论与实践》，2012(7)：40—44。

② Darling-Hammond, L., "Teacher education and the American future", *Journal of Teacher Education*，2010，61(1—2)：35—47.

③ Stone-Johnson, C., *Regenerating Teachers*. In *Teachers' Career Trajectories and Work Lives*，London and New York，Springer，2009：pp. 179—202.

理论争鸣是我国教师教育体系发展与改革过程中实践困境的反映。上述争论表明，在我国教师教育改革与实践探索中，教师教育"升级换代"的客观需求和实践困境为我国教师教育思想发展和形成富有我国特色的教师教育理论提出新的挑战，同时也培植了理论发展的温床，为教师教育研究者和实践者提供了大量有价值的课题与任务。此外，从理论争鸣中还可以看出，随着我国不断扩大开放，改革全面走向深入，国际教师教育的实践与思想也在为我国教育工作者所熟悉，教师教育工作者以高度的理论自觉，参考国际教师教育研究和理论发展的成果，研究和反思我国的教师教育改革与实践。本土问题与国际视野的交相融合逐步推动我国教师教育界形成富有中国特色的专业化教师教育理论与思想。

第四节　走向精英取向的教师教育专业化理论

前文所讨论的理论争鸣与我国教师教育机构专业化发展的现状研究在一定程度上反映了具有中国特色专业化教师教育理论的基本特征。近期的统计数据表明，参与教师培养工作的综合大学、综合学院、独立学院和高职高专院校等非师范院校在数量上已经超过了传统的师范院校。并且，传统师范院校也已经有相当部分院校的师范专业数量少于非师范专业，师范生数量少于非师范生数量。可以说，在一定程度上，本科师范院校的性质已经从传统上功能单一的教师培养机构转变成有教师教育传统的综合性大学。为此，我们认为需要建立一个专业化的教师教育体系，这个体系由两部分构成：一是专门的教师教育院校，如培养幼儿园和小学教师的师范院校，它们完全致力于教师教育，不盲目追求综合化；二是综合化了的师范院校和综合院校建立专门的（教师）教育学院（部）完全致力于教师教育，把综合性作为教师教育的不可或缺的基础，但必须致力于相对独立的专门的教师教育。

我国已经基本实现了教师培养的本科化，但教师培养机构总体水平不高，吸引优质生源能力有限。在本、专科师范专业在校生中，本科生在校生比例已经达到 70％，并且超过 50％的本科师范生是由综合学院与师范学院培养的。综合学院与师范学院的师范生生源通常以高考二批次招生生源为主，总体上应该说生源质量尚可。但是，本科以下层次的教师培养则集中了师范生中的"托底性生源"，部分中师学校的招生已经困难到"只要学生来念，根本不管成绩"的地步。随着我国教师资格证书制度对教师初始学历的要求逐步提高，未来专科层次的教师培养机构与目前保留的部分中师学校在师范生的招生、培养和就业方面将面临巨大挑战。因此，"十三五"期间 181 所师范院校是否"更名""脱帽"，需要区别分析与对待。正如前文所说，由于本科层次的师范院校事实上已经转变为综合性大学，对于这类教师教育机构而言，无论是否"更名""脱帽"都已经不可能再回到传统上封闭、独立的师范教育机构。对于本科以下层次的教师教育机构，当务之急是对其教师教育专业进行评估与认证，及时取消、关闭这类机构中存在的水平低下的教师教育专业，对这类机构而言，面临的不是"更名"或是"脱帽"的问题，而是是否还具有教师培养资格的问题。因此我们的观点是教师教育必须达到本科及以上水平，专门致力于教师教育的师范院校应尽快提高办学水平——从中专和大专水平提升到本科水平——才能保障我国教师教育体系的基本质量。

应强化教师教育的专业属性，以学科建构的逻辑调整大学内部的学科治理结构，调动高等教育机构内部资源，提升教师教育质量。如前文所述，所谓教师教育的弱化、异化，在一定程度上是教师教育机构在走向综合化的过程中，以学科逻辑进行大学资源配置的结果。提升教师教育质量的根本，不在于使这类机构重回到教师培养的单一功能，而是进一步强化以学科逻辑建构教师教育二级学科，提高教师教育的专业性。并且，与世界发达国家相比，我国教师的学历层次与专业化程度仍然存在不小的差距，未来我国还面临着提升教师培养层次的重要任务。本科和研究生以上层次的教师培养更应该充分发挥培养时间长、层次高的优势，构筑"学科专业＋教师教育专业"的专业教育体系，助力教师队伍整体质量的提升。从大学的办学逻辑而言，人文教育与专业教育也恰恰是大学传统的优势所在，在我国通过教师教育转型实现了以高等教育机构为主培养教师的今天，教师教育的专业化发展对于未来教师队伍建设乃至大学的发展都具有重大意义。

基于上述思考，有学者指出，未来我国教师教育体系的发展应走向"精英化的教师教育体系"①，我们将之概括为"精英取向的教师教育专业化理论"。这一理论的提出，除前文所述的现实背景以外，还基于对教师队伍对我国基础教育发展重要作用的体认，更是建立在有关国家与教师教育发展的互动关系的认识基础上。精英化的教师教育体系内涵是："第一，大学要作为培养教师的机构，其教师教育专业招生的最低线是二本线，而不是中职、中专、大专等机构；第二，根据一轨多级的教师教育体系，最高级的教师教育机构要培养硕士以上层次的教师，包括幼儿园教师、小学教师、中学教师、特殊教育教师、中职教师，因此需要教师教育机构转型，从教育学院转型到研究生层次的专业学院；第三，要建立以最优质学校为基础的教师教育专业的实践体系，教师教育专业学生的专业实践得到最专业的训练；第四，要建立一支精英化的教师教育者队伍，至少是博士学历层次，在实践中有丰富的教育教学经验，丰富的教师教育研究素养；第五，要建立精英化教师教育体系需要的专业标准及其评估体系，建立基于高标准的教师资格标准的教师教育标准，包

---

① 朱旭东：《论当前我国三轨多级教师教育体系》，载《教师教育研究》，2015，27（6）：1—7。

括机构、专业、实践、队伍等的标准"①。可以预期，随着改革开放
事业的不断深入，党和国家高度重视教师队伍建设工作，精英化的
教师教育体系将是未来我国教师教育体系的发展方向。在实践的过
程中，随着实践的发展，一系列基本理论问题将得以生发、探讨和
研究。基于我国教师教育特征与实践的精英取向教师教育专业化思
想将逐步形成和发展，为全球教师教育的发展与改革提供中国经验
和中国思考。

表 6-3　我国教师教育机构专业化转型路径及治理模式

师资类型	入学起点	学历层次	专业设置	培养机构
小学师资培养	初中	5 年制专科	文理教育专业	中师和有中师背景的专科师范院校
		5 年制专科＋2 年本科	文理教育专业	专科师范院校＋本科师范院校
		6 年制本科	文理教育专业	有中师背景的本科师范院校
	高中	3 年制大专	初等教育专业或文理教育专业	师范专科学校、师范学院、地方综合学院、高职高专院校
		4 年制本科	小学教育专业	本科师范院校、地方综合学院、综合性大学
中学师资培养	高中	3 年制大专	文理教育专业/文理专业	师范专科学校、师范学院、地方综合学院、高职高专院校
		4 年制本科	文理教育专业/文理专业/二级学院建制的教师教育学院	本科师范院校、地方综合学院、综合性大学

　　　　　　　　　　　　　　　　　　　　　　　　　　赵萍

————————

　　①　朱旭东：《论当前我国三轨多级教师教育体系》，载《教师教育研究》，2015，27
（6）：1—7。

第七章
教师教育的未来展望

　　2018 年 1 月，中共中央、国务院印发了《关于全面深化新时代教师队伍建设改革的意见》，这是新中国成立以来党中央出台的第一个专门面向教师队伍建设的里程碑式政策文件。《关于全面深化新时代教师队伍建设改革的意见》对未来一段时期我国教师队伍建设进行了系统性部署，明确提出实施教师教育振兴计划，建立中国特色师范教育体系，不断提升教师专业素质能力。时隔一个月，教育部等五部门印发《教师教育振兴行动计划（2018—2022 年）》，正式提出未来五年教师教育振兴的"五大任务""十项计划"，确定了未来一段时期我国教师教育发展的主线和总纲。以两个重磅文件的印发实施为标志，我国教师教育的改革与发展进入一个新的历史时期。可以预见，未来教师教育发展的基本脉络是以提升教师教育质量为核心，以教师教育供给侧结构性改革为动力，以加强教师教育质量保障体系建设为支撑，以教师教育者专业化建设和师范生教育实践体系建设为关键，逐步建立起满足新时代发展要求的现代教师教育体系，培养造就党和人民满意的师德高尚、业务精湛、结构合理、充满活力的高素质专业化教师队伍。

第一节　供给侧结构性改革：新时代教师教育的发展主题

教师教育是教育事业的工作母机，是提升教育质量的动力源泉。经过 40 年的改革发展，我国教师教育体系建设进入新阶段，教师队伍建设取得了显著成就。但是，不可否认，当前我国的教师教育供给侧与社会需求侧之间仍存在一些结构性矛盾，教师培养培训质量还不能完全适应建设高素质专业化创新型教师队伍的需要，不能完全满足人民群众对更高质量、更加公平的教育的追求。结合新时代的发展特征和发展需求，基于我国教师教育的发展基础和现实问题，可以作出一个基本判断——质量转向必将是我国教师教育未来发展的鲜明主题。

实现教师教育的质量转向，关键在于把提高教师教育供给体系质量作为主攻方向，主要路径就是推进教师教育的供给侧结构性改革，用改革的办法推进教师教育要素、结构的系统性优化调整，通过类似于经济领域的"三去一降一补"的综合施策，有计划地减少无效和低端供给，扩大有效和中高端供给，提高教师教育供给侧对教师需求侧的高质量适应性，构建形成符合新时代要求的、结构合理的高质量教师教育供给体系，推动我国的教师教育真正走上以质量提升为取向的发展路径。

当前，我国教师教育供给侧与社会需求侧之间的矛盾表现在多个方面。一是规模上的持续性供过于求。相关数据显示，2006—2015 年，我国每年的师范毕业生平均数为 70.16 万人，只有 27.89％的师范毕业生能进入中小学教师岗位，不到总数的三分之一；而且，每年录用的中小学教师中，至少 20％来自非师范类专业①，师范生的供需矛盾十分突出。二是结构上的脱节性供需不适，比如社会对高规格、高层次教师的急迫需求与大规模专科及以下学历层级教师供给之间的矛盾，来自基层一线的旺盛的对高质量的教师培训需求与现实教师培训的针对性不强、实效性不高之间的矛盾，等等。三是体系上的错位性供需不畅。一方面是大规模的师范毕业生等待就业，地方学校也有旺盛的师资需求；但另一面还存在地方政府"有编不补""进而无编"等入职困境，师范生出口与入职环境亟待优化。与此同时，就教师教育内部而言，还存在教师教育课程供给质量不高、教师教育者素质参差不齐，不能很好地适应师范生的专业养成需求；许多院校尚未建立起与国家教师教育课程标准相匹配的教师教育课程体系、实践体系；在追求经济效益的驱动下，部分地方院校师范生招生规模处于非理性状态，生师比的居高不下，理论课程的大班教学、教育实习的"放羊"现象还较为普遍，无法满足师范生接受高质量教师教育的现实要求。综上，缩减规模，优化结构，提高质量，是未来一段时期我国教师培养供给侧改革的重心和主线。

一、树立教师教育质量意识与思维

教师教育的研究与实践"在很大程度上是由质量控制（quality control）的主题所主导的"②，教师教育研究者将其核心问题界定为寻找那些保证教师培养质量和专业发展质量的方法和途径，形成了一种浓厚的质量文化。树立质量意识，形成质量思维，是改进教师教育质量的重要依托，也是推进教师教育供给侧结构性改革的前提条件。

---

① 王琼：《教师教育需供给侧结构性改革》，载《中国教育报》，2016-9-12。

② W. Robert Houston. *Handbook of Research on Teacher Education*：*A Project of the Association of Teacher Educators*，New York，Macmillan Publishing Company，1990：7.

（一）树立"三位一体"的教师教育质量意识与思维

教师质量是一个持续改进的过程，涵盖教师职前培养、入职培训、职后专业发展三个阶段，每个阶段都有独特的质量要求。但是，这三个阶段的质量改进从本质上而言是一个连续体，依次相续，不能割裂和孤立地看待。为此，要建立三个阶段相互衔接、匹配的教师质量标准。在职前培养阶段，主要通过建立教师教育机构标准和专业标准，确保把师范生培养成为质量合格的准教师，而且各项标准均要与国家教师资格考试的要求、新入职教师质量标准相联系。入职培训阶段，主要通过国家教师资格考试，把住新入职教师的质量关，并为初任教师制定基于表现的标准，保证其在入职培训期内成长为一名合格教师，并及时退出不适合从教者。第三阶段，主要关注成熟教师的专业发展质量，通过教师资格的定期注册机制以及制定教师专业培训标准、高级教师专业标准，引导教师参与高质量的专业发展活动，实现教师质量的持续改进。同时，根据教师从教后在提升学生学业成绩上的表现，对教师教育机构和项目进行"倒逼式"问责。

（二）树立多方协同的教师教育质量意识与思维

教师质量的改进是一个涉及多方利益主体的事业，需要政府部门、教师教育机构、中小学校等多方主体的协同配合，缺一不可。各个主体均要树立相应的质量意识，并承担相应的质量责任。比如，政府部门要制定各个阶段的教师质量标准以及与之配套的教师薪酬、晋升、荣誉等政策体系，组织实施高质量的国家教师资格考试，并为教师教育机构、中小学校的教师质量改进提供充足的经费支持。教师教育机构作为教师培养、培训的重要实施者，要满足相应的机构和专业标准，并与中小学校协同合作，实施高质量的教师教育，保证教师培养培训质量。中小学校作为教师职后专业发展的主要场所，要为教师质量的持续改进提供不断的评估、反馈、引导和专业活动支持，同时需要引入教师教育机构的优质资源。为此，各类教师质量改进主体需要加强沟通，建立合作共同体，保持理论、实践、政策之间的对接和互通，共同保障教师质量。

二、推进教师教育供给侧结构性改革的主要领域

（一）优化教师教育的生源供给结构

用最优秀的人去培养更优秀的人，是高质量教师教育的理想状态，是国际教师教育改革的普遍共识与趋势，也是我国未来教师教育发展的必然方向。优质的生源质量是高水平教师教育的源头，也是保证教师教育质量基线的第一道门槛。有学者对 50 多个国家的比较研究发现，教师本身在学生时期的学业成绩越好，该国基础教育学生的学业水平就越高。比如，新加坡、芬兰和韩国等基础教育学生的学业水平较高的国家，所有教师曾经的学业成绩均在前 1/3。美国教育者培养认证委员会（ The Council for the Accreditation of Educator Preparation）的新一代标准要求师范生在入学时平均绩点必须达到 3.0 以上，并保证师范生的国家测试成绩在大学生整体成绩分布中的位置要逐年上升，即 2016—2017 年在前 50％，2018—2019 年在前 40％，到 2020 年在前 33％，这个规定前所未有，它意味着今后美国所有教师教育机构在招生时都不允许开放入学，而且必须用"高门槛"来选拔优秀人才从教，从源头上控制教师培养质量。[①] 当前，我国部分省市已经在探索实施师范生生源质量提升计划。比如，浙江省从 2012 年起在师范专业实行学业水平测试、综合素质评价（面试）、统一高考相结合的"三位一体"招生选拔方式。但是，这样的改革仍属少数。从整体而言，我国师范生生源供给结构仍待优化，总体质量不容乐观，生源质量保障机制亟待建立完善。可以说，

---

① 邓涛：《美国教师教育认证改革：机构重建和标准再构》，载《教师教育研究》，2016，28(1)：110—115。

提升和改善师范生生源供给质量应该是未来一段时期我国教师教育供给侧结构性改革的应有之义。

改善师范生生源质量，关键是要把当前的"托底性"生源质量向"基线性"生源质量和"选拔性"生源质量调整，逐步调整形成满足保障国民教育和创新人才培养需要的教师培养规格层次。所谓"基线性"生源质量调整，就是把本科师范专业招生的基准线确定为高中学业水平考试各科良好且高考成绩不低于生源所在省份二本线；专科师范专业要设定基准线，不能"无底线"降分录取；在基准线基础上，部分办学条件好、教学质量高的高校师范专业实行提前批次录取，以一本线为基线选拔更高质量的生源。"选拔性"生源质量调整，即通过高考录取增设面试环节、入校二次综合选拔、就读全过程考核"进入－退出"等形式，深入考察跟踪学生的综合素养和从教潜质，选拔出乐教适教善教的优秀学生就读师范专业，从"入口"提高教师教育质量。与此同时，在政策吸引上，要通过教师待遇的切实稳步提升、尊师重教环境的持续营造，以及多元化探索采取到岗退费或公费培养、定向培养等方式，吸引优秀生源报考师范院校和师范专业。

（二）优化教师教育的学历供给结构

从发达国家的普遍实践来看，教师教育大学化是显著趋势，本科学历是教师职业资格准入的基准线、合格线。芬兰等国更是从 20 世纪七八十年代开始，就将中小学教师教育提升至硕士层次，要求教师必须具备硕士学位[①]。相比而言，我国教师队伍的学历层级、学历结构还不够合理，距离社会对高规格、高层次教师的需求还存在较大差距。以 2016 年为例，无论哪个学段，我国研究生毕业的教师比例均处于较低水平，高中、初中、小学、幼儿园依次为 7.94％、

---

① 黄海军：《芬兰的高质量教师从何而来》，载《中国教育报》，2017-12-1。

2.20％、0.78％、0.31％，小学和幼儿园分别还不到1％。同年，日本公立学校中具备硕士学历的教师比例分别为高中15.2％、初中7.5％、小学4.6％、幼儿园1.1％[1]，均大幅超过我国。我们还要关注到，在我国小学专任教师中，近一半的教师尚不具备本科以上学历，专科及以下学历教师大规模存在；幼儿园专任教师中，75.62％的教师不具备本科以上学历，高中及以下学历教师占比近18％。这与新时代人民群众对更高质量的基础教育的需求是不相适应的，教师学历层级提升的"补课"任务十分繁重。

表 7-1　2016 年度我国各层级学校专任教师规模及学历结构[2]

学校类型	专任教师总量	研究生毕业		本科毕业		专科及以下毕业	
		规模	比例	规模	比例	规模	比例
高中[3]	1733459	137689	7.94％	1559619	89.97％	36151	2.09％
初中[4]	3487789	76857	2.20％	2799585	80.27％	611347	17.53％
小学[5]	5789145	44914	0.78％	2874007	49.64％	2870224	49.58％
幼儿园[6]	2232067	3863	0.171％	439326	19.68％	1784878	80.15％

　　基于国际经验和现实需求，我国的教师培养层次提升势在必行，而且已经具备现实条件。中共中央、国务院《关于全面深化新时代教师队伍建设改革的意见》也提出，逐步将幼儿园教师学历提升至专

---

[1] 李冬梅：《日本：教师年轻化、高学历趋势凸显》，载《人民教育》，2017(22)：33。

[2] 本表数据源于或根据教育部官网数据测算。

[3] 《普通高中分课程专任教师学历情况》[2018-10-23]，http：//www.moe.cn/s78/A03/moe_560/jytjsj_2016/2016_qg/201708/t20170829_312609.html。

[4] 《初中分课程专任教师学历情况》[2018-10-23]，http：//www.moe.cn/s78/A03/moe_560/jytjsj_2016/2016_qg/201708/t20170823_311736.html。

[5] 《小学分课程专任教师学历情况》[2018-10-23]，http：//www.moe.cn/s78/A03/moe_560/jytjsj_2016/2016_qg/201708/t20170823_311720.html。

[6] 《幼儿园园长、专任教师学历、专业技术职务情况》[2018-10-23]，http：//www.moe.cn/s78/A03/moe_560/jytjsj_2016/2016_qg/201708/t20170823_311711.html。

科，小学教师学历提升至师范专业专科和非师范专业本科，初中教师学历提升至本科，有条件的地方将普通高中教师学历提升至研究生。具体的思路应该是，义务教育学校教师培养要推进本科化，侧重为小学、初中培养素质全面、业务见长的本科层次教师，重点要加快提升小学教师培养的本科化水平，并稳步提升初中教师中研究生层次教师的比例；高中教育阶段学校教师培养要推进研究生化，侧重为高中培养专业突出、底蕴深厚的研究生层次教师，重点要探索本科和教育硕士研究生阶段整体设计、分段考核、有机衔接的培养模式，加快提升高中教师中研究生层次的比例；继续扩大专科以上层次幼儿园教师培养规模，将学前教育专业设置和招生的增量全部或绝大多数用于专科及以上层次，逐步缩减中专层次的学前教育专业招生规模。同时，稳步扩大教育硕士、教育博士招生规模和免试推荐硕士研究生计划，提高教师培养层次。

为实现这一目标，要适时对教师合格学历的法定标准进行修订，将中共中央、国务院《关于全面深化新时代教师队伍建设改革的意见》中关于教师学历提升的导向意见转化为法定标准。这就要求对《教师法》进行修订，重新确定我国教师合格学历的法定标准，将幼儿园教师的合格学历确定为专科，小学、初中、高中确定为本科。

第二节　完善质量保障体系：新时代教师教育的政策主线

教师教育的质量转向，必须以完备的质量保障体系作为支持和保障。近几年来，我国教师教育质量保障体系建设的一个显著特征是，以标准为引领系统加强各项制度建设。自 2011 年以来，教育部连续发布了教师教育课程标准、中小学幼儿园教师专业标准、"国培计划"课程标准、中小学幼儿园教师培训课程指导标准以及中学、小学、学前教育等专业认证标准，为教师教育诸领域设定了国家标准，

对教师的培养、准入、培训、考核进行了规范性建设和引导，成为
我国教师教育质量保障体系的有机构成。上述标准建设的过程，本
身就是我国教师教育质量保障体系不断完善的过程。在完善系列标
准的同时，教育部同步开展了中小学教师资格考试和定期注册制度
改革试点，并于 2017 年正式启动实施了师范类专业认证，初步构建
起覆盖教师职前培养、入职资格制度到在职专业发展的上下衔接、
链条完整的教师教育质量保障体系。

表 7-2　2011 年以来教育部发布的教师教育系列标准

年度	标准	内容
2011	《教师教育课程标准(试行)》	设定了教师教育课程设置的国家标准，对教师教育课程与教学进行了规范和引导
2012	《幼儿园教师专业标准(试行)》《小学教师专业标准(试行)》《中学教师专业标准(试行)》	设定了国家对幼儿园、小学和中学合格教师专业素质的基本要求，为教师培养、准入、培训、考核等工作提供了重要依据
	《"国培计划"课程标准(试行)》	按学科(领域)分学段、分项目设置了 67 个课程标准，用于指导"国培计划"课程设置和"国培计划"课程资源开发建设
2013	《中等职业学校教师专业标准(试行)》	设定了国家对合格中等职业学校教师专业素质的基本要求，是中等职业学校教师开展教育教学活动的基本规范，是引领中等职业学校教师专业发展的基本准则，是中等职业学校教师培养、准入、培训、考核等工作的基本依据
2014	《中小学教师信息技术应用能力标准(试行)》《中小学教师信息技术应用能力培训课程标准(试行)》	对教师在教育教学和专业发展中应用信息技术提出了基本要求和发展性要求，是规范与引领中小学教师在教育教学和专业发展中有效应用信息技术的准则，是各地开展教师信息技术应用能力培养、培训和测评等工作的基本依据

年度	标准	内容
2015	《特殊教育教师专业标准（试行）》	设定了国家对特殊教育合格教师专业素质的基本要求，为教师培养、准入、培训、考核等工作提供了重要依据
2017	《中学教育专业认证标准》《小学教育专业认证标准》《学前教育专业认证标准》	设定了作为开展师范类专业认证工作的基本依据，旨在强化教师教学责任和课程目标达成，建立持续改进机制，保证师范类专业教学质量达到国家合格标准要求
2017	《中小学幼儿园教师培训课程指导标准（义务教育语文、数学、化学学科教学）》	为中小学幼儿园教师教学能力的衡量和培训设定了国家标准，进一步规范了分类、分科、分层实施五年一周期的教师全员培训

一、完善师范类专业认证体系

从国际经验来看，包括教师教育机构认证、师范专业认证在内的教师教育认证制度，是教师教育质量保障体系的重要部分。2017年启动实施的师范类专业认证是推动我国教师教育综合改革"牵一发而动全身"的着力点，也是完善我国教师职前教育质量保障体系的关键一环。当前，我国初步构建起横向三类、纵向三级的师范类专业认证标准体系，组建了专家委员会，填补了我国教师职前教育质量缺乏有效制度监管的空白。以师范类专业认证为契机或抓手，进一步健全和完善教师职前教育质量监测机制和管控系统，是我国教师教育质量保障体系建设的重要内容。

一要以师范类专业认证为契机，系统采集全国师范类专业建设的相关数据，建设并充实全国教师教育基本状态数据库，依托大数据建立完善师范类专业办学质量监测机制，对各地各校师范类专业办学基本状况实施持续、动态、系统监测，在此基础上建立形成更加完备的教师职前教育质量监测机制，为学校出具年度监测诊断报告，为教育行政主管部门提供监管依据，为社会提供质量信息服务。二要引导高校建立教师职前教育质量自我评估制度，对师范生在整个学习过程中的表现进行跟踪与评估，形成师范生专业成长评价档案袋；建立实施内部教学质量监控与评价机制，运用信息技术对各主要教学环节质量实施全程监控与常态化评价；建立毕业生持续跟踪反馈机制以及基础教育机构、教育行政部门等利益相关方参与的多元化评价机制，形成追求卓越的教师教育质量文化，推进师范生培养质量的持续改进和提高。三要强化认证结果运用，不仅要将认证结果作为师范类专业准入、质量评价和教师资格认定的重要依据，而且要配套建立低表现专业预警机制和援助机制，根据监测数据确认并发布年度低表现师范类专业名单，对进入名单的师范专业给予专业援助和支持，协助其进行整改；整改期到进行再评估，对于整改不力的要取消其招生资格。

二、建立教师教育质量年度报告制度

建立教师教育质量年度报告制度，是我国教师教育质量保障体系的重要一环。美国于 2002 年开始实施教师教育质量年度报告机制，教师教育机构必须以统一的、可理解的方式向所在州提交并公布教师教育质量年度报告。这种公开报告机制，给予教师教育机构持续改进教师培养质量的压力，起到了深化相关改革的催化剂的作用。正如美国教师联合会（American Federation of Teachers）在一份报告中所说的，"在我们看来，最大的毛病不是教师教育机构在做什么，而是它们如何解释正在从事的工作。太多的高等院校未能清晰而具体地说明其目标，没有阐明其决策的过程，也没有与公众分享成功和不足。"教师教育质量年度报告，有助于建设全国教师教育基本状态数据库，构建共享的教师教育质量数据平台，打通政府部门、培养机构、中小学校在教师需求、培养、招聘等方面的信息隔阂；有助于公众及时了解各教师教育机构的基本条件、培养状况，识别

并确认高质量的培养院校、专业和低质量的培养院校、专业，促进教师教育机构的优胜劣汰；有助于聚焦、回应、解决区域教师教育质量问题，增强整个社会对教师质量问题的关注，形成传导压力，落实主体责任。

教师教育机构的年度教师教育质量报告，应该向社会公开发布五类数据。一是学生数据，包括年度招生数据、在校生数据、毕业生数据、校友数据等，目的在于对整个教师候选人队伍的情况进行整体把握和跟踪。特别是，毕业生数据和校友数据是评价教师教育机构和专业质量的主要指标，生源质量数据又在很大程度上反映着教师教育机构的社会认可度，并在某种程度上决定着未来教师的基本素质水准。二是教师数据，主要就教师教育者的基本情况进行报告说明，教师教育机构是否配足配齐教师教育类课程教师，兼职教师是否实质性参与教师培养等信息，师生比是否在合理的范围之内，教师是否对师范生的学习提供了有益的指导，等等。三是培养数据，主要就教师教育的重点过程和关键环节进行报告，使公众了解师范生的培养目标、方案、模式、过程，既包括教师教育的理念、目标，又包括具体的课程设置、实施。四是资源数据，主要就开展教师教育所能获得的资源情况进行报告，包括师范生生均培养经费、教学用房、微格教室、图书、设备、信息资源及实习基地建设情况等。五是特色与问题，主要就该机构教师教育培养中的特色经验及面临的主要困难和问题进行说明。

三、建立基于证据的教师教育质量评价机制

教师质量的评价必然是一个基于证据的评价和分析过程，证据必须来源于数据。当前，我们已经身处于一个大数据时代，"这让社会科学领域的发展和研究从宏观群体逐渐走向微观个体，让追踪每一个人的数据成为可能……对于教育研究者来说，我们将比任何时候都更接近发现真正的学生"。只有具备完善的学生发展数据，我们

才能对教师教育质量进行更为客观的分析和评价。莱文（Levine，A.）认为"教师教育项目应当为这样一个世界培养教师，在这个世界里对成功的唯一评价就是学生的学业成绩"。一要建立明确的学生学业进步评价路径，并对每个学生进行评价，将评价结果作为教师质量评估的重要依据。二要设计和实施严格的、透明的、公平的教师评价体系，采用多种评价标准对教师质量进行等级区分。三要实施教师质量的年度评价，并对教师进行及时的、建设性的反馈。四要基于这些评价，为教师提供相关的辅导、入职及专业发展支持；将评价结果作为教师薪酬、晋升的重要参照，为高度有效的教师提供额外的奖励并赋予更大的责任；通过严格的标准和公开透明的评价程序，做出授予合格教师以教职及全面认证的决定，并撤销那些拥有充足改进机会但仍被证明是无效的教师的教职。

以美国教育为例，《我们的未来，我们的教师——奥巴马政府教师教育改革和改进计划》指出，目前的报告和问责要求并没有导致实质意义的改变，部分原因在于报告数据的收集并不是基于有意义的项目效能指标，更多关注的是项目输入的要素而非项目产出的要素。为此，要求教育部与教师培养机构一起简化规则，减少基于输入的报告要素，并将其替换为三类基于结果的评估要素，从而更好地实施机构报告和州的问责。这三类评估要素分别为：

（1）项目毕业生所任教的中小学校学生的发展数据。教育部要求各州报告每个教师培养项目的毕业生所任教的 K-12 学生的总体学习结果。为此，他们应该设计并使用多元的、有效的学生学业成绩评估工具，从而科学地确定与培养项目的毕业生相联系的 K-12 学生学业增长。

（2）项目毕业生的从教率和保留率数据。为了评估和判定项目的效能，特别是项目在培养、支持教师等方面与学区需求的符合度，教育部要求各州报告项目毕业生是否被聘用到教学岗位，特别是聘用到教师短缺领域和高需求区域，以及他们是否在那些岗位上长期待下去。

（3）项目毕业生及其校长的质性调研数据。该系统通过收集质性调研数据，确定了改进的举措，提供了项目质量的完整图景。教育部要求各州对近期的项目毕业生及其校长进行调研或收集其他质性证据，从而验证相关的培养项目是否为毕业生入职第一年的成功提供了所需要的能力。

教师—学生数据关联系统，既是教师质量问责的重要依据，也是教师质量改进的基础工具。在奥巴马政府的"力争上游"计划中，更是将"完善的数据系统"作为改革的四个核心领域之一，给予更大的关注和支持。

对我们而言，教师质量与学生学业数据系统的建设，不仅是基础教育质量监测、评价的基础工程，也是评估并实施教师质量问责的基础工程。我们需要在追踪教师质量数据、学生学业数据上下更多的功夫，这些数据可以揭示学生的学业水平，包括每个具体学科领域的学业情况，从而帮助教师更好地了解学生的特殊需求，增强教学的针对性；可以揭示教师质量的状况，帮助教育部门和学校校长更为准确地了解哪些教师有效提升了学生的学业成绩，哪些教师需要更多的帮助，进而提高资源分配的目的性和有效性；可以揭示教师教育质量，通过学生学业数据追溯其任教教师毕业的教师教育项目质量，为评价和问责教师教育院校和项目提供相应的依据。反之，教师质量数据不准确、无效或不可信，不仅将使教师质量的问责无从着手，而且还会使我们无法清楚地了解教师质量挑战的真实情况，无法保证教师质量改进政策和举措的针对性和有效性。因此，要充分认识数据系统建设的重要性，将其作为一项教育基础工程抓紧建设。

具体而言，一要建立完善的学生学业成绩纵向数据系统，从小学入学一直持续到学业结束，形成完整的学生学业数据链，从而准确地把握学生个体以及班级、学校、县域、省域等各个层面的学生学业水平。二要将学生学业成绩与其任教教师相联系，包括教师的毕业院校、专业、学历以及后续的职称晋升、职后培训等情况，也就是说要建立一个与学生学业数据系统相关联的教师质量数据库。二者相配套，建立起完善的教师—学生数据关联系统，为教师质量的问责及改进提供扎实的数据基础。

第三节　教师教育学科建设：新时代教师教育的学术支撑[①]

无论是中共中央、国务院印发的《关于全面深化新时代教师队伍建设改革的意见》，还是教育部等五部门印发的《教师教育振兴行动计划(2018—2022年)》，都对教师教育学科建设给予了前所未有的关注。前者首次从国家层面提出"加强教师教育学科建设"的时代命题，后者明确将"教师教育学科专业建设"列入"十大振兴行动"，鼓励支持高校自主设置"教师教育学"二级学科。这是新时代加强基础教育教师队伍建设的学术支撑突破点，也是未来教师教育改革发展、质量提升的重要着力点。

一、教师教育学科建设的时代价值

学科是大学的基本元素、基本组织、基本建设。教师教育学科建设，是高质量开展教师培养培训、教师问题研究、教师专业服务以及教师教育文化创新的重要基础；是获取、整合、优化教师教育资源，巩固、夯实、强化教师教育基础，形成、保持、凸显教师教育特色的重要基础。新时代加强教师教育学科建设的价值，体现在

---

① 朱旭东、赵英：《"双一流"建设逻辑中师范院校的教师教育学科建设》，载《教育发展研究》，2018(9)。

多个需求维度。

（一）教师教育学科建设是提升教师教育专业化水平及教师培养培训质量的必然前提

学科是大学教学科研的基本功能单位。现代大学体系下的人才培养必须在学科制度内开展，教师培养培训也不例外。进一步说，教师培养培训的质量，取决于教师教育的专业化水平；教师教育的专业化水平则取决于教师教育学科建设的水平。所谓教师教育专业化水平是教师培养和培训应当遵循师范生成长和在职教师专业发展的规律而实施的一系列培养目标、课程和教学、实践等专业性的程度。专业性主要体现在教师培养和培训中所反映出来的"内容、学和教"的科学的逻辑关系的建立。但是，由于长久以来没有确立教师教育学科制度，因此相应的教师教育的专业性、科学性等无法体现，从而长期以来处在"非专业"的困境中。在职教师培训的问题更为突出，从方案设计到整个实施过程，到最后的评估都处在低水平状态，这与没有学科依托，没有一支专门的研究队伍，没有相对完善的知识体系，没有相应的专业课程设置是紧密相关的。因此，确立教师教育学科制度，加强教师教育学科建设，是提升教师教育专业化水平的一个必然前提。

（二）教师教育学科建设是师范院校匡正教师教育弱化之谬，凸显教师教育特色的必由之路

学科是大学教学、科研、师资等诸多要素的基本结合点，很大程度上决定着大学人力资源、财力资源、物力资源的配置情况。以学科建设为抓手来整合发展资源，是大学推进内涵式发展的重要途径。在开放型教师教育体系的转型与建设过程中，之所以出现师范院校教师教育弱化、边缘化等问题，一个关键的原因就是没有及时建立起教师教育学科制度，使师范院校的教师教育"失去了大学内部

资源按照学术组织机构和学科制度进行配置的资源获取机会"①，也使其教师教育在与其他具备"合法身份"的学科在资源竞争中处于明显的弱势地位。所以，师范院校要想真正把教师教育做优做强，就必须下大力气建设一流的教师教育学科，以学科建设促进教师教育的资源汇聚与优化整合，不仅要获得与其他学科的"同等待遇"以及"同台竞技"的基础，而且要"异军突起"成为师范院校的一流学科，进而才能建设一流的师范院校。

（三）教师教育学科建设是师范院校推进教师教育二次转型、主体性参与现代教师教育体系的必然要求

当前，我国教师教育发展的宏观目标就是推进教师教育二次转型，建立现代教师教育体系，这两个目标的基本指向都是建立现代大学体系下的教师教育专业学院体系。建立教师教育专业学院体系的根基或者前提必然是教师教育学科制度的确立以及教师教育学科建设的支撑。正如斯坦福大学荣誉校长卡斯帕尔（Gerhard Casper）所说："一所高校面临许多学科方向发展的选择，重要的是结合学校的实际进行合理规划……如果你要设立医学院，病理学系是必不可少的；如果你要设立人文科学院，那艺术系科是绝不可少的。"相应地，如果要设立教师教育的专业学院，那么教师教育学科就是必不可少的。具体而言，所谓的教师教育二次转型，就是在我国师范院校综合化这一转型的基础上，推动教师教育基于学科基础实现组织结构的实质性转型，这种实质性转型必然要依托于合法的教师教育学科建制以及成熟的教师教育学科体系。再者，构建开放灵活的现代教师教育体系，无非是两条路径，一是激励师范院校继续保持和优化教师教育，发挥教师培养的主体作用；二是吸引一流大学和高水平

①　朱旭东：《再论我国师范院校教师教育存在的问题：认识误区、屏障和矛盾》，载《教育发展研究》，2016(2)：1—6。

综合大学参与教师教育，扩大高质量教师的来源。这两条路径均以教师教育学科建设为基本前提。没有教师教育学科制度和学科体系作为基础，一流大学和高水平综合大学不可能实质性参与教师教育，而且师范院校的教师教育也会继续面临空间挤压、资源流失、特色弱化的客观困境，建立现代教师教育体系就会处于制度缺失的现实之中。

(四)教师教育学科建设是师范院校回应国家、区域对一流教师重大需求的必然举措

回应国家、区域和行业的发展战略，在满足其重大需求的过程中孕育产生，是一流学科培育发展的一条重要路径。[①] 有教必有师，教师作为教学专业人士，是教育事业发展的基石，是教育质量提升的关键。一流的教育，必须要有一流的教师。对此，习近平总书记曾指出，"努力培养造就一大批一流教师，不断提高教师队伍整体素质，是当前和今后一段时间我国教育事业发展的紧迫任务。各级党委和政府要从战略高度来认识教师工作的极端重要性……"[②]在政策和实践领域，2011 年以来，国家颁布实施了中学、小学、幼儿园教师与特殊教育教师的专业标准以及教师教育课程标准，密集出台了加强教师队伍建设、深化教师教育改革的系列意见，相继实施了国家级教师培训计划、卓越教师培养计划、乡村教师支持计划等重大举措，目的就是解决制约我国教师质量提升的难点、热点问题，切实提升我国教师队伍的整体质量。可以说，国家对一流教师的重大需求是非常迫切的、持之以恒的，这种重大需求是师范院校建设一流教师教育学科的现实要求和重要驱动，也是我们提出教师教育学

[①] 胡仁东：《试论世界一流水平学科的生成机理》，载《中国人民大学教育学刊》，2013(1)。

[②] 习近平：《做党和人民满意的好老师》[2018-11-2]，http：//cpc.people.com.cn/n/2014/0910/c64094-25629946.html。

科建设这一命题的重大现实背景。

综上，教师教育学科建设对师范院校而言具有特殊的意义和价值，理应成为一项重点建设。特别是在"双一流"建设的逻辑中，一流的教师教育学科更是建设一流师范院校的本质要求。

二、新时代加强教师教育学科建设的路径

教师教育学科建设的路径是综合性的，必须针对当前教师教育学科的"缺位"问题，多渠道进行"补位""上位"。

(一)学位点建设路径

学位点是汇聚研究团队、开展科学研究、实施人才培养的重要平台，是助推和加强学科建设的有效载体。在目前教师教育学科制度尚未确立的背景下，有条件的师范院校可以在其教育学一级学科下自主设置教师教育二级博士点和硕士点，通过学位点建设牵引教师教育学科建设，即以学位点为平台整合教师教育的研究方向和资源，培养和建立教师教育学科梯队，推动教师教育知识和理论创新，并通过硕士生和博士生的培养为学科建设提供持续和稳定的人力资源储备，进而带动和促进教师教育学科建设各项内容的综合发展。

当前，国内部分师范院校已经充分意识到教师教育学科建设的重要价值，以学位点建设牵引教师教育学科建设。比如，北京师范大学分别于 2007 年、2010 年自主设置了教师教育二级硕士点和博士点，启动招收"教师教育专业"的硕士生与博士生；东北师范大学、云南师范大学、南京师范大学等高校也自主设置了教师教育二级硕士点或交叉学科硕士点，部分师范大学已将教师教育学科作为重点学科进行培育建设。[①] 但是，总的来看，自主设置教师教育二级博士点、硕士点的师范院校还非常少，而且仅限于有相应学位授予权

---

① 杨林、李辉、茶世俊：《省属师范大学教师教育学科建设：价值、目标与路径》，载《云南师范大学学报(哲学社会科学版)》，2013，45(3)：92—96。

的院校，仅限于研究生层次，难以拓展至未获得博士、硕士学位授予权的院校，难以打通至本科生培养的层面，因而无法引起教师教育专业、课程、教学和人才培养模式的彻底变革。因此，对于有条件的师范院校而言，应该自主设置教师教育二级学位点并确定若干教师教育学科方向进行重点建设。这是师范院校加强教师教育学科建设可以探索的一条路径，需要尽快起步形成教师教育学科建设的基础力量。

（二）组织建设路径

所谓的组织建设路径，就是通过学科组织结构的变革来带动教师教育学科的建设。学科组织是学科发展的基本载体，设置合理、运行良好的学科组织是加强学科建设的有效载体。建设一流的教师教育学科，必须建立相应的学科组织，否则教师教育学科就没有发展的平台、空间和载体。在现实条件下，可以有两种选择路径。第一种路径是建立教师教育的专业学院，即教育学院（部）、教师教育学院、教师发展学院。第二种路径是建立教师教育研究中心、所或基地。也可以根据实际情况，二者同步建设。这是教师教育学科建设发展的专业学院或专业机构。有了组织结构才可能创设学科发展的空间，才可能发挥教师培养的功能，而且这也是增强师范院校教师教育者对教师教育学科认同感、归属感的必然空间。

但是，建立教师教育专业学院或专业机构只是学科组织建设的第一步，更重要的是，要按照学科逻辑实施教师教育，即通过改革，实现由专业机构来配置教师教育各个环节的资源，完成教师教育的任务，专业学院的内在治理结构要以教师专业逻辑来建构。这就需要改革教务处和研究生（学）院在教师教育管理中的屏障，将教师教育真正纳入学科的逻辑之中，按照学科的逻辑来建构学士及学士后的教师培养体系和相应的学位制度，这是教师培养培训质量的根本保障。这种组织变革以及资源格局的调整不仅要求把教师教育的事、权下放到教育学院、教师教育学院，由专业学院来负责教师教育实施的全过程，而且从根本上提出了确立教师教育学科制度，加强教师教育学科建设这一重大需求。因此，建立教师教育的专业学院并按照学科逻辑建构教师培养体系，既是激发教师教育学科建设的内生动力，也是构建起学科发展空间的重要前提。

（三）队伍建设路径

一流的学科必须有一流的学科人。教师教育学科建设必然需要一批有志于教师教育研究的专业团队，承担起教师教育学科拓荒者、建设者、引领者的角色。对师范院校而言，一要建立教师教育教授职称，并推动教师教育学院教师的身份从学科教学论教授向教师教育教授转型。传统上与教师教育相关的师资以学科教学论教授为主，附之以公共教育学和公共心理学或教育心理学的师资。给师范生上公共教育学和公共心理学课的教师的学科归属于教育学科和心理学科，因此传统上没有一支教师教育的师资队伍，这种师资格局对于师范生而言接收到的知识是碎片化的，只是在接受教育学和心理学的学科知识，无法形成一种成为一个教师的专业认同；而且，这种师资格局也难以形成教师教育的学科认同，难以形成整合化的教师教育团队，不利于教师教育学科的建设。因此，组建一支教师教育教授师资队伍是师范院校加强教师教育学科建设的一个基本内容。

二是加强教师教育学科梯队建设，特别是要重视教师教育专业博士生的培养，使其成为教师教育学科建设的有力承载者；并引导有志于教师教育研究的中青年教师进入教师教育的研究领域，充实教师教育研究团队。与此同时，要加强年轻团队的培养，优化其成长发展、脱颖而出的制度环境，关键是要打通其专业发展通道，即确立教师教育教授职称。这是从根本上吸引、培养、发展教师教育学科梯队的一个制度前提。

（四）项目建设路径

学科建设的一条重要路径，就是要与当下社会需求结合起来，通过项目研究和科研攻关的形式，解决国家和社会急需解决的重大现实问题。项目建设路径，可以最大限度地体现学术逻辑，使教师教育学科能在一个确定的目标引领下，实现在学术资源分配、师资队伍建设、科研能力提高、人才培养提升等综合的学科建设目标。不可否认，当前我国的教师专业发展、教师队伍建设所面临的理论、实践、政策问题纷繁复杂，教师教育学科的知识体系也亟待完善，有太多的科研课题需要通过项目的形式进行研究。这既为师范院校教师教育学科提供了大量的科研生长点，也是教师教育学科提升科研水平、证明学科价值、彰显学科声誉的重要途径。可喜的是，部分省级教育科学规划课题已将"教师教育"作为一个单独的"学科分类"进行申报，部分师范院校也设立了教师教育科研专项。但是，在全国教育科学规划课题的申报中尚没有把"教师教育"作为一个专门的学科分类进行申报，这不能不说是一种遗憾。因此，师范院校可以围绕国家或区域教师教育中的理论和现实问题，设立或申报教师教育项目，按照项目管理的形式整合教师教育学科建设发展的各类资源，进而推进教师教育人才培养、学科研究、基地建设、国际交流等综合提升。

（五）专业及课程建设路径

师范院校有一个难以推卸的责任，那就是培养符合社会需要的高素质、专业化教师，既要能够帮助师范生顺利完成学业，又要能够帮助他们通过教师资格国家统一考试获得教师资格证书，这是师范院校人才培养对于教师教育学科建设的必然要求。然而，当前我们的专业设置与国家幼儿园教师、小学教师、中学教师、职业教师和特殊教育教师资格的统一考试制度是不相匹配的，构建新的教师教育学科体系迫在眉睫。目前的教师教育课程体系是按照广义的教师教育学科体系建构的，是以教育学的知识逻辑为基础设置课程并建构课程内容体系的。因此对于大多数学习者来说，它们太学科化、学术化和学科体系化，与教师教育的需要具有一定的距离。普遍认为，它们不能与教师专业联系在一起，从而使课程实施存在诸多问题，如与基础教育实践没有联系，不能促进教师社会化等。

教师教育学科体系应该是以学段和教师类型为逻辑而构建体系。根据学科建构逻辑，教师教育学科是由专业和方向构成的。因此，在教师教育学科下设置幼儿园教师教育专业、小学教师教育专业、中学教师教育专业、艺术教师教育专业、体育教师教育专业、信息技术教师教育专业、学校咨询教师教育专业、心理健康教师教育专业、特殊教师教育专业、中职教师教育专业。在每个专业下又可以设置若干方向，如中学教师教育专业可以设置语文教师教育方向、数学教师教育方向、外语教师教育方向、科学教师教育方向；艺术教师教育专业又可以设置美术教师教育方向、音乐教师教育方向、动漫教师教育方向等。这种学科体系的构建为教师教育课程设置提供了基本依据，与国家教师资格统一考试制度是一致的，是一种符合教师教育逻辑的专业和课程体系。

（六）文化建设路径

学科建设离不开学科文化，学科文化为学科建设营造一种氛围①，有益于增进学科的认同感、归属感，提升学科人的学科意识。而且，只有更多的教师教育者拥有自觉的学科意识，教师教育学科发展才能有坚实的思想基础。可以从以下几个方面努力，即整合现有学会力量，建立全国性、有影响的教师教育学术共同体；定期举办高层次的教师教育学术会议；创办高质量的教师教育学术刊物，

①　王恩华：《大学学科建设——学科发展的动力分析》，《科学学与科学技术管理》，2002，23(5)：34—37。

建设教师教育学科的"朋友圈"。这都是促进师范院校教师教育学科建设的有效途径。目前，中国高等教育学会下设师范教育分会和教师教育分会两个分支机构，分别开展相关活动。其中，教师教育分会于 2003 年成立，简称全国教师教育学会，是"国内唯一的教师教育学术团体"，但是与其他教育类学科的学会比较而言，其学术影响力还有待提升。此外，教师教育学科领域的高层次学术会议较少，目前的会议多集中于教师教育的实践领域和政策领域，对学术议题关注不够，教师教育学者进行学术表达、学术交流的机会有限。这都导致教师教育研究者的学科认同感、归属感不强，教师教育学科意识不强。因此，营造教师教育学科文化，形成教师教育学科的向心力、凝聚力，对教师教育学科的建设和发展而言，至关重要。

第四节　教师教育者专业发展：新时代教师教育的师资保障

教师教育者是承担教师职前培养和在职培训的专业人员。目前，美国、荷兰等国将教师教育者专业化作为提升教师教育质量的重要途径，越来越强调用更严格的方法对教师教育机构中的教师教育者质量与数量进行评级和排名，并制定实施了教师教育者的专业标准。然而，目前我国对教师教育者专业化建设的关注和研究还很薄弱，对教师教育者的专业角色及其能力结构尚没有形成系统认知，教师教育者专业化仍有很大的空间。针对这一问题，《教师教育振兴行动计划（2018－2022 年）》把"教师教育师资队伍优化行动"作为"十大计划"之一；教育部《关于实施卓越教师培养计划 2.0 的意见》也将建强优化教师教育师资队伍，作为其八大改革任务之一。可以预见，教师教育者专业化尤其是高校教师教育者的专业化，将是未来我国教师教育改革的又一个重要内容。

一、促进高校教师教育者的专业角色转变

专业角色认知是教师教育者专业发展的前提。鉴于承担的责任

及面临的复杂环境，高校教师教育者适应教师教育专业化的现实要求，不断扩展和完善其专业角色，形成结构性的专业能力，以获得持续发展。①

（一）从课程实施者转变为课程开发者

传统的课程观认为，师范生课程知识的建构与设计应由专家和学者承担，将知识付诸实践是教师教育的实际工作者。可见，传统教学中高校教师教育者主要承担课程实施的职责。但现实的教师教育要求高校教师教育者由传统的课程实施者转变为理论和实践课程的开发者。一方面，师范生的培养要求高校教师教育者对包括目标、计划、课程、教学和评估在内的普遍要素有深刻的理解，并具备为师范生创造最佳学习环境、提供最佳实践材料的知识和技能。另一方面，高校教师教育者是师范生培养的第一责任人，对师范生理论和实践学习中遇到的问题及对课程的内在需求要有精确的把握。高校教师教育者作为前台操作者，不仅要进行信息接收，协商并制定课程，还要引导学生进行教学实践并解释其重要性，参与到设计课程材料、建构课程框架、参与课程实施等全环节之中。

一是设计课程材料。课程开发可以分为两个阶段，第一阶段是课程专家将技能、知识、概念和价值观转换成课程材料，称为纸面上的课程；第二阶段是任课教师通过使用和开发课程材料发展纸面上的课程，使之成为实践中的课程。这就意味着高校教师教育者在对自身的知识基础以及教学能力透彻了解的基础上，能利用其敏锐的调查、分析、综合能力及强有力的方向引导和信息支撑能力对师范生的学习心理进行探究，根据不同学生的特点设计有思考价值的问题，形成体系完整的课程材料。实践过程中，高校教师教育者在

---

① 付淑琼：《美国卓越教师教育奖研究》，载《比较教育研究》，2016，38（8）：50－56。

深入分析师范生教育实践现状的基础上，通过良好实践环境的选取及合理经验的介绍，对实践内容进行由浅入深、由简到难的安排。

二是建构课程框架。师范生培养是理论前提下大量的实践训练，高校教师教育者要在理论与实践相结合原则的基础上建构系统的课程框架。课程设计包括基础、发展和提升三个阶段的内容。第一，基础阶段，即理论学习阶段。高校教师教育者为师范生提供课程材料，培养其主动识别并生成问题、在观察和参与课堂教学中解决问题的能力。第二，发展阶段，即校本实践和现场实践阶段。师范生的课程材料可以由高校教师教育者提供，也可以由师范生自己积累所得，高校教师教育者为师范生提供实践指导，帮助其解决实践中的突发性问题，评估实践效果，确保实践方向的正确性。第三，提升阶段，即实践反思阶段。高校教师教育者引导师范生进行学情反思。

三是参与课程实施。高校教师教育者课程实施的参与主要体现在对课程实施过程的指导。但是，不同阶段高校教师教育者课程的参与程度也不同。理论基础学习阶段，高校教师教育者的主要职责是帮助师范生完善基础知识体系、学习针对特定情形的工具性知识，引导其适应并融入课程，培养学习的主体意识；校本实践和现场实践阶段，随着师范生自主性和适应性的逐渐增强，高校教师教育者多倾向对师范生进行观察和评估，只在其遇到困难时进行适当引导，参与程度相对降低；实践反思阶段，高校教师教育者为师范生提供定期的、具体的反馈，支持他们进行学习和教学反思。

（二）从环境利用者转变为环境创建者

教师教育理论和实践内容组织形式多样，既有课堂讨论、校本实践，又有现场实践，而且场所也不是固定的。这就要求高校教师教育者由传统的既定教学环境的利用者转变为多样化教学环境的创建者。高校教师教育者要利用其较强的问题敏感性和应对能力，克服师范生对环境转换不适应的困难，为师范生提供一个安全、舒适、平等对话的空间，促进环境这一隐性知识的功能得到最大程度的发挥。高校教师教育者作为环境创建者的行为特征主要包括以下两个方面。

一是建构内部环境，也就是师范生的积极心理环境的建构。师范生心理环境建构的过程中，首先，高校教师教育者教学内容及问题设计的难易程度要适中。同一教学内容根据师范生的学习能力和认识程度设计深度不同的问题，当学生因面临结构过良、难度过高的问题而出现学习停滞现象时，高校教师教育者对其进行适当的鼓励和指导，刺激其进行建构性或情境性学习。其次，高校教师教育者帮助师范生建立继续学习的信心。高校教师教育者要引导师范生实现从学习的被动接收到主动参与的转变，允许学生对某一理论及实践学习内容从不同层面提出次级问题。

二是建构外部环境，也就是师范生的良好学习氛围的建构。首先，是平等对话环境的建构。在理论教学过程中，高校教师教育者可以通过参与讨论、提出问题、解释澄清、得出结论的方法引导师范生进行学习，使师范生学会如何在不对别人造成言语攻击的前提下进行讨论和交流。其次，是同伴合作环境的建构。师范生同伴间的讨论可以使思维过程外显化，从而实现同伴间的良性互动。高校教师教育者可以为师范生合作小组制定学习规则，将互相理解、尊重、信任的原则贯彻到小组讨论的过程中。

（三）从孤立的工作者转变为共同体的联络者

高校教师教育者和中小学教师处于不同的文化和层次结构，在合作中也必然会产生一定的分歧和隔阂。高校教师教育者自身在教学过程中也经常面临如何应对那些还没有准备好参与教学实践的师范生、如何与师范生及同伴进行有效交流等诸多问题。高校教师教育者该怎样解决这些问题呢？关键之一就是沟通。高校教师教育者既是师范生教育的指导者，又是中小学教师和学生的咨询者，还是理论和实践课程的开发者和实施者，这种特殊的身份决定了其能与教师教育机构、大中小学校、师范生建立联系，成为各方合作的联络者。高校教师教育者的联络者特征主要表现为三个方面。

一是理论与实践的联络。琳达·达琳－哈蒙德(Linda Darling-Hammond)指出医学和法学的教学路径是实现理论与实践的统一，教育也一样，教师教育需要同时具备学术知识和应对实践挑战能力的高校教师教育者。现实的教师教育必须创建一个理论和实践顺畅对接的机制和平台，这种理论与实践的联结要以师范生的问题和需求为前提、以实践取向的课程组织形式为中心、以师范生教学知识和实践技能的发展为主要目标。为了实现教师教育理论与实践的顺畅对接，高校教师教育者可以与准教师一起进行结构化的教学内容开发与学习，帮助师范生把理论及实践学习的内容、经验进行梳理，形成一部带注释的书目，并发布到网络学习系统(LMS)上，形成师范生学习和讨论的平台。

二是自身与师范生的联络。高校教师教育者和师范生之间的关系是微妙的，师范生与高校教师教育者进行沟通，了解他们的教学特点，把握他们对教育根深蒂固的信仰，明白高校教师教育者从"专业角色意识模糊"到"专业发展"到"专业成长"的发展历程，帮助自己形成独特的教学风格。高校教师教育者向师范生介绍教学经验和方法，在平等对话的基础上加以引导，激发他们的参与意识和兴趣，并使其在教学中理解和应用这些行为。当师范生当前学习与先验知识发生冲突，并对先前经验产生怀疑时，高校教师教育者要能够与师范生进行有效的沟通，帮助他们调整教学内容，保持活力和动力处理急剧变化的教学情境。

三是高校教师教育者伙伴之间的联络。高校教师教育者是在一个交互式的共同体中进行教学实践的，他们需要大量的教学反思与反馈。高校教师教育者之间的联络可以帮助其形成互动模式，避免出现教学的"孤岛现象"。理论教学过程中，高校教师教育者共同协商制定教学目标、计划和实施方案，共同交流课程实施的管理程序和评价标准；实践过程中，各高校教师教育者定期会面，讨论实践的进展以及遇到的问题，确保群体实践目标的一致性。

二、推进高校教师教育者的专业能力发展

（一）提升高校教师教育者的课程开发能力

师范生教育课程的设计要求实现高水平多学科间的知识综合，要求高校教师教育者能根据师范生的思维和心理特质，模拟实际设计有思考价值的教学方案。因此，高校教师教育者必须具备有机整合课程内容和课程实施方式的各种能力。勒科尔尼（Le Cornu）指出高校教师教育者要从传统的关注理论教学转向关注知识领域和课程组织、关注教学实践、注重师范生技能和反思取向的培养，超越所能考虑的一切达到教学中所涉及的伦理层面。高校教师教育者对要实现纸面上的课程向实践课程的顺利转换，就必须发展以下三个方面的能力。

一是深厚的知识储备能力。高校教师教育者在进行教师教育知识更新和创造的过程中必须具备相应的学科知识、教育学知识、教学法知识以及创造性知识；要熟练掌握所教课程的核心概念、学科结构以及教学方法；能够引导学生运用批判性思维、创造力和协作能力解决自身遇到的问题。高校教师教育者对学科内容深刻、灵活的理解能帮助学生创建有用的认知地图，实现知识间的迁移。除了对自身所在领域的知识有深刻把握外，高校教师教育者还需要了解学科前沿的最新研究以及相关领域的发展，建构良好的知识体系，实现跨学科教学。

二是广泛的资源获取能力。作为课程开发者，高校教师教育者要在分析学科主旨的基础上进行课程材料的编排和评价，课程内容

的设计、整合、增补、改进、发展和提升。课程实施过程中，进行教学材料的优选、弹性排序、案例增补和任务调整等，采用多渠道获取信息，如进行实地考察、参加国际性会议、建立网络资源共享平台等。此外，高校教师教育者之间教学经验及网络信息的共享也是获取资源的途径之一。

三是良好的知识转换能力。高校教师教育者进行课程开发需要把隐性知识转化为显性知识，把理论性知识转化为实践性知识，把握知识转化的特点，超越课程的隐含目标，实现知识间的灵活转换。然而研究表明，高校教师教育者在教学过程中把教育知识转化为教学技能是有困难的，他们需要寻求合适的方法并形成讨论，这意味着他们应该获取关于师范生学习的一些知识，并发现怎样才能支撑起师范生的学习。

(二)提升高校教师教育者的环境创建能力

师范生的理论和实践学习环境的不断变更以及不确定性使其在教学活动中经常出现极度不适甚至中途暂停等问题。因此，高校教师教育者要运用教学经验和技能以及对集体的动态敏感性为师范生创造一个安全并能刺激其学习的教学环境，让师范生在信任和相互理解的氛围中实现对环境的积极适应。高校教师教育者在教学环境创建过程中必须发展以下三方面的能力。

一是学生特点分析能力。参与理论和实践学习的师范生来自不同的地域，有着不同的文化背景，未来发展的方向可能也有所差异。高校教师教育者要对师范生的成长和发展过程进行适当的了解，观察师范生的学习和发展模式以及内外部的各种差异，包括认知的、语言的、社会的、情感的和生理方面的，根据其不同特点设计教学内容。当师范生表现出对成为独立自主的教育者的恐惧时，或是没有足够的合作机会时，高校教师教育者应该根据师范生的特点进行引导和激励，为他们创造积极的心理环境和提供充分合作的机会。

二是教学诊断能力。教育内容的复杂性和不确定性要求高校教师教育者能够通过对个体差异和文化多样性的理解判断所创建的教学环境是否符合师范生和 K－12 学生的要求并及时进行调整。良好的环境可以帮助师范生快速融入教学情境，从而把教学环境这一隐性知识转变为显性动力。此外，高校教师教育者要根据教学情境的变化理解和运用多种教学策略鼓励学生提高对学科内容间联系的深刻理解，鼓励其用有意义的方式进行知识构建。

三是处理紧张关系和困难的能力。理论和实践教学的组织形式并不是一成不变的，高校教师教育者和师范生会遇到各种矛盾，如高校教师教育者是应该为师范生创建一个安全的教学环境，还是应该把他们推到"安全"环境之外进行必要的实践；是应该坚持已经形成模式的教学方法，还是应该去探索新的方法等。这些矛盾都影响着教师教育的发展，高校教师教育者必须具备处理各种矛盾的能力，为师范生创建一个平等对话的环境。

（三）提升高校教师教育者的联络沟通能力

传统的教师教育理论和实践模式类型单一，教与学的方式大多仅限于高校教师教育者直接讲授、师范生被动接受。但在教师教育逐渐从校内走向校外，并与各中小学校建立合作关系的情况下，高校教师教育者不仅承担着传授知识的责任，还要与师范生进行有效的交流沟通，发现其教学中的问题并及时加以引导。因此，必须发展以下三个方面的能力。

一是沟通交流能力。教师教育的实施要求高校教师教育者与师范生沟通，形成平等对话的关系；与同伴间交流发展其专业能力；与教师教育机构沟通提升教师教育的整体质量。高校教师教育者与各个层面的教师教育参与者进行沟通交流可以强化其参与教育指导的意愿，有助于教育理论与实践文化的形成、传承与变革。此外，善于沟通的高校教师教育者也是创新者和问题解决者，与伙伴同事的交流可以帮助其不断寻求新的教学方法。

二是组织管理能力。教师教育机构、大中小学校以及高校教师教育者以项目或任务的形式组成利益共同体，开展教师教育。但各团体又有其各自发展的目标，因此势必会产生各种矛盾冲突。作为与教师教育机构、中小学校以及其他团体都有着联系的高校教师教育者必须进行有效的组织协调，处理好各个层面的关系，要熟练区分指令，坚持收集数据，指导和调整教学。

三是合作能力。高校教师教育者要实现教育理念的变革，就必须打破以往教育中各自为政的局面，从独白走向对话，最后实现理性交往。高校教师教育者可以和各教师教育机构共同决定计划、实施、评价以及持续发展的价值和期望，也可以与其他高校教师教育者就共同感兴趣的问题探讨解决的办法，形成批判性的互动关系。

三、高校教师教育者专业能力提升的路径选择

培养高质量的教师永远是教师教育改革的主题。当前提高教师培养质量的关键在于高校教师教育者要充分认识并发挥自身专业角色的价值和功能。对此，高校教师教育者自身层面应在发挥"教师的教师"这个角色功能的基础上，充分重视其课程开发者、环境创建者和联络者等各角色的专业发展。大学或学院层面理应发挥核心作用，为高校教师教育者提供相应平台，制订计划性强、规范有序的培训方案，帮助高校教师教育者更新教学理念、了解新的教学方法、掌握新的教学技巧、适应新的角色。

（一）厘清高校教师教育者专业发展的角色定位

澄清高校教师教育者的角色是非常重要的，因为很多教师教育者认为这是他们专业发展的一部分，认清自身的角色定位能够使他们产生专业发展的归属感，教师教育机构的主要职责是为他们提供这份信任和归属感。首先，高校教师教育者需要承认自身在教育活动中扮演着多重角色，并且对影响自身角色建构的关键因素，即自

我成长、制度背景和教育实施能力等有充分的认识。其次，高校教师教育者要在"教师的教师"这一角色和其他角色间建立显性平衡，明晰各种角色的任务和能力要求，并有效把握各角色的相关点和差异点，处理好各角色间的关系。最后，高校教师教育者要建立角色模型，即关注各角色的典型行为，并实践这些行为。比如，高校教师教育者在进行教学场地选择时，不仅要能够解释其选择的原因、感受和想法，并且能够解释他在选择的过程中所表现出的一系列行为。教师教育机构则要对高校教师教育者各角色存在的合理性进行解释，并不断提供角色构建的证据。

（二）构建高校教师教育者专业发展的文化氛围

高校教师教育者专业发展最重要的是在工作场所创建一个文化氛围，在这个氛围中，教师教育者关于专业发展的明确经验和态度可以通过演讲、讨论和其他形式获得。支撑高校教师教育者专业发展的文化氛围主要包含以下三个因素。一是明确清晰的专业发展愿景。教师教育机构对高校教师教育者的期望和要求通常是隐含的，或者被认为是不证自明的，但是期望的隐含性造成了教师教育工作的界限不明以及角色认知偏差。因此，对于高校教师教育者的期望和要求应该被提到教师教育机构的议事日程上。二是提供时间、信息等专业发展支撑。高校教师教育者在进行环境创建和课程开发时，时间、信息等的支撑是非常有必要的。首先，为高校教师教育者提供特定的时间进行信息交流和整合；其次，学术期刊、视频资源、网络资源和课程资源等可利用资源应高度开放，便于高校教师教育者了解适用于实践教学的最新理念和技巧。三是构建专业发展的合作结构，把教师教育机构或专业内的社区机构作为一个整体来进行研究。高校教师教育者通常会认为这些研究与他们的日常工作联系不大，然而个人角色建构往往也有助于整个专业领域的发展。教师教育机构与高校教师教育者以及其他团体强有力的伙伴关系是高校教师教育者角色建构的有力保障。

（三）重构高校教师教育者专业发展的制度体系

教师教育机构的期望、教师教育者的培养模式、合作结构和关系都是制度体系的一部分，也是教师教育者专业发展的重要影响因素。制度变化不仅影响高校教师教育者的思想格局，而且能够塑造其专业发展期望。为了促进高校教师教育者各角色行为和能力建构，教师教育机构需要从三个方面进行制度重建。一是要把高校教师教育者纳入管理阶层。在我国，教师教育多以大中小学校合作的形式开展，高校教师教育者作为合作的中坚力量，对师范生、学生，甚至是合作项目的规划、实施和评估都有着清晰的了解。因而，应把高校教师教育者纳入管理阶层，使其有足够的权力以管理者的身份改进师范生的学习环境、联络各方关系，领导整个项目顺利实施。二是要为高校教师教育者开拓专业发展的"第三空间"。在这个空间中，高校教师教育者和师范生进行平等对话，使师范生了解高校教师教育者的专业发展，把握师范生的教学心理和教学规律，向教师教育机构和其他外部团体提出意见，改进教学实践。三是进行标准重建。对于高校教师教育者的专业发展来说，所谓标准就是以科学、技术和实践经验的综合为基础，对高校教师教育者专业发展的概念、特征、能力等所做的统一规定。我国目前并没有关于高校教师教育者专业发展的明确标准。因此，教师教育机构、大中小学校以及其他团体要在对高校教师教育者课程开发者、环境创建者以及联络者等角色的知识、技能、绩效以及相关证据进行综合分析的基础上建立相应的标准体系。

第五节　师范生实践教学体系：新时代教师教育的关键环节

实践教学是教师教育的关键环节。教育部于 2016 年颁布的《关于加强师范生教育实践的意见》明确指出，师范生教育实践仍存在目标不够清晰，内容不够丰富，形式相对单一，指导力量不强，管理评价和组织保障相对薄弱等问题。针对这一问题，教育部在 2018 年印发的《关于实施卓越教师培养计划 2.0 的意见》，明确提出"着力提高实践教学质量"，并提出了五点具体意见，即设置数量充足、内容丰富的实践课程，建立健全贯穿培养全程的实践教学体系，确保实践教学前后衔接、阶梯递进，实践教学与理论教学有机结合、相互促进；全面落实高校教师与优秀中小学教师共同指导教育实践的"双导师制"，为师范生提供全方位、及时有效的实践指导；推进师范专业教学实验室、师范生教育教学技能实训教室和师范生自主研训与考核数字化平台建设，强化师范生教学基本功和教学技能训练与考核；建设教育实践管理信息系统平台，推进教育实践全过程管理，做到实习前有明确要求、实习中有监督指导、实习后有考核评价；遴选建设一批优质教育实践和企业实践基地，在师范生教育实践和专业实践、教师教育师资兼职任教等方面建立合作共赢长效机制。

从国际层面来看，临床实践型教师教育模式是国际教师教育改革的一个较为普遍的取向。与传统的教师教育模式相比，临床实践型教师教育模式发生了多个维度的转变，突出表现在以下三个方面。一是培养途径从关注学科知识、理论和教学法转向关注师范生的临床实践，通过为师范生提供大量实践模拟、案例分析及基于实验室经验的实践机会，使其不仅获得基本的理论知识和教学技能，而且在临床经验、专业性向等方面也能得到充分发展。二是培养主体从单一的教师教育机构转变为教师教育机构、学区、中小学校、教师联合会等多元主体，而且主体间的关系从沟通有限、各自为政转变为责任共担、密切协作，共同为教师教育筹集资源，并一起监控、评价教师教育的质量。三是培养目标由仅具备学科知识和教学法知识的教师转变为专家型教师或临床实践型教师，这样的教师应该具有反思精神和实践能力，且能有效满足 K－12 学生和学区的需要。在这种转变中，高质量教育实践体系的构建是前提性要素。因此，构建一个包括实践目标、实践内容、实践指导、实践评价以及实践经费保障等诸要素在内完善的实践教学体系，是未来我国教师教育理论和实践的一个重要课题。

一、制定具有引领性和可操性的实践教学目标

目标是方向的引领，实践教学目标的定位关乎师范生实践教学的方向。目前，我国不少院校的师范生实践教学目标还存在较大的模糊性，而且可操作性不强，使师范生的实践教学缺乏有效的指引。解决这一问题，首先，要确定教师教育项目的培养目标，保证培养目标的明确性和准确性。教师教育项目的培养目标应根据时代的发展要求，突出"卓越教师"的目标引领和专业要求。其次，要依据教师教育项目的培养目标，确定实践教学的具体目标。实践教学的具体目标应具有导向作用，指引实习生明确实践教学的重点和内容，引领指导教师知晓实践教学的指导目标和培养方向。最后，根据实践教学的具体目标，构建可操作性的具体领域和详细内容。目标的制定是为了最终能够得以很好的执行，具体且详尽的内容是实习生和指导教师共同理解和执行的前提。因此，在目标领域的划分和具体内容的呈现应优先考虑可操作性。

以美国密歇根州立大学的教师教育项目为例，其总的目标是培养教师领导者。在这一总目标之下，分解出几个子目标。如要具备"教"学能力，能够满足学生多元化的个体需求，能够熟练地应对课堂中的突发情况。围绕这一目标，该校教师教育项目的实践教学目标聚焦在提升教师候选人的专业品质与专业能力两个维度。

在专业品质维度，该校确定了四个关键领域，即提升教师候选人的"理解力""思考力""责任感"与"敏感性"。"理解力"即教师候选人要全面了解 K－12 学生的认知水平、情感态度和健康状况，准确

把握教育理念和教学实践，对自身专业发展的方向和目标有清晰理性的认识；"思考力"指教师候选人要像正式教师一样思考教与学的关系，不断研究创设学习机会的教学策略，了解K－12学生的学习需求和兴趣，反思自身的教育理念和教学实践；"责任感"指的是教师候选人熟悉教育政策、标准以及相关的法律法规，了解实习学校的政策与相关规定，承担相应的责任，具备强烈的专业责任感，表现出包括外表形象和内在品质在内的教师专业特性；"敏感性"指教师候选人对文化差异、个体差异、环境差异具有敏感度，致力于维护社会制度中的公平与平等（见表7-3）。

表7-3　师范生专业品质提升的目标内容

领域	目标内容
理解力	加深对课程目标的准确理解，了解学生的认知发展规律；理解并尊重学生的多元价值观；遵循教师的专业发展规律。
思考力	利用教学实践的机会，像正式教师一样深入地思考教与学的本质；思考教学方法和教学策略对达成教学目标的价值与意义；虚心接受建设性的反馈意见，并能根据建议和反馈改进教学实践。
责任感	了解国家标准、教育政策，遵守相关的职业道德和法律法规；具备优秀教师的专业态度（如移情、宽容、热情、耐心、自信等）；展示符合教师角色的职业形象。
敏感性	具备在真实的教育情境中为不同文化背景的学习者创建包容性学习共同体的能力；了解多元文化社区的环境和特点；针对学生的个体差异（性别、文化、种族和宗教），捕捉不同个体的认知水平和情感态度。

在专业能力维度，该校确定了五种专业能力，包括决策能力、教学能力、评估与反馈能力、学习共同体建构能力、沟通与合作能力。具体而言，通过系统的实践教学，教师候选人要提升开展教学规划和教学决策的能力，能够决定特定的学科领域"教什么"和"怎样教"；要提升根据学生的个体差异进行有效教学的能力；提升评估课堂互动效

果和合理使用评价方法的能力，并能根据学生的表现情况及时、准确地做出反馈；能够创造以学生为中心、以知识为中心和以社区为中心的学习环境，并能够与指导教师或其他教师共享教学实践的优秀成果，与学生、家长、社区成员进行合作、沟通(见表 7-4)。

表 7-4   师范生专业能力提升的目标内容

领域	目标内容
决策能力	开展教学规划，决定特定学科领域的教学方案；预设学生在课程学习过程中的反应和困难；设计合适的课堂活动流程支持学生在知识理解方面的显著化。
教学能力	运用多种教学策略满足异构课堂中不同学习者的学习需求；运用各种有关多元文化的材料、资源和技术进行辅助教学；合理运用先前的知识来帮助学生理解新知识；知晓如何为那些以英语为第二外语和有特殊教育需要(包括残疾学生在内)的学生设计有效教学；了解学生的成绩在何种程度上受到社会、宗教、种族、文化和语言方面的影响，并把这些影响因素作为提高教学质量的资源。
评估与反馈能力	评估课堂互动的效果，切实提高课堂管理策略和教学目标之间的契合度；针对学生学习风格的差异性，在教学中应合理使用多种评价工具；及时、准确地提供学生的学业成绩和建设性的反馈。
学习共同体建构能力	构建包容性学习社区，以不同的方式促进教学互动；构建清晰的课堂纪律框架以建设性地管理学生自控和独立。
沟通与合作能力	参与实习学校的教师专业发展共同体，共享教学实践的优秀成果；参与实习学校的评估工作，为学校的管理、课程和教学提供结构性的建议；具备与同事、学生、家长、社区成员进行合作、沟通的能力；具备表达自己的观点，并以恰当的方式谈判和解决困难的能力。

密歇根州立大学教师教育项目在"培养教师领导者"这一总体目标之下所确定的实践教学目标，将抽象的实践教学目标具体化，聚焦于四维度的专业品质提升和五维度的专业能力提升，并细化每一

领域的实践目标，成为整个教学实践体系设计的顶层指导。可以说，这种引领性的教育实践目标，为内容繁杂、形式多样的教育实践提供了方向指引，明确了教育实践的聚焦点和发力点，是其教育实践体系设计的逻辑起点。

二、优化实践教学的内容与形式

实践教学内容的丰富性、连贯性和层次性有助于实习生获得丰富且完整的教育实践经验。目前，师范院校在实践教学方面还不同程度地存在内容单一、形式单一、连贯性不强等问题，应着力构建形成以服务学习、教育见习和教育实习为主要内容的全方位教育实践体系，使教育实践贯穿教师教育课程学习的全程，实现课程理论和教育实践的同步交互推进、彼此衔接强化，有力地促进理论向实践、实践向理论的迁移以及实习生实践经验的积累和对教育实践的反思。

（一）引入并强化服务学习

服务学习是加强师范生实践教学的一种重要形式，本质上是将课程学习与社区中小学服务相结合，通过师范生自身所学的知识与技能服务于特定的社区教育，积累更加丰富的教学实践经验。把服务学习引入教师教育课程之中，就是要引导师范生在不同的环境中完成不同时间段的服务学习，通过承担课堂助理/教师、家庭教师、课后辅导、家庭作业辅导等工作职责，加深师范生对儿童、学校以及所在社区的了解。在进入服务学习项目之前，要对师范生进行定向的专业化培训，帮助师范生解决有关问题，促进其辅导的专业化、着装的规范化、日常事务处理的合理化。教师教育院校通过为师范生提供的服务性学习活动以及专业化的培训项目，不仅满足了社区中小学教育的实际需要，而且也打破了学校与社区的界限，将教师教育的课堂延伸到了社区，进而增加了师范生对多元文化的敏感性和宽容性，提升了师范生对课堂辅导和课堂教学的熟练性。

（二）丰富教育见习与教育实习

教育见习和教育实习是师范生实践教学的两种主要形式，承担着不同的功能，要统筹安排、递进协同。教育见习旨在使师范生更好地理解教育理论知识并为教育实习做好准备。教育见习主要包括见习观摩和协助教学两种。在见习观摩阶段，师范生主要进行社会观察、课堂观察、教学观察，了解中小学学生的需求、兴趣以及教师应履行的工作职责，并特别注意教师在课堂教学中采用的各种教学模式和教学策略。同时，师范生在见习观摩的同时，要像正式教师一样思考情境教学，以便对所学的理论性知识进行比对和反思。在协助教学阶段，师范生要承担一部分与教学有关的日常事务，通常包括设计教案、与实习班级学生互动等内容，目的在于帮助教师候选人探索多样化的教学策略，尝试各具特色的教学实践，掌握教学的基本要求。

教育实习是在教育见习的基础上，让实习生深入到社会和中小学校，开展全面的和独立的教学实践活动，从中验证和再现已习得的理论，进而形成自身的教学风格。教育实习期的教学实践内容主要包括课堂观察、合作教学、独立教学等形式。课堂观察是教育实习的第一步，旨在让师范生了解实习班级学生的学习情况、身体状况、文化背景、兴趣爱好，观察指导教师如何根据学习者的差异性进行课堂管理和教学工作，并将课堂观察结果与教师教育课程理论进行对比分析，为下阶段的独立教学奠定了基础。在合作教学阶段，实习生要与中小学指导教师共同讨论实习班级学生的具体言行，采取共同规划和合作教学的形式，逐步使实习生成为课堂教学的合格引领者。在完成课堂观察与合作教学之后，实习生将进入独立教学阶段，至少承担起一门课程的教学，仔细地规划单元教学计划，保留好单元计划和教学记录，广泛地咨询他们的中小学指导教师和高校指导教师，以此获得各类指导教师的支持与反馈。

在整个教育实习期间，还要及时穿插各类交流会、研讨会、答疑会，对实习生专业成长过程中存在的问题进行回顾与反思，帮助实习生解决教学中遇到的困难和问题，反思和改进自身的教育理念和教学实践，提高师范生的教学能力、研究能力和创新能力，努力使实习生成为合格的教师领导者。

（三）创建协同化的实践教学指导团队

在实践教学的实施过程中，创建协同化的指导团队，明确各类指导教师的主要职责，构建形成包括中小学指导教师、高校指导教师、课程指导教师和协调员在内的实践教学共同体，是保障实践教学顺利实施的重要条件。

其中，中小学指导教师是沉浸在 K－12 学校课堂中教学经验丰富的教师，职责是监督实习生日常的实习进展并对实习生的教育实践提供指导和支持。每个实习学校都要为实习生配备指导教师，支持实习生的专业学习并引导其进入教学专业。

高校指导教师是高校为实习生在实习期间配备的指导教师，职责是对实习生的课堂活动进行监督，提供专业指导，就实习方案如何运作提出建议，并支持实习生通过实习达到项目的标准要求。高校指导教师要定期与实习生会面，进行沟通和交流，了解实习生的具体需求；定期与中小学指导教师、课程教师沟通关于实习生的实习进展和问题。此外，高校指导教师还是实习生、中小学指导教师、课程教师和其他参与实习的工作人员的沟通协调者，每学期定期举行研讨会议，鼓励课程教师、实习生和中小学指导教师进行直接交流。

课程教师是高校教师教育课程的开发者，职责是教授与实习相关的一部分实习课程，帮助实习生回忆、延伸并把他们先前所学习的知识应用到目前的教学实践中，熟悉教学内容及其应该达到的标准，并学习研究性教学的方法。为了更好地开发课程，课程教师要与实习学校紧密联系，尤其是与实习学校的指导教师定期会面分享想法和共同学习，使其更好地理解如何将教学理论很好地转化为教学实践并运用到教学实践中。

协调员是解决实习生与中小学指导教师、高校指导教师、课程教师之间冲突的好帮手，对整个实习计划有深入的了解，包括现场指导、合作学校、课程政策和程序等。协调员与学校管理人员一起确定实习生的实习学校，监督实习生在学校的进步并支持实习生开展校本学习。

在这个实践教学共同体中，中小学指导教师监督实习生日常的实习进展并对实习生的教学实践提供指导和支持；高校指导教师对实习生的课堂活动进行监督并提供专业性指导和科学化评估；课程指导教师帮助实习生熟悉国家、地区和特定学科内容的标准，并学习研究性教学的方法；协调员成为解决实习生与中小学指导教师、高校指导教师、课程教师之间冲突的好帮手。这样的实践教学团队的协同指导体现了以下三方面的优势。其一，教育实践团队可以及时了解实习生实习过程中的困难与问题，并帮助实习生有效应对和化解；其二，有专门的协调员可以解决实习过程中不同角色之间的冲突和矛盾，进而促进教育实践团队内部的和谐共存；其三，团队意识方便不同职能的教师教育者各司其职，互帮互助，进而更好地为实习生的实习工作服务。

(四)建立科学完善的实践教学质量评价体系

评价是实践教学的关键环节，也是整个实践教学的质量导向。实践教学评价主要是针对实习生在教育实践过程中的表现进行评价，即对实习生从事实践教学的价值进行判断，对其开展的实践教学质量进行考核，以此判断实习生是否具备预期教师职业角色的能力和要求。① 科学完善的实践教学评价体系是实习生和指导教师共同开展教育实践评价的基础，是评价实习生教育实践质量的关键。一个科学完善的实践教学质量评价体系，需要具备明确的评价标准、评价工具和评价形式；而且整个评价体系要体现出三个鲜明的特征，即评价标准的专业性、评价工具的科学性、评价形式的多元化。

一要构建科学的实践教学质量评价标准。例如，美国密歇根州立大学教师教育项目的教育实践评价标准是基于其教师教育项目标准和州际新教师评估和支持联盟的核心教学标准而制定的，涵盖了教学理念、教学内容、教学方式、教学组织、教学技术、教学反思、沟通与合作等 7 大领域的 23 个方面。基于评价标准，中小学指导教师和高校指导教师可以评价实习生的职业素养、教学知识与教学技能在教学实践中的达标情况。同时，评价标准也为实习生提供了一套判断他们如何努力成为新手教师的专业标准。因此，培养职前教师的教师教育机构可以依托我国《教师教育课程标准(试行)》《小学教师专业标准(试行)》《中学教师专业标准(试行)》，构建起涵盖教学理念、教学内容、教学方式、教学组织、教学技术、教学反思、沟通与合作在内的教育实践评价标准。

二要采用多种质性的评价工具。目前，国际上较为成熟的实习生教育实践评价工具主要有两种，即实习进度表和教学实践档案袋。实习进度表是实习生专业化的成长记录，可以确定实习生实践的优势和需要改进的领域，而且也为实习生接下来的专业学习计划提供了参考目标。

教学实践档案袋是实习生实习期间的各种实习资料汇编。在实习过程中，实习生要尽可能收集反映自己的教学风格、教学技能、教育目标和所持的教学理念相关的各种资料、作品和证明材料，以

---

① ［美］古斯基：《教师专业发展评价》，32 页，北京，中国轻工业出版社，2005。

此来展示自己专业化成长的过程和教学实践能力的水准。"档案袋"可以是实物也可以是电子版本，其内容必须包括四个部分：一是单元教学计划，包括实习生设计的课程开发计划，对自己所采用的教学目标、教学方案、教学资料以及课程的基本原理和评估方案展开描述和分析。二是实践材料，包括实习课堂学生学习的真实案例、自己开展的实践活动和对一系列课堂教学所展开的反思，并附上实习课堂的教案和讲义。三是文件夹，包括教师候选人的简历、完成的实践任务、班级管理计划、专业发展计划、中小学指导教师和高校指导教师的评估材料，全面展示实习生在教育实践中所经历的专业发展过程以及所获取的教学和管理经验。四是反思报告，即教师候选人评价自己的教学实践，并对中小学指导教师和高校指导教师的指导与反馈做出的反思与改进。

三是要确保评价形式的多样化。教育实践的评价形式主要有过程性评估和终期绩效评估两种。过程性评估包括期中和期末评估，是实习生基于教育实践评价标准进行的自我评估，通过评估会议的形式开展，目的在于找出优势和不足。每一次评估会议后，实习生将书写专业的学习计划，设定改进的目标，并制订一个行动计划来实现这些目标。同时，中小学指导教师和高校指导教师利用评估会议进行指导和反馈，帮助实习生找到一个合理的方式来解决教育实践过程中遇到的困难。

终期绩效评估旨在评估实习生作为准教师的优势和劣势，并形成一个评价性文件，由高校指导教师和中小学指导教师分别对实习生进行综合评估，主要包括两个方面的内容。第一，根据观察笔记、评估进度表和实习生的教学实践档案进行分析，并参照评估标准给出公正的进展性评估；第二，例举实习生实践中的具体案例支持实习生的实习表现。这种有证有据的终期绩效评估内容无论对于教师教育项目还是对于实习生个人都更具有说服力。

综上，实践教学的评价应该由实习生、高校指导教师和中小学指导教师给予实习生的综合性评价。不同评价主体综合运用课堂观察、实习进度表、教学实践档案分析等评价工具，开展期中评估、期末评估和终期绩效评估等评价方式，全面、客观、科学地评价实习生的教育实践。

（五）建立实践教学经费拨付的长效机制

加强大学与中小学的伙伴合作，积极营造和谐融洽的合作文化环境，建立大学与中小学之间的教育实践经费机制，不仅是有效实施实践教学的关键所在，而且也是实现合作共赢的前提条件。以美国密歇根州立大学的教师教育项目为例，该校根据在校毕业生或实习生的数量设置并分配经费，主要提供中小学指导教师的专业账户和教育实习基地的发展基金两类经费。设立中小学指导教师的专业账户，目的是吸引富有经验的教师成为高校教师教育项目的密切合作伙伴。一般来说，该校会按照生均300美元的标准拨付教育实习指导经费，按照生均60美元的标准拨付教育见习指导经费。这类经费主要用于实习生在教育实践期间所产生的材料和设备费用，实习生和中小学指导教师的差旅费用，中小学指导教师参加教师培训课程或开展其他定期会议所需的费用。与此同时，该校还设立了教育学习基地发展基金。这类经费拨付给学校，而不是个人，主要用于为实习生提供通信、复印等设施的费用以及 K－12 学校与高校开展沟通交流的关系成本、协调成本等。为了支持实习生顺利开展教学实践活动，该校对于这类经费的拨付标准是，参与教育实习的实习生每年每生 50 美元，参与教育见习的学生每年每生 10 美元。充足的教育实践经费拉近了大学和实习学校的距离，创造了共同发展的和谐氛围。一方面，实习学校可以利用大学提供的经费更好地促进学校自身的发展和学校教师的专业发展。另一方面，大学也可以利用实习学校使实习生体验真正的教学实践。

因此，明晰经费来源、经费标准，建立经费拨付的长效机制，是建立并巩固大学与中小学合作伙伴关系的有益经验。首先，积极营造和谐融洽的合作文化环境，形成责任共担、成果共享的合作关系。通过营造和谐、平等、互助的文化氛围，充分调动大学和中小学教师开展师范生临床实践指导的积极性和主动性，加强校际间合作，使院校合作真正成为互助、互惠、互相推动的共同发展体。其次，全面落实教育实践经费，维持责任共担、成果共享的合作关系。充足的教育实践经费是实现中小学全面落实实习生安置工作的动力源泉，是维持长效合作机制的不竭动力。我们可以根据在校毕业生或实习生的数量设置并分配经费，主要提供中小学指导教师的专业发展基金和教育实习基地的发展基金两类经费，保障教育实践的顺利开展。最后，建立教育实践经费保障机制，形成稳固性的院校合作关系。科学规范的教育实践经费保障机制应涵盖教育实践的经费来源、经费标准、经费拨付形式、经费使用者、经费使用范围等内容，保证教育实践经费的合理应用。与此同时，师范院校应建立教育实践经费拨付的长效机制，加深与中小学的合作关系，构建资源共享的网络格局。

赵英

后 记

改革开放 40 年是中国自进入现代社会以来变化最大，成绩最为卓著的 40 年。在这 40 年里，中国经济持续快速发展，经济总量由低收入国家迈入中等偏上收入国家行列，人民生活水平也极大地提高，科技、文化、教育等各项事业也发生了天翻地覆的变化，我国的综合实力和国际影响力显著提升。

改革开放这 40 年也是我国教师教育变化最大的时期。我国的教师培养与造就由过去的独立、封闭的职前职后相对隔离的师范教育体系，变革为职前职后一体化的以师范教育为主体，综合性院校共同参与的教师教育体系。教师教育的体系和结构都发生了深刻的变化。同时，在国家的大力支持下，在教育主管部门的规划、指导下，教师教育的层次和规模都发生了巨大的变化。我们的教师教育的层次由旧三级（中师—师专—师大/院）转变为新三级（大专—本科—研究生），教师教育的学历层次明显提高，其结果导致基础教育阶段师资的数量和质量发生了根本性的变化：教师的数量基本满足了基础教育改革发展的需要，教师的学历层次极大的改善，教师的质量迅速提高。可以说，这 40 年来的教师教育为普及九年义务教育，实现中等教育结构改革，以及高等教育大众化所带来的高中阶段教育的大发展提供了重要的师资基础，为我国改革开放以来历次课程改革，农村基础教育质量的提升等提供了师资的保障。

改革开放 40 年教师队伍变化最大的应属乡村教师队伍。这支曾经数量不足、质量有限（民办和代课教师占据相当比例）的乡村教师队伍在国家的各种政策倾斜之下，数量和质量均发生了巨大的变化。

改革开放 40 年也是我国教师专业化历程加速的时期。我国重建了教师资格制度，确立了教师入职必须以专业资格证书为基本条件的用人制度。教师资格认定又是以教师专业标准为依据开展工作，这些措施的实施极大地提升了基础教育阶段的教师质量。在教师资格制度建立和实施的过程中，教师资格制度自身也进行了改革，由最初的终身制、师范生免试、各省统筹的制度改为所有人必须参与考试的国家考试制度和定期注册制，为教师教育质量的提升、教师持续的专业成长提供了重要的制度支持。教师资格制度的确立和教师专业标准的制定给我们展现了当代中国一个基于标准的教师教育质量监控体系。这个体系的建立使我国的教师教育、教师专业发展，乃至教师的管理走上了一个科学化、法治化的轨道。

图书在版编目(CIP)数据

中国教育改革开放40年：教师教育卷 / 朱旭东 胡艳 等著.—北京：北京师范大学出版社，2019.2
（中国教育改革开放40年/朱旭东主编）
ISBN 978-7-303-24418-8

Ⅰ.①中… Ⅱ.①朱… ②胡… Ⅲ.①教育改革－成就－中国②教师教育－教育改革－成就－中国 Ⅳ.①G521

中国版本图书馆CIP数据核字(2018)第272671号

营 销 中 心 电 话　010-58805072　58807651
北师大出版社高等教育与学术著作分社　http://xueda.bnup.com

ZHONGGUO JIAOYU GAIGE KAIFANG 40 NIAN：JIAOSHI JIAOYU JUAN
出版发行：北京师范大学出版社 www.bnup.com
　　　　　北京市海淀区新街口外大街19号
　　　　　邮政编码：100875
印　　刷：北京盛通印刷股份有限公司
经　　销：全国新华书店
开　　本：710 mm×1000 mm　1/16
印　　张：30
字　　数：400千字
版　　次：2019年2月第1版
印　　次：2019年2月第1次印刷
定　　价：144.00元

策划编辑：陈红艳　　　　　　　　　责任编辑：齐　琳
美术编辑：王齐云　　　　　　　　　装帧设计：王齐云
责任校对：段立超　陈　民　　　　　责任印制：马　洁